U0795355

办公自动化实例教程

BANGONG ZIDONGHUA SHILI JIAOCHENG

主　编　王松坤　李明君　王佐兵

副主编　屈美荣　高冬玲　孙立新

新形态教材

高等教育出版社·北京

内容提要

本书以实例的形式全面、详细地讲解了用户在使用 Windows 10 和 Office 2016 时最常见的操作技巧和实用技术。

本书主要内容包括 Windows 操作系统应用、文字编辑与处理、电子表格与数据处理、演示文稿的制作与编辑四个部分，分别介绍了 Windows 10，以及 Office 2016 中的 Word，Excel，PowerPoint 组件的实际应用。本书的特点是知识系统化、问题实例化、注重实用性、强调应用性，每一节均由基本实例和拓展训练组成，知识点通过基本实例来讲解，并注重知识的引申，拓展训练用于对本节知识进行巩固与提高。本书图文并茂、语言精练，利于读者学习、掌握知识点和技能点，并解决实际问题。

为方便教学，本书配套有 PPT 课件、视频等丰富的教学资源，其中部分资源以二维码形式在书中呈现，其他资源可通过封底的联系方式获取。

本书可作为高等院校计算机公共基础课程教材，也可作为企业管理人员、计算机办公人员深入学习 Office 2016 的参考用书。

图书在版编目（CIP）数据

办公自动化实例教程 / 王松坤，李明君，王佐兵主编. —北京：高等教育出版社，2021.8（2022.7 重印）

ISBN 978-7-04-056650-5

Ⅰ. ①办…　Ⅱ. ①王…　②李…　③王…　Ⅲ. ①办公自动化—高等学校—教材　Ⅳ. ①C931.4

中国版本图书馆 CIP 数据核字（2021）第 161279 号

策划编辑 谢永铭　**责任编辑** 张尕琳　谢永铭　**封面设计** 张文豪　**责任印制** 高忠富

出版发行	高等教育出版社	**网　址**	http://www.hep.edu.cn
社　址	北京市西城区德外大街 4 号		http://www.hep.com.cn
邮政编码	100120	**网上订购**	http://www.hepmall.com.cn
印　刷	当纳利（上海）信息技术有限公司		http://www.hepmall.com
开　本	787mm×1092mm　1/16		http://www.hepmall.cn
印　张	20.5		
字　数	471 千字	**版　次**	2021 年 8 月第 1 版
购书热线	010-58581118	**印　次**	2022 年 7 月第 3 次印刷
咨询电话	400-810-0598	**定　价**	43.00 元

本书如有缺页、倒页、脱页等质量问题，请到所购图书销售部门联系调换

物 料 号　56650-00

配套学习资源及教学服务指南

二维码链接资源

本教材配套视频等学习资源，在书中以二维码链接形式呈现。手机扫描书中的二维码进行查看，随时随地获取学习内容，享受学习新体验。

教师教学资源索取

本教材配有课程相关的教学资源，例如，教学课件、操作素材等。选用教材的教师，可扫描下方二维码，关注微信公众号“高职智能制造教学研究”；或联系教学服务人员（021-56961310/56718921，800078148@b.qq.com）索取相关资源。

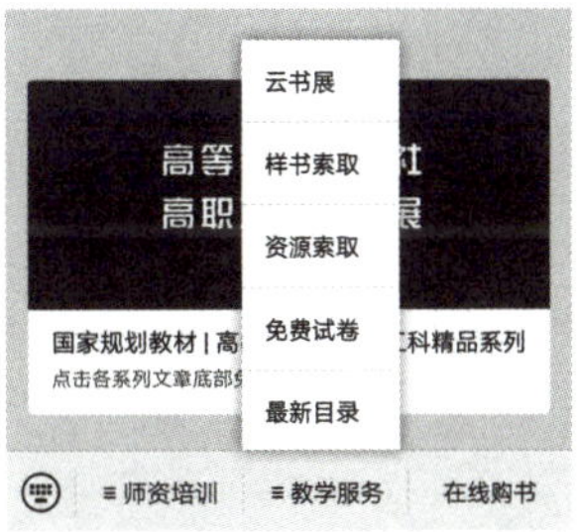

本书二维码资源列表

章	页码	类型	说明
1	7	视频	更改和保存主题
	19	视频	文件和文件夹基本操作
	51	视频	共享文件操作
2	62	示例	文档的编辑与美化
	64	视频	查找和替换
	84	视频	屏幕剪辑
	90	示例	表格和插图的应用
	99	视频	绘制 SmartArt 图形
	107	示例	长文档的编辑与管理
	110	视频	外部样式的调用
	114	视频	自动生成目录
	123	视频	添加页码
	129	示例	邮件合并
	135	视频	创建规则
3	142	示例	数据录入及工作表的格式化
	165	示例	外部数据应用
	186	示例	公式与常用函数
	192	视频	“IF” 函数
	196	视频	“VLOOKUP” 函数
	204	视频	“SUMIFS” 函数
	208	视频	“COUNTIF” 函数
	215	示例	数据处理
	235	示例	图表

续表

章	页码	类型	说明
4	258	示例	演示文稿的基本操作
	268	视频	从大纲新建幻灯片
	279	示例	演示文稿的动态设置与美化
	284	视频	幻灯片添加动画
	292	视频	设置幻灯片母版
	301	示例	媒体文件在演示文稿中的使用
	301	视频	插入相册

前言

本书根据教育部高等学校非计算机专业计算机基础课程教学指导分委员会在《关于进一步加强高校计算机基础教学的意见》中对大学生计算机基础课程的要求，结合应用型高等院校的培养目标编写而成。

本书主要内容包括 Windows 操作系统应用、文字编辑与处理、电子表格与数据处理、演示文稿的制作与编辑四个部分。

本书的主要特点如下：

1. 内容全面，注重日常学习规律。本书将应用融入实例中，以实例操作的形式进行讲解，理论和实践相结合，知识点更容易理解吸收。

2. 实例丰富，强化实际应用能力。每节由基本实例和拓展训练组成，基于生活中的实际应用案例讲解知识点和技能点，突出实用性和应用性，能切实提高学生动手解决实际问题的能力。

3. 叙述生动，语言精练。本书在编写中注重图文结合，结构合理，讲解清晰，易于理解。

4. 经验技巧丰富。编者团队教学经验丰富，将大量的经验技巧融入书中，可以提高学习效率，少走弯路。

5. 教学资源丰富。本书是新形态一体化教材，配套有丰富的教学资源，其中部分资源以二维码形式在书中呈现，读者可通过移动设备扫描二维码，随时随地在线学习。

本书的建议教学学时数为 64。

本书由烟台南山学院王松坤、李明君、王佐兵担任主编，由屈美荣、高冬玲、孙立新担任副主编。编写分工如下：第 1 章由高冬玲负责编写；第 2 章由王松坤负责编写；第 3 章由李明君负责编写；第 4 章由屈美荣负责编写。在本书的编写过程中，得到了烟台南山学院的大力支持，在此编者表示由衷感谢。

由于编写水平有限，书中难免存在不足和疏漏之处，我们恳请广大读者批评指正。

编者

2021 年 6 月

目录

第 1 章

Windows 操作系统应用

本章目录

1.1　定制 Windows 10 系统环境

实例一　Windows 10 个性化设置

学习目标及要求

熟练掌握 Windows 10 的背景设置方法。

熟练掌握 Windows 10 锁屏界面的设置方法。

熟练掌握系统主题更改和保存操作的方法。

熟练掌握“开始”菜单和任务栏设置方法。

学习内容及操作步骤

1. 个性化设置。在桌面空白处单击鼠标右键，弹出快捷菜单，如图 1–1 所示，选择“个性化”命令，打开“个性化”设置窗口，如图 1–2 所示。该窗口提供了系统的背景、颜色、锁屏界面、主题、字体、开始、任务栏等个性化设置。

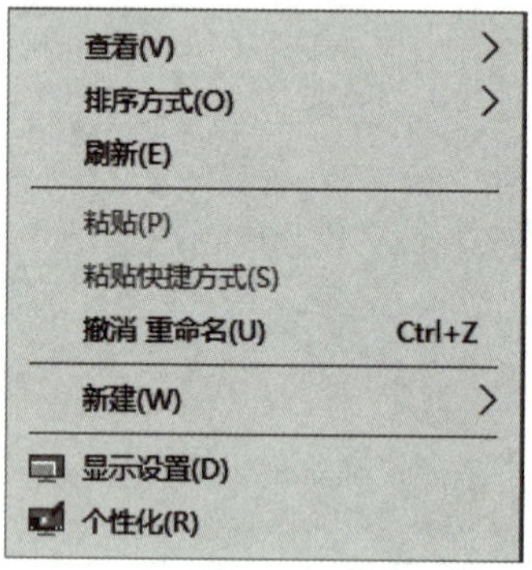

图 1–1　桌面右键快捷菜单

2. 更换桌面背景。将系统桌面背景分别设置契合度为“平铺”的一张图片、一种纯色、多张图片实现幻灯片放映的桌面背景效果。

（1）选择一张图片作为系统桌面背景。

在“个性化”设置窗口，单击左侧“背景”，打开“背景”设置窗口，单击“背景”下拉按钮，在弹出的下拉列表中选择“图片”，单击“选择图片”下方的图片，可将其设置为桌面背景，或者单击“浏览”按钮，打开“打开”对话框，如图 1-3 所示，选择该实例素材文件夹中的“背景 .jpg”图片，单击“选择图片”按钮，将其设置为桌面背景，同时该张图片出现在“选择图片”下方。

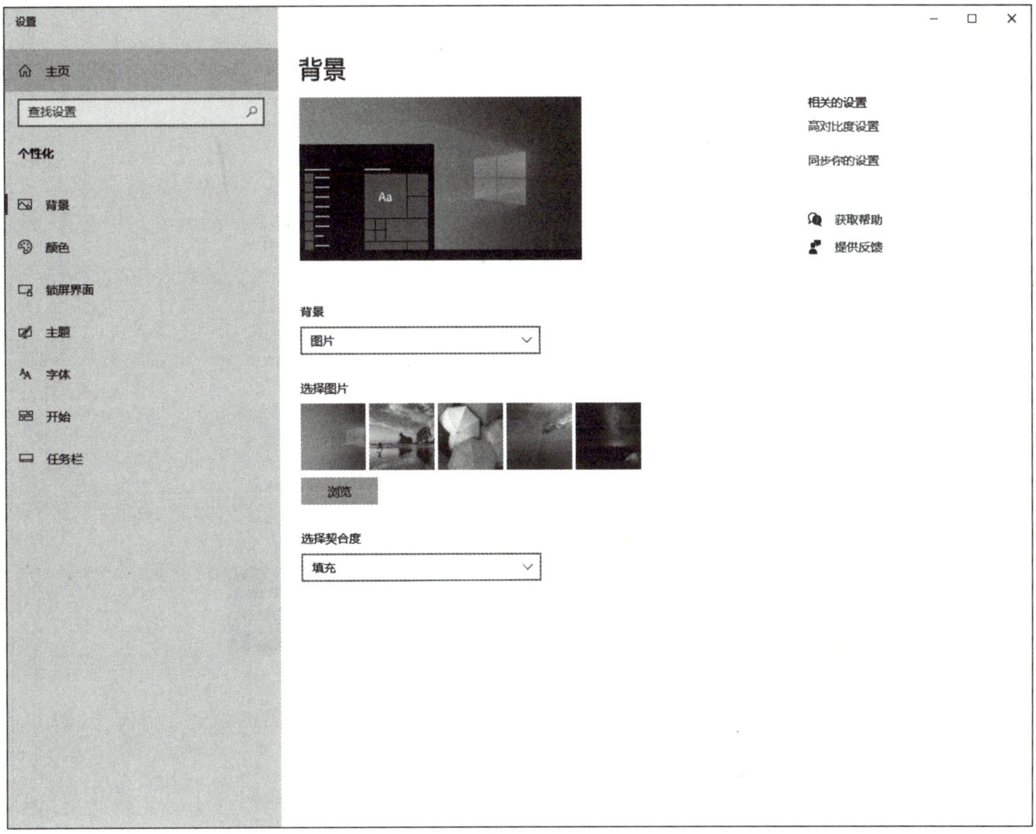

图 1-2 “个性化”设置窗口

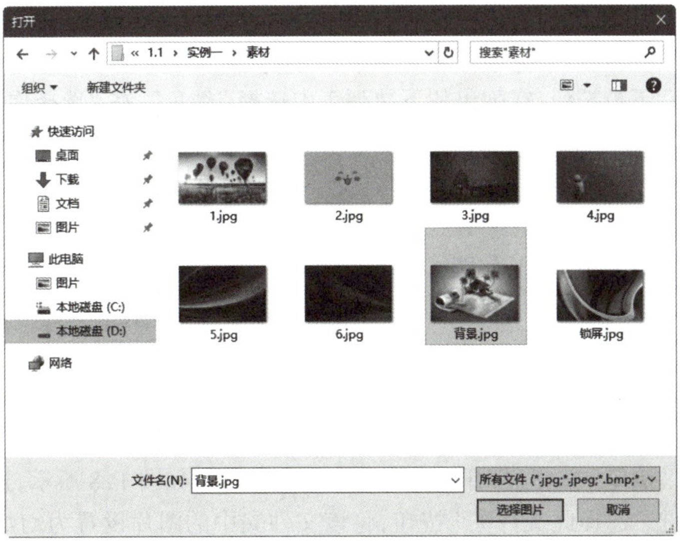

图 1-3 “打开”对话框

选择一张图片作为桌面背景后，还可以通过“选择契合度”项，设置桌面背景图片在桌面上的显示位置（填充、适应、拉伸、平铺、居中、跨区），此处选择“平铺”，如图 1-4 所示。

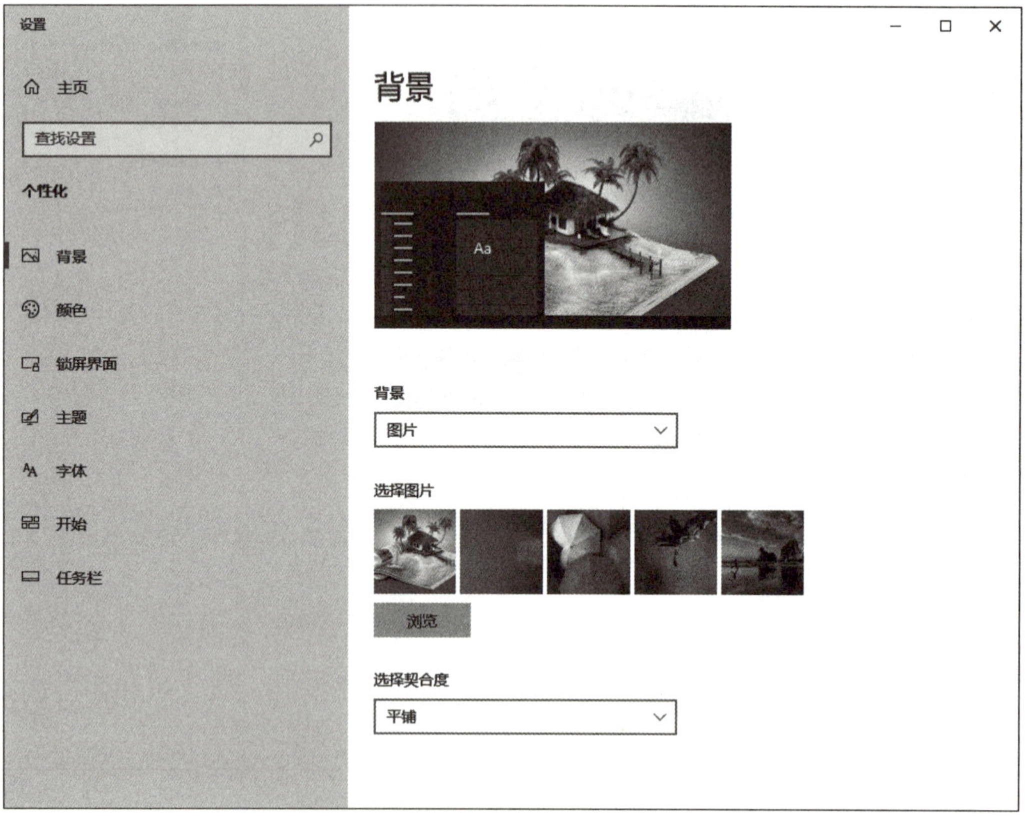

图 1-4　图片桌面背景设置窗口

（2）选择一种纯色作为桌面背景。

单击“背景”下拉按钮，在弹出的下拉列表中选择“纯色”，在“选择你的背景色”下方选择一种系统预设颜色，此处选择“黑色”，如图 1-5 所示，或者单击“自定义颜色”按钮，打开“选取背景颜色”对话框，单击“更多”展开按钮（单击后变为“更少”收起按钮），设置 RGB（红色、绿色、蓝色）值或 HSV（色调、饱和度、值）值，定制自己喜欢的颜色，此处设置 RGB 值为（50，150，50），如图 1-6 所示，单击“完成”按钮，即将此颜色设置为桌面背景。

（3）多张图片实现幻灯片放映的桌面背景。

单击“背景”下拉按钮，在弹出的下拉列表中，选择“幻灯片放映”，单击“图片切换频率”下拉按钮，在弹出的下拉列表中，选择“1 分钟”，如图 1-7 所示。再单击“为幻灯片选择相册”下方的“浏览”按钮，打开“选择文件夹”对话框，如图 1-8 所示，选择图片所在的文件夹，然后单击“选择此文件夹”按钮，将该文件夹中的图片设置为幻灯片放映的桌面背景。

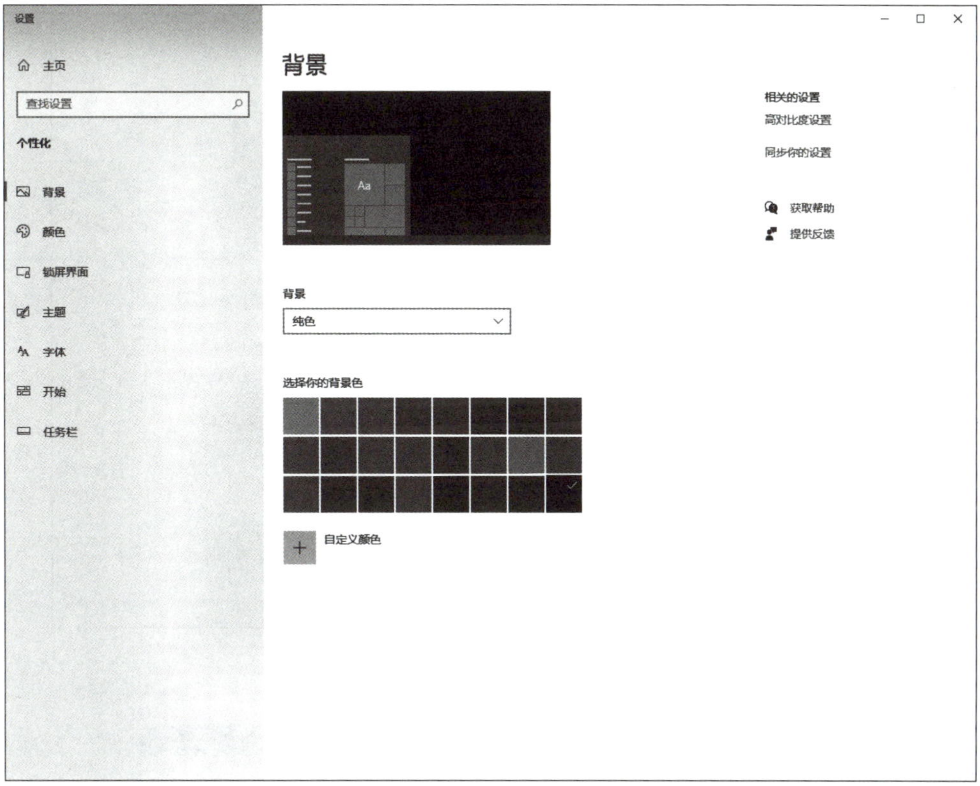

图 1-5　纯色桌面背景设置窗口

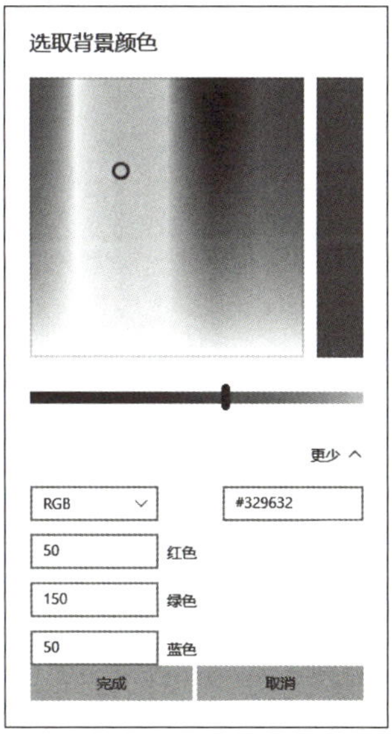

图 1-6　自定义颜色桌面背景设置

图 1-7　幻灯片放映桌面背景设置窗口

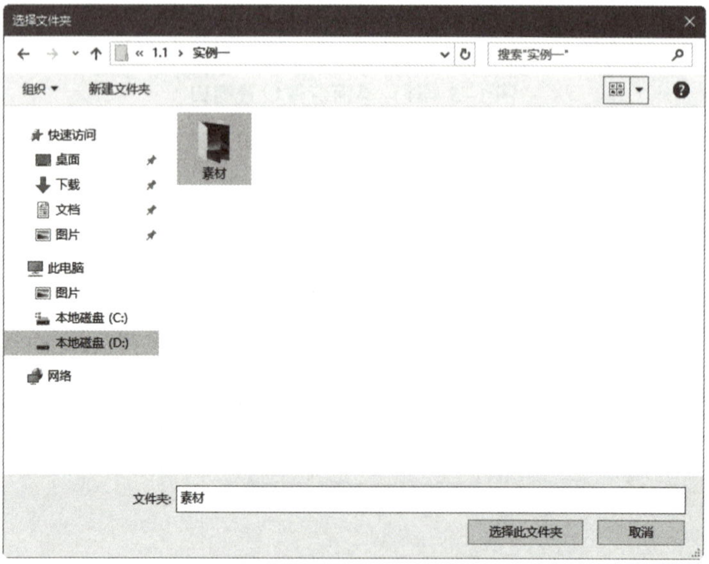

图 1-8　"选择文件夹"对话框

● 提示：

在幻灯片放映中显示的多张图片需要保存在相同的文件夹中。

3. 锁屏界面实现。设置系统“锁屏界面”为素材中的一张图片，并设置屏幕保护程序为“3D 文字”。

（1）在“个性化”设置窗口，单击左侧“锁屏界面”，打开“锁屏界面”设置窗口，如图 1–9 所示，选择“背景”为“图片”模式，单击“选择图片”下方的“浏览”按钮，打开“打开”对话框，找到该实例素材文件夹中图片“锁屏 .jpg”，双击图片将其设置为锁屏界面图片。

图 1–9 “锁屏界面”设置窗口

（2）拖动“锁屏界面”设置窗口右侧的滚动条至最下端，单击“屏幕保护程序设置”，打开“屏幕保护程序设置”对话框，如图 1–10 所示，单击“屏幕保护程序”下拉按钮，在弹出的下拉列表中，选择“3D 文字”，并设置“等待”时间为“1 分钟”，此处使用默认文字“Windows 10”，也可单击“设置”按钮打开“3D 文字设置”对话框自定义文字内容。

（3）为了信息安全，可勾选“在恢复时显示登录屏幕”复选框，单击“确定”按钮完成设置。选择此项后，在退出屏幕保护程序时需要输入计算机中已设置的用户名和密码。

4. 应用、更改和保存主题。设置自己喜欢的主题，并修改桌面背景，更改系统声音，更改鼠标光标，取消桌面“网络”图标的显示，将修改后的主题进行保存。

视频：更改和保存主题

（1）在“个性化”设置窗口，单击左侧“主题”，打开“主题”设置窗口，如图 1–11 所示，单击“更改主题”下方的“Windows”主题，应用该主题，单击“背景”，打开“背景”设置窗口，进行背景设置。

图 1-10　“屏幕保护程序设置”对话框

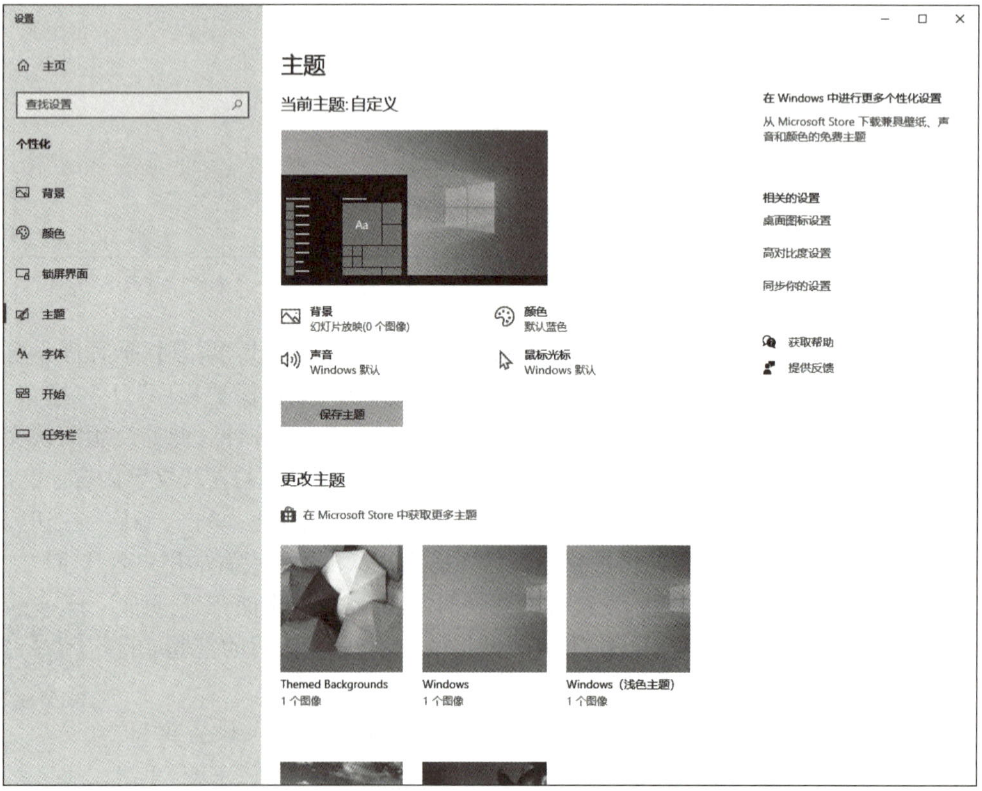

图 1-11　“主题”设置窗口

（2）切换到“主题”设置窗口，单击“声音”，打开“声音”对话框，如图 1-12 所示，在“程序事件”列表框中选择要分配新声音的事件，此处选择“关闭程序”，在“声音”下拉列表中选择与该事件关联的声音，此处选择“Ring01.wav”，单击“确定”按钮，将“关闭程序”时的声音设置为“Ring01.wav”。

（3）在“主题”设置窗口，单击“鼠标光标”，打开“鼠标属性”对话框，如图 1-13 所示，在“指针”选项卡下选择方案，也可勾选“启用指针阴影”复选框启用指针阴影，设置后单击“确定”按钮。

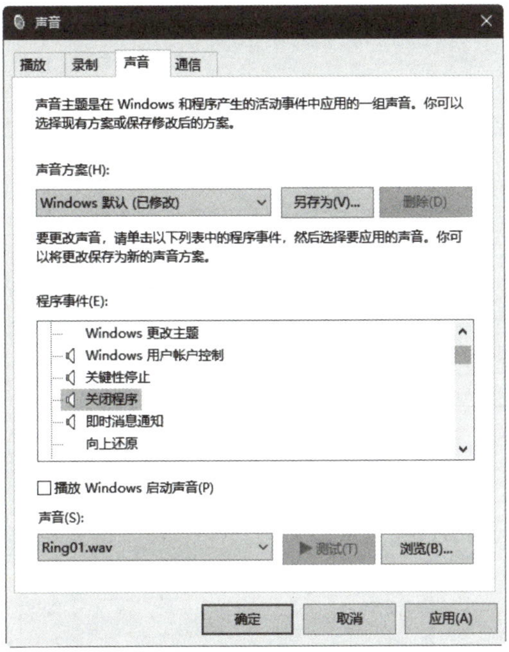

图 1-12 “声音”对话框

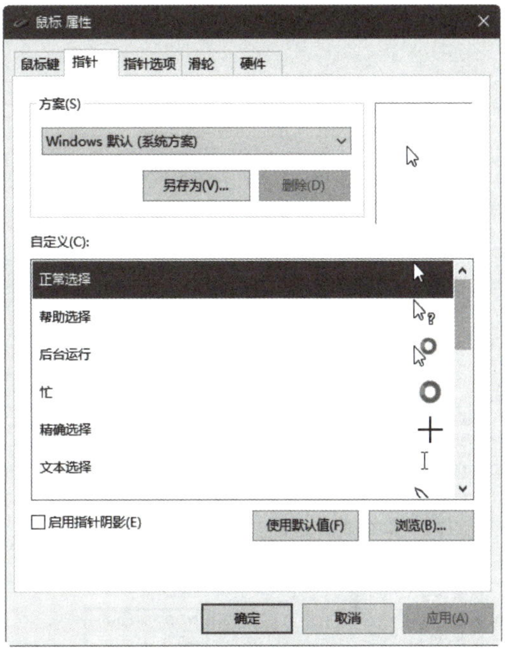

图 1-13 “鼠标属性”对话框

（4）在“主题”设置窗口，单击“桌面图标设置”，打开“桌面图标设置”对话框，如图 1-14 所示，取消勾选“桌面图标”组中的“网络”复选框，单击“确定”按钮。

（5）返回“主题”设置窗口，单击“保存主题”按钮，打开“保存主题”对话框，如图 1-15 所示，在文本框中输入主题名称，单击“保存”按钮完成主题保存。

5. “开始”菜单调整。设置“开始”菜单显示效果，将“显示最近添加的应用”关闭，并将常用的一项应用添加到“已固定的磁贴”中。

（1）在“个性化”设置窗口，单击左侧“开始”，打开“开始”设置窗口，如图 1-16 所示，单击“显示最近添加的应用”下方按钮，将其设置为“关”的状态。

（2）单击“开始”按钮，在弹出的“开始”菜单中，鼠标移至左侧应用列表中要添加到“已固定的磁贴”的应用上，按下鼠标左键拖动至右侧“已固定的磁贴”相应位置后释放鼠标左键，将其添加到“已固定的磁贴”中。在“已固定的磁贴”中的应用上单击鼠标右键，选择“从"开始"屏幕取消固定”可将应用从“已固定的磁贴”中删除。

图 1-14　“桌面图标设置”对话框

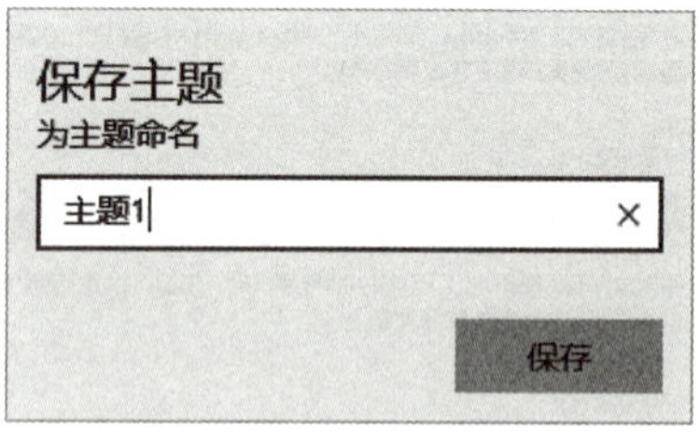

图 1-15　“保存主题”对话框

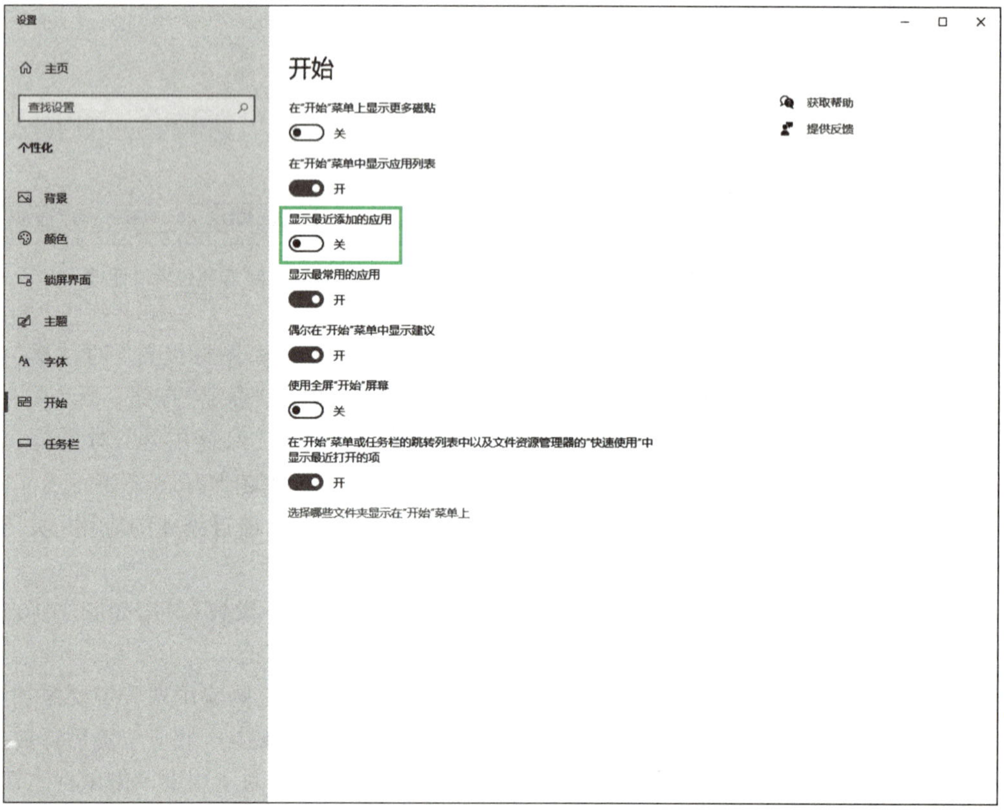

图 1-16　“开始”设置窗口

6. 任务栏的设置与调整。设置任务栏“合并任务栏按钮”为“任务栏已满时”，并根据需要设置“选择哪些图标显示在任务栏上”和“打开和关闭系统图标”项。

（1）在“个性化”设置窗口，单击左侧“任务栏”，或者在任务栏空白处单击鼠标右键，在弹出的快捷菜单中选择“任务栏设置”命令，打开“任务栏”设置窗口，如图 1-17 所示，单击“合并任务栏按钮”下拉按钮，在弹出的下拉列表中选择“任务栏已满时”。

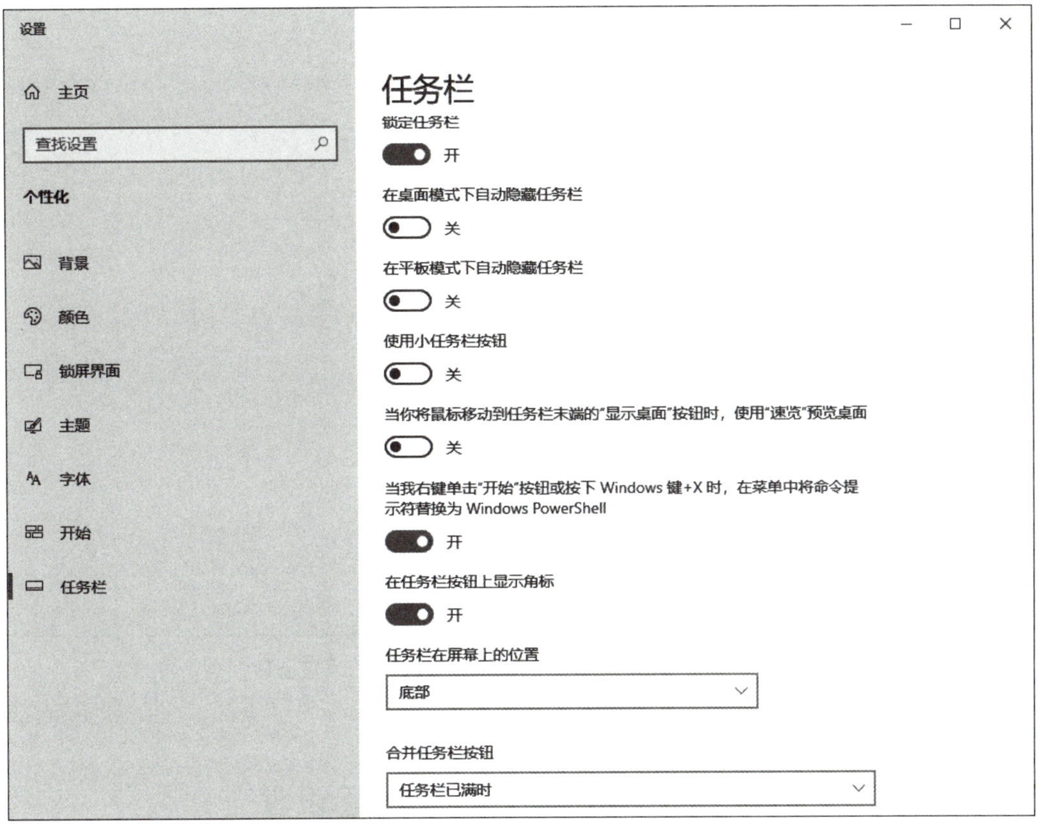

图 1-17 “任务栏”设置窗口

（2）向下拖动右侧的滚动条，单击“通知区域”下方的“选择哪些图标显示在任务栏上”，打开如图 1-18 所示的“选择哪些图标显示在任务栏上”设置窗口，单击相应项右侧的按钮，设置“开”或“关”即可。

（3）在“任务栏”设置窗口，单击“通知区域”下方的“打开或关闭系统图标”，在打开的“打开或关闭系统图标”设置窗口中单击相应项右侧的按钮，设置“开”和“关”，控制是否显示系统图标，完成设置。

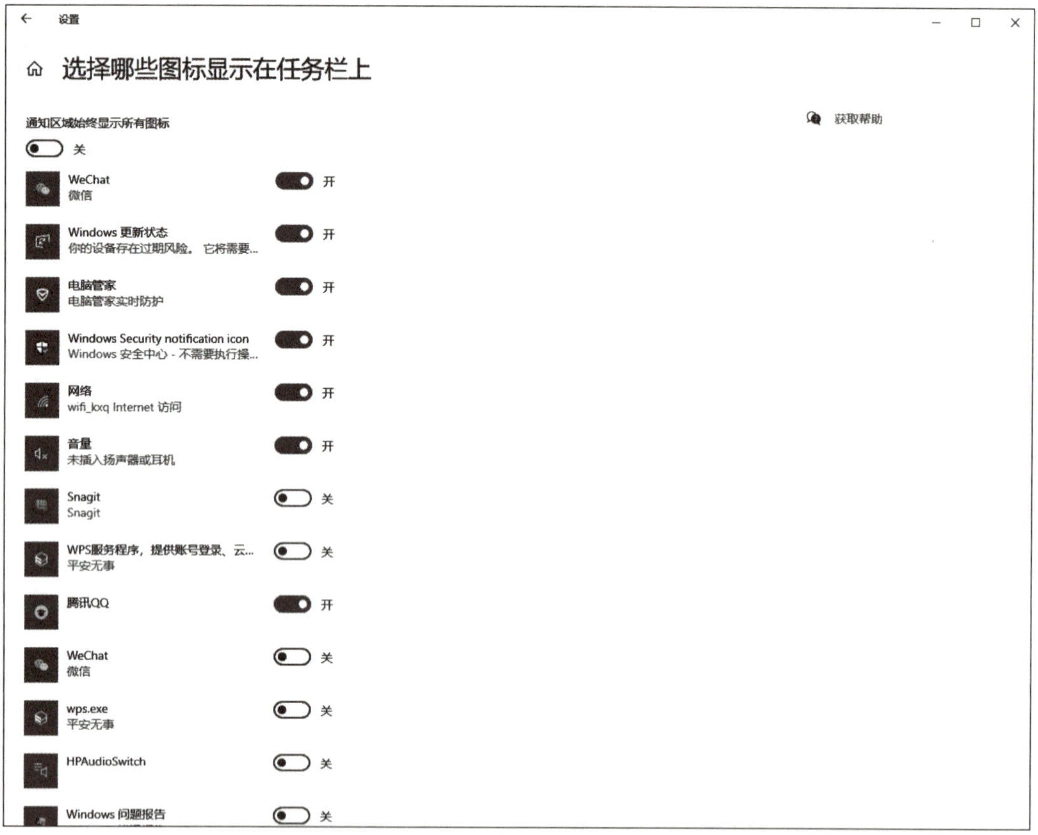

图 1-18　“选择哪些图标显示在任务栏上”设置窗口

实例二　Windows 10 显示设置

学习目标及要求

掌握 Windows 10 的显示设置方法。
了解 Windows 10 中设置系统及应用声音的方法。
了解 Windows 10 中计算机电源和睡眠时间设置方法。
熟练掌握 Windows 10 计算机存储空间管理的操作方法。

学习内容及操作步骤

1. 在桌面空白处单击鼠标右键，在弹出的快捷菜单中，选择“显示设置”命令，打开

“系统”设置窗口，如图 1–19 所示。该窗口中提供了系统显示、声音、电源和睡眠、存储等系统项设置。

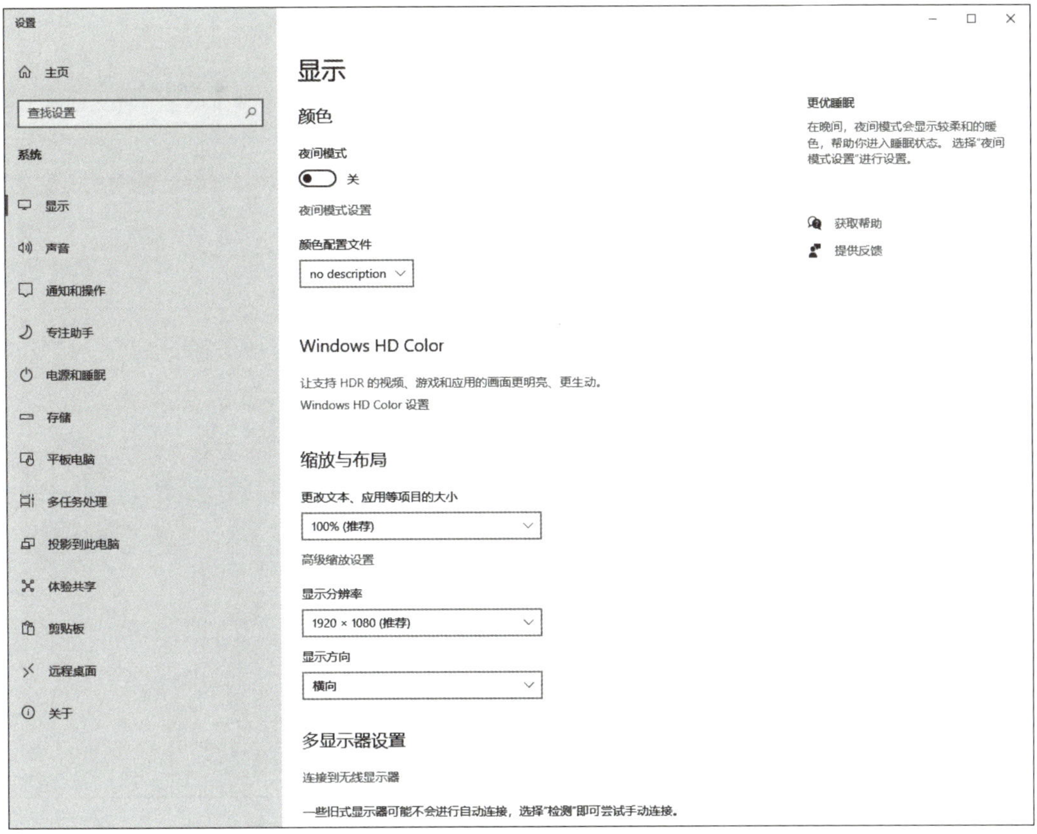

图 1–19 “系统”设置窗口

2. 系统显示设置。设置系统显示为 22:00 开启夜间模式，至次日 7:30 关闭夜间模式，更改文本、应用等项目的大小为“100%（推荐）”，显示分辨率为“1366 × 768”。

（1）在“系统”设置窗口中，单击“夜间模式”下方的按钮，使其从“关”变为“开”，开启夜间模式，再单击“夜间模式设置”，打开“夜间模式设置”设置窗口，如图 1–20 所示。

（2）选择“设置小时”，单击“启用”时间，打开时间设置对话框，如图 1–21 所示，选择时间，此处设置为“22:00”，然后单击“√”按钮确定，再设置“关闭”时间为“7:30”，返回“夜间模式设置”窗口，单击“立即启用”按钮启动夜间模式设置。

（3）返回“系统”设置窗口，在“缩放与布局”项中，设置“更改文本、应用等项目的大小”为“100%（推荐）”，“显示分辨率”为“1366 × 768”，在弹出的“是否保留这些显示设置？”对话框，如图 1–22 所示，单击“保留更改”按钮，实现系统显示设置。

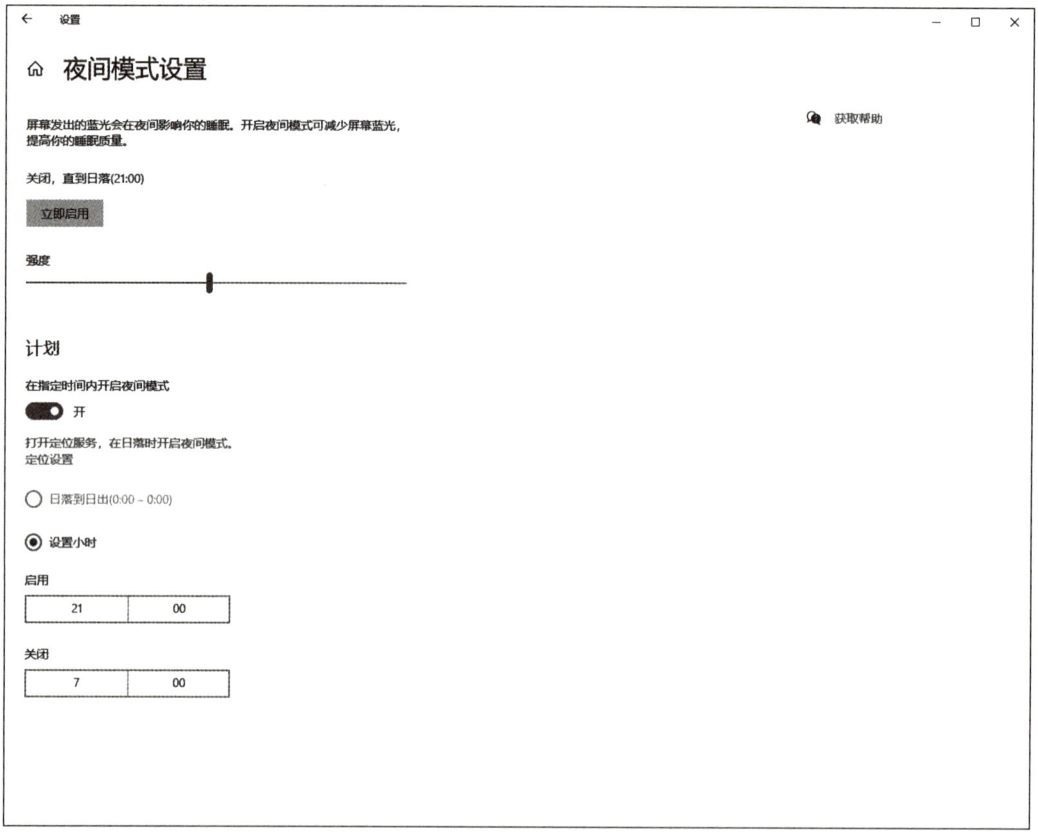

图 1-20　“夜间模式设置”设置窗口

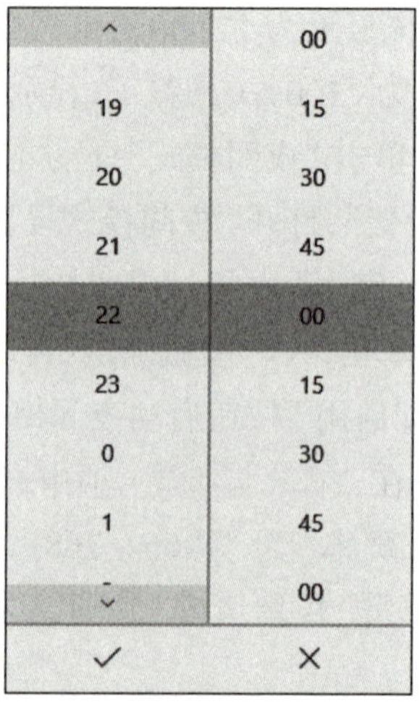

图 1-21　时间设置对话框

图 1–22 “是否保留这些显示设置？”对话框

3. 系统及应用音量调整。适当更改系统主音量，对正在使用的应用程序音量进行调整，连接可用的蓝牙音频设备。

（1）在“系统”设置窗口，单击左侧“声音”，打开“声音”设置窗口，如图 1–23 所示，使用鼠标拖动调整“主音量”的滑块位置，此处调整为“100”，对系统主音量进行更改。

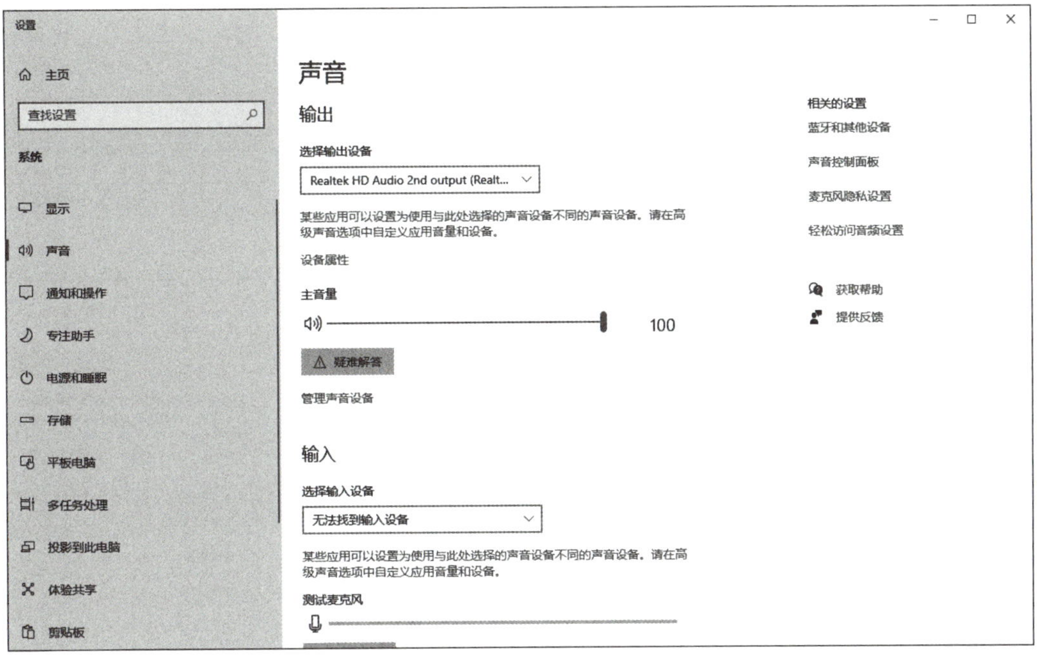

图 1–23 “声音”设置窗口

（2）向下拖动右侧的滚动条，单击“高级声音选项”下方的“应用音量和设备首选项”，打开“应用音量和设备首选项”设置窗口，如图 1–24 所示，对正在使用的应用音量进行调整（此处要在打开应用程序的情况下才可设置），此处调整为“50”，也可重置为“Microsoft 推荐的默认值”。

（3）单击左上角“←”箭头按钮，返回“声音”设置窗口，单击“蓝牙和其他设备”，打开“蓝牙和其他设备”设置窗口，如图 1–25 所示，单击“蓝牙”下方的按钮，使其从“关”变为“开”，打开蓝牙，再单击“更多蓝牙选项”，打开“蓝牙设置”对话框，如图 1–26 所示，勾选“允许蓝牙设备查找这台电脑”复选框，单击“确定”按钮，蓝牙设备将会看到这台计算机的名称。

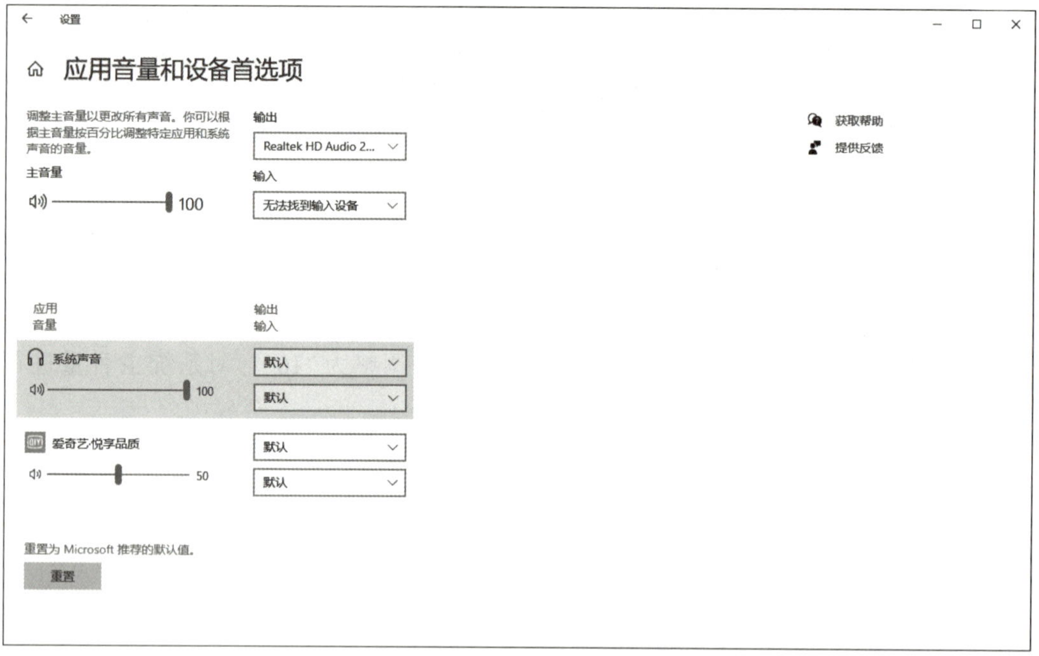

图 1–24 “应用音量和设备首选项”设置窗口

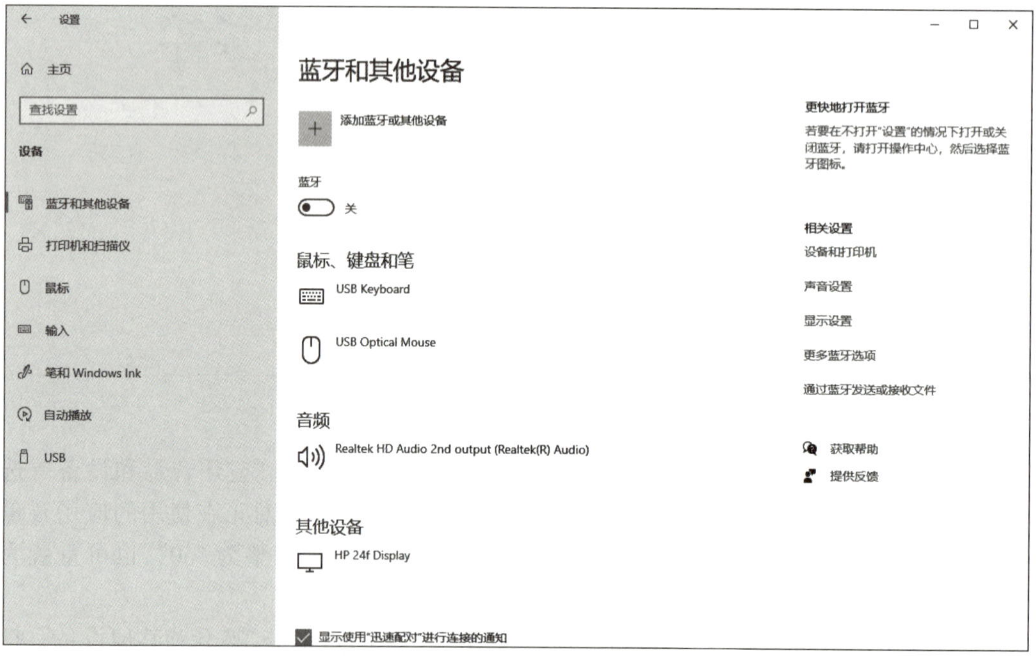

图 1–25 “蓝牙和其他设备”设置窗口

（4）在“蓝牙和其他设备”设置窗口中，单击“添加蓝牙或其他设备”，打开“添加设备”对话框，如图 1–27 所示，选择要添加的设备的类型，周围有可连接设备的情况下即可选择设备实现连接。

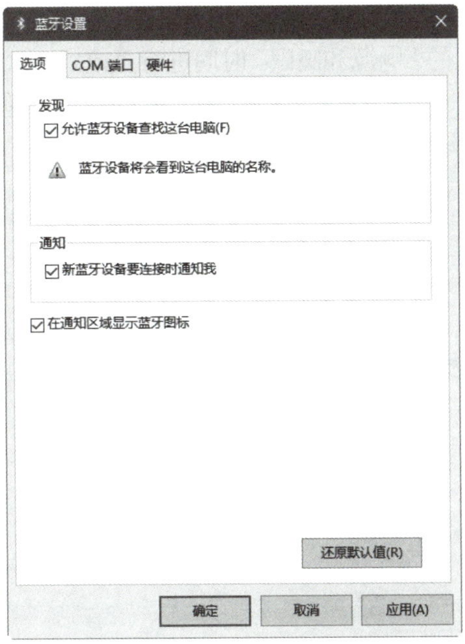

图 1–26 “蓝牙设置”对话框

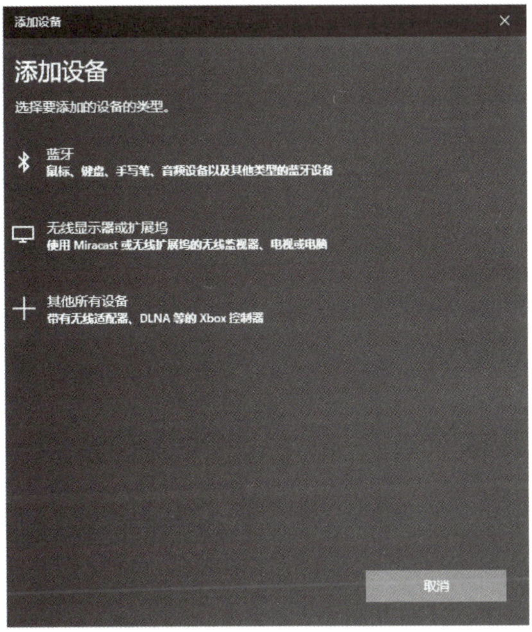

图 1–27 “添加设备”对话框

4. 更改计算机的电源和睡眠时间。合理设置在接通电源的情况下，不使用计算机时的屏幕关闭时间和进入睡眠状态的时间。

（1）在“系统”设置窗口，单击左侧“电源和睡眠”，打开“电源和睡眠”设置窗口，如图 1–28 所示。

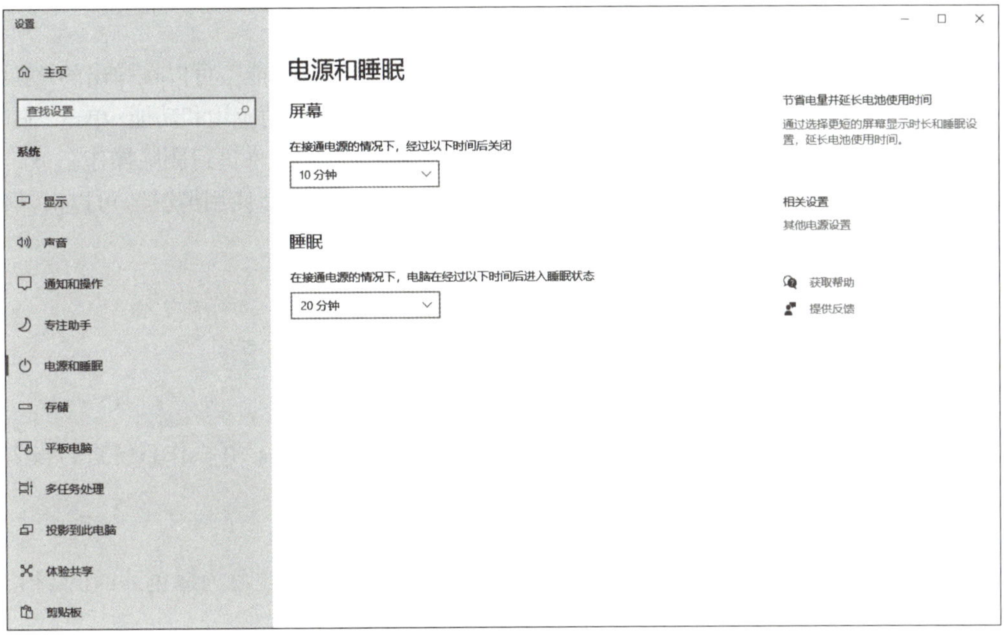

图 1–28 “电源和睡眠”设置窗口

（2）分别单击“屏幕”和“睡眠”下拉按钮，在弹出的下拉列表中选择相应的时间，此处分别选择“10 分钟”和“20 分钟”，即可对计算机的“电源和睡眠”时间进行更改。

5. 磁盘驱动器存储查看及优化。查看磁盘驱动器的存储空间使用情况，卸载该磁盘驱动器下未使用或不想要的应用和功能，选择要删除的临时文件进行删除。

（1）在“系统”设置窗口，单击左侧“存储”，打开“存储”设置窗口，如图 1-29 所示。

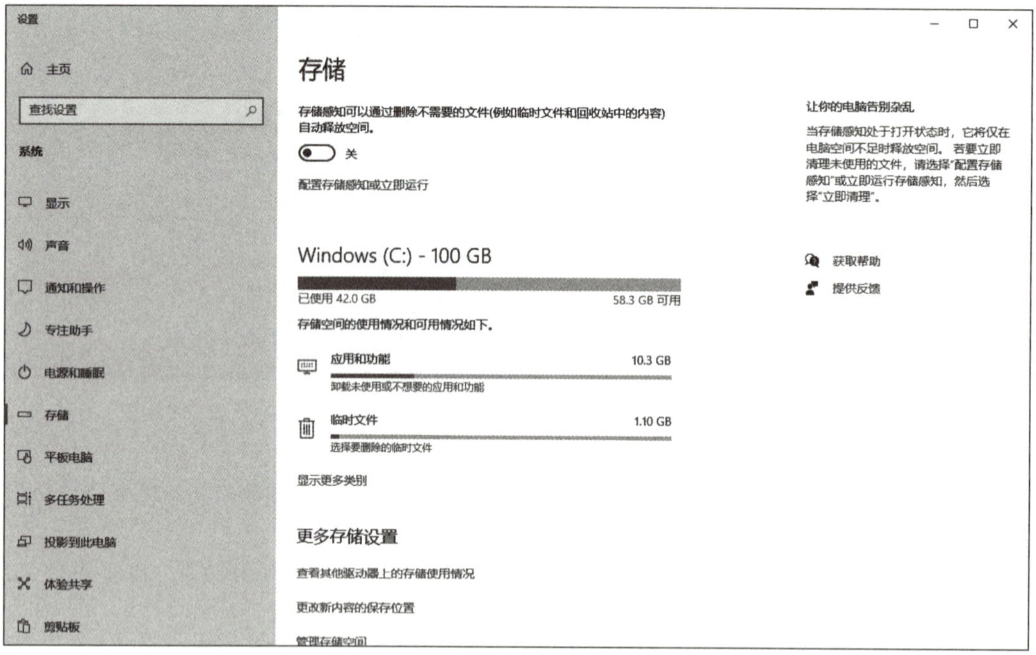

图 1-29　“存储”设置窗口

（2）默认显示的为系统磁盘驱动器存储情况，单击“应用和功能”，可以在弹出的“应用和功能”设置窗口中选择卸载系统磁盘驱动器下未使用或不想要的应用和功能；单击“临时文件”，可以在弹出的“临时文件”设置窗口中选择要删除的临时文件进行删除操作。

（3）单击“更多存储设置”下方的“查看其他驱动器上的存储使用情况”，可以对其他磁盘驱动器进行存储管理。

拓展训练　Windows 10 系统设置

综合运用所学知识并查阅相关资料，对自己计算机的 Windows 10 操作系统进行设置，操作要求如下：

1. 设置自己的桌面背景为纯绿色。

2. 设置系统个性化颜色，“选择颜色”模式为“自定义”，主题色为绿色，并在“开始”菜单、任务栏和操作中心及标题栏和窗口边框区域显示主题色。

3. 设置鼠标指针方案和双击速度。

4. 将任务栏位置显示在屏幕靠右位置。

5. 检查计算机磁盘驱动器的存储情况，并删除各磁盘驱动器中的临时文件。

1.2 文件和文件夹管理

实例一 文件和文件夹基本操作

学习目标及要求

熟悉文件资源管理器的使用方法。

熟练掌握文件和文件夹的基本操作方法。

学习内容及操作步骤

1. 打开文件资源管理器。

（1）方法一：在“开始”按钮上单击鼠标右键，在弹出的快捷菜单中选择“文件资源管理器”命令。

（2）方法二：单击“开始”按钮，在弹出的“开始”菜单中选择“Windows 系统”下的“文件资源管理器”命令。

（3）方法三：在“开始”菜单或任务栏左侧的搜索框中输入“文件资源管理器”，然后单击搜索结果中的“文件资源管理器”。

打开文件资源管理器即可对文件或文件夹进行操作。

2. 新建文件或文件夹。在窗口文件区域空白处单击鼠标右键，在弹出的快捷菜单中，选择“新建”命令，在级联菜单中选择“文件夹”或某类型文件命令，如图 1-30 所示，即可新建一个文件夹或某类型文件。

视频：文件和文件夹基本操作

3. 选择文件或文件夹。对文件或文件夹进行管理操作之前，先要选择相应的文件或文件夹。用户可以选择一个或多个文件或文件夹，当选择多个时，可以是连续的，也可以是不连续的。

使用鼠标和键盘选择文件或文件夹的方法如下：

（1）选择单个文件或文件夹：单击相应的文件或文件夹图标。

（2）选择多个连续的文件或文件夹：先选择第一个文件或文件夹，按住 Shift 键，再单击最后一个要选择的文件或文件夹。

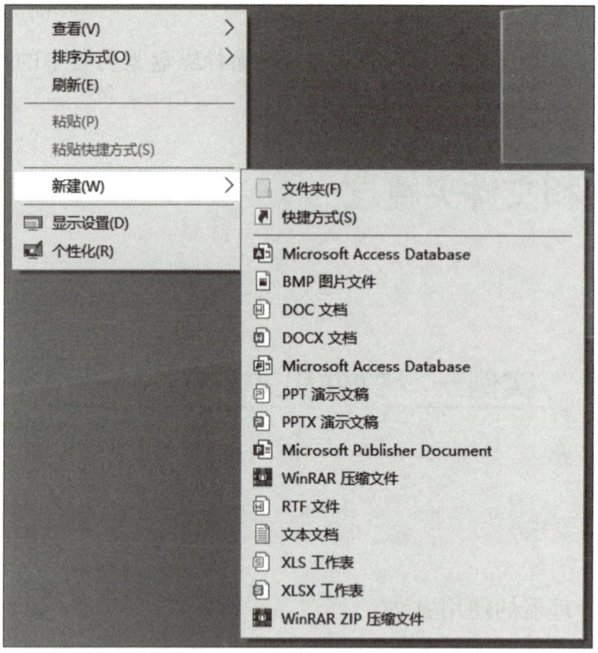

图 1–30　新建文件或文件夹快捷菜单

（3）选择多个不连续的文件或文件夹：先选择第一个文件或文件夹，按住 Ctrl 键，再依次单击其他文件或文件夹。

（4）选择窗口中全部文件或文件夹：按住鼠标左键拖动鼠标，框选所有文件或文件夹，或者直接按 Ctrl+A 快捷键选择。

使用选项卡选择文件或文件夹的方法如下：

打开文件或文件夹所在窗口，在“查看”选项卡“显示 / 隐藏”组中，勾选“项目复选框”复选框，如图 1–31 所示，勾选“名称”复选框，如图 1–32 所示，选择全部文件或文件夹，也可鼠标移动到某个文件或文件夹，勾选文件或文件夹左侧出现的复选框，可选择多个文件或文件夹，或者在“主页”选项卡“选择”组中，单击“全部选择”按钮，选择全部文件和文件夹。

4. 复制文件或文件夹。

复制文件或文件夹的方法如下：

（1）使用快捷菜单：选择文件或文件夹，单击鼠标右键，在弹出的快捷菜单中选择“复制”命令，打开目标位置，单击鼠标右键，在弹出的快捷菜单中选择“粘贴”命令。

（2）利用快捷键：选择文件或文件夹，按 Ctrl+C 快捷键，打开目标位置，按 Ctrl+V 快捷键。

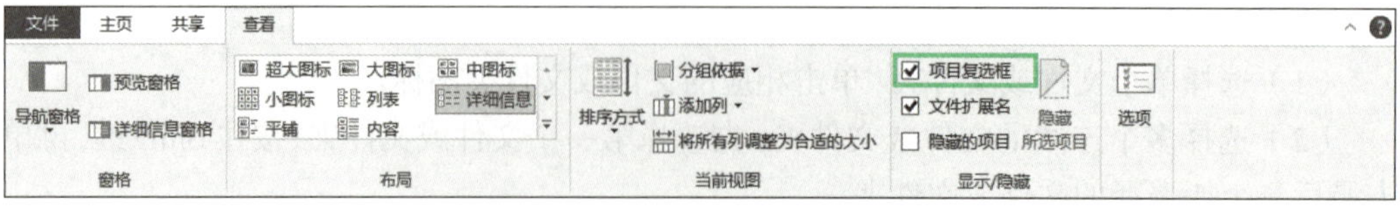

图 1–31　勾选“项目复选框”复选框

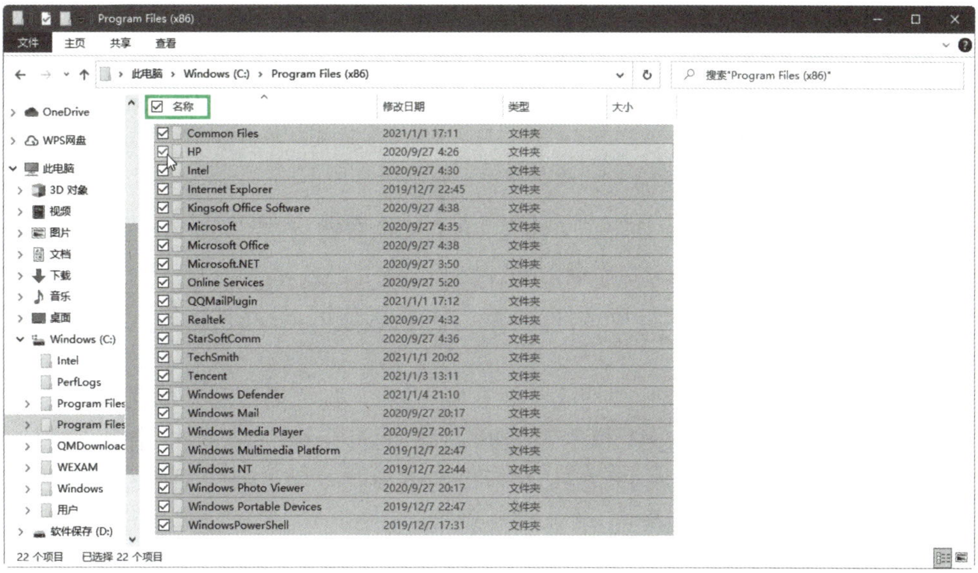

图 1–32 勾选"名称"复选框

（3）通过选项卡按钮：打开文件或文件夹所在窗口，选择需要复制的文件或文件夹，在"主页"选项卡"剪贴板"组中，单击"复制"按钮，如图 1–33 所示，打开目标位置，单击"粘贴"按钮；或者在"组织"组中，单击"复制到"按钮，在弹出的下拉菜单中，选择"选择位置 ..."命令，打开"复制项目"对话框，如图 1–34 所示，打开目标位置，单击"复制"按钮。

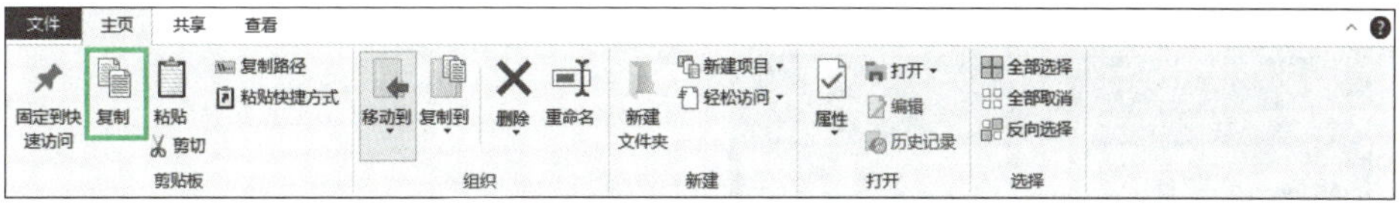

图 1–33 单击"复制"按钮

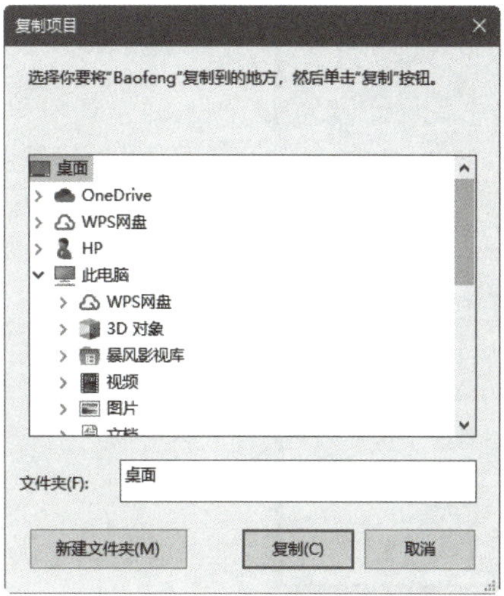

图 1–34 "复制项目"对话框

（4）使用鼠标拖动：若在同一磁盘驱动器中复制文件或文件夹，先选择文件或文件夹，再按住鼠标拖动，同时按住 Ctrl 键即可完成复制操作；若在不同磁盘驱动器中复制文件或文件夹，则直接拖动选择的文件或文件夹到目标文件夹后即可完成复制。

5. 移动文件或文件夹。

移动文件或文件夹的方法如下：

（1）使用快捷菜单：选择文件或文件夹，单击鼠标右键，选择 “剪切” 命令，打开目标位置，单击鼠标右键，选择 “粘贴” 命令。

（2）利用快捷键：选择文件或文件夹，按 Ctrl+X 快捷键，打开目标位置，按 Ctrl+V 快捷键。

（3）通过选项卡按钮：打开文件或文件夹所在窗口，选择需要移动的文件或文件夹，在 “主页” 选项卡 “剪贴板” 组中，单击 “剪切” 按钮，打开目标位置，单击 “粘贴” 按钮；或者在 “组织” 组中，单击 “移动到” 按钮，在弹出的下拉菜单中，选择 “选择位置 ...”，打开 “移动项目” 对话框，选择目标位置，单击 “移动” 按钮。

（4）使用鼠标拖动：若在同一磁盘驱动器中移动文件或文件夹，先选择文件或文件夹，再按住鼠标左键拖动即可完成移动操作；若在不同磁盘驱动器中移动文件或文件夹，则在拖动过程中按住 Shift 键即可完成移动。

6. 重命名文件或文件夹。

选择文件或文件夹，单击鼠标右键，在弹出的快捷菜单中，选择 “重命名” 命令，如图 1–35 所示，或者选择文件或文件夹，按下 F2 键，进入名称编辑状态，如图 1–36 所示，输入新的名称即可。

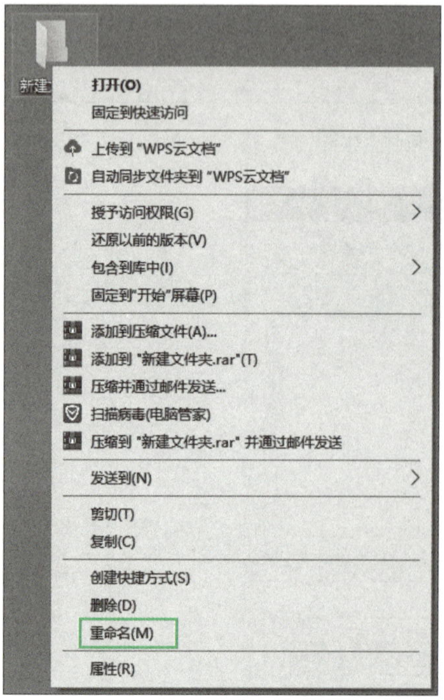

图 1–35　选择 “重命名” 命令

图 1–36　进入名称编辑状态

7. 删除文件或文件夹。

选择文件或文件夹后，删除文件或文件夹的方法如下：

（1）单击鼠标右键，在弹出的快捷菜单中，选择“删除”命令。

（2）在“主页”选项卡“组织”组中，单击“删除”按钮，或者单击“删除”下拉按钮，选择“回收”或“永久删除”命令。

（3）按 Ctrl+D 快捷键或者按 Delete 键。

（4）直接拖动到“回收站”中。

● 提示：

执行以上删除操作过程中，若拖动时或选择“删除”按钮时按住 Shift 键再操作，即可彻底删除所选的文件或文件夹，彻底删除的文件或文件夹，将不被放入回收站，不能还原，建议用户执行彻底删除操作时一定要慎重。

实例二　文件和文件夹管理操作

学习目标及要求

掌握显示或隐藏文件扩展名的设置方法。

熟练掌握搜索文件或文件夹的方法。

掌握设置文件默认打开方式的方法。

掌握回收站管理方法。

学习内容及操作步骤

1. 显示或隐藏文件扩展名。在文件资源管理器中，默认不显示受保护的系统文件或隐藏文件，也不显示已知文件类型的扩展名。如果要查看这些文件信息，则需要进行如下操作：

打开文件资源管理器，在“查看”选项卡“显示 / 隐藏”组中，勾选“文件扩展名”复选框，或者单击“选项”按钮，打开“文件夹选项”对话框，在“查看”选项卡的“高级设置”列表框中，取消勾选“隐藏已知文件类型的扩展名”复选框，如图 1-37 所示，单击“确定”按钮，即可显示文件扩展名。

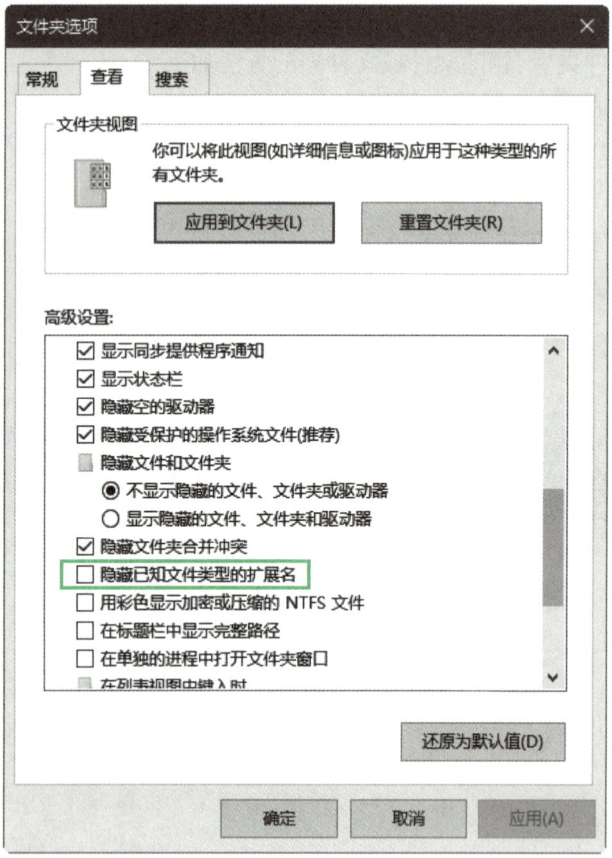

图 1–37　取消勾选“隐藏已知文件类型的扩展名”复选框

● 提示：

在“文件夹选项”对话框“查看”选项卡的“高级设置”列表框中，也可以对受保护的操作系统文件或隐藏的文件、文件夹和磁盘驱动器是否显示进行设置。

2. 搜索文件或文件夹。Windows 10 操作系统中，可以使用搜索功能查找文件或文件夹，可以在文件资源管理器中搜索，也可以在任务栏搜索框中搜索，操作如下：

（1）方法一：打开文件资源管理器，选择要搜索的磁盘驱动器或文件夹位置，此处选择 C 盘，在搜索框中输入要查找的文件或文件夹名称的关键字，如“windows”，可以分类显示所有与“windows”相关的文件或文件夹，如图 1–38 所示。

（2）方法二：在任务栏搜索框中输入要查找的文件或文件夹名称的关键字，如“windows”，即可分类显示所有与“windows”相关的最佳匹配、应用和设置等，如图 1–39 所示，如果只搜索文件，在类别中选择“文档”即可。

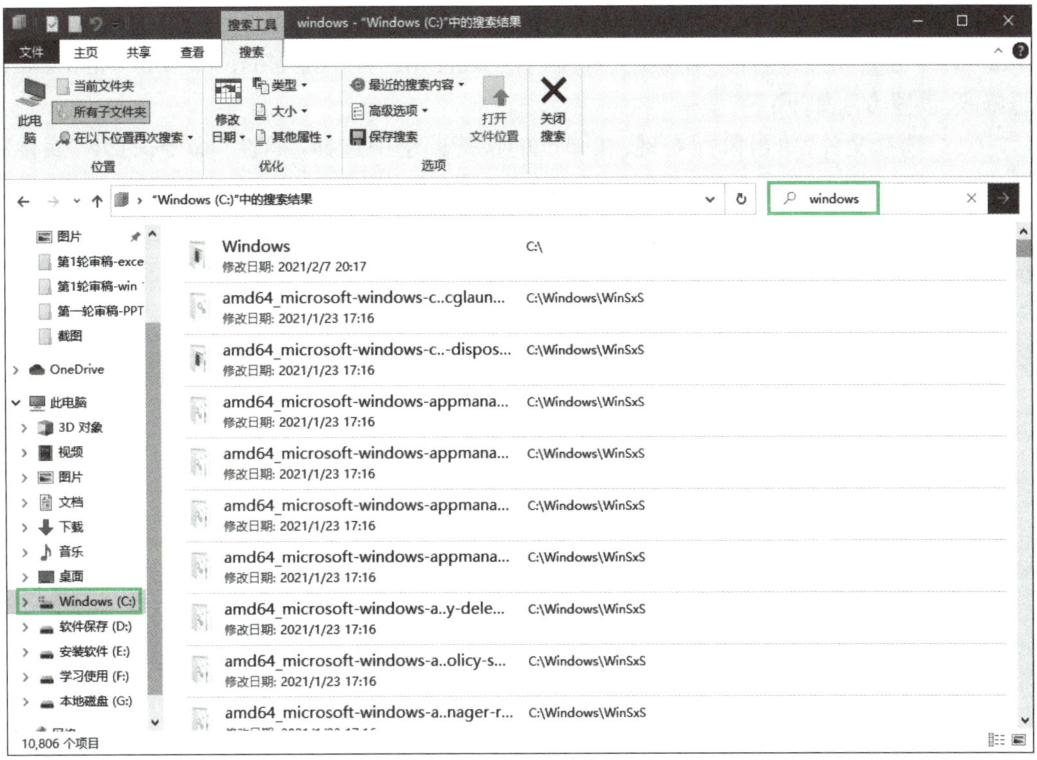

图 1–38 文件资源管理器搜索

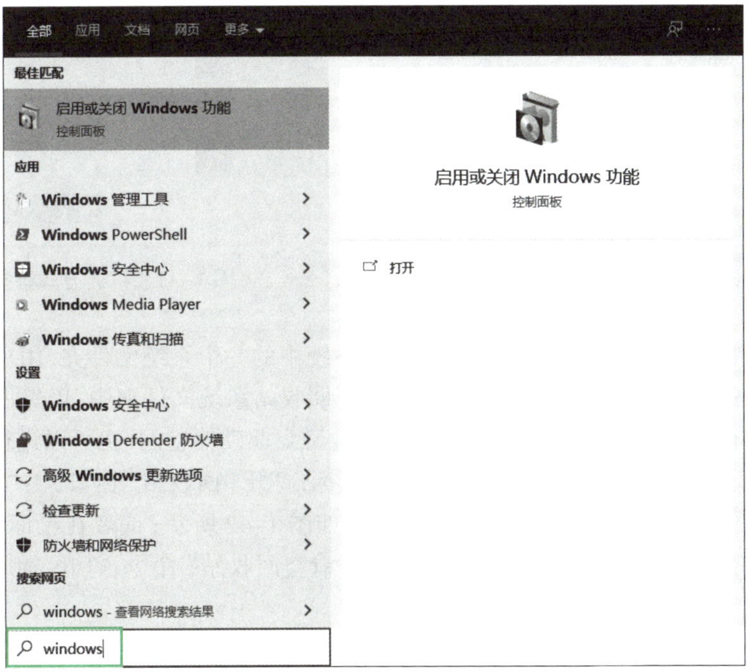

图 1–39 搜索框搜索

3. 修改文件默认打开方式。计算机上安装多个同类软件，如安装了 WPS 和 Microsoft Office 两个办公软件，当打开 Excel 文件时，若发现使用的并不是 Microsoft Office 的 Excel，想修改，设置方法如下：

（1）选择文件，单击鼠标右键，在弹出的快捷菜单中选择“属性”命令，打开“属性”对话框，如图 1-40 所示，单击“更改”按钮。

（2）弹出打开方式选择对话框，如图 1-41 所示，选择要使用的程序，然后单击“确定”按钮。

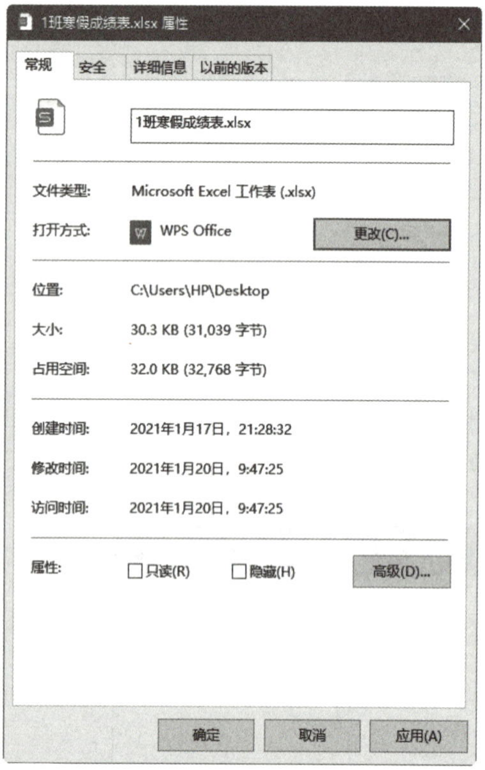

图 1-40　“属性”对话框

图 1-41　打开方式选择对话框

4. 管理回收站。回收站是 Windows 操作系统中的一个系统文件夹，用户删除的文件被临时存放在回收站中，实质上是把文件放到了回收站系统文件夹中，仍然占用磁盘驱动器空间，存放在回收站的文件可以彻底删除，释放磁盘驱动器空间，也可以进行还原。

（1）彻底删除文件。双击桌面“回收站”图标，打开“回收站”窗口，在“回收站工具”选项卡“管理”组中，单击“清空回收站”按钮，如图 1-42 所示；或者在桌面“回收站”图标上单击鼠标右键，在弹出的快捷菜单中单击“清空回收站”命令，打开“删除多个项目”对话框，如图 1-43 所示，单击“是”按钮。

（2）还原文件。在“回收站”窗口中，选择要还原的文件，在“回收站工具”选项卡“还原”组中，单击“还原选定的项目”按钮，或者在选择文件上单击鼠标右键，在弹出的快捷菜单中，选择“还原”命令，如图 1-44 所示。

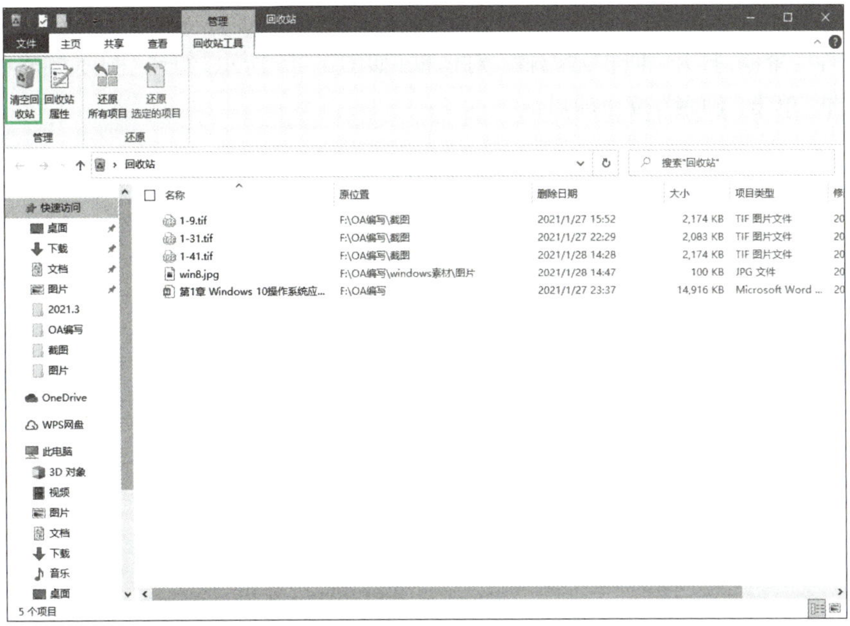

图 1-42　单击“清空回收站”按钮

图 1-43　“删除多个项目”对话框

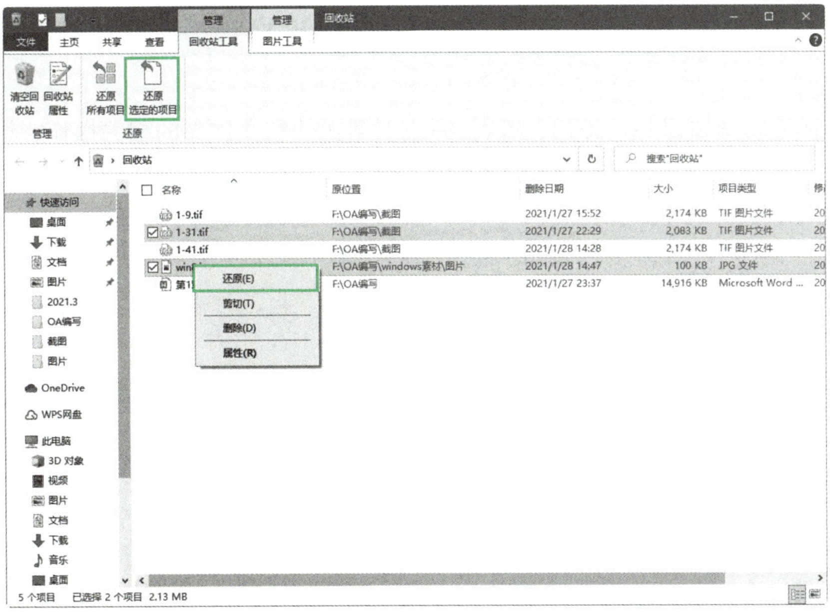

图 1-44　单击“还原选定的项目”按钮或者选择“还原”命令

（3）设置回收站属性。在桌面“回收站”图标上单击鼠标右键，在弹出的快捷菜单中选择“属性”命令，打开“回收站属性”对话框，如图 1-45 所示，勾选“显示删除确认对话框”复选框，单击“确定”按钮即可。

图 1-45 “回收站属性”对话框

拓展训练 文件和文件夹高级操作

综合运用所学知识并查阅相关资料，完成下列文件和文件夹的相关操作，具体操作要求如下：

1. 文件和文件夹基本操作：

（1）在 D 盘中，新建文件夹，命名为“综合练习”，并在该文件夹下新建 5 个 Word 文件。

（2）重命名新建的 5 个 Word 文件的名字为“word（1）”—“word（5）”。

（3）将“word（2）”和“word（4）”复制到 C 盘的根目录下。

（4）删除“综合练习”文件夹下“word（1）”和“word（3）”。

2. 文件和文件夹管理：

（1）在 C 盘中新建名称为“图片”的文件夹。

（2）搜索“此电脑”中以 .jpg 为扩展名的图片文件，将搜索到的 3~5 张图片复制到“图片”文件夹中。

（3）将 C 盘中的“图片”文件夹复制到 D 盘中，重命名为“备份”。

（4）打开“备份”文件夹，将其中的图片文件按“大小”方式排序。
（5）将C盘中的“图片”文件夹属性设置为隐藏。
（6）更改D盘中的“备份”文件夹的图标。
（7）设置计算机显示文件名时隐藏文件扩展名。

1.3 常用程序和系统维护与优化

实例一 Windows 10 常用程序操作

学习目标及要求

了解画图3D的操作方法。
熟练掌握截图和草图的使用方法。
熟练掌握视频编辑器的使用方法。

学习内容及操作步骤

1. 使用画图3D。

（1）启动画图3D。单击“开始”按钮，在弹出的“开始”菜单中选择“画图3D”，或者在桌面下方的“搜索框”中输入“画图3D”，选择搜索结果中的“画图3D”，单击“新建”按钮，打开“画图3D”窗口，如图1-46所示。

（2）绘制图形及画布设置。在“画图3D”窗口中，可以选择窗口上方的“画笔”“2D形状”“3D形状”“贴纸”等绘制自己喜欢的图形并进行调整，选择“文本”可以在图形中添加文字，还可以选择“效果”和“画布”来更改画布的效果及大小。

例如，在“画图3D”窗口上方选择“3D形状”，在窗口右侧选择一个3D对象后，在画布上按住鼠标左键拖动，可以快速绘制一个图形，如图1-47所示，然后对其进行调整，调整好后用鼠标单击图形外任意区域即可完成绘制。

（3）保存操作。单击“画图3D”窗口上方的“菜单”按钮，打开画图3D“菜单”窗口，如图1-48所示，选择“保存”或“另存为”命令保存图片，对于首次创建的图像，单击“保存”命令，打开画图3D“另存为”窗口，如图1-49所示。

图 1-46　“画图 3D”窗口

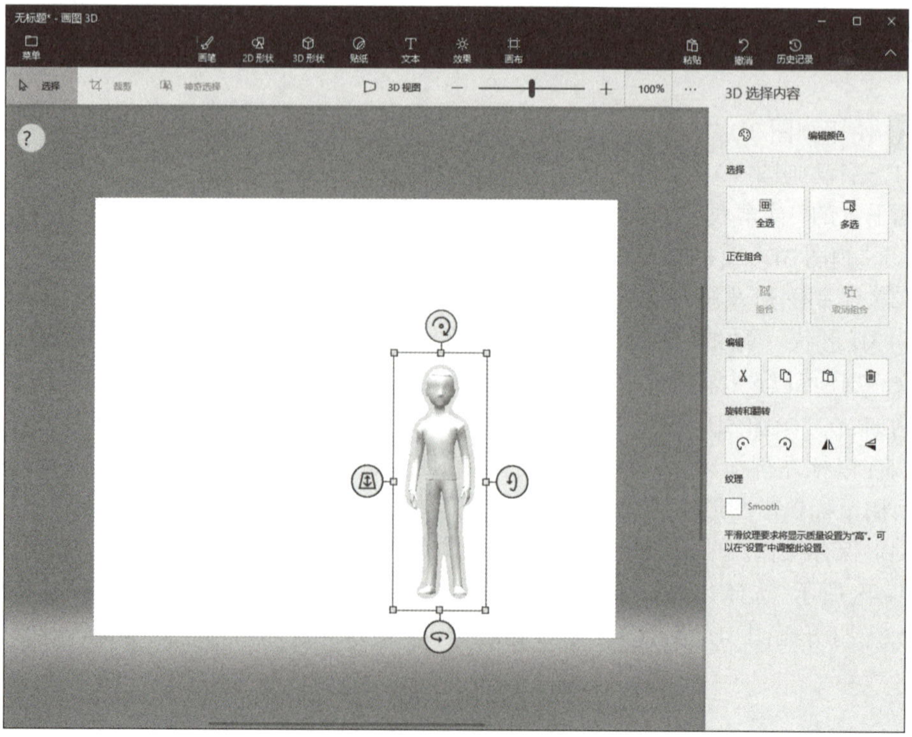

图 1-47　绘制图形

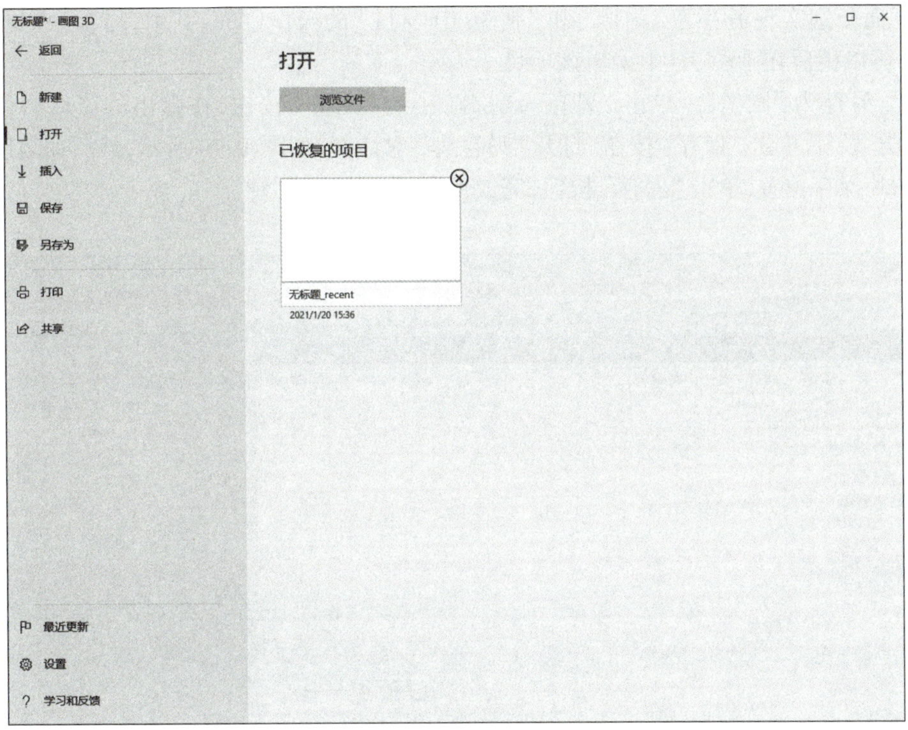

图 1–48　画图 3D“菜单”窗口

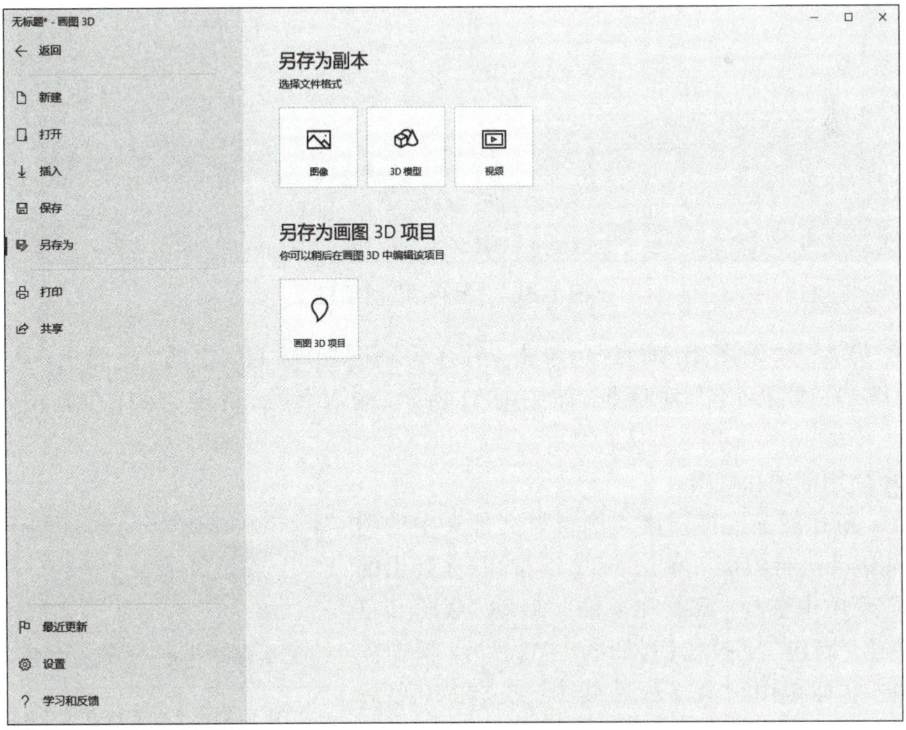

图 1–49　画图 3D“另存为”窗口

下面分别实现另存为“图像”和“画图 3D 项目”的操作过程，其中，另存为“画图 3D 项目”可以稍后在画图 3D 中编辑该项目。

① 另存为“图像”。单击“另存为副本”中的“图像”按钮，在弹出的窗口右侧设置“保存类型”后单击“保存”按钮，打开“另存为”对话框，如图 1–50 所示，然后命名图片并选择图片保存位置，单击“保存”按钮，完成保存。

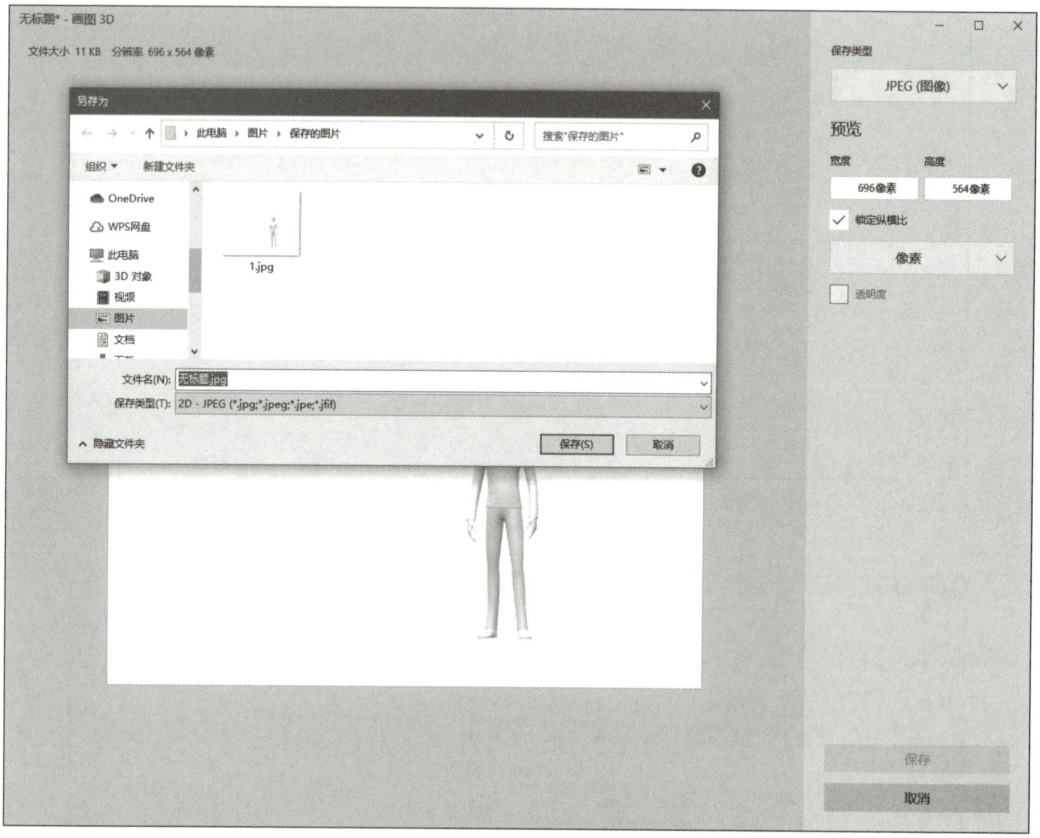

图 1–50　“另存为”对话框

② 另存为“画图 3D 项目”。单击“另存为画图 3D 项目”中的“画图 3D 项目”按钮，打开“为项目命名”对话框，如图 1–51 所示，输入名称，单击“保存在画图 3D 中”按钮。

2. 使用截图和草图。

（1）新建截图。打开该实例素材文件夹中的图片“win.jpg”进行截图。单击“开始”按钮，在弹出的“开始”菜单中选择“截图和草图”，启动“截图和草图”，单击“新建”下拉按钮，如图 1–52 所示，根据需要选择“立即截图”“在 3 秒后截图”或“在 10 秒后截图”进行截图。

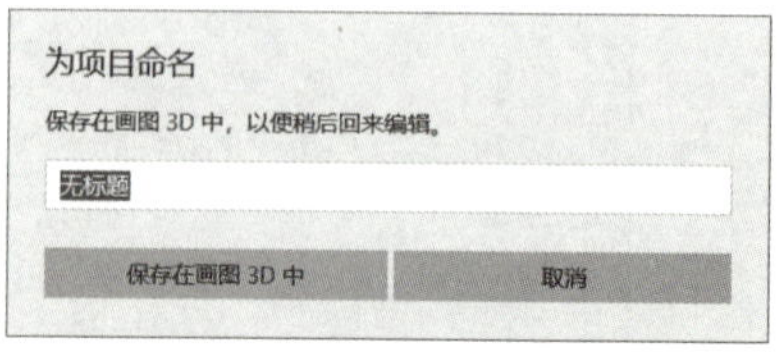

图 1–51　“为项目命名”对话框

图 1–52　单击“新建”下拉按钮

进入截图界面后按住鼠标左键拖动鼠标即可进行截图，所截图片直接显示在“截图和草图”窗口中，截图效果如图 1–53 所示。

图 1–53　截图效果

（2）编辑截图。用户可以选择窗口上方的各种工具为图片涂鸦或添加文字说明，涂鸦效果如图 1–54 所示。选择“橡皮擦”可以将不满意的涂鸦部分擦去，选择“图像裁剪”可以对图片进行裁剪操作。

图 1–54 涂鸦效果

（3）保存截图。单击窗口上方右侧的“另存为”按钮，打开“另存为”对话框，设置截图的保存路径、文件名和保存类型后，单击“保存”按钮即可保存成功。

提示：

可使用键盘 PrtScr 键完成整个屏幕快速截图，按 Alt+PrtScr 快捷键完成当前活动窗口快速截图。对屏幕中的指定部分截图，就要使用截图工具了。

3. 使用视频编辑器。使用“照片”应用中的视频编辑器可以创建将音乐、动作、文本等融入照片和视频的视频文件，甚至还可以添加火花或烟花等动画 3D 效果。

（1）启动视频编辑器。单击“开始”按钮，在弹出的“开始”菜单中选择“视频编辑器”，或者在“搜索框”中输入“视频编辑器”，选择最佳匹配的“视频编辑器”，即可启动“视频编辑器”，如图 1–55 所示。

图 1-55 “视频编辑器”窗口

（2）新建视频项目。单击“新建视频项目”按钮，打开“为视频命名”对话框，如图 1-56 所示，输入名称，单击“确定”按钮，进入“照片”窗口。

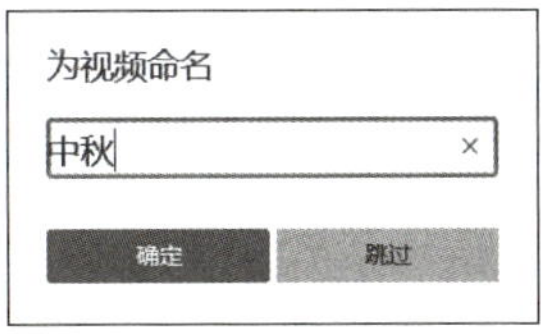

图 1-56 “为视频命名”对话框

（3）导入项目素材。单击“添加”按钮，如图 1-57 所示，可以从不同源导入素材，此处选择“来自这台电脑”，选择该实例素材文件夹中的图片“1.jpg”“2.jpg”“3.jpg”“4.jpg”和视频“中秋.mp4”，单击“打开”按钮导入素材，如图 1-58 所示。

（4）编辑素材文件。将“项目库”中的素材拖动到“故事板”中，在其中选择图片素材后，单击“故事板”中的“持续时间”“文本”“动作”“3D 效果”“滤镜”等命令对图片素材进行编辑，如图 1-59 所示。选择视频素材，可以单击“剪裁”“拆分”“速度”等命令对视频素材进行编辑，如图 1-60 所示。

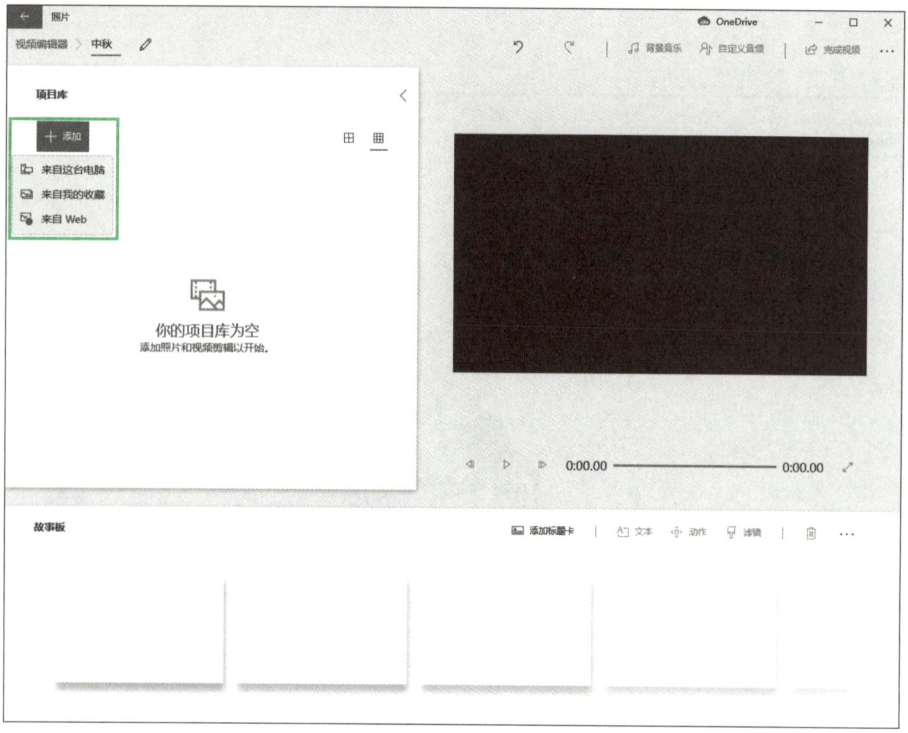

图 1-57　单击“添加”按钮

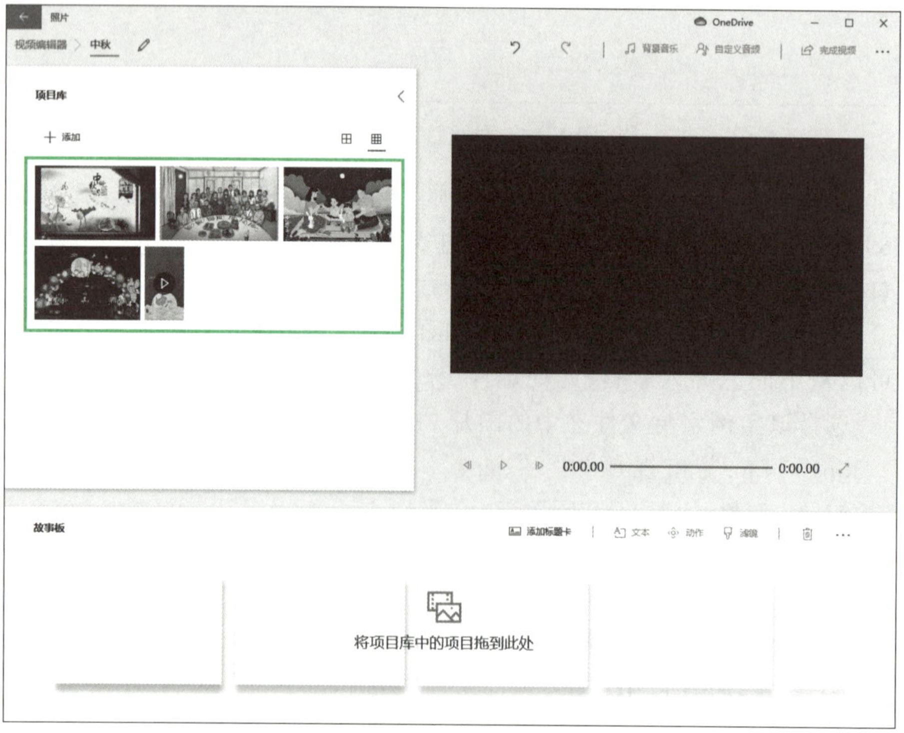

图 1-58　导入素材

图 1-59　图片素材编辑

图 1-60　视频素材编辑

（5）添加背景音乐。单击“照片”窗口上方右侧的“背景音乐”，打开“选择背景音乐”对话框，如图 1-61 所示，选择所需音乐，单击“完成”按钮，为制作的视频添加音乐。

提示：

要删除原有视频素材中的声音，只需要在编辑视频素材时将其设置为静音即可。

（6）保存视频文件。编辑完成后，单击窗口右上角的“完成视频”，打开“完成你的视频”对话框，如图 1-62 所示，选择“视频质量”值为“高 1080p（推荐）”，单击“导出”按钮。在打开的“另存为”对话框中设置导出路径、文件名，单击“导出”按钮。

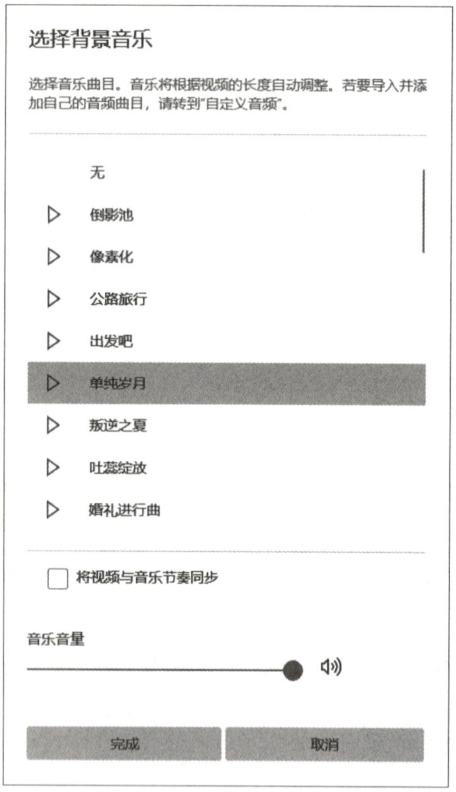

图 1-61　“选择背景音乐”对话框

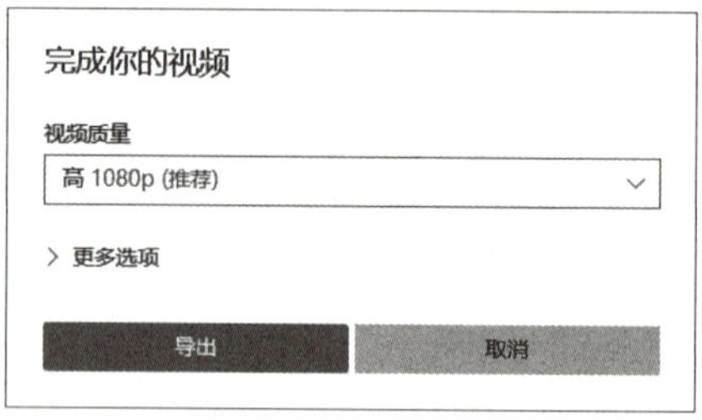

图 1-62　“完成你的视频”对话框

实例二　系统维护与优化实现

学习目标及要求

熟练掌握磁盘驱动器优化的操作方法。

熟练掌握系统进程的管理方法。

了解禁用系统启动项加快开机速度的方法。

熟悉禁用不必要的服务提高计算机运行速度的方法。

学习内容及操作步骤

1. 磁盘驱动器优化。磁盘驱动器作为所有文件存储的位置，其性能直接影响整个计算机的性能，因此，对计算机磁盘驱动器进行管理和优化，可以提高系统运行速度，使得操作系统运行得更快更稳定。

（1）磁盘清理。计算机在运行过程中会生成许多垃圾文件，大量占用磁盘驱动器空间，因此，当计算机使用久了，很多人会发现计算机运行越来越慢，而且磁盘驱动器剩余空间越来越少。磁盘清理程序是 Windows 系统附带的垃圾文件清除工具，即使在磁盘驱动器剩余较大空间时，很多用户也会经常运行磁盘清理程序来清除无用文件，保持系统的简洁，提高系统性能。

① 打开“此电脑”窗口，选择要清理的磁盘驱动器，此处以 C 盘为例，在管理“驱动器工具”选项卡“管理”组中，单击“清理”按钮，如图 1-63 所示。

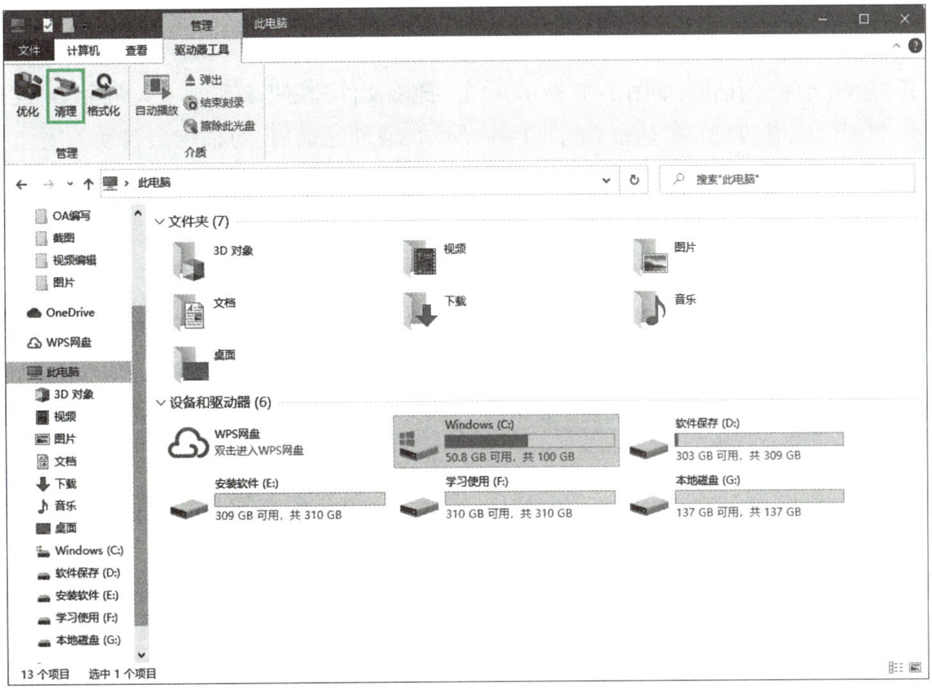

图 1-63　单击“清理”按钮

② 打开“Windows(C:) 的磁盘清理”对话框，如图 1-64 所示，显示可释放的磁盘空间，勾选要删除的文件的复选框，单击“清理系统文件”按钮，打开“磁盘清理”对话框，如图 1-65 所示，计算机扫描磁盘驱动器，计算可以释放的空间。

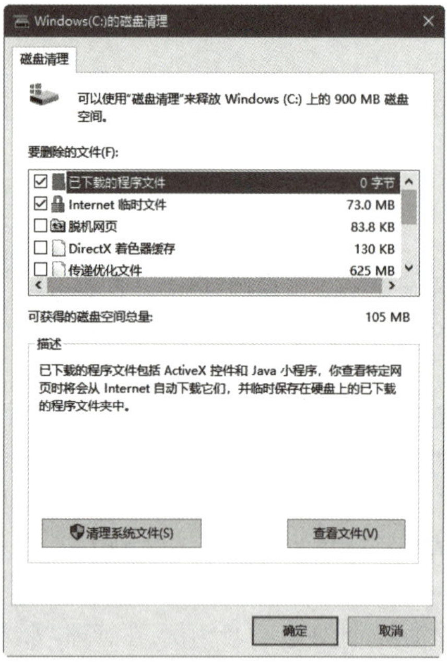

图 1–64　“Windows(C:) 的磁盘清理”对话框 1

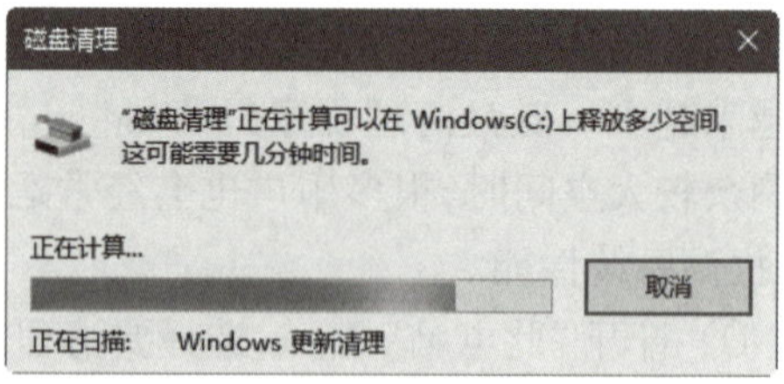

图 1–65　“磁盘清理”对话框 1

③ 扫描完成后，返回“Windows(C:) 的磁盘清理”对话框，如图 1–66 所示，单击“确定”按钮，打开“磁盘清理”对话框，如图 1–67 所示，单击“删除文件”按钮，确认要永久删除这些文件。

④ 打开“磁盘清理”对话框，如图 1–68 所示，清理完成后，对话框会自动关闭。

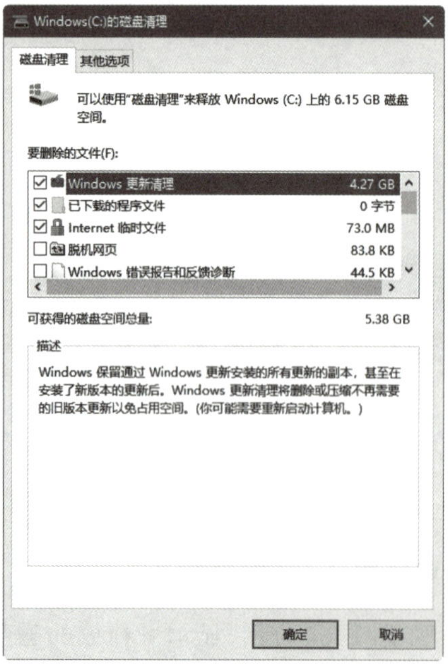

图 1–66　“Windows(C:) 的磁盘清理”对话框 2

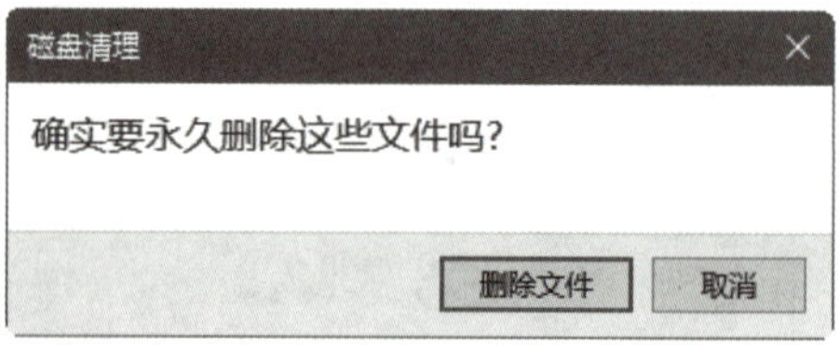

图 1–67　“磁盘清理”对话框 2

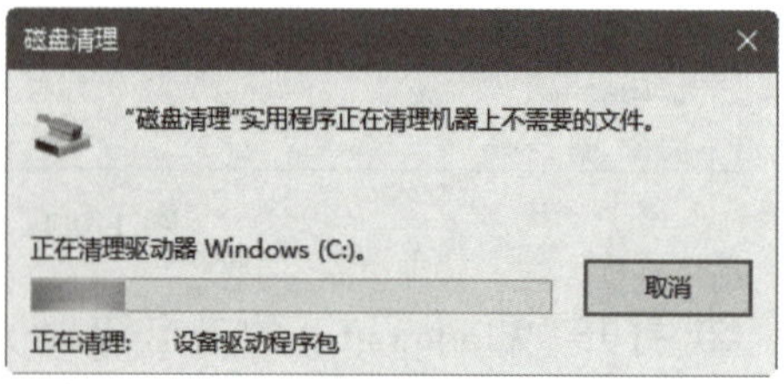

图 1–68　“磁盘清理”对话框 3

（2）碎片整理和优化驱动器。磁盘驱动器中的文件会被分散保存到磁盘的不同地方，而不是保存在连续的簇中，又因为在文件操作过程中，Windows 系统会调用虚拟内存来同步管理程序，各个程序对硬盘频繁读写，导致磁盘驱动器使用久了后，会产生很多碎片，碎片过多会使计算机运行速度越来越慢，磁盘驱动器可用空间越来越小，甚至还会缩短磁盘寿命，对磁盘驱动器进行碎片整理和优化，可确保磁盘正常高效运行。碎片整理和优化驱动器实现步骤如下：

① 双击桌面“此电脑”图标，打开“此电脑”窗口，选择要优化的磁盘驱动器，然后在管理“驱动器工具”选项卡“管理”组中，单击“优化”按钮，如图 1–69 所示。

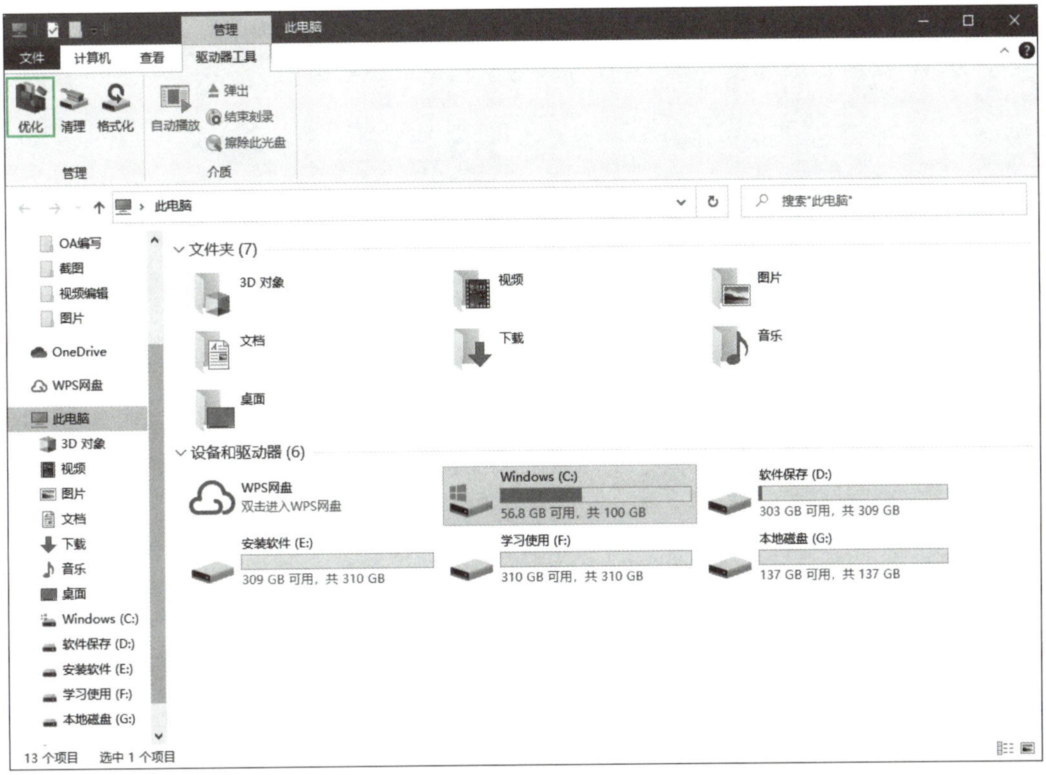

图 1–69 单击“优化”按钮

② 打开“优化驱动器”窗口，如图 1–70 所示，选择要进行优化的磁盘驱动器，单击“优化”按钮，开始进行碎片整理。

③ 单击“启用”按钮，打开“优化驱动器”对话框，如图 1–71 所示，可以设置磁盘驱动器的优化计划，勾选“按计划运行（推荐）”复选框，单击“选择”按钮，选择要设置的磁盘驱动器，然后单击“确定”按钮。

④ 返回“优化驱动器”窗口，可以看到“已计划的优化”已启用，如图 1–72 所示，单击“更改设置”按钮，可对优化计划进行更改。

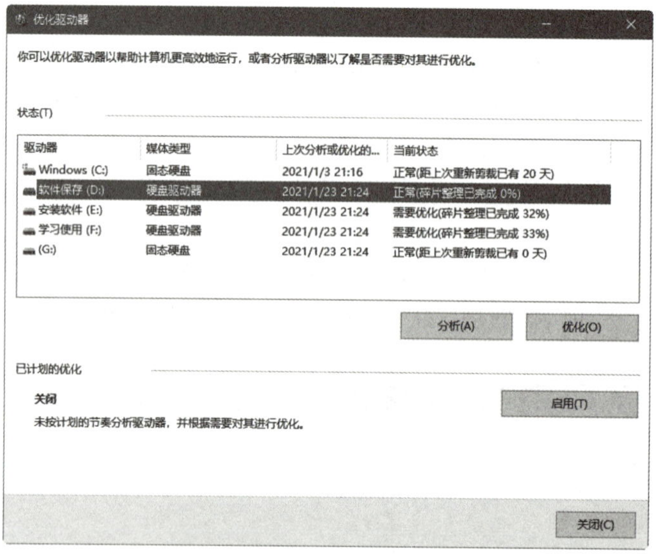

图 1–70 “优化驱动器”窗口

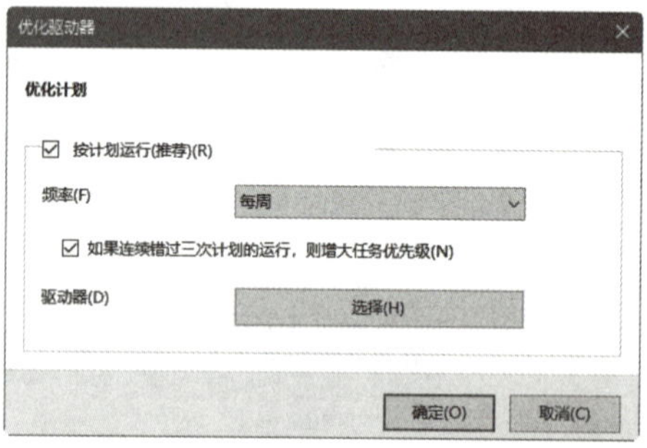

图 1–71 “优化驱动器”对话框

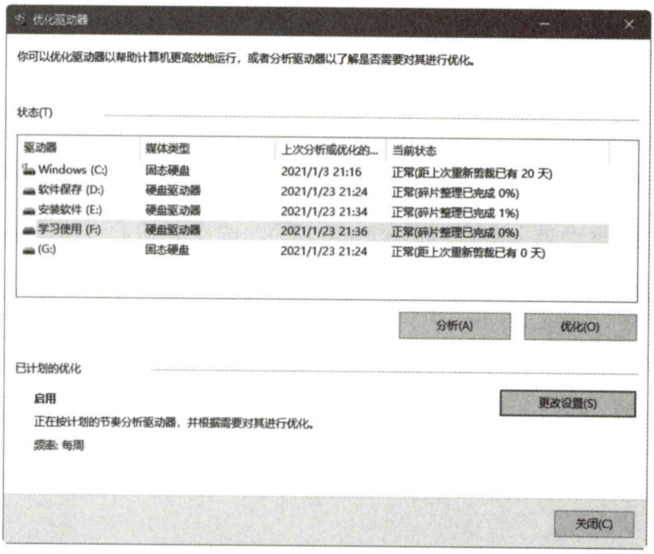

图 1–72 “已计划的优化”已启动

2. 系统进程管理。计算机在使用过程中会运行很多进程，有时候会觉得计算机运行速度时快时慢，这时可以查看计算机进程运行状态，对运行的进程做一些调整，使计算机运行得更加流畅。下面介绍 Windows 10 对运行进程进行调整的实现方法。

要管理进程，首先可以通过任务管理器查看进程占用资源情况，进而关闭一些不必要的进程或卡死的应用程序等，操作如下：

① 在桌面的任务栏空白处单击鼠标右键，在弹出的快捷菜单中，选择“任务管理器”命令，打开“任务管理器”窗口，如图 1-73 所示。

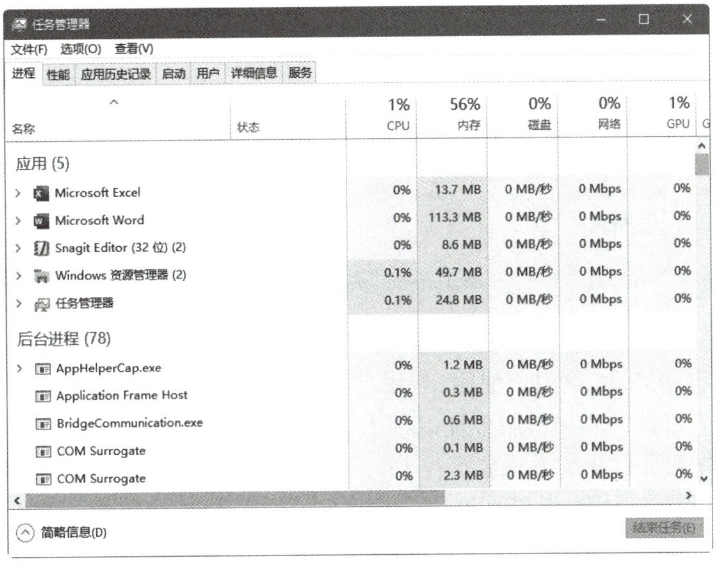

图 1-73 “任务管理器”窗口

● 提示：

若任务管理器显示的是简略信息，则单击窗口左下角“详细信息”展开按钮。

② 在“进程”选项卡下，选择某个进程或某个应用程序，单击“结束任务”按钮，关闭进程或应用程序。

● 提示：

关闭进程时要注意，如果关闭与打开的应用程序关联的进程，则打开的应用程序也会被关闭，用户未保存的数据将会丢失；如果关闭与系统服务关联的进程，则系统的部分功能可能无法正常工作。

3. 禁用系统启动项，加快开机速度。计算机开机时，有些应用程序会随着系统启动，从而降低开机速度，若这些应用程序不是用户必须使用的，则可以在操作系统开机启动项中将其关闭，以加快计算机的启动速度，也可以使用相应的软件来设置开机启动项，如

360 安全卫士。Windows 10 操作系统禁用系统启动项操作如下：

在“任务管理器”窗口中，切换到“启动”选项卡，如图 1–74 所示，根据需要选择应用程序，单击“禁用”按钮。

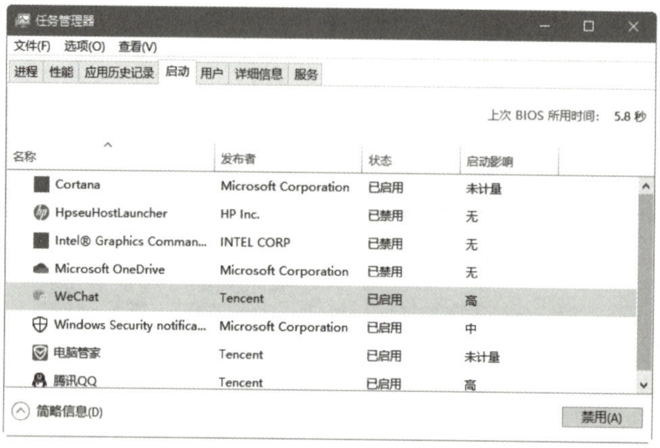

图 1–74 “启动”选项卡

4. 禁用不必要的服务，提高运行速度。Windows 10 系统的功能非常庞大，很多服务在系统启动时自动启动，供用户使用，若用户不需要使用它的全部功能，则可以根据实际需要对基本服务以外的非关键服务加以禁用，从而减少系统资源的占用，提高计算机的运行速度。对系统服务优化的方法如下：

在“开始”按钮上单击鼠标右键，在弹出的快捷菜单中，选择“计算机管理”命令，打开“计算机管理”窗口，在左侧展开“服务和应用程序”，选择“服务”项，在右侧选择要停止的服务，在窗口上方单击“停止服务”按钮，如图 1–75 所示。

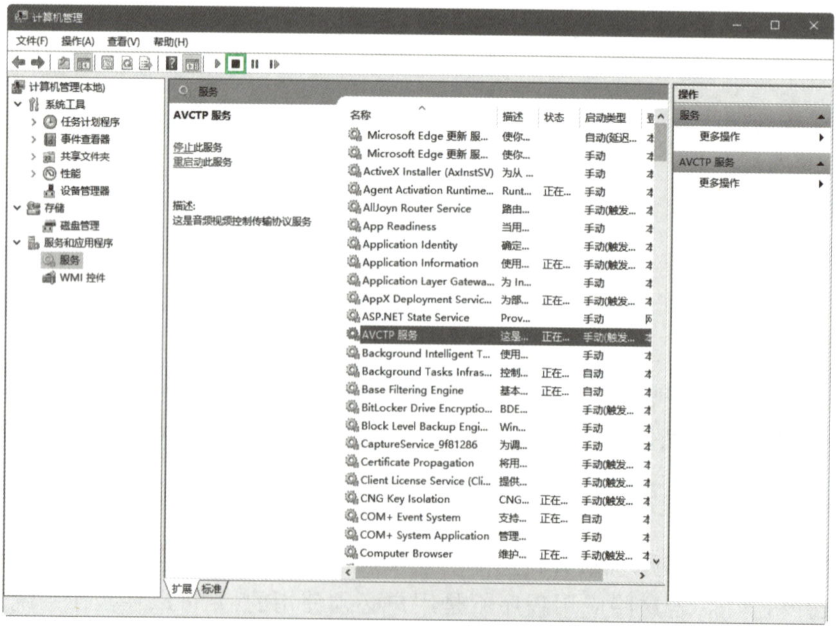

图 1–75 单击“停止服务”按钮

拓展训练 其他常用程序应用和系统优化实现

综合运用所学知识并查阅相关资料，应用系统中的常用程序完成操作，并对系统进行维护和优化设置，操作要求如下：

1. 利用视频编辑器，对自己的生活照片进行编辑，制作成小视频。
2. 使用画图 3D，完成一幅图画的制作。
3. 利用计算器计算 256 的开 4 次方结果。
4. 打开任务管理器或资源监视器，查看计算机资源使用情况。
5. 利用计算机系统维护与优化方法，对使用的计算机进行系统优化操作。

1.4 网络应用与程序管理

实例一 Windows 10 网络操作

学习目标及要求

了解计算机接入互联网的方式。

掌握常用计算机接入互联网的实现操作方法。

熟练掌握 Microsoft Edge 浏览器的使用方法。

熟练掌握局域网的文件共享操作方法。

学习内容及操作步骤

1. 接入互联网。

（1）以太网连接。各企业单位、学校均采用以太网方式接入互联网，在这种网络中，只要插好网线进行简单设置就可接入互联网。

如果以太网中需要手动设置 IP 地址、子网掩码、默认网关、DNS 等项目，在已安装网卡驱动程序、网线已连接的情况下，设置方法如下：

① 在“开始”按钮上单击鼠标右键，在弹出的快捷菜单中，选择“设置”命令，打开“Windows 设置”窗口，单击“网络和 Internet”按钮，如图 1-76 所示，打开“网络和 Internet”设置窗口，在左侧的菜单中，选择“以太网”命令，打开“以太网”设置窗口，如图 1-77 所示。

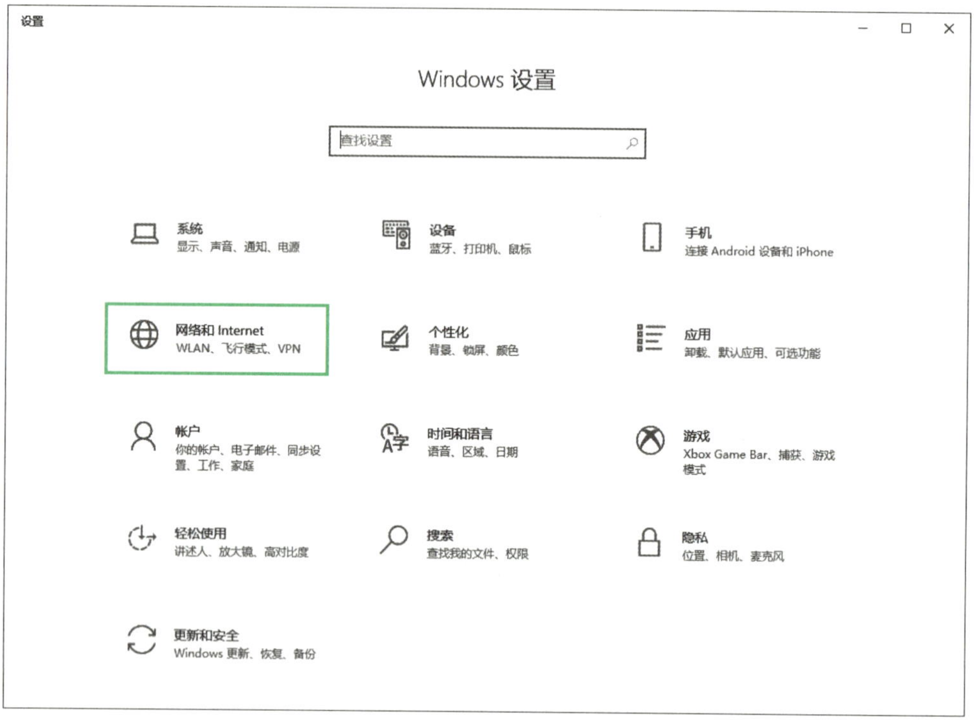

图 1–76　单击“网络和 Internet”按钮

图 1–77　“以太网”设置窗口

② 在“相关设置”下单击“更改适配器选项”，打开“网络连接”窗口，在“以太网”图标上单击鼠标右键，在弹出的快捷菜单中，选择“属性”命令，如图 1–78 所示。

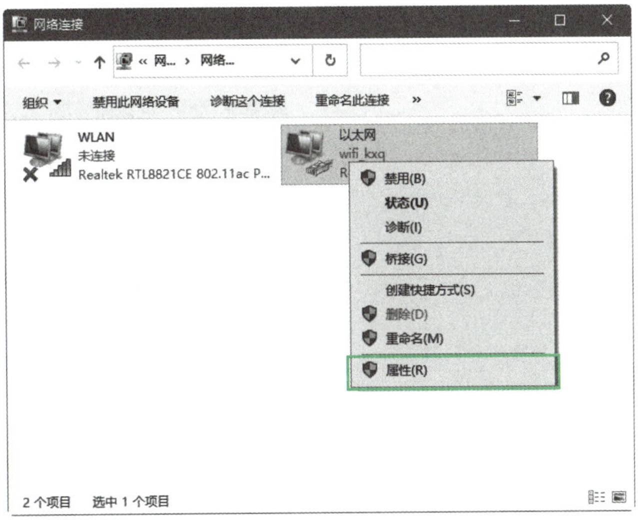

图 1–78　选择“属性”命令

③ 打开“以太网属性”对话框，如图 1–79 所示，选择“Internet 协议版本 4（TCP/IPv4）”，单击“属性”按钮，打开“Internet 协议版本 4（TCP/IPv4）属性”对话框，如图 1–80 所示，输入网络设置项目，项目中的具体信息由网络中心的网络管理人员提供。

④ 依次单击“确定”“关闭”按钮，返回到“网络连接”窗口，完成网络设置。

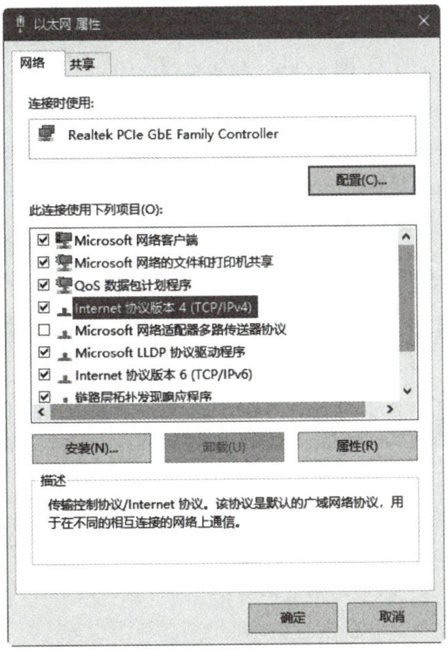

图 1–79　“以太网属性”对话框

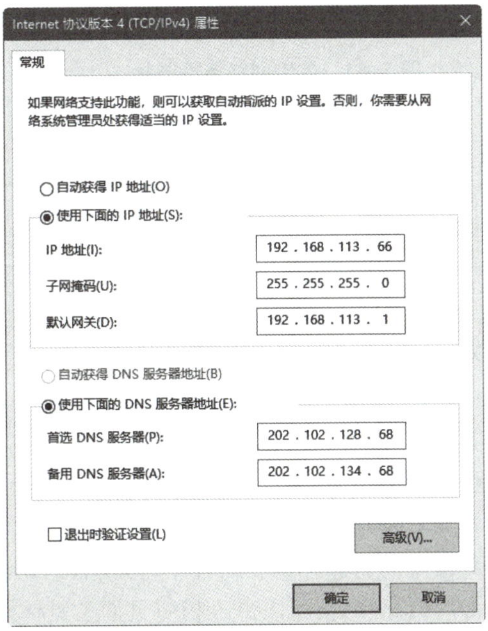

图 1–80　“Internet 协议版本 4（TCP/IPv4）属性”对话框

（2）WLAN（无线局域网）连接。接入无线网络的设置很简单，具体操作如下：

在任务栏右侧，单击网络连接图标，如图 1-81 所示。在桌面右下角弹出可用网络连接，选择要连接的无线网络名称，单击"连接"按钮，在"输入网络安全密钥"文本框中输入密码，如图 1-82 所示，单击"下一步"按钮，即可连接到网络。

图 1-81　单击网络连接图标

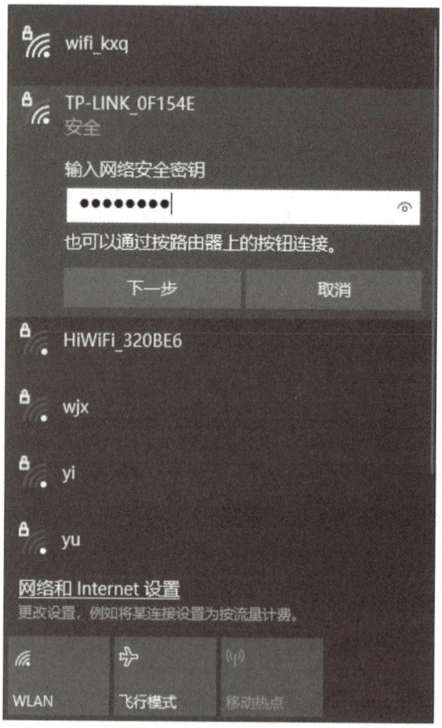

图 1-82　输入密码

2. 使用 Microsoft Edge 浏览器。浏览器是用于浏览网上信息（如新闻、视频、小说、图片）的应用程序。Microsoft Edge 浏览器是微软于 2015 年 4 月正式发布的，是 Windows 10 操作系统的默认浏览器。

（1）浏览网页。在桌面上双击或在任务栏上单击 Microsoft Edge 浏览器图标，打开 Microsoft Edge 浏览器，在地址栏中输入要访问网站的网址，如"NCRE – 中国教育考试网"的网址"ncre.neea.edu.cn"，如图 1-83 所示，然后按 Enter 键。

打开"NCRE- 中国教育考试网"，用户可以通过拖动页面右侧滚动条浏览网页信息，看到感兴趣的内容，将鼠标移至内容上，当鼠标指针变成手形，单击内容，就可以跳转到新的页面进行浏览。

（2）收藏网页。如果需要经常打开某个网站，或者看到感兴趣的网站，可以将相应的网页作为标签保存到收藏夹中，方便日后访问。需要访问相应网页时，只需要到收藏夹中单击网页标签，就可以进入相应页面。具体操作方法如下：

① 打开要收藏的网页，在浏览器窗口工具栏中，单击"将此页面添加到收藏夹"按钮，如图 1-84 所示。

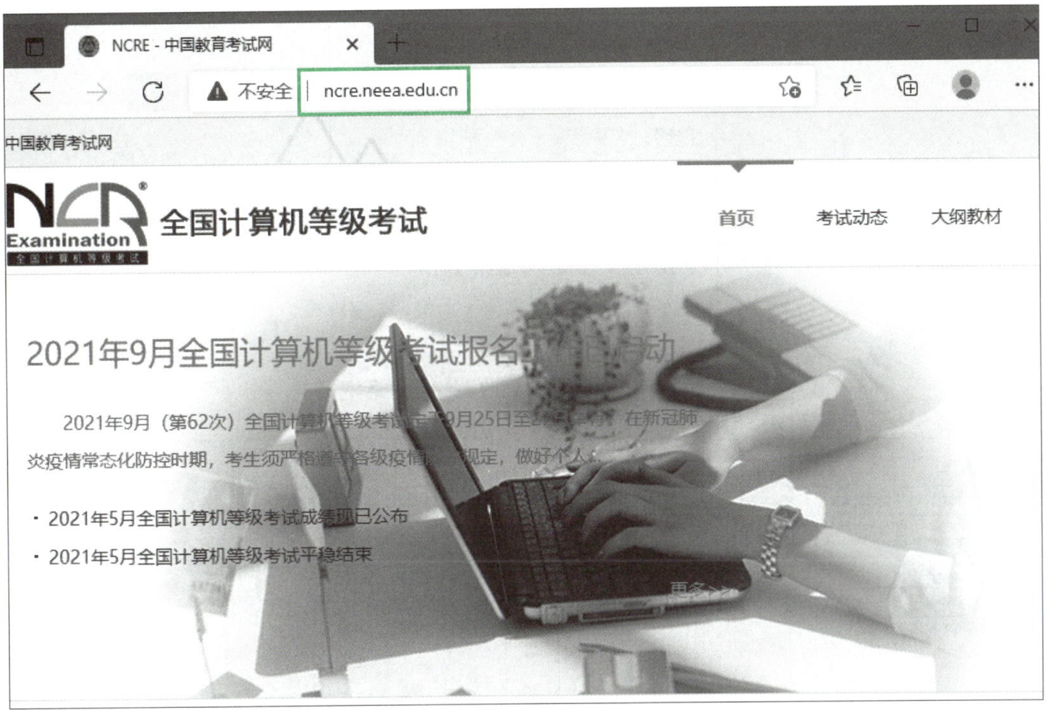

图 1–83　输入要访问网站的网址

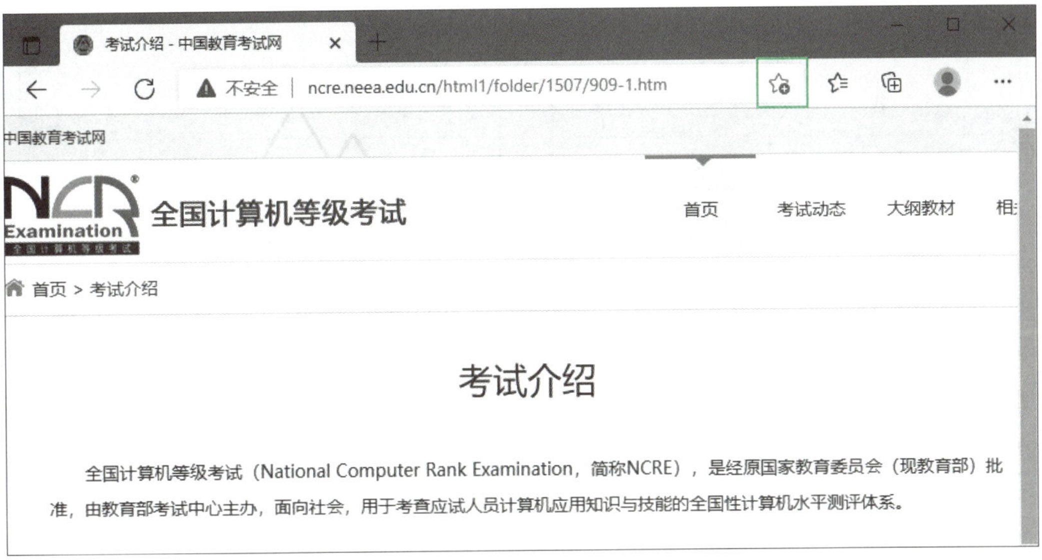

图 1–84　单击“将此页面添加到收藏夹”按钮

② 打开“已添加到收藏夹”对话框，如图 1–85 所示，单击“更多”按钮，打开“编辑收藏夹”对话框，单击“新建文件夹”按钮，可以新建文件夹并重命名，此处命名为“考试”，如图 1–86 所示，选择文件夹，单击鼠标右键，在弹出的快捷菜单中可以再次新建文件夹或编辑文件夹，如图 1–87 所示，最后单击“保存”按钮。

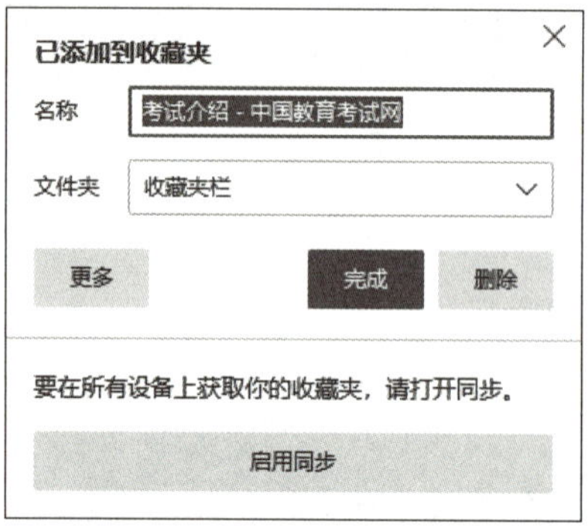

图 1-85　“已添加到收藏夹”对话框

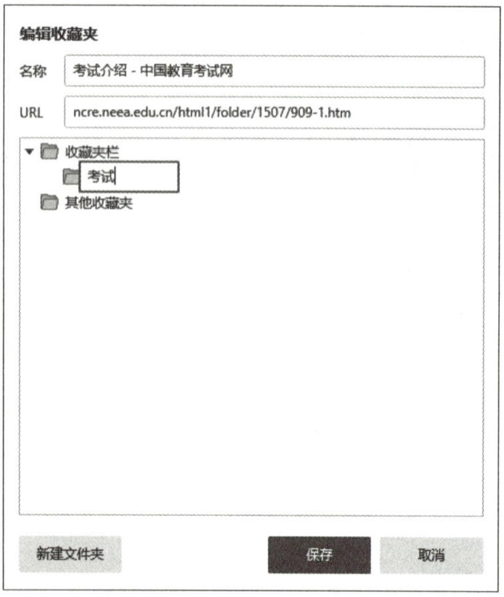

图 1-86　新建文件夹并重命名

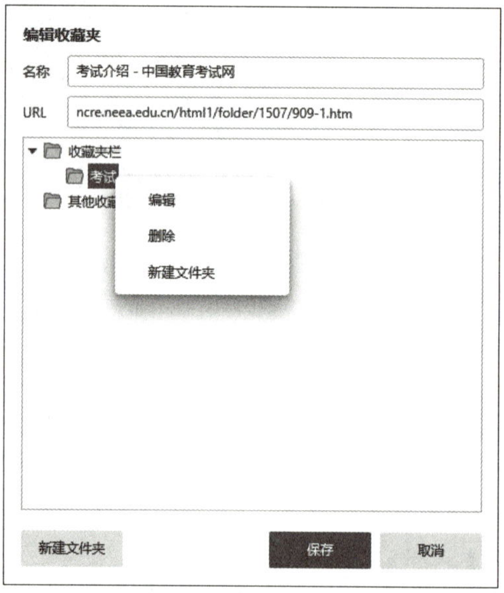

图 1-87　“编辑收藏夹”文件夹操作

③ 打开 Microsoft Edge 浏览器，单击“收藏夹”按钮，如图 1-88 所示，打开“收藏夹”对话框，在已收藏的标签上单击鼠标右键，可以打开网页或删除网页标签，如图 1-89 所示。

图 1-88　单击“收藏夹”按钮

（3）保存网页。在 Microsoft Edge 浏览器中打开要保存的页面，单击窗口右上角的“设置及其他”按钮，在弹出的快捷菜单中，选择“更多工具”命令，在级联菜单中选择“将页面另存为”命令，如图 1–90 所示，在打开的“另存为”对话框中，设置保存路径、文件名及保存类型，单击“保存”按钮。

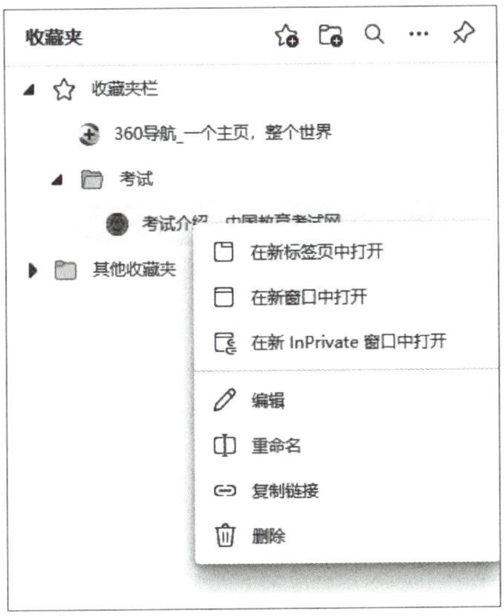

图 1–89 “收藏夹”标签操作

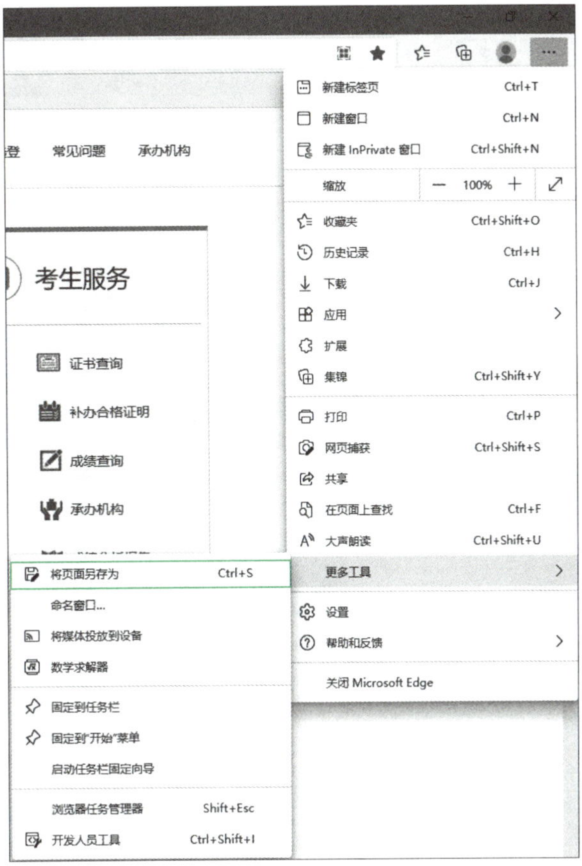

图 1–90 选择“将页面另存为”命令

3. 局域网的文件共享。在同一个局域网中可以多台计算机共用一台打印机，这是硬件设备共享，在局域网中，还可以实现软件资源共享，下面以文件夹共享为例，介绍在局域网中文件共享的设置方法。

（1）共享实现。局域网中文件共享和硬件设备共享的方法相似，下面以“kong”文件夹为例介绍共享实现步骤。

视频：共享文件操作

① 选择该文件夹，单击鼠标右键，在弹出的快捷菜单中，单击“属性”命令，弹出“kong 属性”对话框，如图 1–91 所示，在“共享”选项卡中，单击“共享”按钮。

② 打开“网络访问”对话框，如图 1–92 所示，选择要与其共享的用户，此处选择“Everyone”，单击“添加”按钮，然后单击“共享”按钮，打开“网络访问”对话框，如图 1–93 所示，显示“你的文件夹已共享”，单击“完成”按钮。

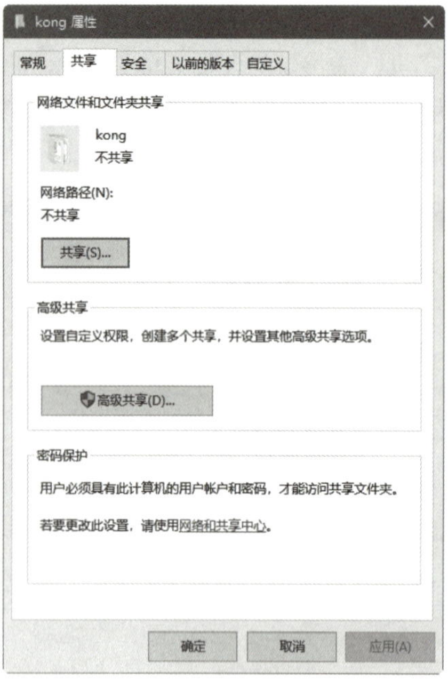

图 1–91　“kong 属性”对话框

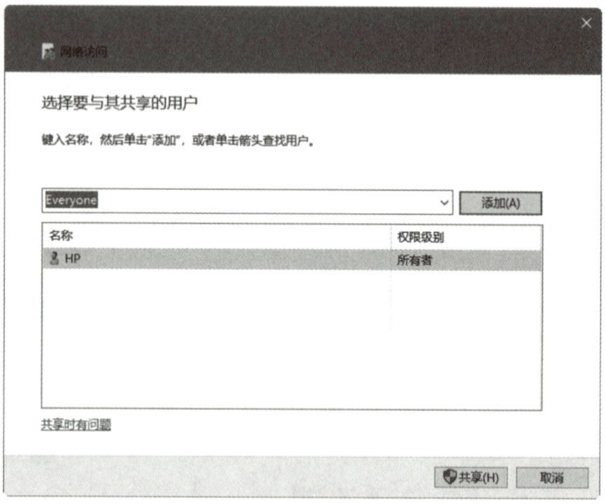

图 1–92　“网络访问”对话框 1

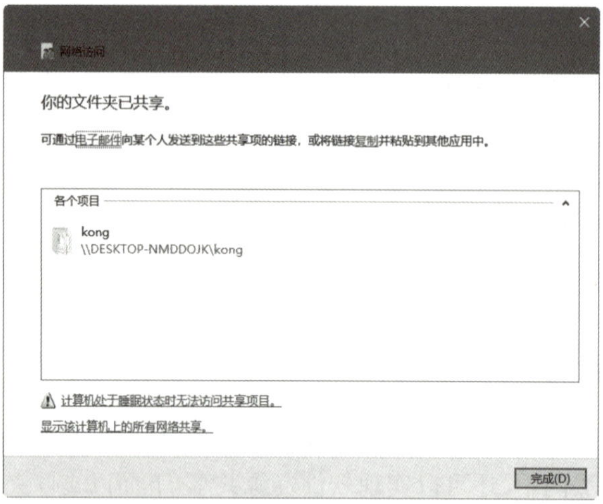

图 1–93　“网络访问”对话框 2

（2）访问共享的文件夹。共享文件夹后，在局域网中查看的方法如下：

① 双击桌面“网络”图标，打开“网络”窗口，如图 1–94 所示。

② 找到已设置共享文件夹的计算机，双击该计算机图标，打开计算机共享文件夹窗口，即可看到共享的文件夹，如图 1–95 所示。

图 1–94 “网络”窗口

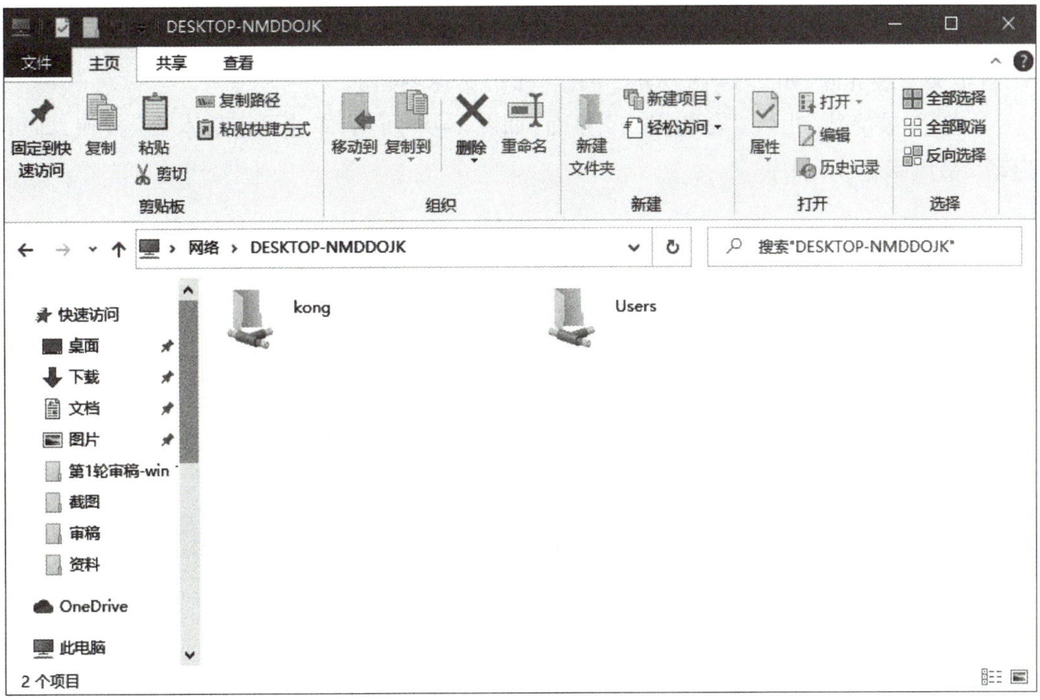

图 1–95 计算机共享文件夹窗口

实例二　程序的安装、运行和管理

学习目标及要求

了解程序安装的准备工作。

熟练掌握程序安装的通用流程。

掌握程序运行的常用方法。

熟练掌握卸载程序的操作方法。

学习内容及操作步骤

1. 安装应用程序。在使用应用程序之前，首先需要将其安装到计算机中。应用程序的安装很简单，大多数是通过安装向导将其安装到系统中的，下面以安装“暴风影音”为例，介绍安装应用程序的通用流程。

（1）双击该实例素材文件夹中的安装程序，打开“暴风影音 5”安装界面，如图 1–96 所示，单击“开始安装”按钮或“自定义选项”下拉按钮，此处单击“自定义选项”下拉按钮，如图 1–97 所示，再单击“选择目录”按钮。

（2）打开“浏览文件夹”对话框，选择安装位置，单击“确定”按钮后返回“暴风影音 5”自定义安装界面，如图 1–98 所示，单击“开始安装”按钮。

（3）安装完成，出现“安装完成”界面，如图 1–99 所示，单击“立刻体验”按钮，即可启动“暴风影音 5”程序。

图 1–96　“暴风影音 5”安装界面

图 1–97　单击“自定义选项”下拉按钮

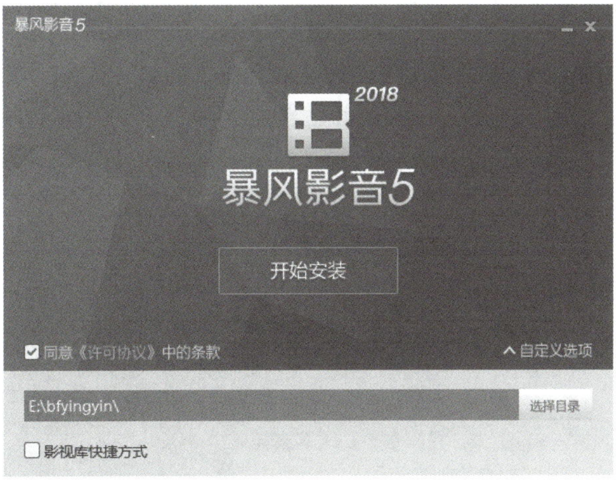

图 1–98　“暴风影音 5”自定义安装界面

图 1–99　“安装完成”界面

2. 运行应用程序。在安装完成后，运行应用程序的方法有多种，通常的方法如下：

（1）双击桌面上的应用程序图标，或者在图标上单击鼠标右键，在弹出的快捷菜单中，单击“打开”命令，运行应用程序。

（2）打开“开始”菜单，单击“暴风软件”下拉按钮，在弹出的下拉菜单中，选择“暴风影音 5”命令，如图 1-100 所示，即可运行应用程序。

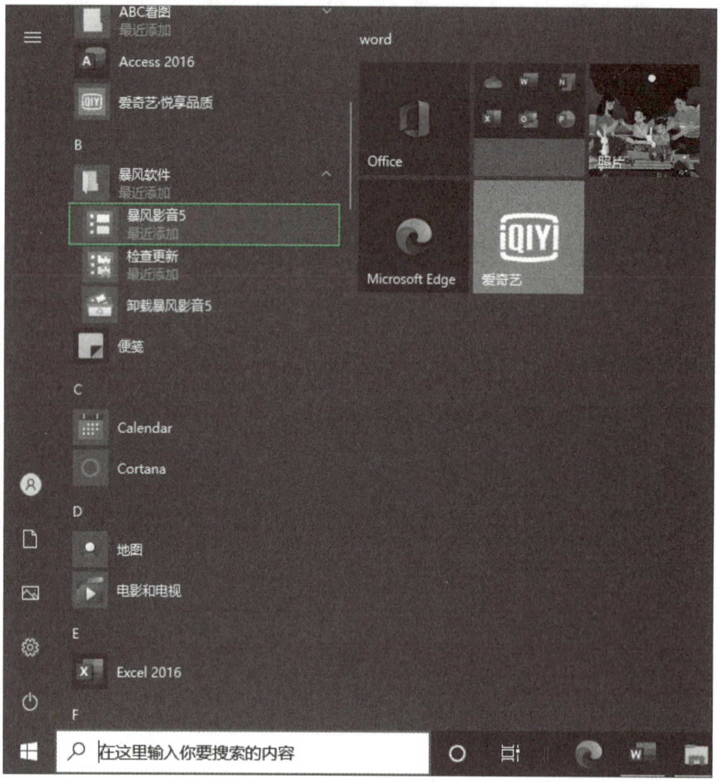

图 1-100　选择“暴风影音”命令

3. 卸载应用程序。在计算机使用过程中，长时间不用或不需要使用的应用程序，可以将其卸载，以释放计算机内存空间，节约磁盘驱动器空间，来提高计算机的运行速度。卸载应用程序的通用方法如下：

（1）通过“开始”菜单卸载。单击“开始”按钮，在弹出的“开始”菜单中，单击“暴风软件”下拉按钮，在弹出的下拉菜单中，选择“卸载暴风影音 5”命令，如图 1-101 所示。

（2）通过系统应用和功能卸载。

① 在“开始”按钮上单击鼠标右键，在弹出的快捷菜单中，选择“设置”命令，打开“Windows 设置”窗口，单击“应用”按钮，如图 1-102 所示。

② 打开“应用和功能”设置窗口，如图 1-103 所示，找到“暴风影音 5”应用程序，单击“卸载”按钮。

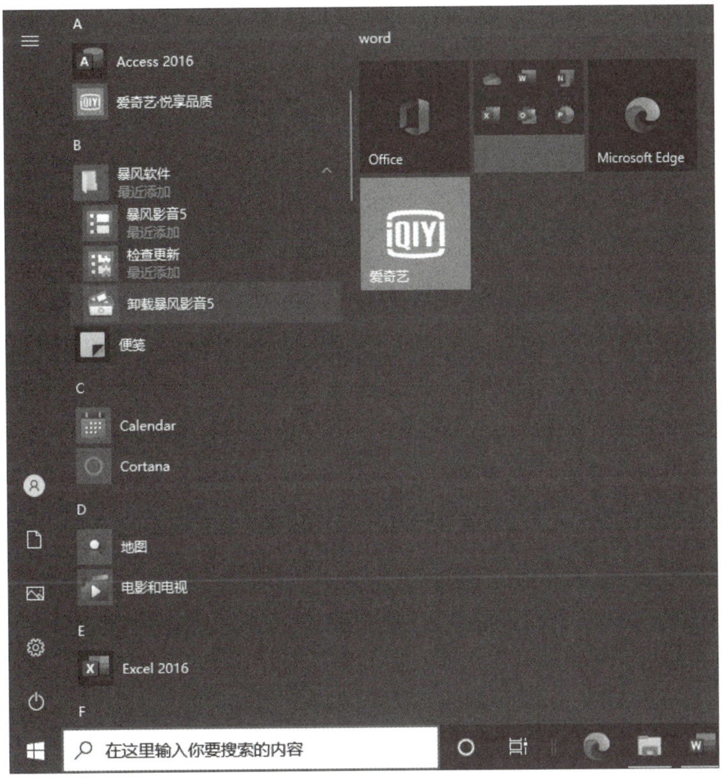

图 1–101　选择“卸载暴风影音 5”命令

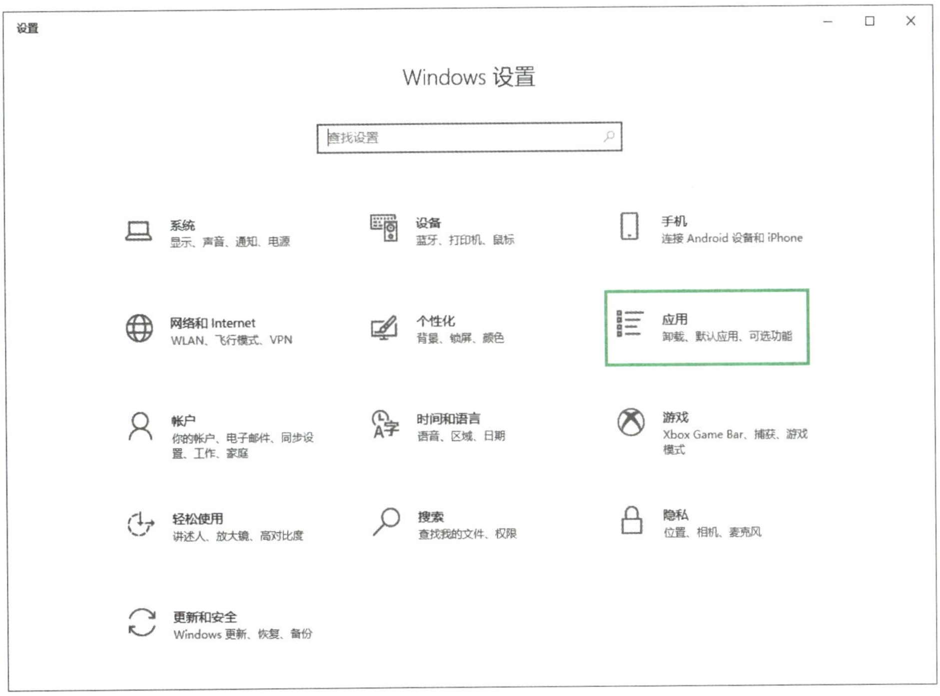

图 1–102　单击“应用”按钮

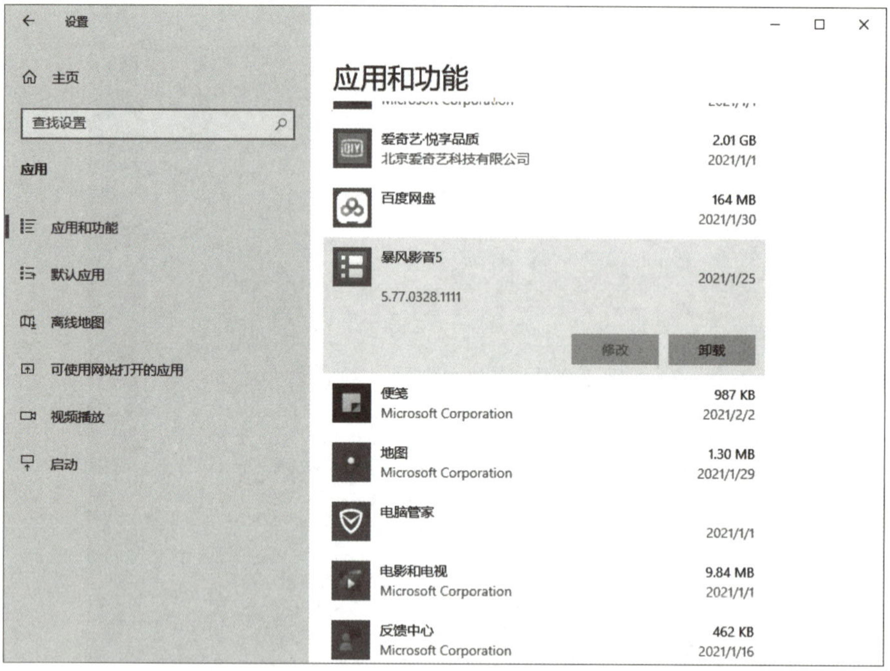

图 1–103　“应用和功能”设置窗口

（3）通过第三方软件卸载。

在计算机中安装了第三方管理程序的情况下，可以使用其卸载应用程序，如利用腾讯“电脑管家”卸载应用程序。打开“电脑管家”，如图 1–104 所示，单击左侧“软件管理”，进入“软件管理”界面，如图 1–105 所示，单击左侧“卸载”后，选择要卸载的应用程序，单击“卸载”按钮。

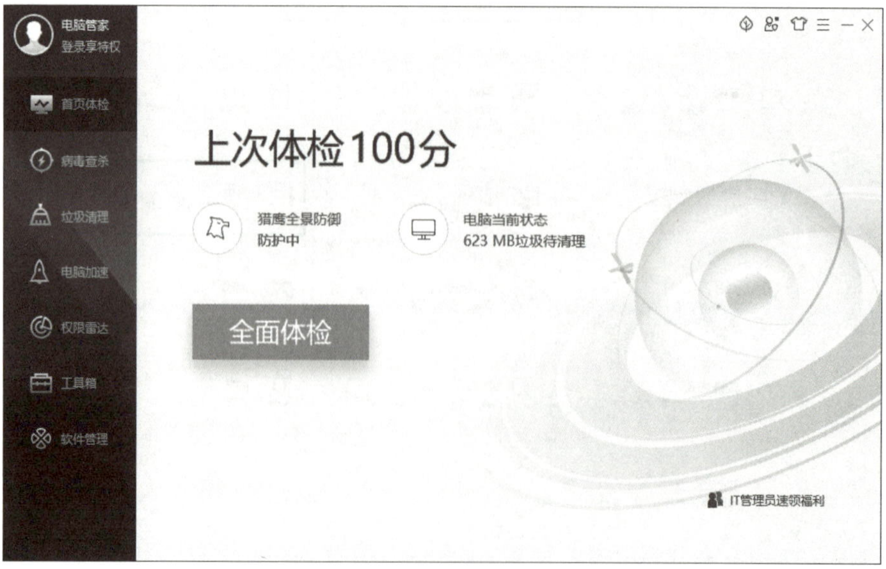

图 1–104　打开“电脑管家”

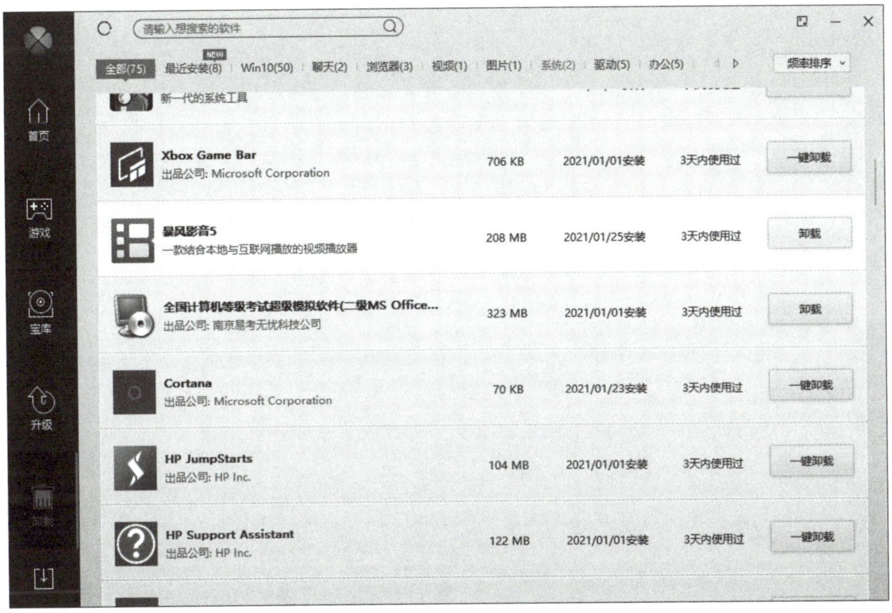

图 1–105 “软件管理”界面

拓展训练 网络与程序综合操作

综合利用所学知识并查阅相关资料，实现常用的网络和程序操作，具体操作要求如下：

1. 在计算机中添加一种中文输入法程序。
2. 实现局域网内共享文件夹和文件。
3. 在浏览器中浏览网页，保存浏览的网页，然后将历史记录删除。
4. 卸载计算机中已安装的一个应用程序。
5. 对计算机默认程序进行管理，尝试设置照片的默认打开程序为画图 3D。

第 2 章
文字编辑与处理

本章目录

2.1 文档的编辑与美化

实例一 “大学第一课”文档的基本编辑

学习目标及要求

熟练掌握文档中字体格式的设置方法。
熟练掌握文档中段落格式的设置方法。
掌握查找和替换的使用方法及技巧。
熟练掌握项目符号和编号的使用方法。
了解文档页面设置及打印的方法。

学习内容及操作步骤

1. 打开该实例素材文件夹中“大学第一课.docx”文档，设置标题居中显示，字体为华文琥珀，字号为一号，字形为加粗，字体颜色为红色，文本效果为黄色轮廓且粗细为 1.5 磅和“右上对角透视”的阴影效果，添加着重号，并设置字符间距为加宽 5 磅。

（1）选择标题文字“大学第一课”，在“开始”选项卡“段落”组中，单击“居中”按钮，将标题设置为居中显示，如图 2-1 所示。

（2）在“字体”组中，单击“字体”下拉按钮，在弹出的下拉菜单中，选择“华文琥珀”，单击“字号”下拉按钮，在弹出的下拉菜单中，选择“一号”，如图 2-2 所示。

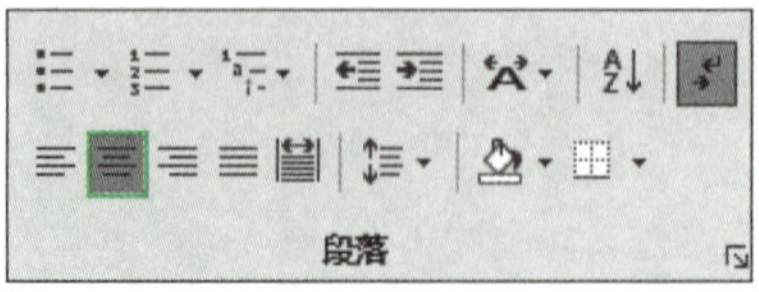

图 2-1 标题居中显示设置

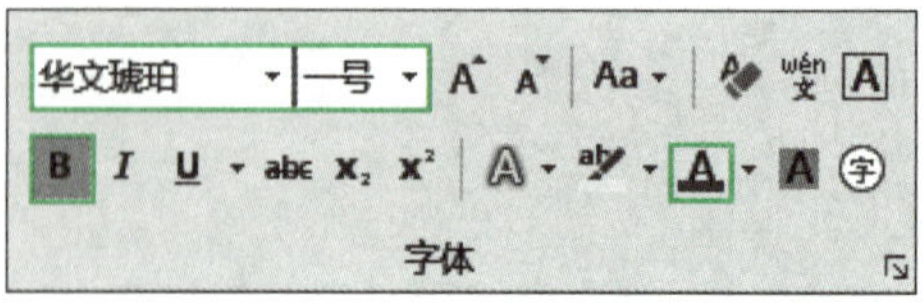

图 2-2 字体格式设置

（3）单击“加粗”按钮，再单击“字体颜色”下拉按钮，在弹出的下拉菜单中，选择标准色“红色”，如图 2-2 所示。

（4）单击“文本效果和版式”按钮，在弹出的下拉菜单中，选择“轮廓”命令，在级联菜单中选择标准色“黄色”，将“粗细”设置为“1.5 磅”，如图 2-3 所示。选择“阴影”命令，在级联菜单中选择“右上对角透视”阴影效果，如图 2-4 所示。

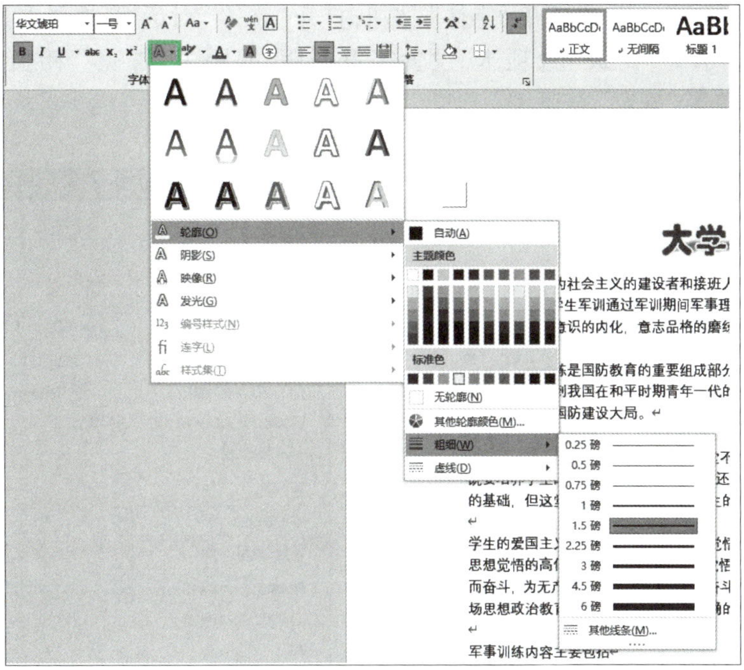

图 2–3　文本效果“轮廓”设置

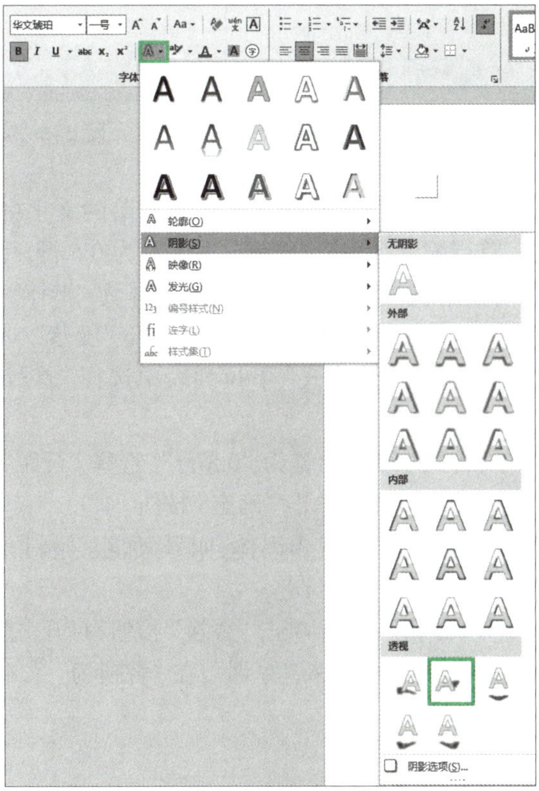

图 2–4　文本效果“阴影”设置

（5）单击“字体”组右下角“字体”按钮，打开“字体”对话框，选择着重号“ · ”，如图 2–5 所示。选择“高级”选项卡，设置字符间距，间距为“加宽”，磅值为“5 磅”，如图 2–6 所示，单击“确定”按钮。

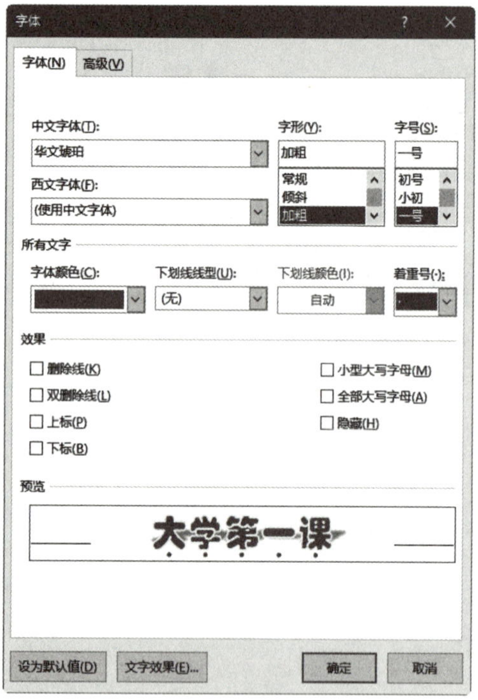

图 2–5　字体“着重号”设置

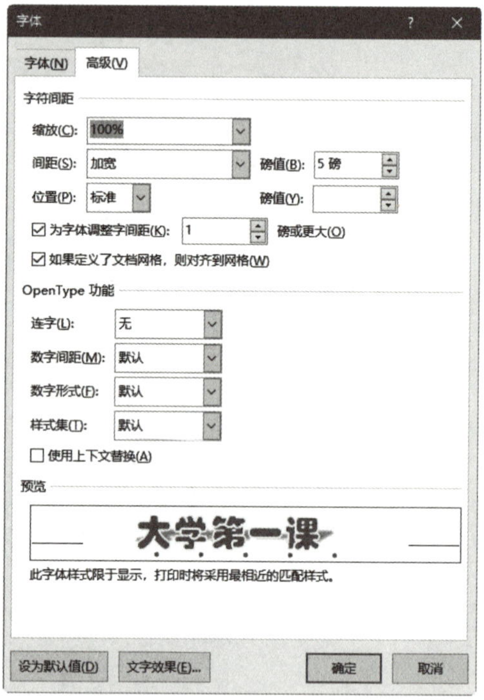

图 2–6　字符间距设置

2. 设置正文的字体和段落格式。将正文中所有段落的文字格式设置为楷体，四号，段落对齐方式为左对齐，首行缩进 2 字符，段前段后间距为 0.5 行，行间距为固定值 20 磅。

（1）选择正文中所有段落，在“字体”组中，选择字体为“楷体”，选择字号为“四号”。

（2）单击“段落”组右下角“段落设置”按钮，打开“段落”对话框，在“对齐方式”下拉列表中选择“左对齐”，在“特殊格式”下拉列表中选择“首行缩进”，设置缩进值为“2 字符”。

（3）将“段前”和“段后”的间距设置为“0.5 行”，选择“行距”下拉列表中的“固定值”，设置值为“20 磅”，如图 2–7 所示，单击“确定”按钮。

3. 将正文中所有“军训”两字设置为黑体、四号、加粗、倾斜、绿色，并添加双实线型下画线[①]且下画线颜色为红色。

（1）在“开始”选项卡“编辑”组中，单击“替换”按钮，打开“查找和替换”对话框，在“查找内容”文本框中输入“军训”，在“替换为”文本框中输入“军训”，如图 2–8 所示。

视频：查找和替换

① 下画线：软件中为“下划线”，应为“下画线”。

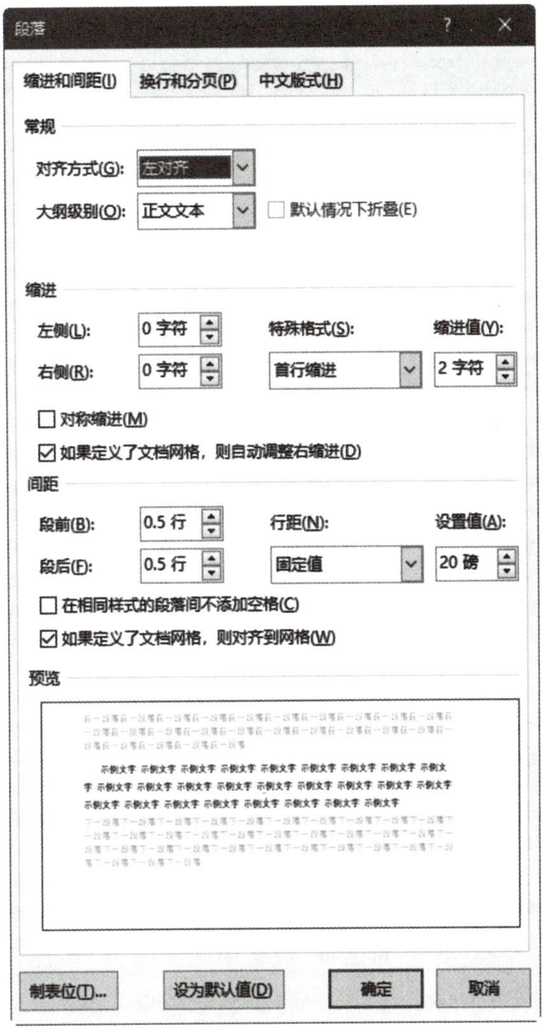

图 2-7　段落格式设置

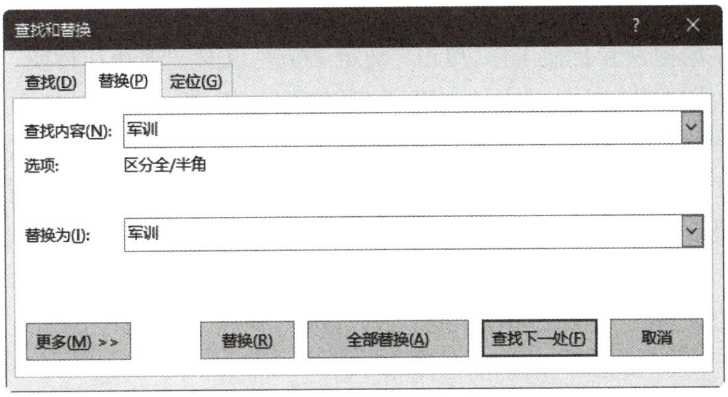

图 2-8　“查找和替换”内容设置

（2）单击“更多”按钮（此时“更多”按钮变为“更少”按钮），展开“查找和替换”高级设置，如图 2–9 所示。

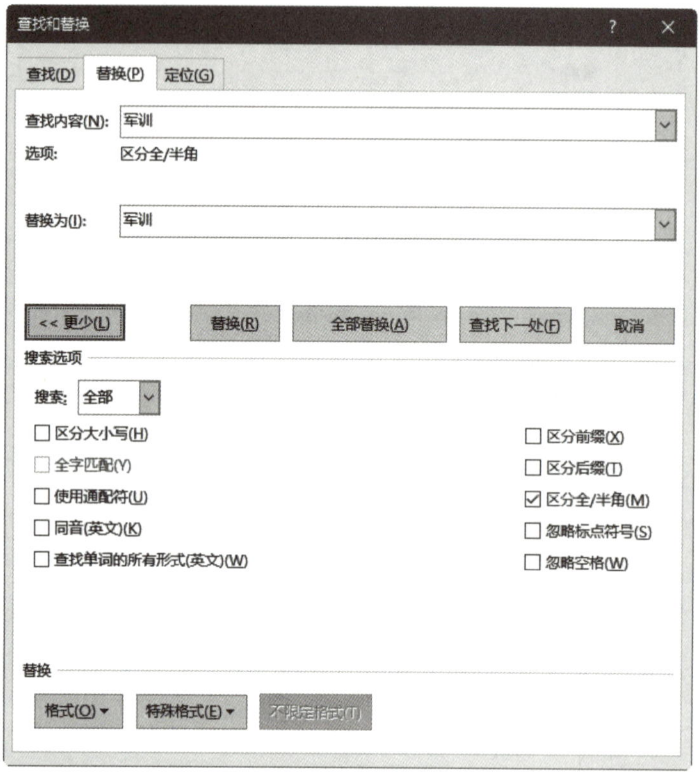

图 2–9　“查找和替换”高级设置

（3）将光标定位于“替换为”文本框中，单击“格式”按钮，在弹出的下拉列表中，选择“字体”命令，打开“替换字体”对话框，设置中文字体为“黑体”，字号为“四号”，字形为“加粗 倾斜”，字体颜色为标准色“绿色”，下画线线型为双实线，下画线颜色为标准色“红色”，如图 2–10 所示。单击“确定”按钮，返回“查找和替换”对话框，可以看到“替换字体”的格式设置，如图 2–11 所示。

（4）单击“全部替换”按钮，此时，系统自动弹出一个提示对话框，如图 2–12 所示，说明已完成对全文的搜索和替换工作，单击“确定”按钮，关闭“查找和替换”对话框。

4. 利用格式刷将正文中前 3 个“军事训练”字体格式修改为与“军训”相同的字体格式。

（1）选择正文中任意“军训”两字，在“剪贴板”组中，双击“格式刷”按钮，如图 2–13 所示，此时按钮被锁定，依次选择正文中的“军事训练”自动应用格式，效果如图 2–14 所示。

（2）格式自动应用完成后，单击“格式刷”按钮，解除“格式刷”的锁定状态。

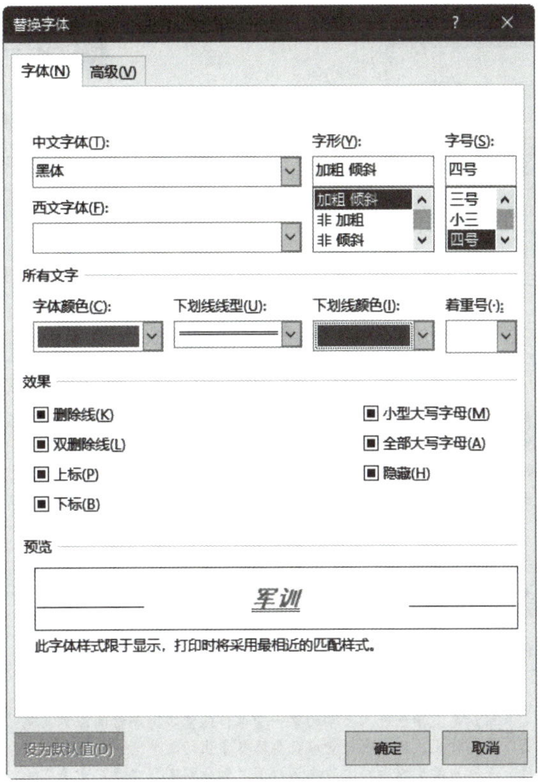

图 2-10 “替换字体”对话框

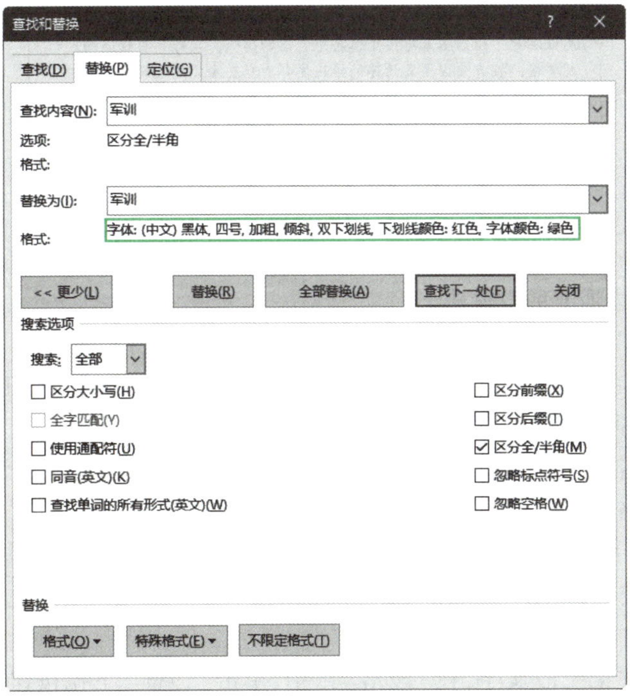

图 2-11 “替换字体”格式设置

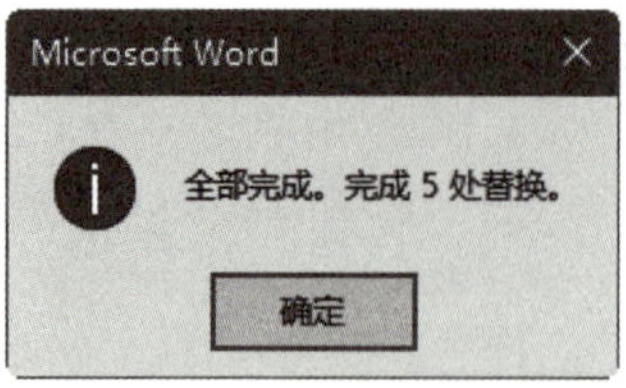

图 2–12　系统提示对话框

图 2–13　双击“格式刷”按钮

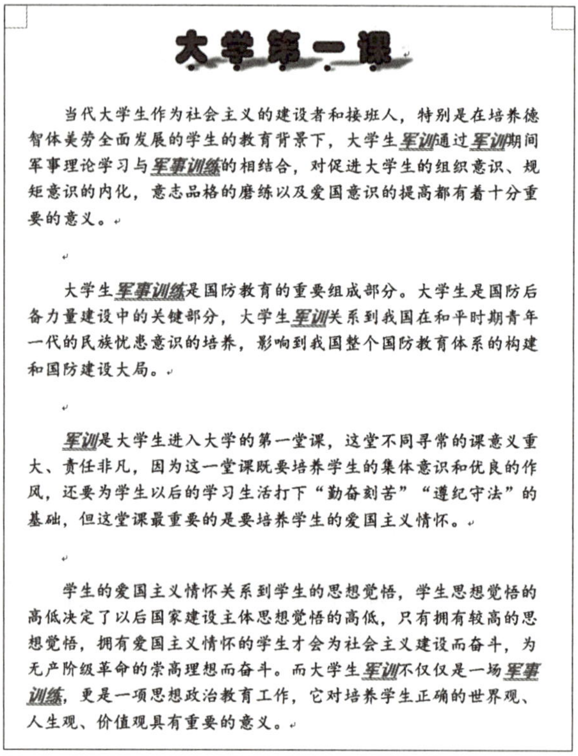

大学第一课

当代大学生作为社会主义的建设者和接班人，特别是在培养德智体美劳全面发展的学生的教育背景下，大学生军训通过军训期间军事理论学习与军事训练的相结合，对促进大学生的组织意识、规矩意识的内化，意志品格的磨练以及爱国意识的提高都有着十分重要的意义。

大学生军事训练是国防教育的重要组成部分。大学生是国防后备力量建设中的关键部分，大学生军训关系到我国在和平时期青年一代的民族忧患意识的培养，影响到我国整个国防教育体系的构建和国防建设大局。

军训是大学生进入大学的第一堂课，这堂不同寻常的课意义重大、责任非凡，因为这一堂课既要培养学生的集体意识和优良的作风，还要为学生以后的学习生活打下“勤奋刻苦”“遵纪守法”的基础，但这堂课最重要的是要培养学生的爱国主义情怀。

学生的爱国主义情怀关系到学生的思想觉悟，学生思想觉悟的高低决定了以后国家建设主体思想觉悟的高低，只有拥有较高的思想觉悟，拥有爱国主义情怀的学生才会为社会主义建设而奋斗，为无产阶级革命的崇高理想而奋斗。而大学生军训不仅仅是一场军事训练，更是一项思想政治教育工作，它对培养学生正确的世界观、人生观、价值观具有重要的意义。

图 2–14　“军事训练”设置效果

5. 删除正文中所有的空段落。

（1）在“编辑”组中，单击“替换”按钮，打开“查找和替换”对话框。

（2）删除“查找内容”文本框中的原有文字，单击“特殊格式”按钮，在弹出的下拉列表中，选择两次“段落标记”。

（3）删除“替换为”文本框中的原有文字，单击下方“不限定格式”按钮，清除原有文字格式，单击“特殊格式”按钮，在弹出的下拉列表中，选择一次“段落标记”，如图 2–15 所示。

（4）单击“全部替换”按钮，此时，系统自动弹出一个提示对话框，说明已完成替换工作，单击“确定”按钮，关闭“查找和替换”对话框。

6. 为正文第二段添加边框和底纹。

（1）选择正文第二段文字，在“段落”组中，单击“边框”下拉按钮，在弹出的下拉菜单中，选择“边框和底纹”命令，打开“边框和底纹”对话框，如图 2–16 所示。

图 2–15 “空段落”删除设置

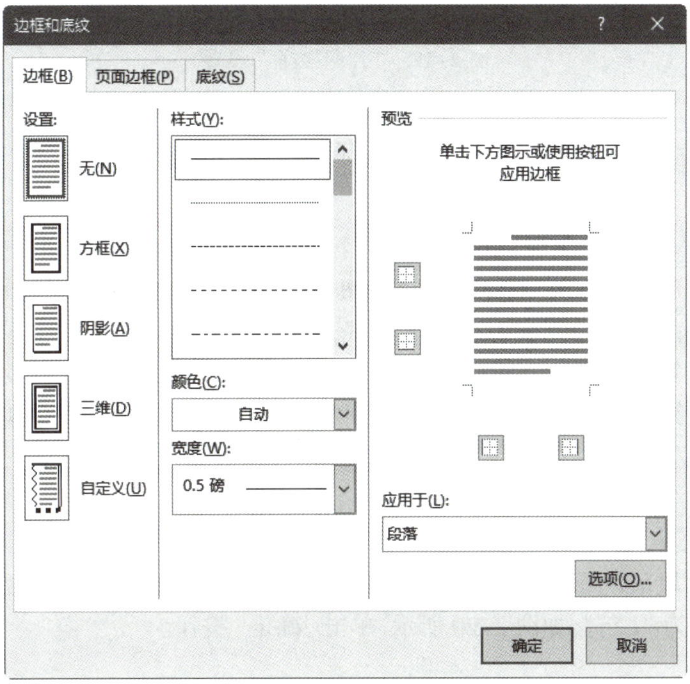

图 2–16 “边框和底纹”对话框

（2）单击“边框”选项卡“设置”中的“自定义”按钮，在“样式”列表框中，选择样式为“双实线”，单击“颜色”下拉按钮，在弹出的下拉列表中，选择标准色“橙色”，单击“宽度”下拉按钮，在弹出的下拉列表中，选择“1.5 磅”，最后，单击预览区左侧的“上框线”和“下框线”按钮，在“应用于”下拉列表中选择“段落”，如图 2-17 所示。

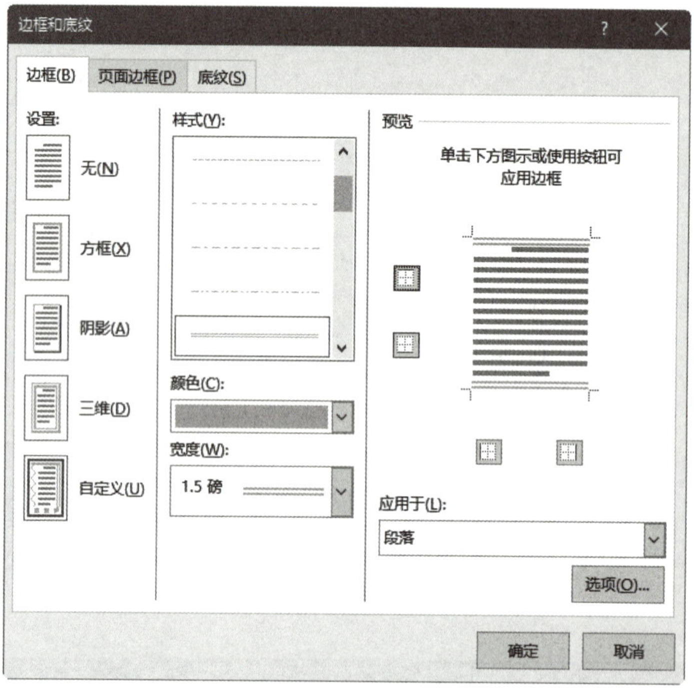

图 2-17　“上、下边框”设置

（3）采用上述方法，设置样式、颜色（标准色“红色”）和宽度，单击预览区下方的“左框线”和“右框线”按钮，在“应用于”下拉列表中选择“段落”，如图 2-18 所示，完成段落边框的设置。

（4）选择“底纹”选项卡，单击“填充”下拉按钮，在弹出的下拉列表中，选择“蓝色，个性色 5，淡色 80%”，单击“样式”下拉按钮，在弹出的下拉列表中，选择“5%”，颜色为“自动”，在“应用于”下拉列表中选择“段落”，如图 2-19 所示，单击“确定”按钮。

7. 将正文第 5 段“军事训练内容主要包括”的文字格式设置为华文行楷，二号，加粗，左缩进 8 字符，段前段后间距为 1 行，文本效果为“填充 - 金色，着色 4，软棱台”，发光为“绿色，11pt 发光，个性色 6”。

（1）选择“军事训练内容主要包括”所在段落，在“字体”组中，设置字体为“华文行楷”，字号为“二号”，字形为“加粗”。

（2）单击“段落设置”按钮，打开“段落”对话框，设置“左侧”缩进“8 字符”，“段前”和“段后”间距为“1 行”，如图 2-20 所示，单击“确定”按钮。

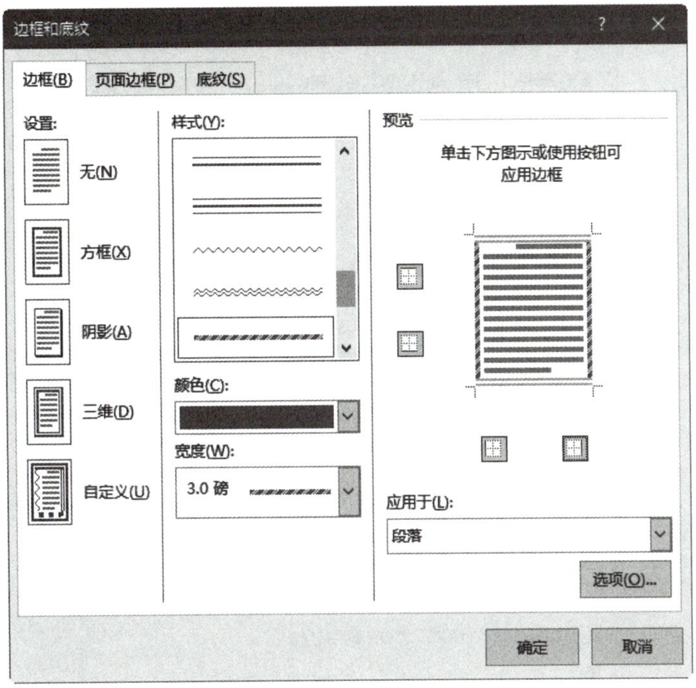

图 2-18 “左、右边框”设置

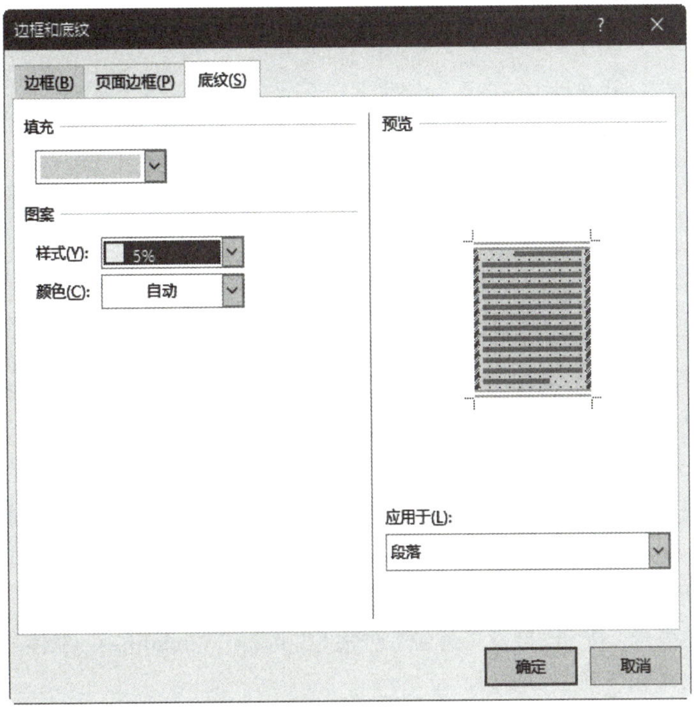

图 2-19 “底纹”设置

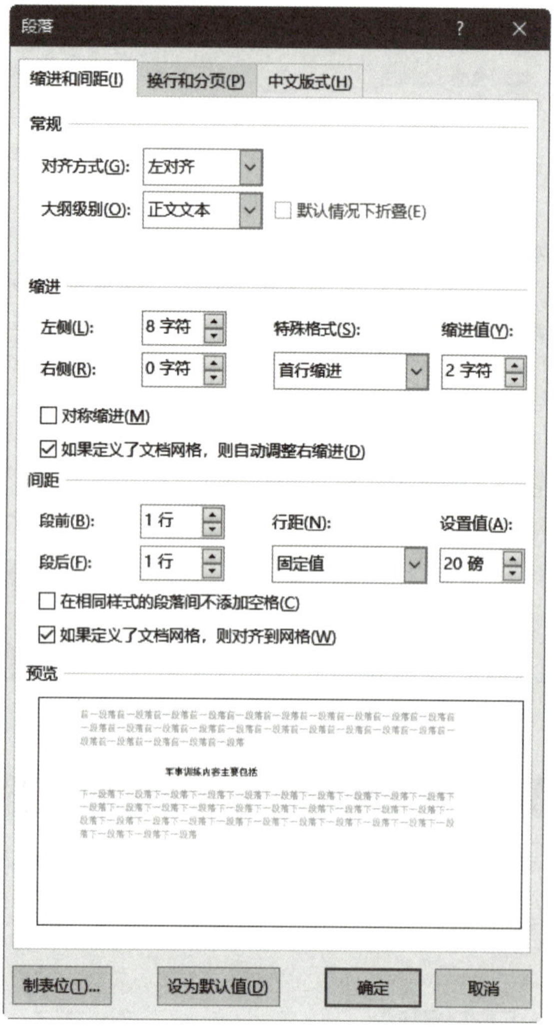

图 2-20　“段落”格式设置

（3）单击“文本效果和版式”按钮，在弹出的下拉菜单中，选择“填充 - 金色，着色 4，软棱台”（第 1 行第 5 列），选择“发光”命令，在级联菜单中选择发光变体中的“绿色，11pt 发光，个性色 6”（第 3 行第 6 列），完成文本效果设置，如图 2-21 所示。

8. 为最后六段添加红色五角星项目符号，字号为四号。

（1）选择文档最后六个段落，在“段落”组中，单击“项目符号”下拉按钮，如图 2-22 所示，在弹出的下拉菜单中，选择“定义新项目符号”命令，打开“定义新项目符号”对话框，如图 2-23 所示。

（2）单击“符号”按钮，打开“符号”对话框，选择“Wingdings”字体中的“★”符号，如图 2-24 所示，单击“确定”按钮。

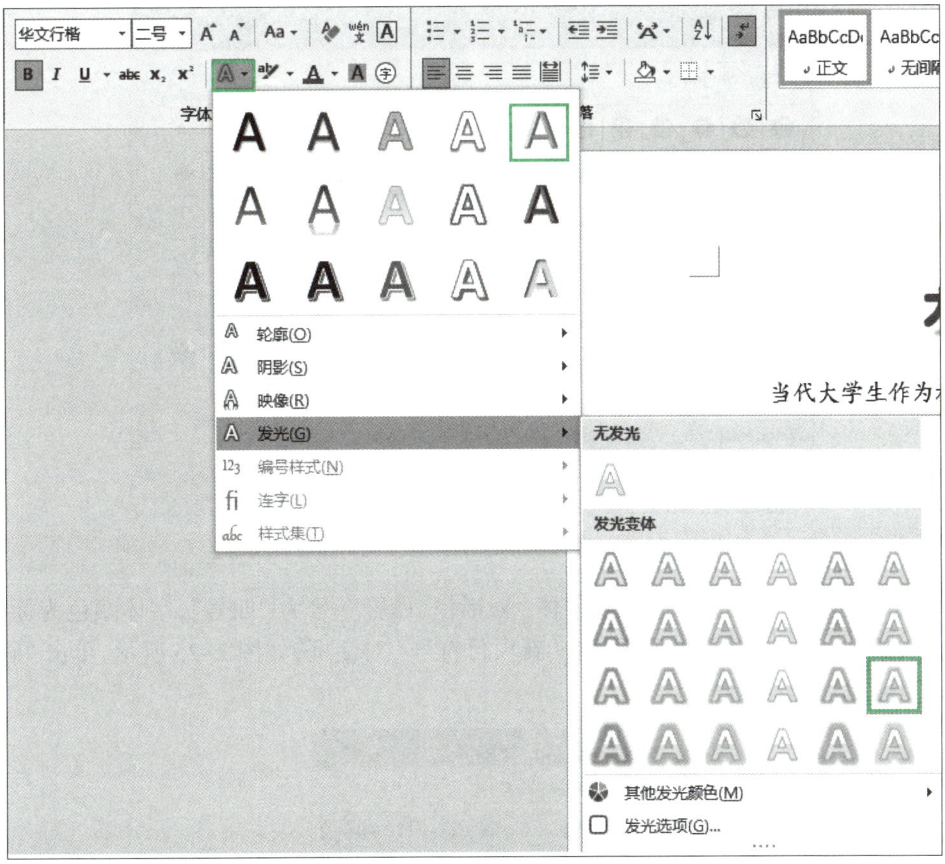

图 2–21 文本效果设置

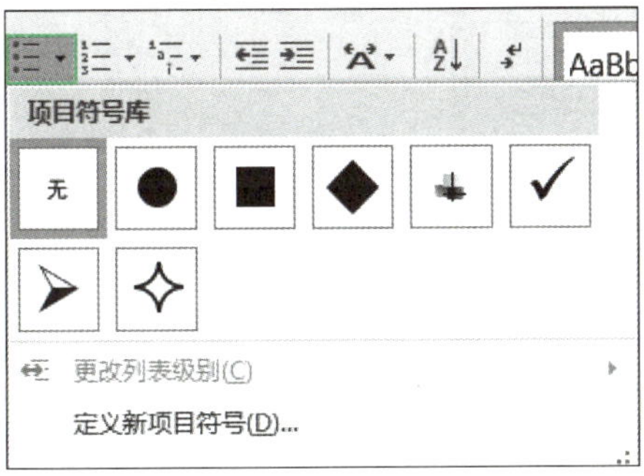

图 2–22 单击“项目符号”下拉按钮

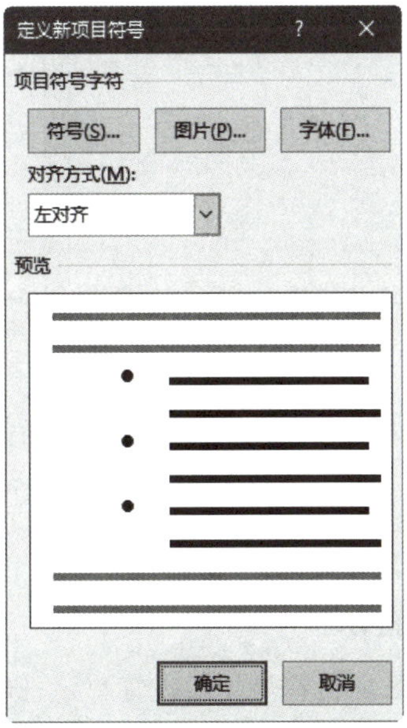

图 2–23 “定义新项目符号”对话框 1

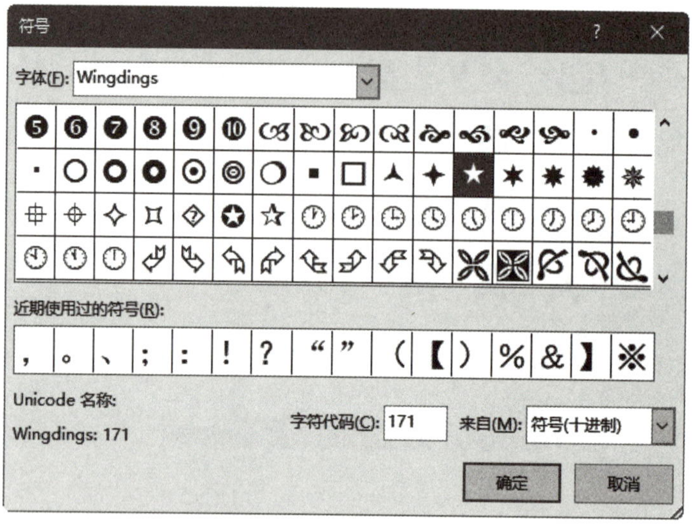

图 2-24　选择 “Wingdings” 字体中的 “★” 符号

（3）单击 “字体” 按钮，打开 “字体” 对话框，设置字号为 “四号”，字体颜色为标准色 “红色”，单击 “确定” 按钮，返回 “定义新项目符号” 对话框，如图 2-25 所示，单击 “确定” 按钮，完成项目符号设置。

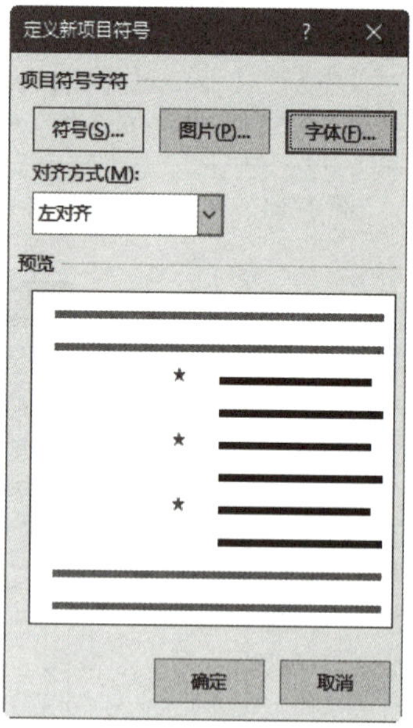

图 2-25　“定义新项目符号” 对话框 2

● 提示：

若项目符号无法正常显示，则在 “段落” 组中，单击 “减少缩进量” 按钮，如图 2-26 所示，使项目符号正常显示。

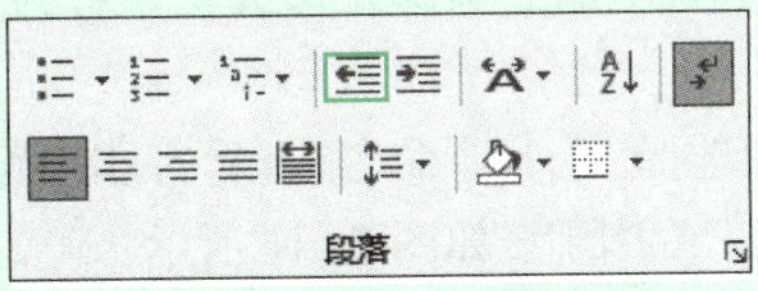

图 2-26 单击“减少缩进量”按钮

9. 设置纸张大小为 A4，纸张方向为纵向，文档页边距上、下、左、右均为 2 厘米，页眉和页脚距边界 1.5 厘米，并在打印预览中查看效果。

（1）在“布局”选项卡“页面设置”组中，单击“页边距”按钮，如图 2-27 所示，在弹出的下拉菜单中，选择“自定义边距”命令，打开“页面设置”对话框，如图 2-28 所示。

（2）在“页边距”选项卡中，设置上、下、左、右均为“2 厘米”，纸张方向为“纵向”，如图 2-29 所示。

（3）切换至“纸张”选项卡，纸张大小选择“A4”。

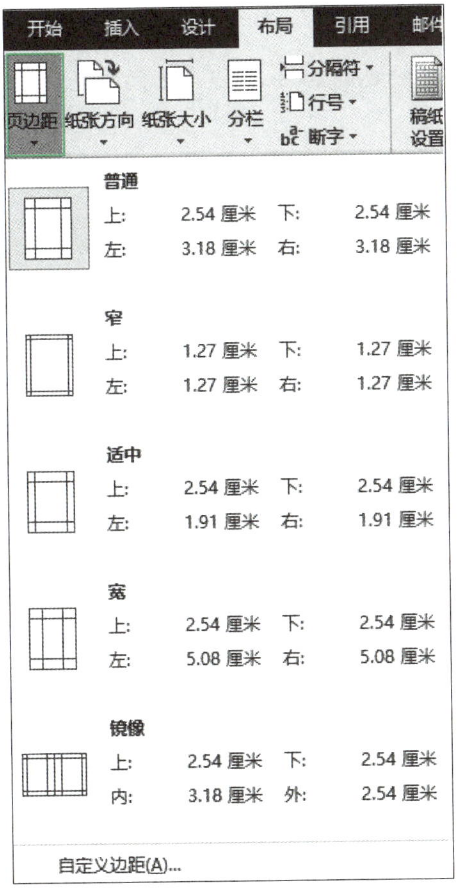

图 2-27 单击“页边距”按钮

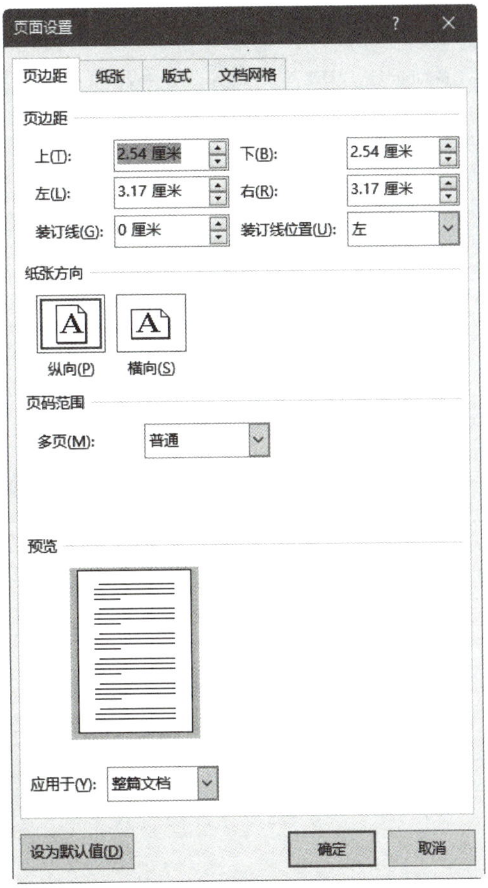

图 2-28 “页面设置”对话框

（4）切换至“版式”选项卡，页眉和页脚距边界均设置为“1.5 厘米”，如图 2–30 所示，单击“确定”按钮。

（5）在“文件”选项卡中选择“打印”命令，查看打印预览效果。

（6）保存该文档，完成文档的排版，如图 2–31 所示。

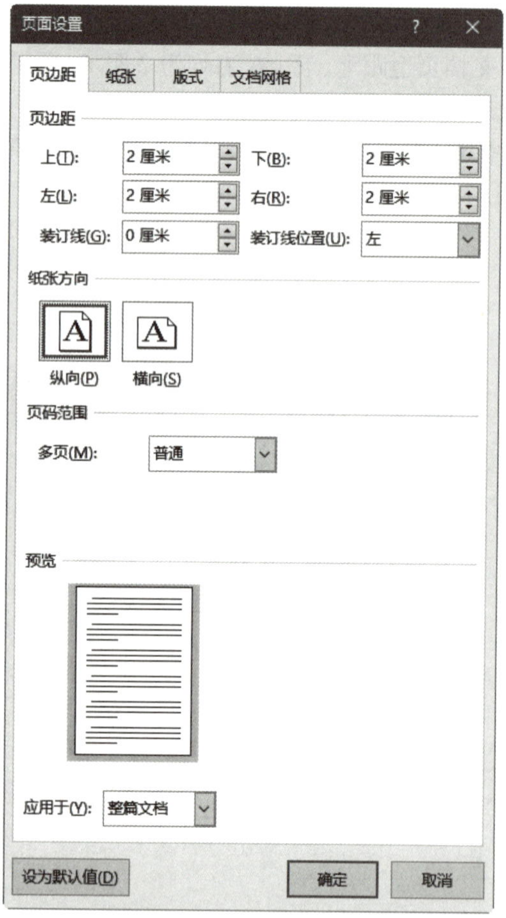

图 2–29　“页边距”设置

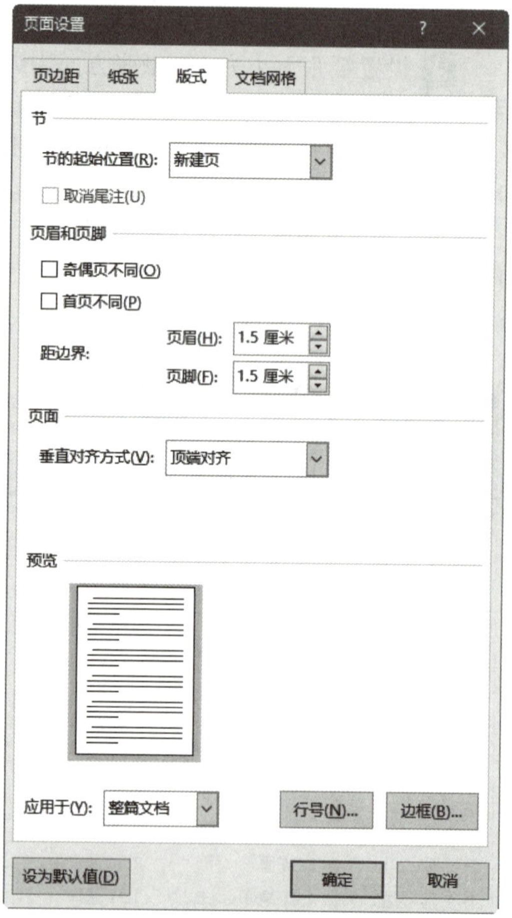

图 2–30　“版式”设置

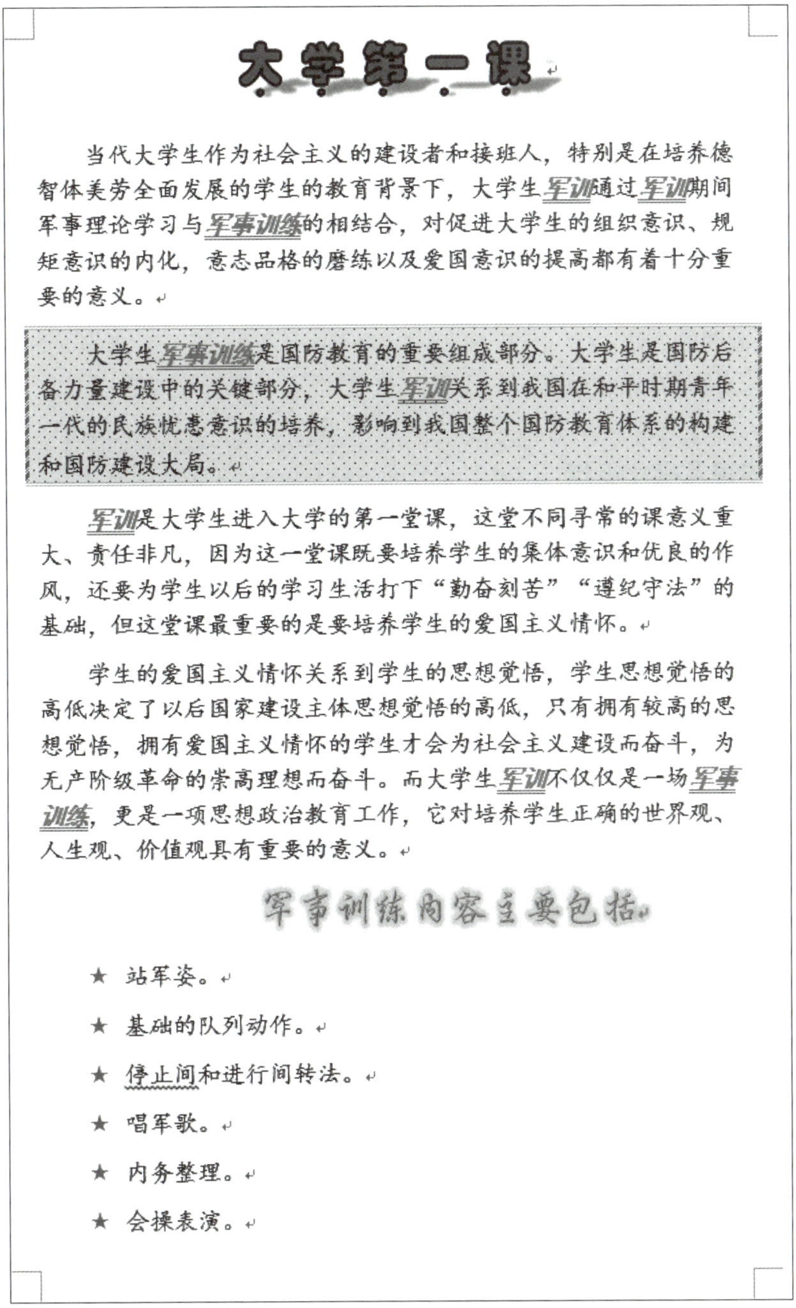

大学第一课

当代大学生作为社会主义的建设者和接班人，特别是在培养德智体美劳全面发展的学生的教育背景下，大学生军训通过军训期间军事理论学习与军事训练的相结合，对促进大学生的组织意识、规矩意识的内化，意志品格的磨练以及爱国意识的提高都有着十分重要的意义。

大学生军事训练是国防教育的重要组成部分。大学生是国防后备力量建设中的关键部分，大学生军训关系到我国在和平时期青年一代的民族忧患意识的培养，影响到我国整个国防教育体系的构建和国防建设大局。

军训是大学生进入大学的第一堂课，这堂不同寻常的课意义重大、责任非凡，因为这一堂课既要培养学生的集体意识和优良的作风，还要为学生以后的学习生活打下“勤奋刻苦”“遵纪守法”的基础，但这堂课最重要的是要培养学生的爱国主义情怀。

学生的爱国主义情怀关系到学生的思想觉悟，学生思想觉悟的高低决定了以后国家建设主体思想觉悟的高低，只有拥有较高的思想觉悟，拥有爱国主义情怀的学生才会为社会主义建设而奋斗，为无产阶级革命的崇高理想而奋斗。而大学生军训不仅仅是一场军事训练，更是一项思想政治教育工作，它对培养学生正确的世界观、人生观、价值观具有重要的意义。

军事训练内容主要包括

★ 站军姿。

★ 基础的队列动作。

★ 停止间和进行间转法。

★ 唱军歌。

★ 内务整理。

★ 会操表演。

图 2-31 “大学第一课”文档排版效果

实例二　“新时代新青年”文档的图文混排

学习目标及要求

了解特殊符号的插入方法。

熟练掌握文档的首字下沉、分栏和页面背景的设置方法。

熟练掌握艺术字、图片和形状的插入及格式设置方法。

了解屏幕截图的方法。

掌握页眉、页脚的添加方法。

学习内容及操作步骤

1. 打开该实例素材文件夹中“新时代新青年 .docx”文档，在标题两侧插入符号，并为标题和符号添加艺术字效果。

（1）将光标定位于标题的左侧，在“插入”选项卡“符号”组中，单击“符号”按钮，在弹出的下拉菜单中，选择“其他符号”命令，打开“符号”对话框，选择“Wingdings”字体中的“ ”符号，如图 2-32 所示，单击“插入”按钮。

（2）利用上述方法，在标题的右侧插入“ ”符号，关闭“符号”对话框。

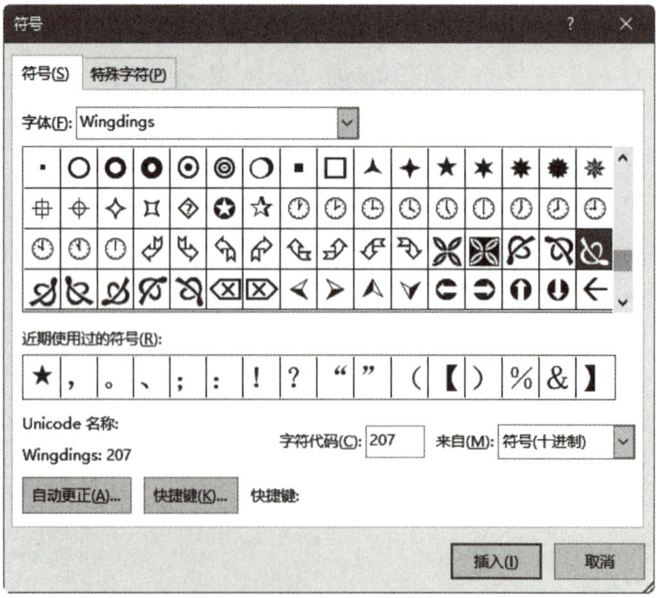

图 2-32　选择“Wingdings”字体中的“ ”符号

（3）选择标题及符号，在“文本”组中，单击“艺术字”按钮，在弹出的下拉菜单中，选择“填充：蓝色，主题色5；边框：白色，背景色1；清晰阴影：蓝色，主题色5”（第3行第3列），如图2-33所示。

（4）在绘图工具“格式”选项卡“排列”组中，单击“环绕文字”按钮，在弹出的下拉菜单中，选择“上下型环绕”，单击“对齐”按钮，在弹出的下拉菜单中，选择“水平居中”，如图2-34所示。

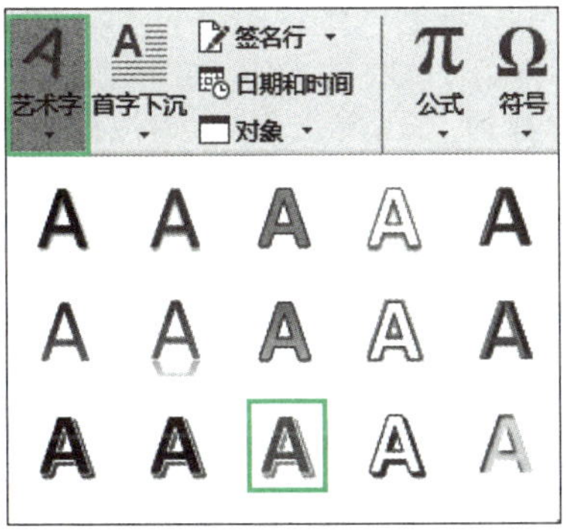

图2-33 “艺术字”样式设置

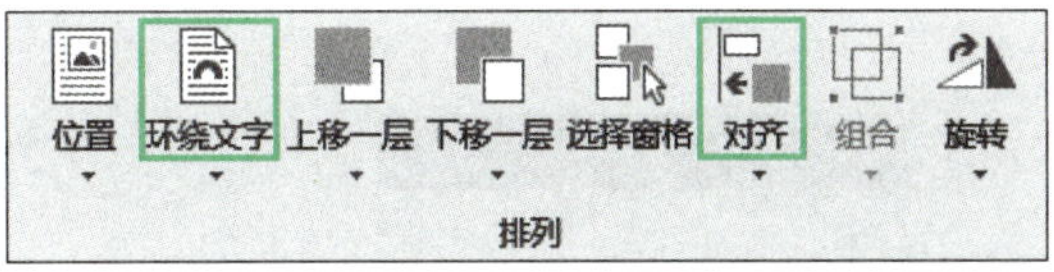

图2-34 “环绕文字”按钮和“对齐”按钮

（5）在“艺术字样式”组中，单击“文本轮廓”按钮，在弹出的下拉菜单中，选择标准色“紫色”，单击“文本效果”按钮，在弹出的下拉菜单中，选择“棱台”命令，在级联菜单中选择“圆”，如图2-35所示。

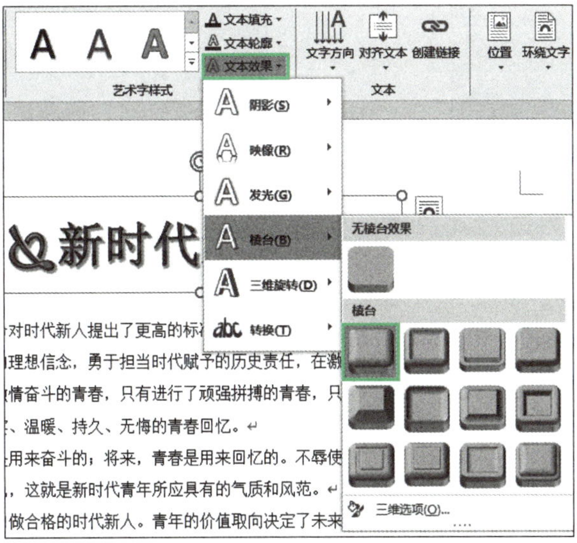

图2-35 “文本效果”设置

（6）在“开始”选项卡“字体”组中，设置字体为“华文行楷”，字号为“小初”，字形为“加粗”，“艺术字”设置效果如图2-36所示。

图 2-36　“艺术字”设置效果

2. 为正文第一段添加首字下沉效果，下沉 2 行，隶书。

（1）将光标定位于正文第一段的任意位置，在“插入”选项卡“文本”组中，单击“首字下沉”按钮，在弹出的下拉菜单中，选择“首字下沉选项”命令，打开“首字下沉”对话框，如图 2-37 所示。

（2）选择位置为“下沉”，字体为“隶书”，设置下沉行数为“2”，单击“确定”按钮。

3. 将正文第四段分成三栏，栏宽相等，并添加分隔线。

（1）选择正文第四段文字内容，在“布局”选项卡“页面设置”组中，单击“分栏”按钮，如图 2-38 所示，在弹出的下拉菜单中，选择“更多分栏”命令，打开“分栏”对话框。

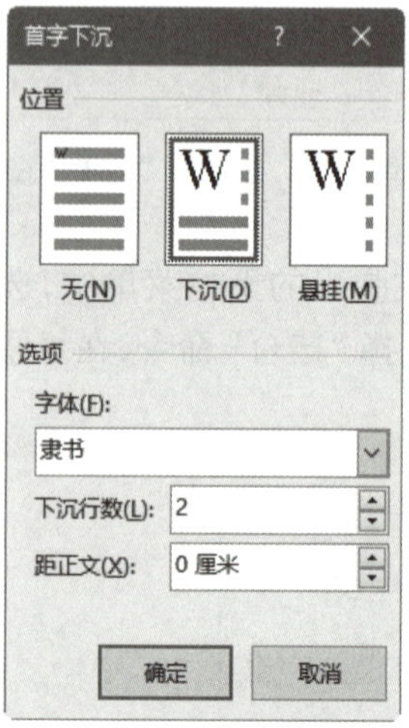

图 2-37　“首字下沉”对话框

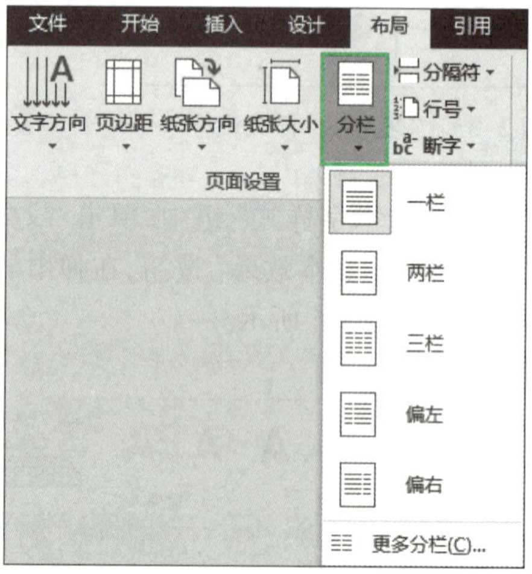

图 2-38　单击“分栏”按钮

（2）选择“三栏”，勾选“分隔线”和“栏宽相等”复选框，如图 2-39 所示，单击“确定”按扭。

4. 为整个文档设置“羊皮纸”纹理的填充效果和“艺术型”的页面边框，再添加文字水印，文字内容为个人姓名。

（1）在“设计”选项卡“页面背景”组中，单击“页面颜色”按钮，如图 2-40 所示，在弹出的下拉菜单中，选择“填充效果”命令，打开“填充效果”对话框。

（2）选择“纹理”选项卡，单击“羊皮纸”纹理，如图 2-41 所示，单击“确定”按钮。

（3）在“页面背景”组中，单击“页面边框”按钮，打开“边框和底纹”对话框，选择如图 2-42 所示的“艺术型”边框，单击“确定”按钮。

（4）在“页面背景”组中，单击“水印”按钮，在弹出的下拉菜单中，选择“自定义水印”命令，打开“水印”对话框。

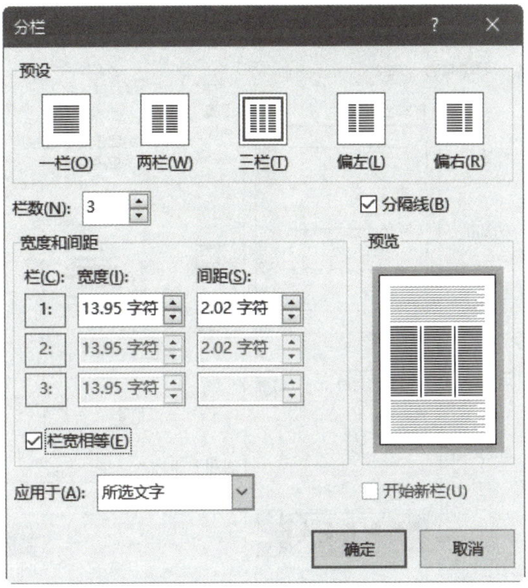

图 2-39 “分栏”设置

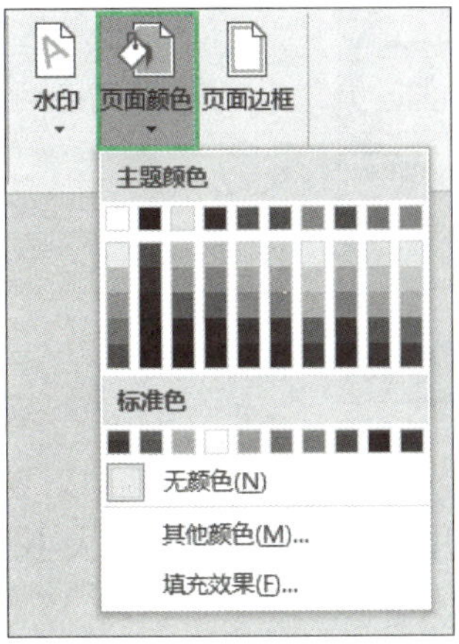

图 2-40 单击“页面颜色”按钮

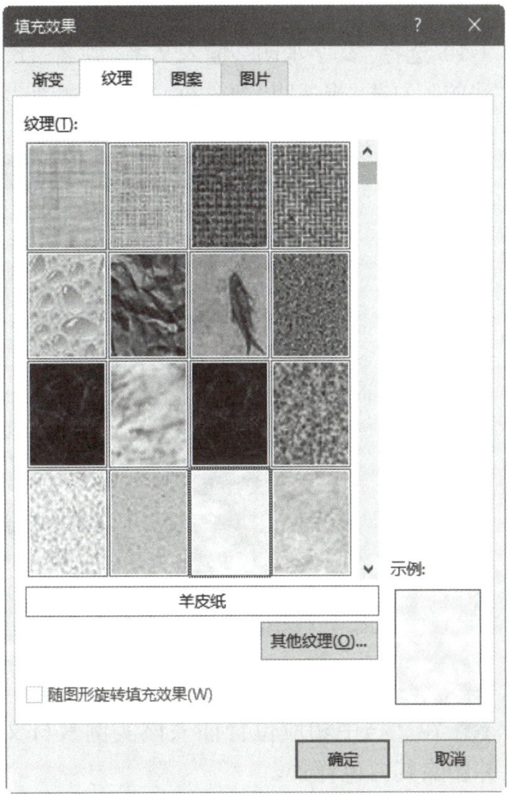

图 2-41 “纹理”设置

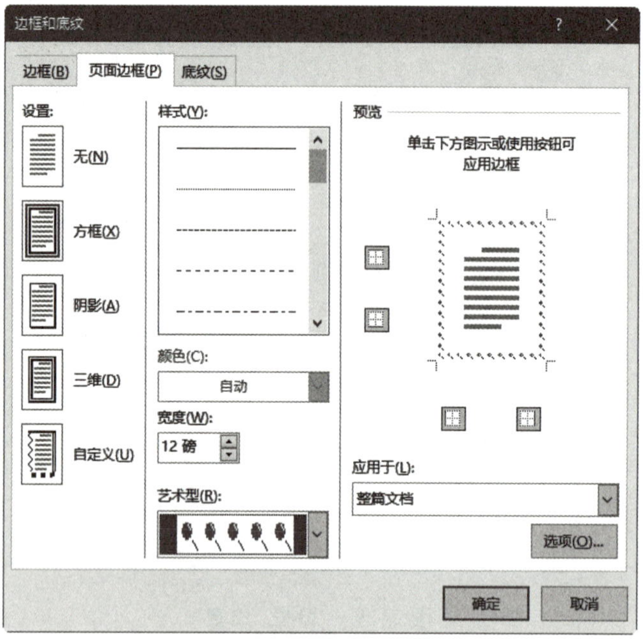

图 2-42　“页面边框”设置

（5）选择“文字水印”，输入文字“姓名”，设置字体为“楷体”，字号为“120”，颜色为标准色“浅蓝”，勾选“半透明”复选框，选择版式为“斜式”，如图 2-43 所示，单击“确定”按钮。

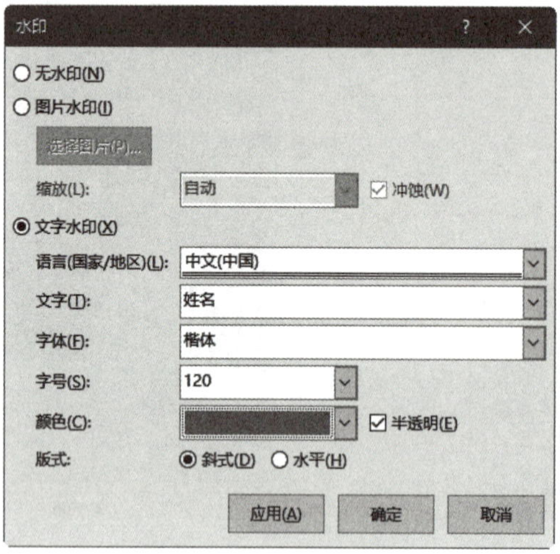

图 2-43　“文字水印”设置

5. 在文档中相应位置插入该实例素材文件夹中的图片“1.jpg”，调整图片大小和位置，并删除其白色背景。

（1）将光标定位于正文第二段段尾，在“插入”选项卡“插图”组中，单击“图片”按钮，打开“插入图片”对话框，如图 2-44 所示，选择该实例素材文件夹中的图片“1.jpg”，单击“插入”按钮。

图 2-44 “插入图片”对话框

（2）在图片工具“格式”选项卡“大小”组中，单击右下角“高级版式：大小”按钮，打开“布局”对话框，选择“大小”选项卡，设置图片高度和宽度缩放均为“20%”，如图 2-45 所示，单击“确定”按钮。

图 2-45 图片“大小”设置

（3）在“排列”组中，单击“环绕文字”按钮，在弹出的下拉菜单中，选择“紧密型环绕”，适当调整图片位置，让其位于第二段和第三段的右侧。

（4）在“调整”组中，单击“颜色”按钮，如图 2–46 所示，在弹出的下拉菜单中，选择“设置透明色”命令，单击图片中的白色背景，删除其背景色。

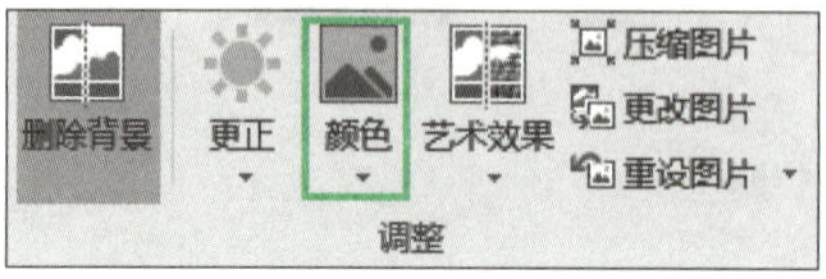

图 2–46　单击“颜色”按钮

6. 利用屏幕截图将该实例素材文件夹中的图片“2.jpg”中相应的区域插入到文档中，适当裁剪图片，并设置图片效果。

视频：屏幕剪辑

（1）双击打开该实例素材文件夹中的图片“2.jpg”。

（2）将光标定位于倒数第三段的空段落，在“插入”选项卡“插图”组中，单击“屏幕截图”按钮，在弹出的下拉菜单中，选择“屏幕剪辑”命令，此时，自动切换到图片窗口。

（3）在图片窗口中，按住鼠标左键拖动，选择图片“2.jpg”中相应区域，释放鼠标，即可插入屏幕截图，设置图片居中对齐。

（4）在图片工具“格式”选项卡“大小”组中，单击“裁剪”按钮，在弹出的下拉菜单中，选择“裁剪”命令，对图片进行适当的裁剪，并调整图片大小。

（5）在“图片样式”组中，单击“图片效果”按钮，选择“映像”命令，在级联菜单中选择“映像变体”中的“紧密映像：接触”，再选择“棱台”中的“圆”，“屏幕截图”设置效果如图 2–47 所示。

图 2–47　“屏幕截图”设置效果

7. 在文档末尾插入“横卷形”形状，并为形状添加文本和形状样式。

（1）在“插入”选项卡“插图”组中，单击“形状”按钮，在弹出的下拉菜单中，选择“星与旗帜”组中的“横卷形”形状进行绘制，如图 2–48 所示。

（2）在绘图工具“格式”选项卡“形状样式”组中，选择“细微效果 – 水绿色，强调颜色 5”，如图 2–49 所示。

（3）选择该形状，单击鼠标右键，在弹出的快捷菜单中选择“添加文字”命令，输入“传民族精神，扬青春风采”，设置字体格式为“华文行楷”“一号”“加粗”“红色”，添加标准色“黄色”轮廓的文本效果，如图 2–50 所示。

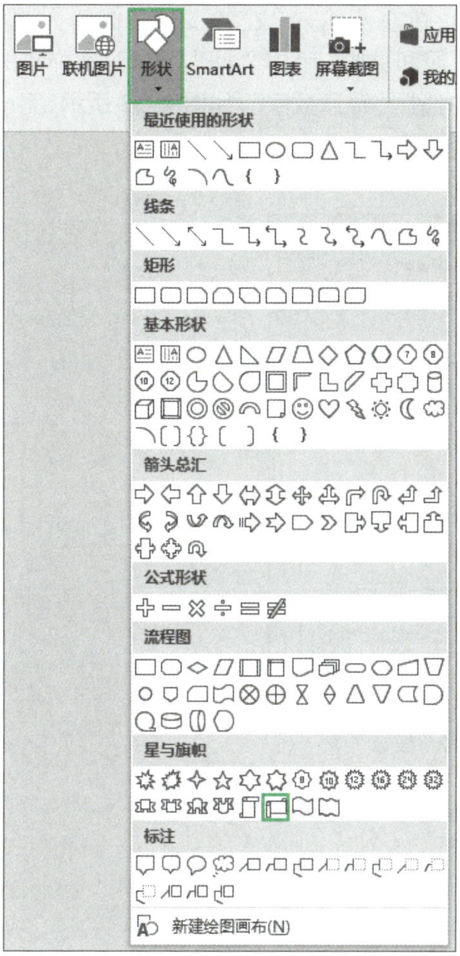

图 2-48 “横卷形”形状

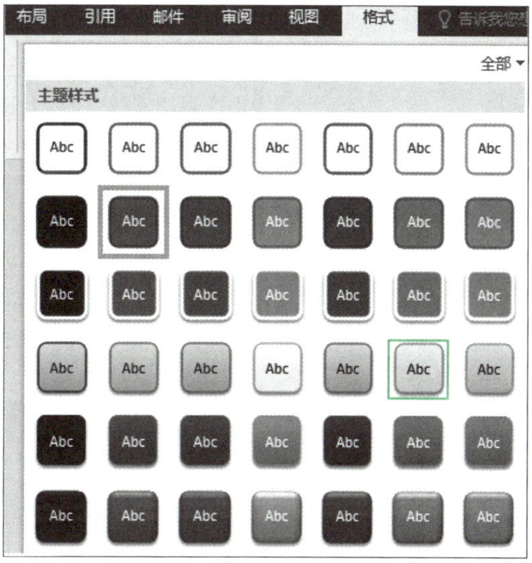

图 2-49 “形状样式”设置

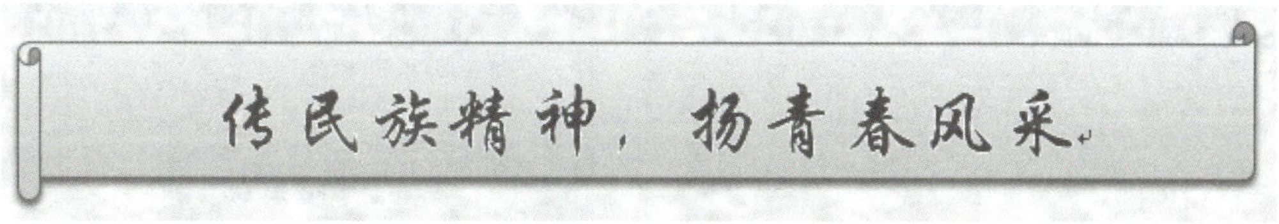

图 2-50 形状设置效果

8. 为文档添加页眉和页脚。

（1）在“插入”选项卡“页眉和页脚”组中，单击“页眉”按钮，如图 2-51 所示，在弹出的下拉菜单中，选择“空白（三栏）”。

（2）在左侧占位符中输入“时代青年”，删除中间占位符，将光标定位于右侧占位符中，在“插入”组中，单击“日期和时间”按钮，打开“日期和时间”对话框，如图 2-52 所示，设置“语言（国家 / 地区）”为“中文（中国）”，“可用格式”选择“2021 年 1 月 23 日”，勾选“自动更新”复选框，单击“确定”按钮。

（3）在“导航”组中，单击“转至页脚”按钮，在左侧输入“姓名”，在右侧输入“第页”，再将光标定位于“第”和“页”之间，单击“页眉和页脚”组中“页码”按钮，在弹出的下拉菜单中，选择“当前位置”命令，在级联菜单中选择“普通数字”，如图 2-53 所示，完成页码的插入，单击“关闭”组中“关闭页眉和页脚”按钮。

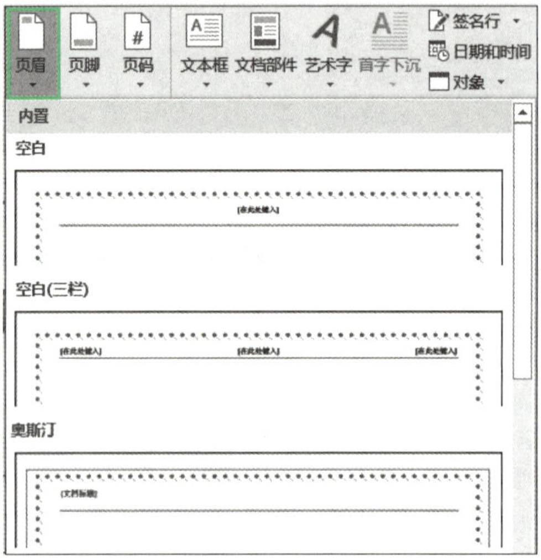

图 2-51　单击“页眉”按钮

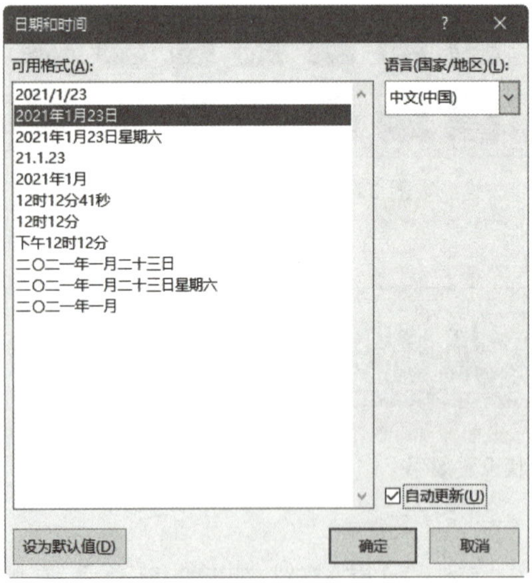

图 2-52　“日期和时间”对话框

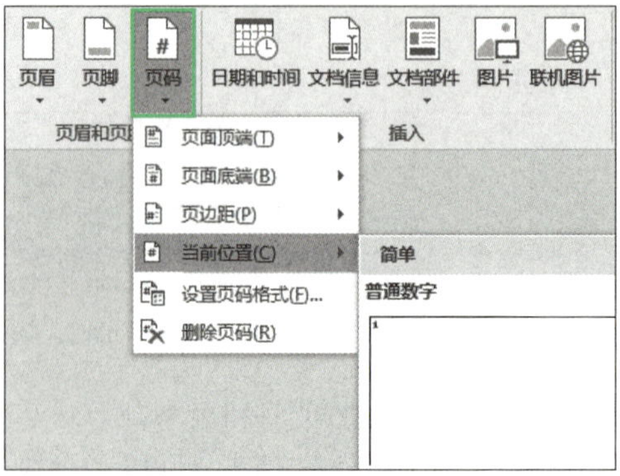

图 2-53　插入“页码”

● 提示：

在输入“页脚”内容时，可以使用 Tab 键调整光标位置。

9. 保存该文档，完成文档的排版，如图 2-54 所示。

时代青年　　2021年1月23日

新时代新青年

新时代新使命对时代新人提出了更高的标准和更严格的要求。当代青年要树立与这个时代主题同心同向的理想信念，勇于担当时代赋予的历史责任，在激情奋斗中绽放青春光芒。

只有进行了激情奋斗的青春，只有进行了顽强拼搏的青春，只有为人民做出了奉献的青春，才会留下充实、温暖、持久、无悔的青春回忆。

现在，青春是用来奋斗的；将来，青春是用来回忆的。不辱使命，不负所托，在人生征途上做最好的自己，这就是新时代青年所应具有的气质和风范。

担当使命，勇做合格的时代新人。青年的价值取向决定了未来整个社会的价值取向，做时代新人首先要扣好人生的“扣子”，走正确的人生之路。做时代新人，就要有理想、有梦想，在中国梦的引导下，将自己的个人梦、个人理想融入国家和民族复兴的伟大事业中。做时代新人，就要以国家富强、人民幸福为己任，胸怀理想、志存高远，投身中国特色社会主义伟大实践，并为之终生奋斗。

新时代 新青年

时代新人要有坚定的理想信念。能够担当民族复兴大任的时代新人，需要有崇高的理想、坚定的信念，在新时代新征程中不断增强中国特色社会主义道路自信、理论自信、制度自信、文化自信。

时代新人要有为国为民的担当精神。新时代的青年既生逢其时，也重任在肩，既是追梦者，也是圆梦人。追梦需要激情和理想，圆梦需要奋斗和奉献。有责任、有担当、有奋斗、有奉献的人生才是有意义的人生。

传民族精神，扬青春风采

姓名　　第1页

图 2-54 “新时代新青年”文档排版效果

拓展训练 “奋斗吧青春”文档的制作

综合运用所学知识并查阅相关资料，完成“奋斗吧青春”文档的制作，如图 2-55 所示，操作要求如下：

1. 打开该训练素材文件夹中“奋斗吧青春 .docx”文档。
2. 设置文档页边距：上、下、左、右均为 2 厘米。

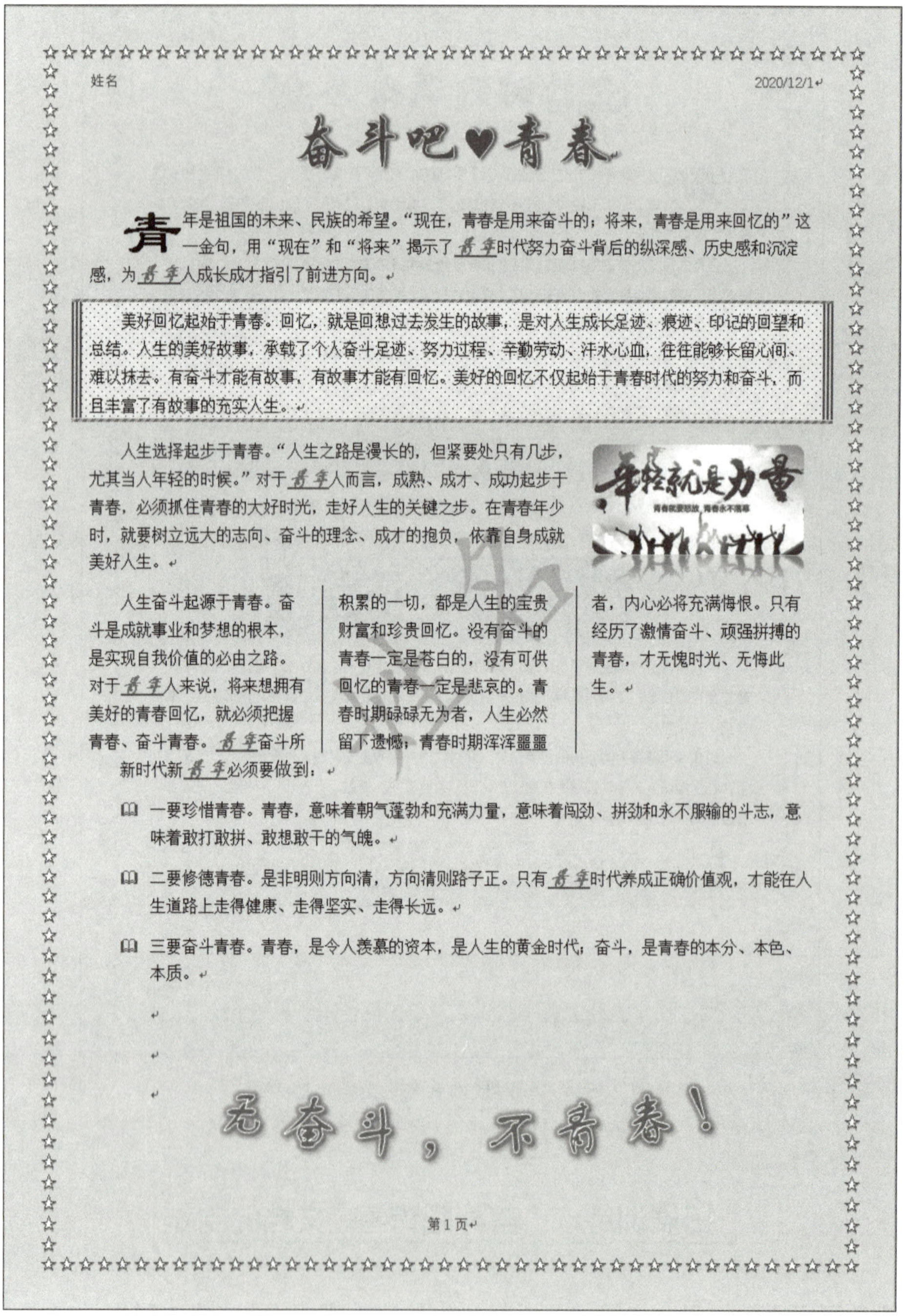

姓名　　2020/12/1

奋斗吧♥青春

青年是祖国的未来、民族的希望。“现在，青春是用来奋斗的；将来，青春是用来回忆的”这一金句，用“现在”和“将来”揭示了青年时代努力奋斗背后的纵深感、历史感和沉淀感，为青年人成长成才指引了前进方向。

美好回忆起始于青春。回忆，就是回想过去发生的故事，是对人生成长足迹、痕迹、印记的回望和总结。人生的美好故事，承载了个人奋斗足迹、努力过程、辛勤劳动、汗水心血，往往能够长留心间、难以抹去。有奋斗才能有故事，有故事才能有回忆。美好的回忆不仅起始于青春时代的努力和奋斗，而且丰富了有故事的充实人生。

人生选择起步于青春。“人生之路是漫长的，但紧要处只有几步，尤其当人年轻的时候。”对于青年人而言，成熟、成才、成功起步于青春，必须抓住青春的大好时光，走好人生的关键之步。在青春年少时，就要树立远大的志向、奋斗的理念、成才的抱负，依靠自身成就美好人生。

人生奋斗起源于青春。奋斗是成就事业和梦想的根本，是实现自我价值的必由之路。对于青年人来说，将来想拥有美好的青春回忆，就必须把握青春、奋斗青春。青年奋斗所积累的一切，都是人生的宝贵财富和珍贵回忆。没有奋斗的青春一定是苍白的，没有可供回忆的青春一定是悲哀的。青春时期碌碌无为者，人生必然留下遗憾；青春时期浑浑噩噩者，内心必将充满悔恨。只有经历了激情奋斗、顽强拼搏的青春，才无愧时光、无悔此生。

新时代新青年必须要做到：

- 一要珍惜青春。青春，意味着朝气蓬勃和充满力量，意味着闯劲、拼劲和永不服输的斗志，意味着敢打敢拼、敢想敢干的气魄。
- 二要修德青春。是非明则方向清，方向清则路子正。只有青年时代养成正确价值观，才能在人生道路上走得健康、走得坚实、走得长远。
- 三要奋斗青春。青春，是令人羡慕的资本，是人生的黄金时代；奋斗，是青春的本分、本色、本质。

无奋斗，不青春！

第 1 页

图 2–55　“奋斗吧青春”文档排版效果

3. 在标题“奋斗吧”和“青春”之间插入符号“♥”（字体为“Symbol”），设置标题居中对齐。

4. 设置标题字体格式为华文行楷，小初，加粗，红色，并添加黄色轮廓和“向右偏移”的外部阴影效果，设置正文字体格式为宋体，五号。

5. 设置正文所有段落左对齐，首行缩进 2 字符，段前、段后间距为 0.5 行，行距为固定值 18 磅。

6. 设置正文第一段首字下沉 2 行，字体为隶书。

7. 为正文第二段添加边框和底纹。

8. 将正文第四段分成三栏，栏宽相等，加分隔线。

9. 将全文中的“青年”文字字体替换为方正舒体，四号，加粗倾斜，浅蓝，粗实线型下画线且下画线颜色为红色。

10. 为正文最后三段添加项目符号“🕮”，字体格式为红色，加粗。

11. 在正文第三段末尾插入该训练素材文件夹中的图片“奋斗 .jpg”，适当裁剪图片，调整图片大小，设置环绕方式，并添加“映像圆角矩形”图片样式。

12. 为文档添加双色渐变页面背景和艺术型页面边框。

● 提示：

页面背景颜色 1 为“绿色，个性色 6，淡色 80%”，颜色 2 为“蓝色，个性色 5，淡色 80%”。

13. 为文档添加文字水印，文字内容为个人姓名，字体格式为楷体，绿色，100 磅。

14. 在文档末尾插入艺术字样式（第 3 行第 3 列），文字内容为“无奋斗，不青春！”，字体格式为方正舒体，初号，字符间距为加宽 5 磅。

15. 为艺术字添加发光效果和下弯弧跟随路径。

● 提示：

选择艺术字，单击“文本效果”按钮，选择“转换”命令，在级联菜单中选择“跟随路径”中的“下弯弧”。

16. 为文档添加页眉和页脚，并删除页眉的下框线。

17. 保存文档，完成文档的排版。

2.2　表格和插图的应用

实例一　“周工作报表”的创建与布局

学习目标及要求

熟练掌握表格的插入、删除、合并与拆分单元格等基本操作方法。
熟练掌握表格属性的设置方法。
了解表格自动套用格式的使用方法。
熟练掌握表格边框和底纹的设置方法。
掌握表格中文字方向及对齐方式的设置方法。
了解拆分表格及自动调整表格的方法。

学习内容及操作步骤

1. 新建一个 Word 文档，命名为“周工作报表 .docx”，打开该文档，制作如图 2-56 所示的表格。

2. 插入一个 9 行 4 列的表格，为表格添加标题“周工作报表”，设置字体格式，居中显示。

（1）在“插入”选项卡“表格”组中，单击“表格”按钮，在弹出的下拉菜单中，选择“插入表格”命令，打开“插入表格”对话框，如图 2-57 所示，将列数设置为“4”，行数设置为“9”，单击“确定”按钮。

（2）将光标定位于第一个单元格内，按 Enter 键，插入一个空段落，输入标题“周工作报表”，选择标题，设置字体为“黑体”，字号为“三号”，居中对齐。

3. 设置表格宽度为 12 厘米，居中显示，所有行行高为 0.8 厘米。

（1）单击表格左上角“全选”按钮，将整个表格选中，在表格工具“布局”选项卡“表”组中，单击“属性”按钮，打开“表格属性”对话框，勾选“指定宽度”复选框，设置尺寸为“12 厘米”，选择“对齐方式”为“居中”，如图 2-58 所示。

（2）选择“行”选项卡，勾选“指定高度”复选框，设置尺寸为“0.8 厘米”，如图 2-59 所示，单击“确定”按钮。

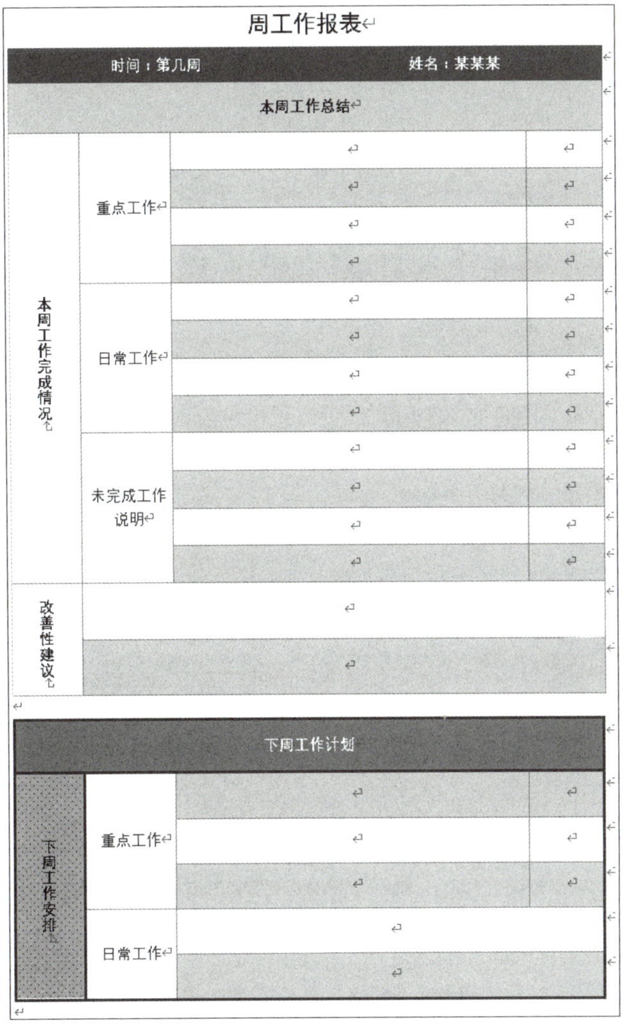

图 2-56　“周工作报表”制作效果

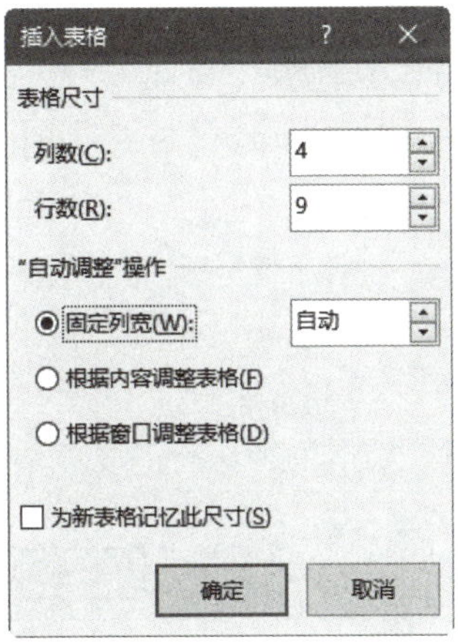

图 2-57　“插入表格”对话框

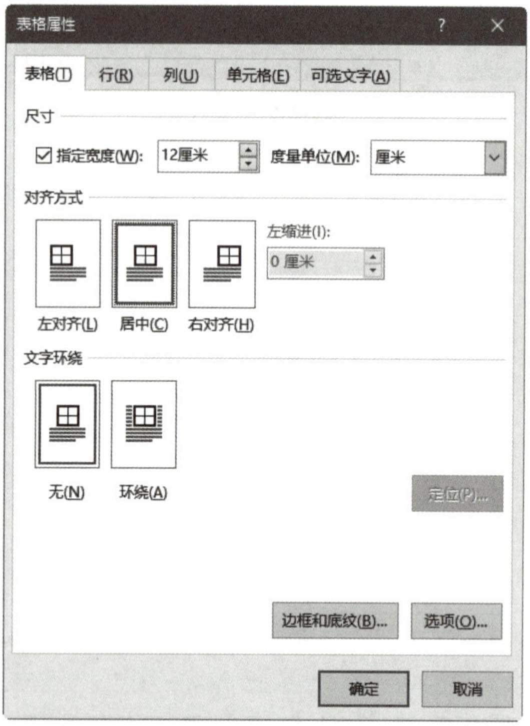

图 2–58　表格“尺寸”和“对齐方式”设置

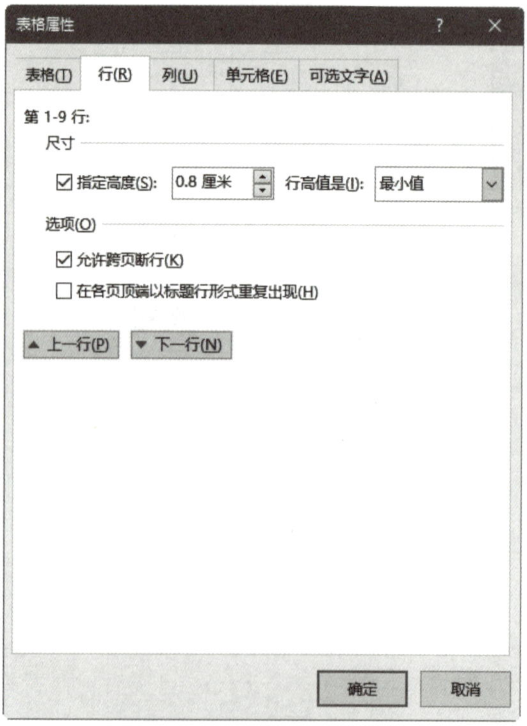

图 2–59　行“尺寸”设置

4. 设置表格第 2，7 行的行高为 1.2 厘米，第 3，4，5 行的行高为 3.2 厘米，第 6，8，9 行的行高为 2.4 厘米。

（1）将鼠标指针定位于第 2 行左侧并单击，选中该行，单击鼠标右键，在弹出的快捷菜单中选择“表格属性”命令，打开“表格属性”对话框，设置行高为“1.2 厘米”，单击“确定”按钮。

（2）采用上述方法，设置第 3，4，5 行的行高为“3.2 厘米”，第 7 行的行高为“1.2 厘米”，第 6，8，9 行的行高为“2.4 厘米”。

● 提示：

可以配合 Ctrl 键选择不连续的行。

5. 将表格中第 3 行右侧两个单元格拆分为 4 行 2 列，第 4 行和第 5 行右侧两个单元格分别拆分为 4 行 2 列。

（1）拖动鼠标选择第 3 行右侧两个单元格，在表格工具“布局”选项卡“合并”组中，单击“拆分单元格”按钮，如图 2-60 所示，打开“拆分单元格”对话框。

（2）设置列数为“2”，行数为“4”，勾选“拆分前合并单元格”复选框，如图 2-61 所示，单击“确定”按钮。

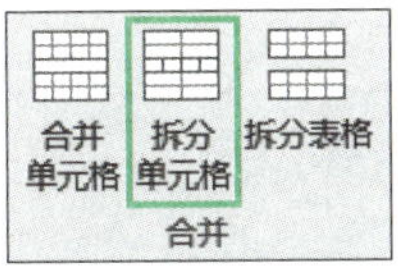

图 2-60　单击“拆分单元格”按钮

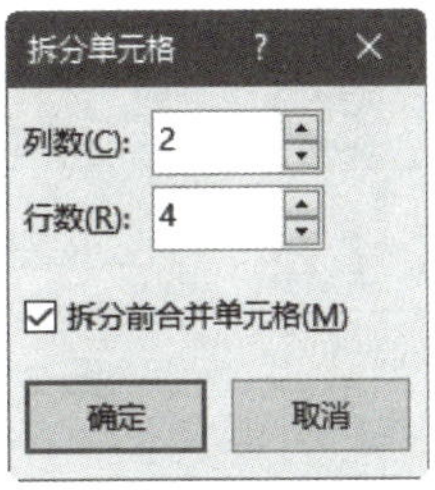

图 2-61　“拆分单元格”设置

（3）采用上述方法，分别将表格中第 4 行和第 5 行右侧两个单元格拆分成 4 行 2 列。

6. 采用上述方法，将表格中第 6 行右侧三个单元格拆分为 2 行 1 列，第 8 行右侧两个单元格拆分为 3 行 2 列，第 9 行右侧两个单元格拆分为 2 行 1 列。

7. 根据窗口自动调整表格，手动调整各列宽度。

（1）选择整个表格，在表格工具“布局”选项卡“单元格大小”组中，单击“自动调整”按钮，如图 2-62 所示，在弹出的下拉菜单中，选择“根据窗口自动调整表格”命令，完成表格宽度的自动调整。

（2）将鼠标指针移动至列分隔线上，鼠标指针变成水平双向箭头时，拖动分隔线，参照图 2-56 所示效果，手动调整各列的宽度。

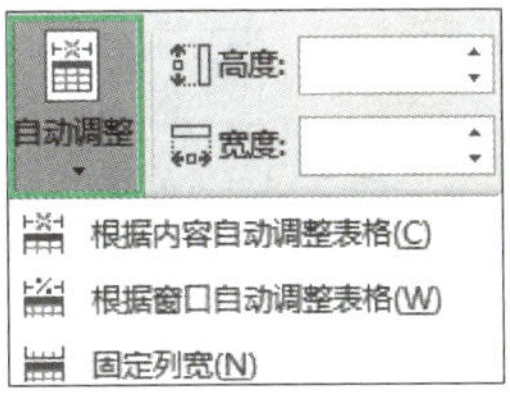

图 2-62　单击“自动调整”按钮

8. 分别合并第 2 行和第 7 行单元格，再分别合并第 1 列中第 3，4，5 行三个单元格和第 1 列中第 8，9 行两个单元格，最后，将第 1 行拆分为 1 行 2 列。

（1）选择表格的第 2 行，在“合并”组中，单击“合并单元格”按钮，采用相同的方法，合并表格的第 7 行单元格。

（2）拖动鼠标选择表格第 1 列中第 3，4，5 行三个单元格，单击“合并单元格”按钮，采用相同的方法，合并第 1 列中第 8，9 行两个单元格。

（3）选择表格第 1 行，单击“拆分单元格”按钮，将第 1 行拆分为 1 行 2 列。

9. 输入表格文字，为表格套用表格样式“网格表 4– 着色 5”，并设置表格中所有文本水平居中对齐。

（1）参照图 2–56 所示文字，在相应的单元格内输入文字内容。

（2）选择整个表格，在表格工具“设计”选项卡“表格样式”组中，单击“其他”按钮，选择“网格表 4– 着色 5”表格样式，如图 2–63 所示。

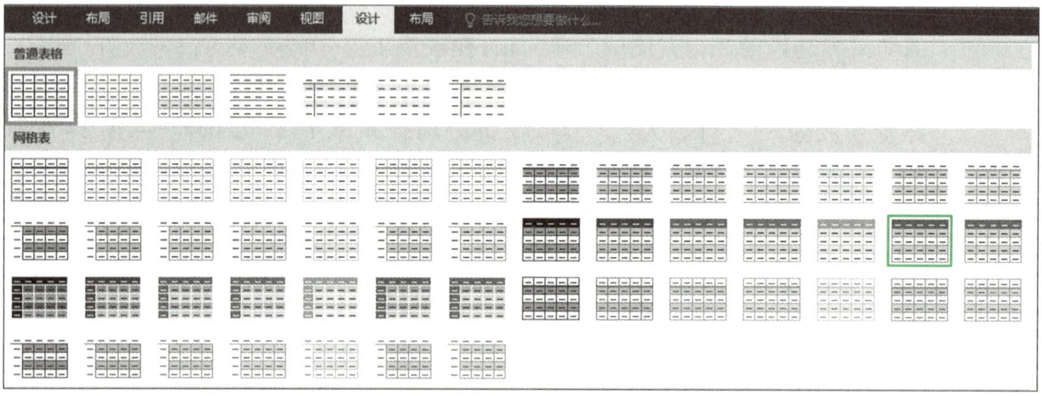

图 2–63 选择“网格表 – 着色 5”表格样式

（3）在表格工具“布局”选项卡“对齐方式”组中，单击“水平居中”按钮，如图 2–64 所示。

10. 将文字“本周工作完成情况”“改善性建议”“下周工作安排”设置为竖排。

（1）将光标定位于“本周工作完成情况”单元格内，在“对齐方式”组中，单击“文字方向”按钮，将文字设置为竖排，如图 2–65 所示。

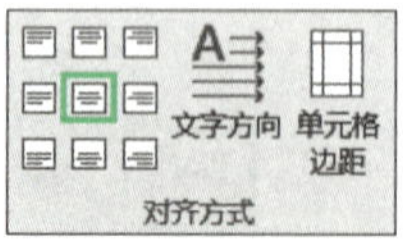

图 2–64 单击“水平居中”按钮

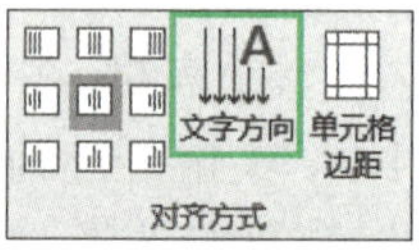

图 2–65 文字方向设置

（2）采用上述方法，将文字“改善性建议”“下周工作安排”设置为竖排。

11. 从“下周工作计划”单元格拆分表格，平均分布“下周工作安排”单元格右侧的各行。

（1）将光标定位于“下周工作计划”单元格内，在“合并”组中，单击“拆分表格”按钮，将表格一分为二。

（2）选择“下周工作安排”单元格右侧的各行，在表格工具“布局”选项卡“单元格大小”组中，单击“分布行”按钮，如图 2-66 所示，平均分配各行行高。

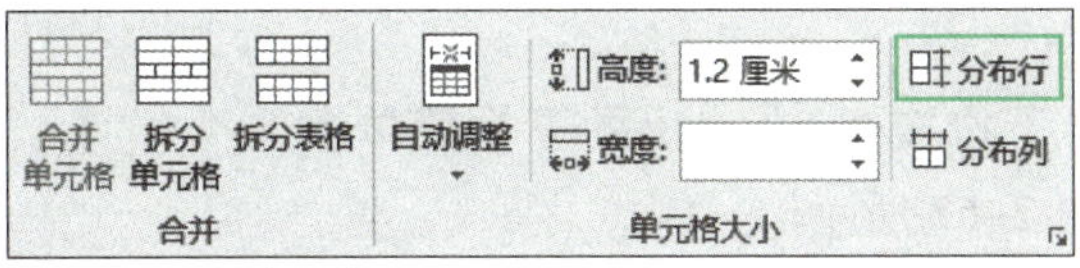

图 2-66 单击“分布行”按钮

12. 将“下周工作计划”单元格填充为浅蓝色，将“下周工作安排”单元格填充为橙色，并添加 5% 的图案样式，取消“重点工作”单元格的底纹颜色。

（1）将光标定位于“下周工作计划”单元格内，在表格工具“设计”选项卡“表格样式”组中，单击“底纹”下拉按钮，在弹出的下拉菜单中，选择标准色“浅蓝”。

（2）将光标定位于“下周工作安排”单元格内，在“边框”组中，单击“边框”下拉按钮，在弹出的下拉菜单中，选择“边框和底纹”命令，打开“边框和底纹”对话框，选择“底纹”选项卡，设置填充颜色为标准色“橙色”，图案样式为“5%”，应用于“单元格”，如图 2-67 所示，单击“确定”按钮。

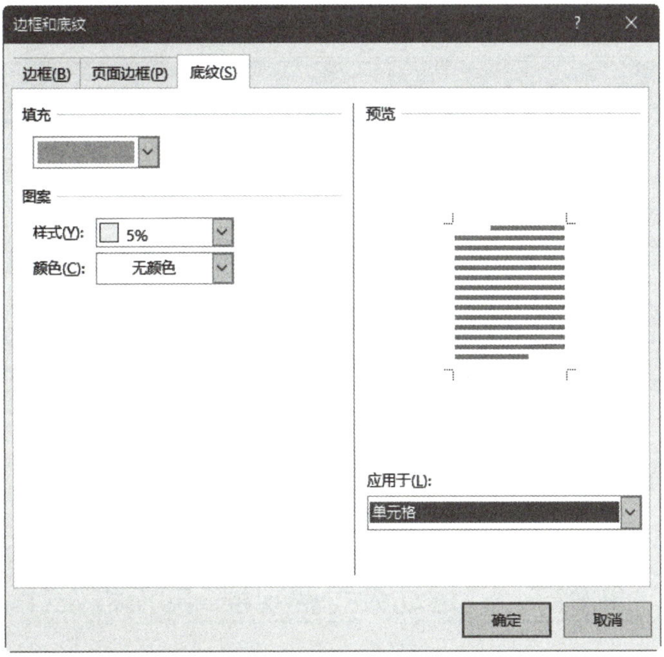

图 2-67 单元格“底纹”设置

（3）将光标定位于“重点工作”单元格内，在“表格样式”组中，单击“底纹”下拉按钮，在弹出的下拉菜单中，选择“无颜色”。

13. 为“下周工作计划”表格添加紫色外侧框线，笔样式为单实线，笔划粗细为 2.25 磅。

（1）选择整个“下周工作计划”表格，在表格工具“设计”选项卡“边框”组中，单击“笔样式”下拉按钮，在弹出的下拉菜单中，选择单实线，再单击“笔划粗细”下拉按钮，在弹出的下拉菜单中，选择“2.25 磅”，最后，再单击“笔颜色”按钮，在弹出的下拉菜单中，选择标准色“紫色”。

（2）单击“边框”下拉按钮，在弹出的下拉菜单中，选择“外侧框线”，如图 2-68 所示。

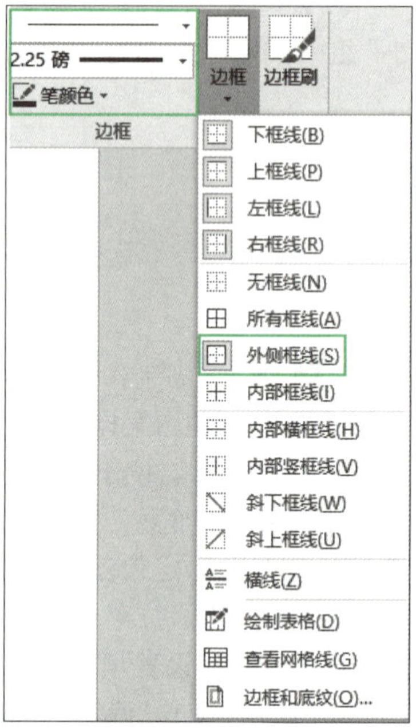

图 2-68　外侧框线设置

14. 使用“边框刷”，将“下周工作安排”单元格的右框线刷成与外侧框线相同的线型，再使用“绘制表格”按钮，将“下周工作计划”单元格的下框线绘制成与外侧框线相同的线型。

（1）在“边框”组中，单击“边框刷”按钮，移动鼠标指针至“下周工作安排”的右框线上单击，再单击“边框刷”按钮，解除“边框刷”按钮的锁定状态。

（2）在表格工具“布局”选项卡“绘图”组中，单击“绘制表格”按钮，按住鼠标左键拖动，绘制“下周工作计划”单元格的下框线，如图 2-69 所示，再单击“绘制表格”按钮，解除“绘制表格”按钮的锁定状态。

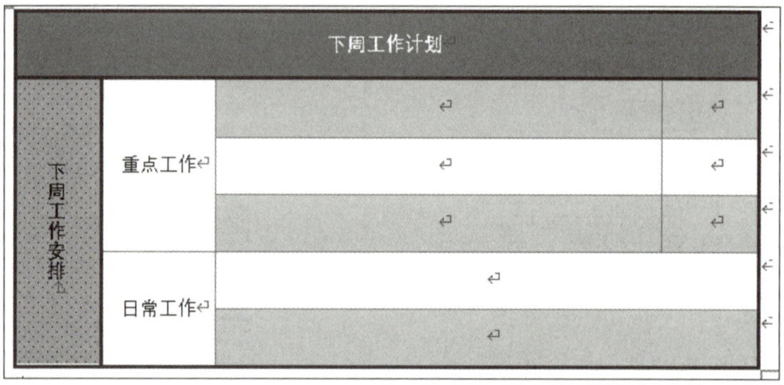

图 2-69　内部框线设置

15. 保存文档，完成表格的制作。

实例二　“运动会竞赛规程”的流程设计

学习目标及要求

了解封面的添加方法。

熟练掌握文本框格式的设置方法。
掌握 SmartArt 图形绘制方法和技巧。
熟练掌握文本转换为表格的操作方法。
了解图表的创建方法。

学习内容及操作步骤

1. 打开该实例素材文件夹中“运动会竞赛规程.docx”文档，为文档添加“网格”封面。

（1）在“插入”选项卡“页面”组中，单击“封面”按钮，在弹出的下拉菜单中，选择“网格”封面，如图 2-70 所示，在文档的首页插入封面。

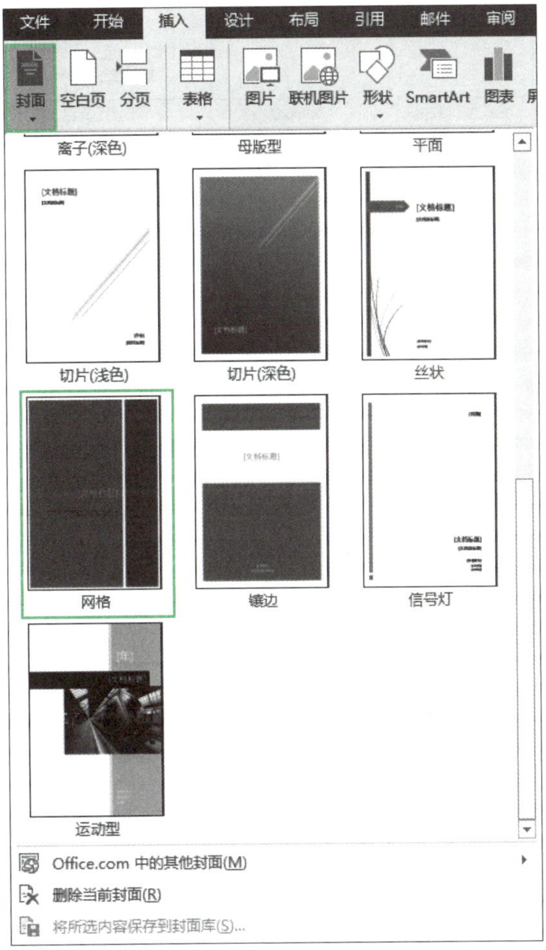

图 2-70 选择“网格”封面

（2）删除封面中原有的“副标题”“摘要”占位符，在“文本”组中，单击“文本框”按钮，选择“绘制文本框”命令，如图 2-71 所示，在“标题”占位符下方绘制文本框。

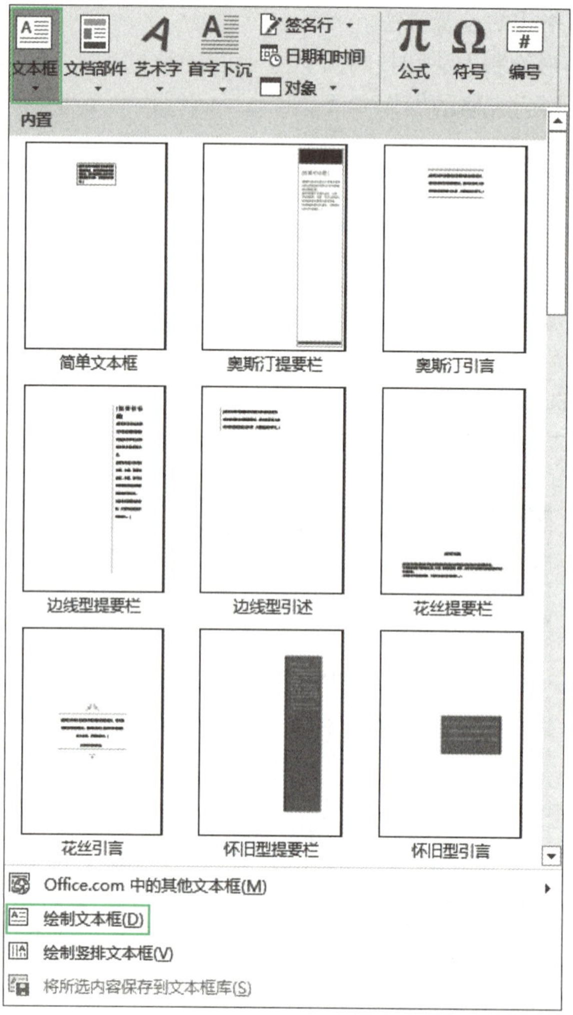

图 2–71　选择“绘制文本框”命令

（3）将正文中“制作封面”的文字复制到文本框内，并为文本框添加“浅色 1 轮廓，彩色填充 – 绿色，强调颜色 6”形状样式，适当调整字体格式，封面设置效果如图 2–72 所示。

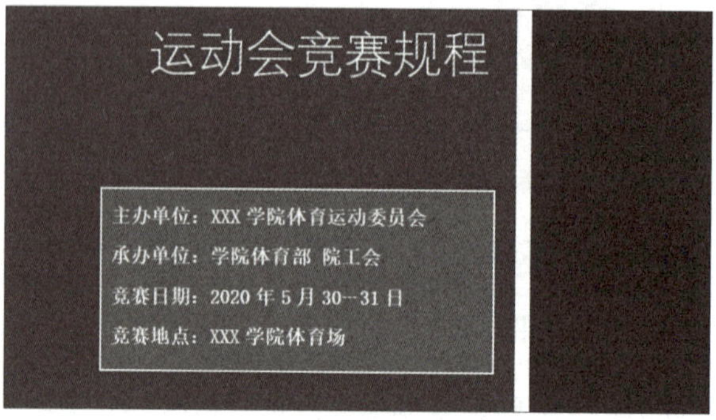

图 2–72　封面设置效果

2. 利用 SmartArt 图形绘制运动会开幕式流程，效果如图 2–73 所示。

（1）将光标定位于“一、开幕式流程：”下方的空段落处，在“插入”选项卡“插图”组中，单击“SmartArt”按钮，打开“选择 SmartArt 图形”对话框。

（2）选择“流程”类别中的“基本流程”，如图 2–74 所示，单击“确定”按钮，在文档中插入默认的“基本流程”图，如图 2–75 所示。

视频：绘制 SmartArt 图形

图 2–73 “开幕式流程”效果

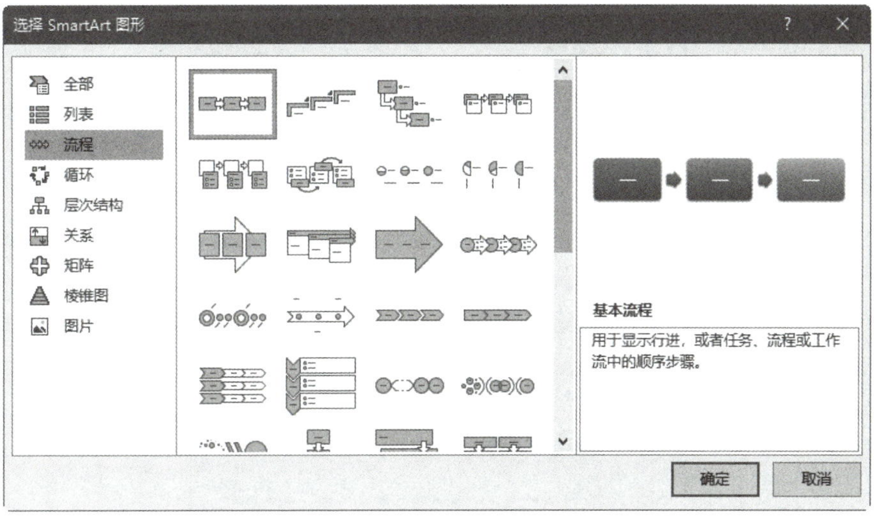

图 2–74 选择“流程”类别中的“基本流程”

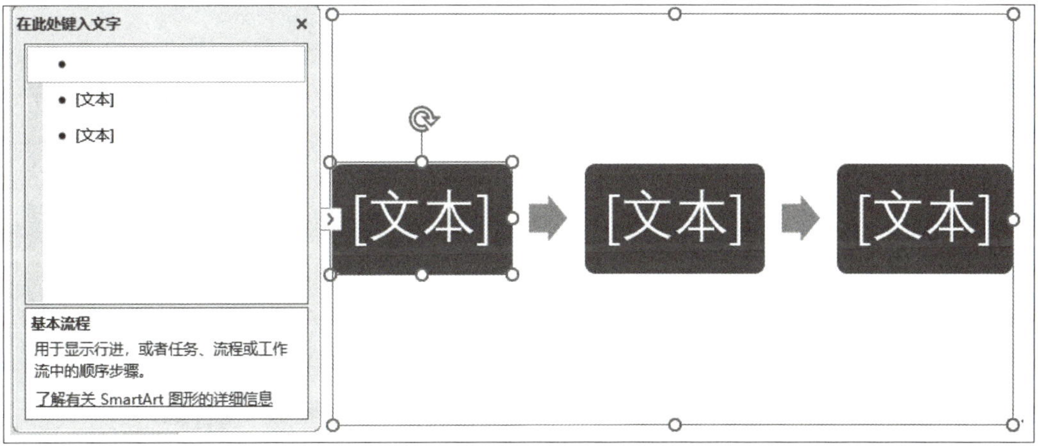

图 2–75 插入默认的“基本流程”图

（3）在 SmartArt 工具“设计”选项卡“创建图形”组中，单击“添加形状”下拉按钮，如图 2–76 所示，在弹出的下拉菜单中，选择“在后面添加形状”命令，在第一个形状右侧添加一个形状，再次重复添加形状操作，添加第二个形状。

（4）为形状添加文字内容，适当调整文字的格式。

（5）选择 SmartArt 图形，在“SmartArt 样式”组中，单击“更改颜色”按钮，在弹出的下拉菜单中，选择“彩色 – 个性色”，如图 2–77 所示。

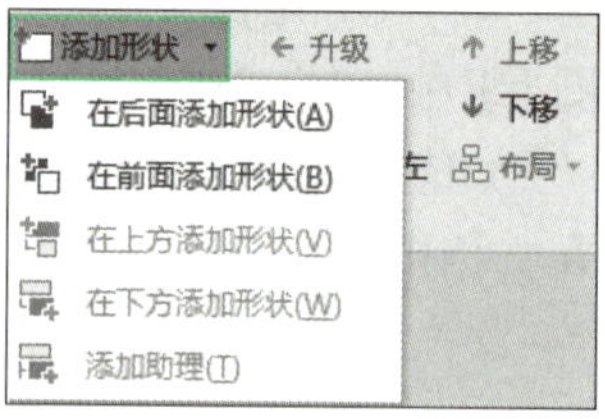

图 2–76　单击“添加形状”下拉按钮

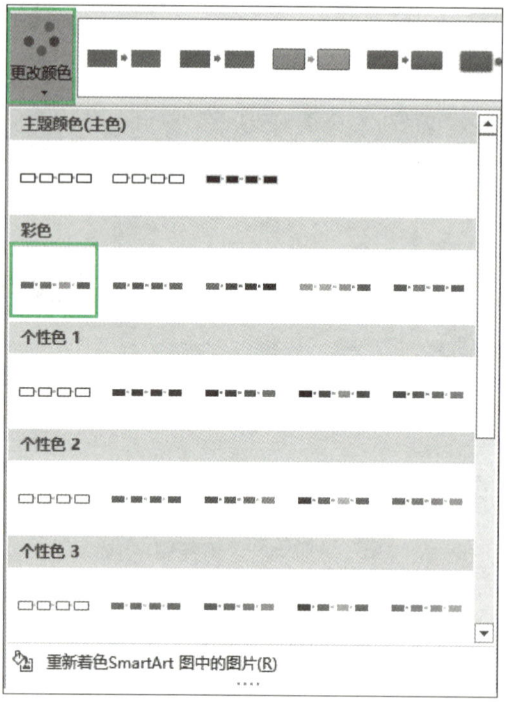

图 2–77　选择“彩色 – 个性色”

（6）在“SmartArt 样式”组中，单击“其他”按钮，在弹出的下拉菜单中，选择“优雅”，如图 2–78 所示。

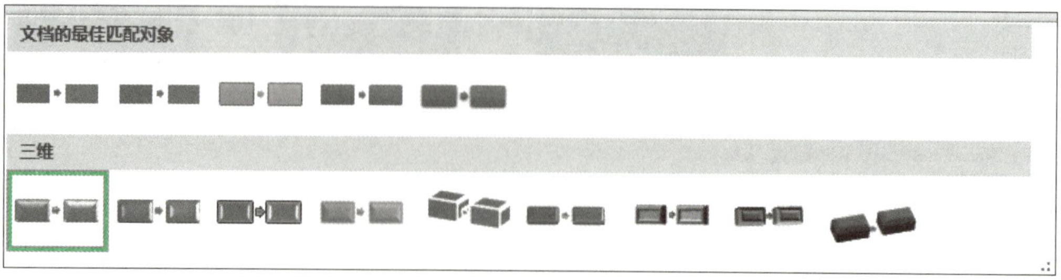

图 2–78　选择“优雅”

（7）在“插入”选项卡“插图”组中，单击“形状”按钮，在弹出的下拉菜单中，选择“矩形”，在相应位置绘制一个矩形，设置矩形“形状填充”为标准色“黄色”，“形状轮廓”为“无轮廓”，“形状效果”为“预设 8”，如图 2-79 所示。

（8）输入文字“开幕式流程”，设置字体格式为黑体，三号，黑色。

3. 将文档中运动会日程表转换为 5 行 4 列的表格。

选择“二、运动会日程表：”下方的运动会日程，在“插入”选项卡“表格”组中，单击“表格”按钮，在弹出的下拉菜单中，选择“文本转换成表格”命令，打开“将文字转换成表格”对话框，如图 2-80 所示，在“文字分隔位置”中选择“制表符”，单击“确定”按钮。

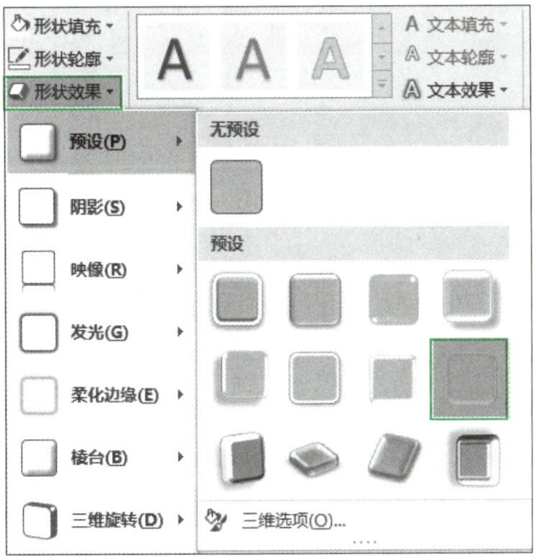

图 2-79 “矩形效果”设置

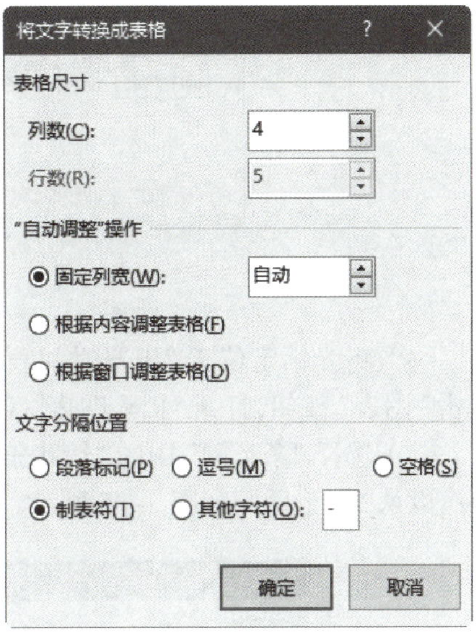

图 2-80 “将文本转换成表格”对话框

4. 设置文档中径赛时间表重复标题行。

选择“径赛时间表”的第一行，在表格工具“布局”选项卡“数据”组中，单击“重复标题行”按钮，如图 2-81 所示。

5. 在文档中插入对象“田赛时间表 .xlsx”，并利用表中数据生成图表。

（1）将光标定位于“四、田赛报名图表：”下方的空段落处，在“插入”选项卡“文本”组中，单击“对象”下拉按钮，如图 2-82 所示，在弹出的下拉菜单中，选择“对象”命令，打开“对象”对话框。

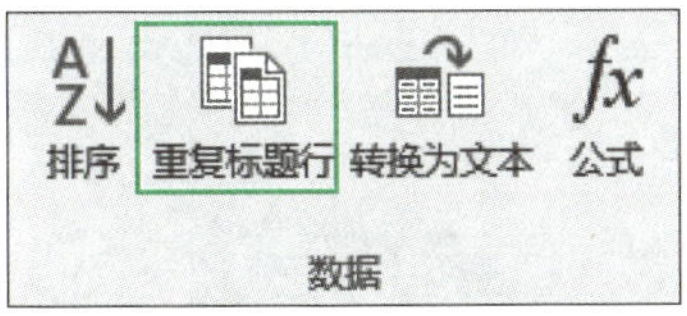

图 2-81 单击“重复标题行”按钮

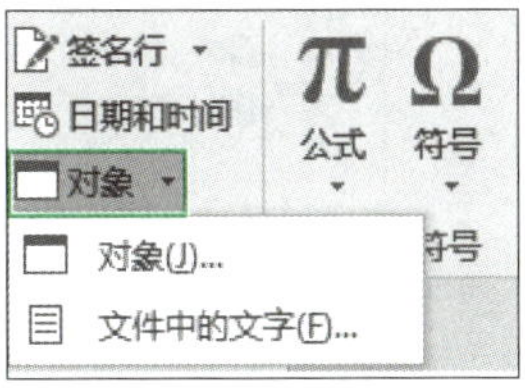

图 2-82 单击“对象”下拉按钮

（2）选择“由文件创建”选项卡，单击“浏览”按钮，选择“田赛时间表.xlsx”，单击“插入”按钮，勾选“链接到文件”复选框，如图 2-83 所示，单击“确定”按钮。

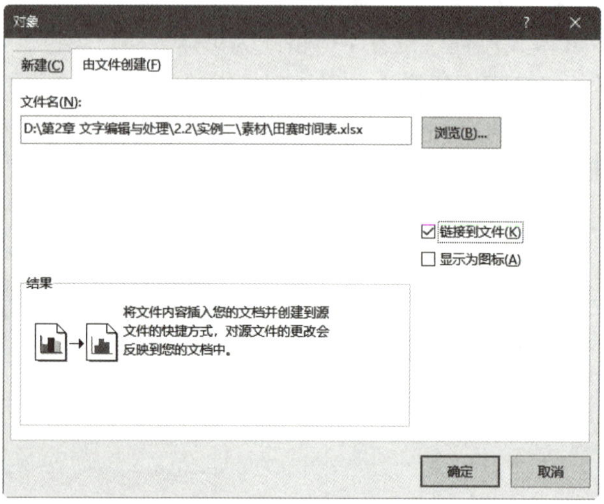

图 2-83　插入“对象”设置

（3）将光标定位于“田赛时间表”下方的空段落处，在“插入”选项卡“插图”组中，单击“图表”按钮，打开“插入图表”对话框。

（4）选择“条形图”中的“簇状条形图”，如图 2-84 所示，单击“确定”按钮，自动创建一个默认“条形图”，如图 2-85 所示。

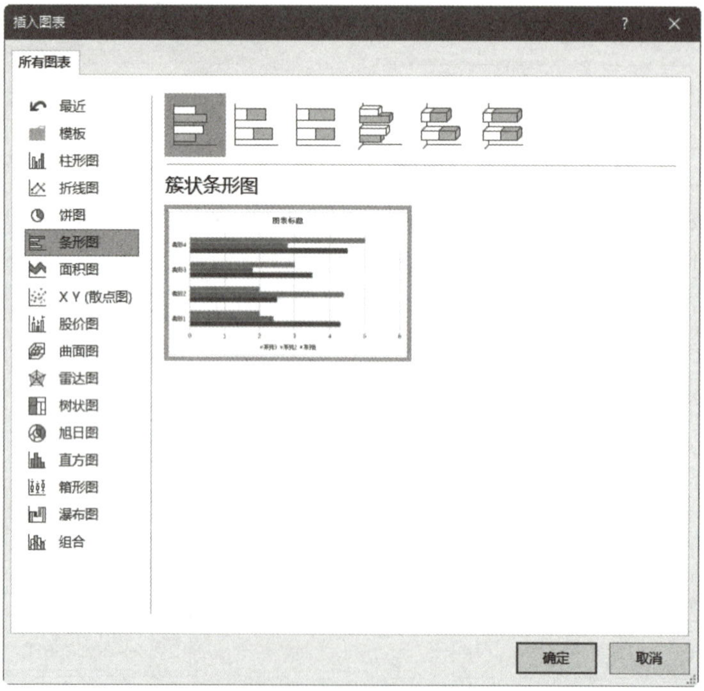

图 2-84　选择“条形图”中的“簇状条形图”

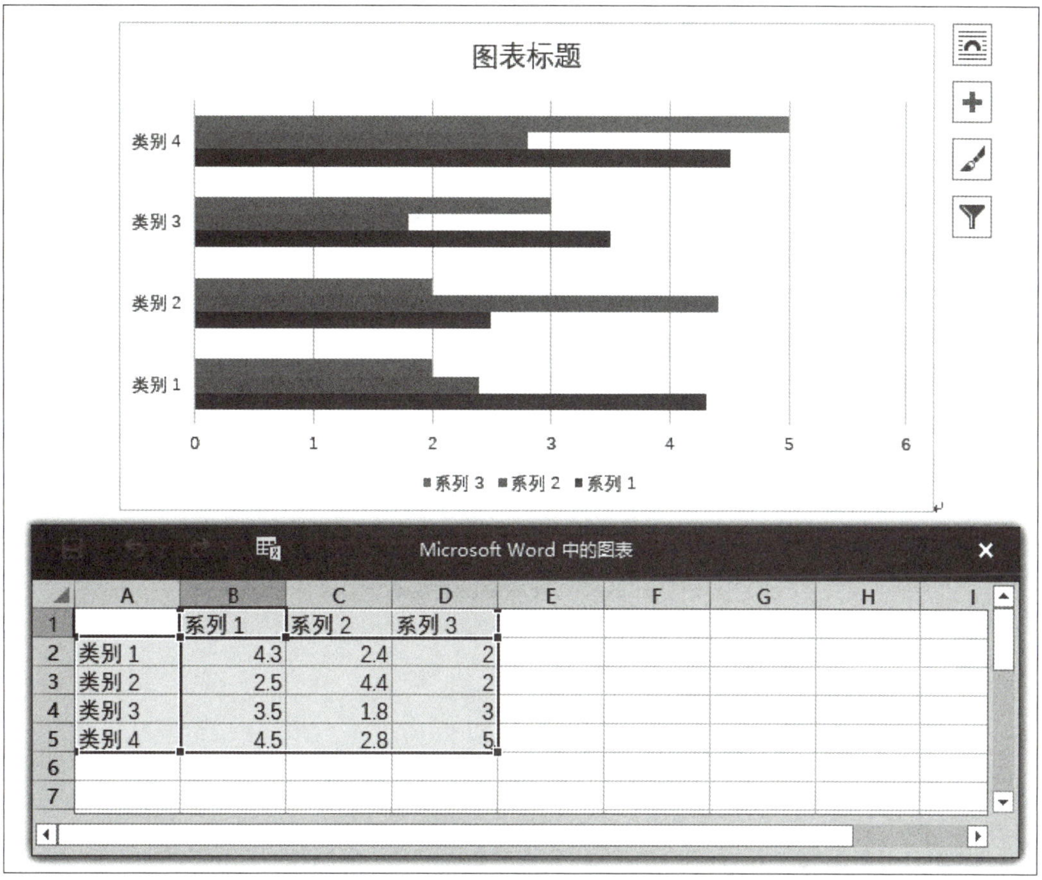

图 2–85　默认“条形图”

（5）打开该实例素材文件夹中“田赛时间表.xlsx”，选择“比赛项目”和“报名人数”两列数据，复制并粘贴到“Microsoft Word 中的图表”A1∶B8 单元格区域，如图 2–86 所示，拖动 D8 单元格右下角的小直角至 B8 右下角，完成数据区域调整，关闭“Microsoft Word 中的图表”。

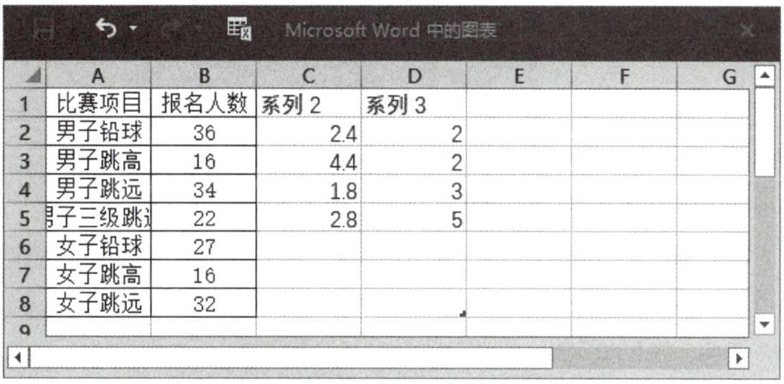

图 2–86　图表数据区域设置

（6）删除“条形图”图表中的“图例”，修改“图表标题”为“田赛报名人数”，条形图设置效果如图 2–87 所示。

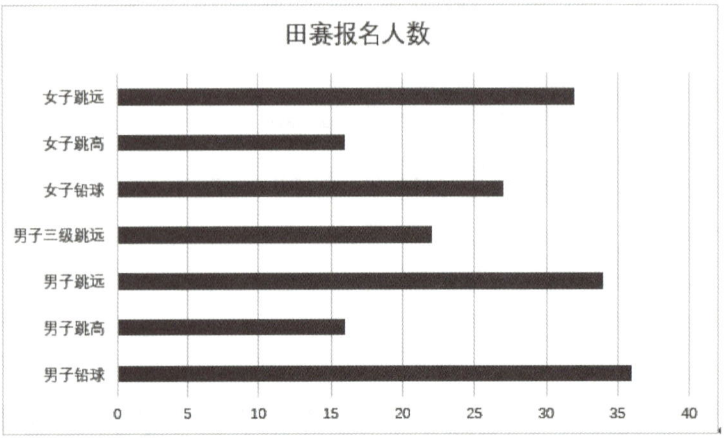

图 2–87　条形图设置效果

6. 保存文档。

拓展训练　“个人简历”的制作

综合运用所学知识并查阅相关资料，完成“个人简历”的制作，操作要求如下：

1. 打开该训练素材文件夹中“个人简历 .docx”文档，为文档添加一个“运动型”封面。

2. 利用文本框，在适当的位置为封面添加相应的个人信息，封面设置效果如图 2–88 所示。

图 2–88　封面设置效果

3. 在“一、学习经历：”段落的下方，插入对象“学习经历.xlsx”。

● 提示：

如果插入的Excel对象中的内容发生变化，Word文档中的信息也会随之发生变化。

4. 利用该训练素材文件夹中“学业成绩.docx”文档中的文字内容，在“二、学业成绩：”段落的下方，制作一个25行3列的表格。

5. 合并相应的单元格，为表格套用“网格表6彩色－着色1”表格样式。

6. 将学业成绩表的所有行的行高设置为1厘米，文本对齐方式为水平居中。

7. 设置“重复标题行”，并为“标题行”添加橙色底纹，表格设置效果如图2-89所示。

学年	课程名称	综合成绩
2012—2013学年	思想道德修养与法律基础	75
	大学英语A	85
	大学语文	90
	计算机应用能力	95
	高等数学A1	80
	体育	95
2013—2014学年	形势与政策	75
	Linux操作系统	85
	面向对象程序设计	90
	计算机网络	95
	SQL Server 2005	80
	Java程序设计	95

图2-89 表格设置效果

8. 将“三、荣誉与奖励：”段落下方的内容转换为5行3列的表格，并为表格套用“网格表5深色－着色3”表格样式，“文本转换成表格”设置效果如图2-90所示，适当调整行高和文字对齐方式。

9. 将完成的“荣誉与奖励”表格保存至“表格”部件库，并将其命名为“荣誉与奖励”。

获奖时间	荣誉称号	颁发机构
2013年	优秀三好学生	校教务处
2014年	优秀学生干部	校学生处
2015年	优秀共产党员	校组织部
2016年	社会实践优秀个人	校就业处

图2-90 “文本转换成表格”设置效果

● 提示：

选中表格，在“插入”选项卡“表格”组中，单击“表格”按钮，在弹出的下拉菜单中，选择“快速表格”命令，在级联菜单中选择“将所选内容保存到快速表库”命令，打开“新建构建基块”对话框，如图 2–91 所示。

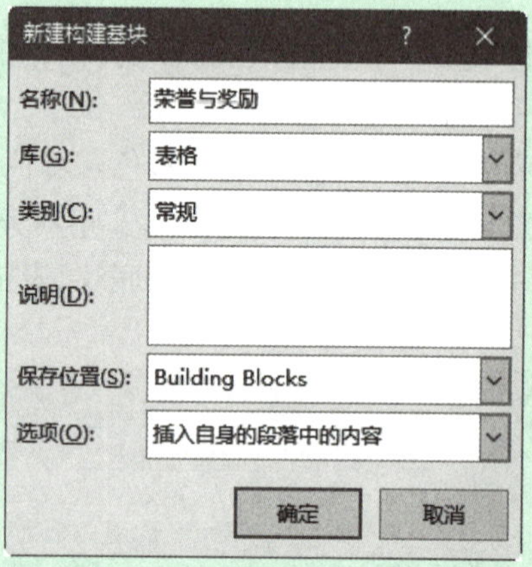

图 2–91　“新建构建基块”对话框

10. 根据“奖学金”的不同类别，插入“步骤上移流程”SmartArt 图形。

11. 合理美化 SmartArt 图形，并在每一类奖学金前面插入符号“✓”，SmartArt 图形设置效果如图 2–92 所示。

图 2–92　SmartArt 图形设置效果

12. 根据“五、社会实践：”的表格数据，插入一个“复合条饼图”图表，图表设置效果如图 2–93 所示。

13. 将“六、取得的证书：”下方的内容以形状的形式表达出来，要求绘制一个橙色圆角矩形和一个红色波形，添加相应的文字内容和红色五角星项目符号“★”，形状设置效果如图 2–94 所示。

14. 保存文档。

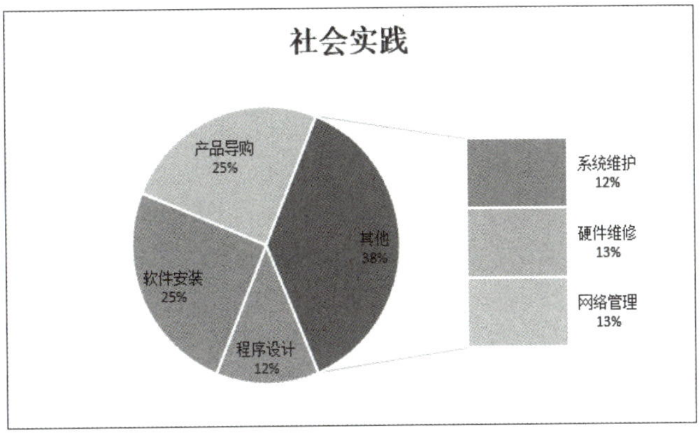

图 2-93 图表设置效果

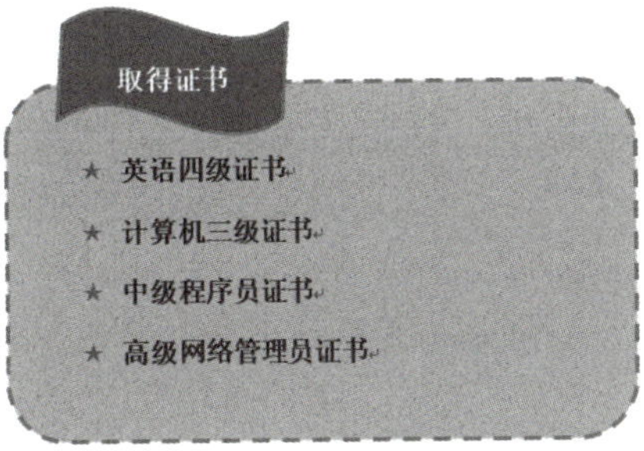

图 2-94 形状设置效果

2.3 长文档的编辑与管理

实例一 “院系设置和专业介绍手册”的制作

学习目标及要求

熟练掌握样式创建、修改、删除和套用的操作方法。
熟练掌握相似格式的文本选择操作方法。
熟练掌握长文档目录自动生成的方法。
掌握分隔符添加和删除的操作方法。
了解脚注、尾注和批注的添加方法。

学习内容及操作步骤

1. 打开该实例素材文件夹中“院系设置和专业介绍 .docx”文档，将每个学院的标题设置为“标题 1”样式。

（1）在“视图”选项卡“显示”组中，勾选“导航窗格”复选框，在文档的左侧打开“导航”窗格，如图 2-95 所示。

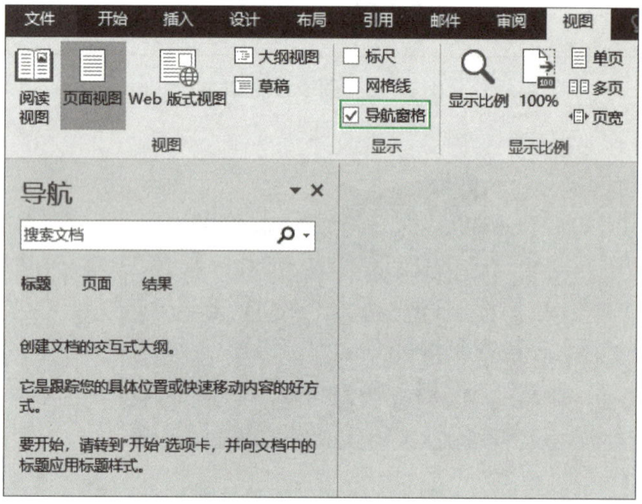

图 2-95　打开“导航”窗格

（2）选择标题“工学院”，在“开始”选项卡“样式”组中，选择“标题 1”样式，如图 2-96 所示，将其设置为一级标题。

图 2-96　选择“标题 1”样式

（3）采用上述方法，将标题“商学院”“人文学院”和“健康学院”设置为“标题 1”样式，此时，左侧“导航”窗格中将显示所设置的标题，如图 2-97 所示。

2. 新建样式，名称为“系部简介”，并将各系部简介标题应用该样式。

（1）选择标题“材料系简介”，在“编辑”组中，单击“选择”按钮，在弹出的下拉菜单中，选择“选定所有格式类似的文本（无数据）”命令，如图 2-98 所示，将各系部简介的标题同时选中。

（2）在“样式”组中，单击右下角“样式”按钮，打开“样式”窗格，如图 2-99 所示。单击“样式”窗格左下角“新建样式”按钮，打开“根据格式设置创建新样式”对话框，如图 2-100 所示。

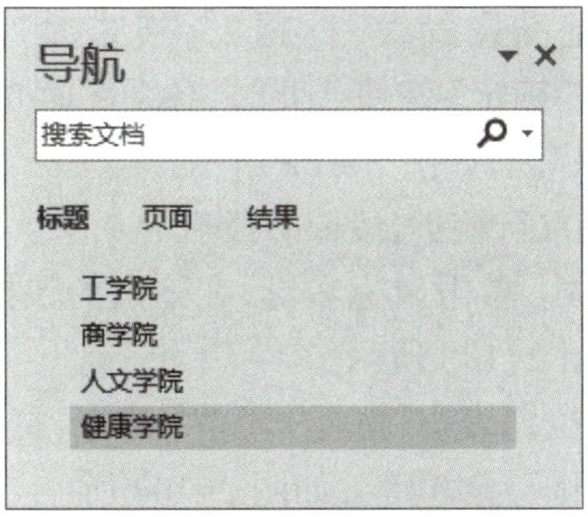

图 2–97　一级标题设置

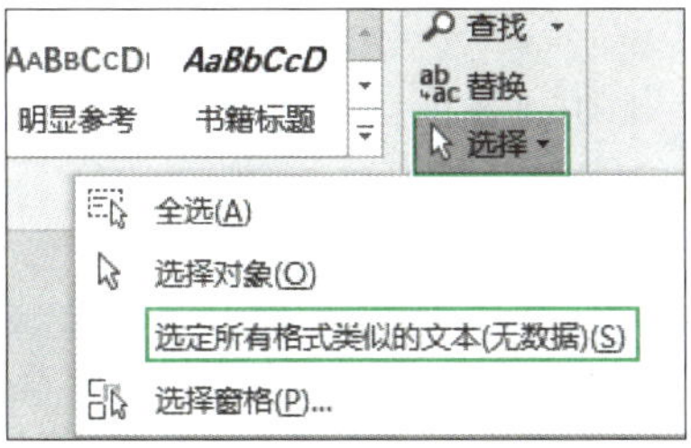

图 2–98　选择“选定所有格式类似的文本（无数据）”命令

图 2–99　“样式”窗格

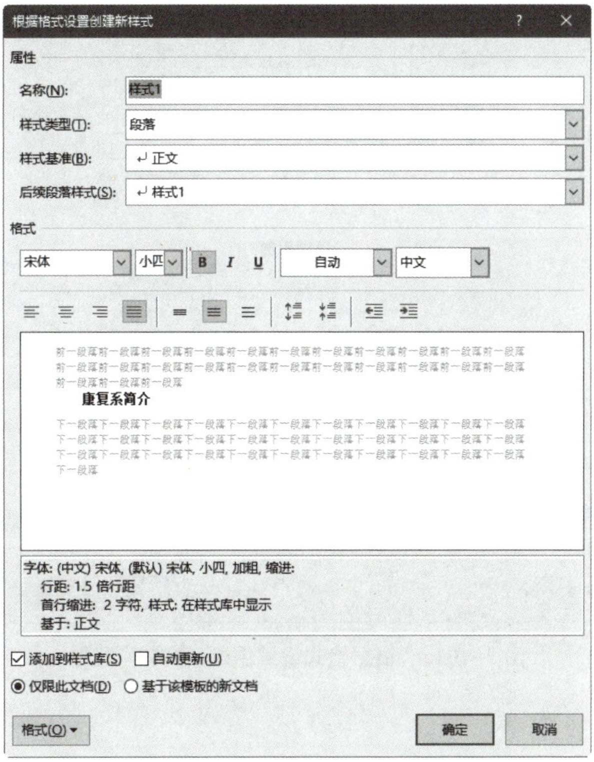

图 2–100　“根据格式设置创建新样式”对话框

（3）输入样式名称为“系部简介”，样式基准设置为“标题 2”，格式为“黑体”“小三”“加粗”，并居中显示，如图 2–101 所示，单击“确定”按钮。此时，各系部简介标题将应用该样式，同时，“导航”窗格中也会显示各二级标题，如图 2–102 所示。

3. 修改样式，将“系部简介”样式修改为无首行缩进，段前和段后为 0 磅。

（1）选择“样式”窗格中的“系部简介”样式，单击鼠标右键，在弹出的快捷菜单中，选择“修改”命令，打开“修改样式”对话框，如图 2–103 所示。

（2）单击左下角“格式”按扭，在弹出的下拉列表中，选择“段落”命令，打开“段落”对话框，设置特殊格式为“（无）”，段前和段后间距为“0 磅”，如图 2–104 所示，依次单击“确定”按钮，文档中各系部简介标题将应用修改后的样式。

4. 在文档中导入“样式调用 .docx”中的“专业介绍”样式，并将各专业标题应用该样式。

（1）单击“样式”窗格中“管理样式”按钮，打开“管理样式”对话框，如图 2–105 所示。

视频：外部样式的调用

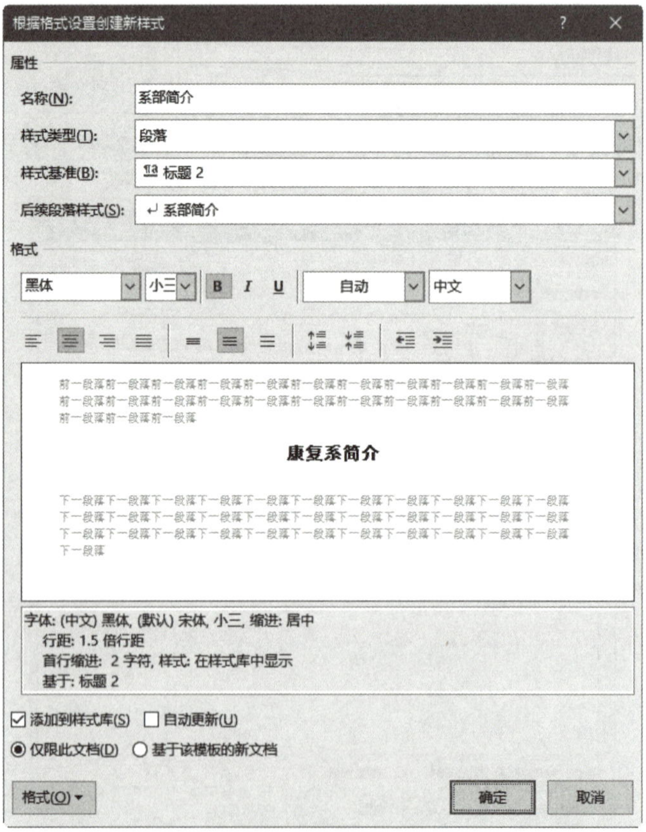

图 2–101　“根据格式设置创建新样式”设置

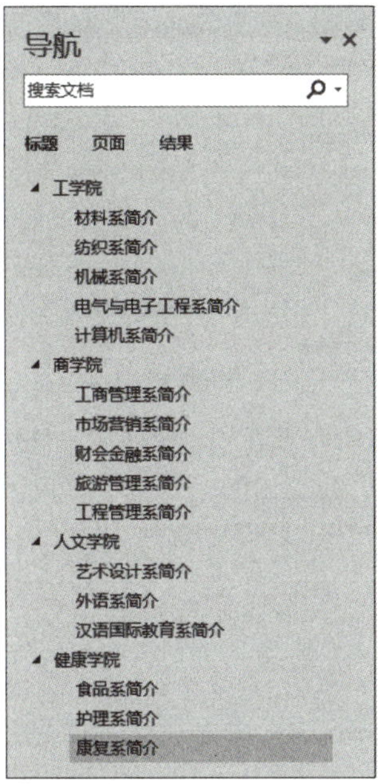

图 2-102　二级标题设置

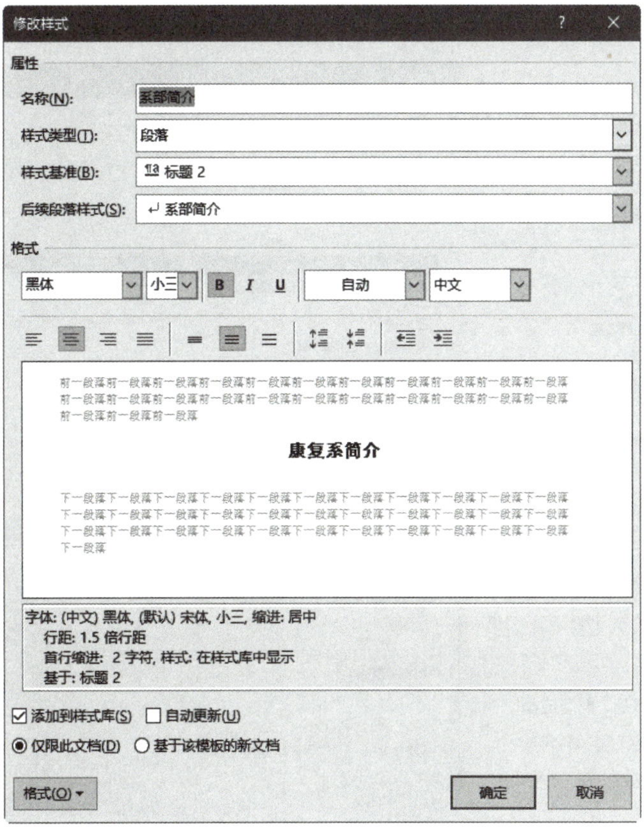

图 2-103　“修改样式”对话框

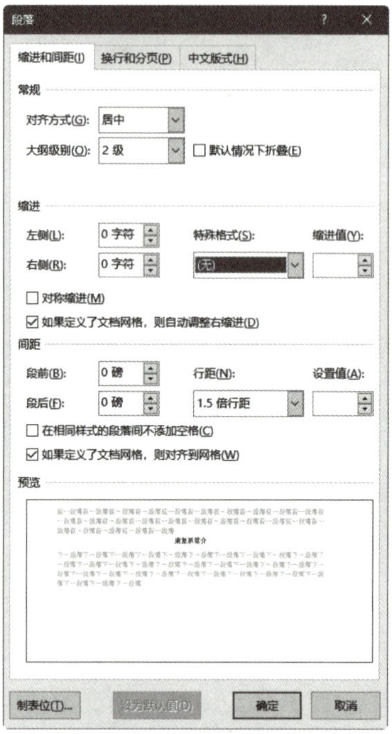

图 2-104　段落设置

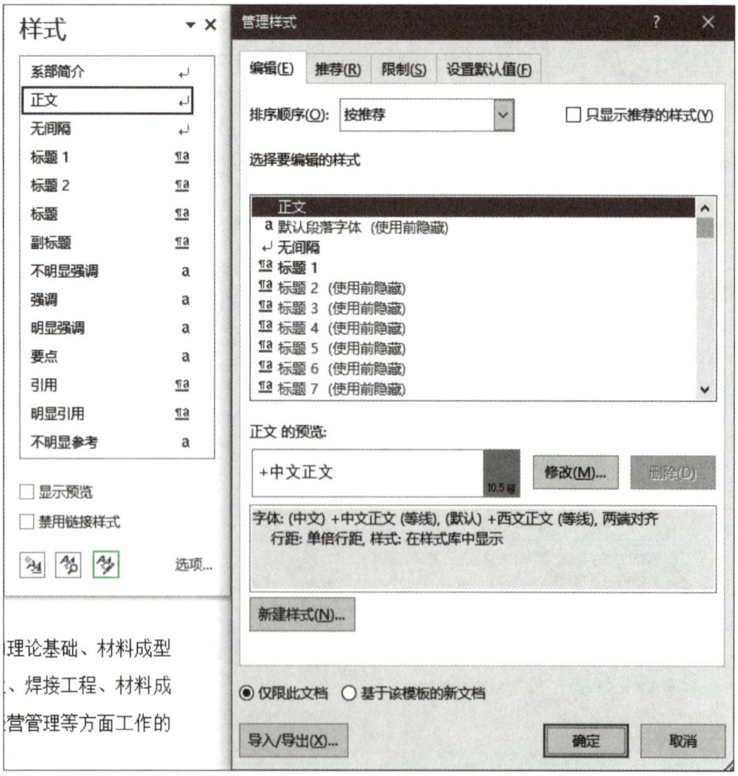

图 2-105　打开“管理样式”对话框

（2）单击“导入 / 导出”按钮，打开“管理器”对话框，如图 2–106 所示。

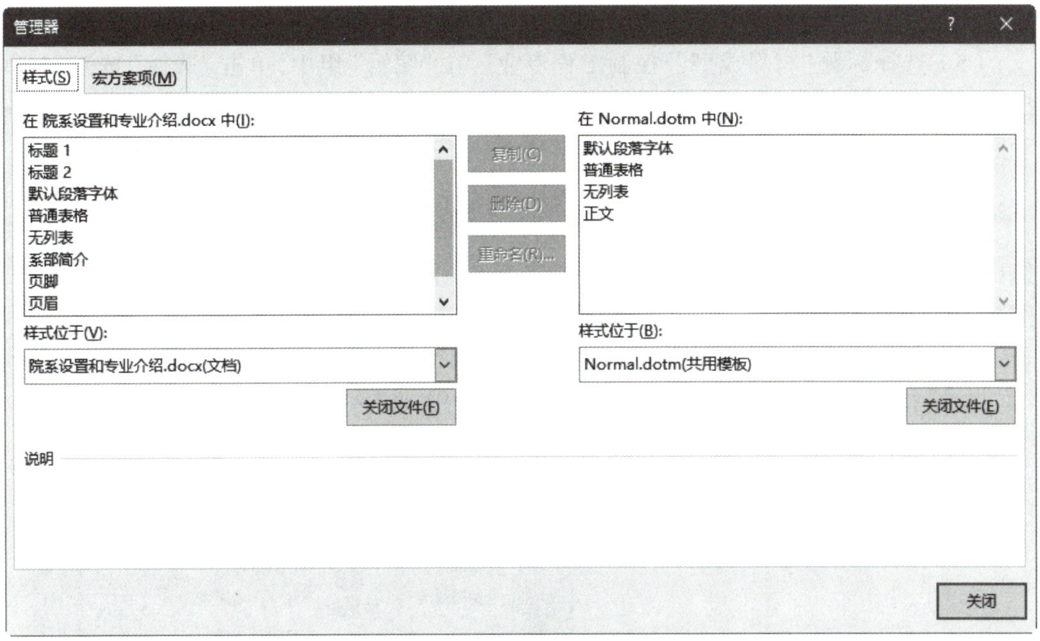

图 2–106　“管理器”对话框

（3）单击右侧的“关闭文件”按钮，此时，该按钮变为“打开文件”按钮，再次单击该按钮，打开“样式调用 .docx”文档，如图 2–107 所示。

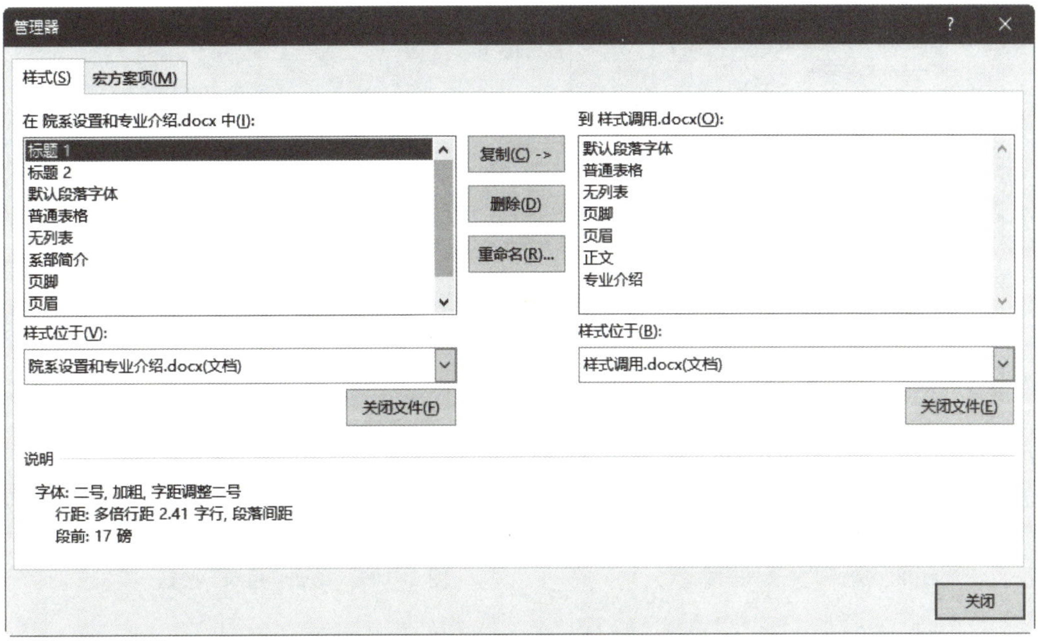

图 2–107　打开“样式调用”文档

（4）选择“样式调用.docx”文档中的“专业介绍”样式，单击“复制”按钮，将该样式复制到左侧的“院系设置和专业介绍.docx”文档中，单击“关闭”按钮，完成样式的导入。

（5）选择标题“材料成型及控制工程专业”，在“编辑”组中，单击“选择”按钮，在弹出的下拉菜单中，选择“选定所有格式类似的文本”命令，将各专业的标题同时选中，为各专业的标题应用“专业介绍”样式。

5. 在文档的首页自动生成目录，要求目录与正文分开，单独占一页。

（1）将光标定位于文档的起始位置，在“布局”选项卡“页面设置”组中，单击“分隔符”按钮，在弹出的下拉菜单中，选择“分页符”命令，如图 2–108 所示，则在正文之前插入一张空白页。

（2）将光标定位于空白页的起始位置，在“引用”选项卡“目录”组中，单击“目录”按钮，如图 2–109 所示，在弹出的下拉菜单中，选择“自动目录 1”，在文档首页快速生成目录，目录设置效果如图 2–110 所示。

视频：自动生成目录

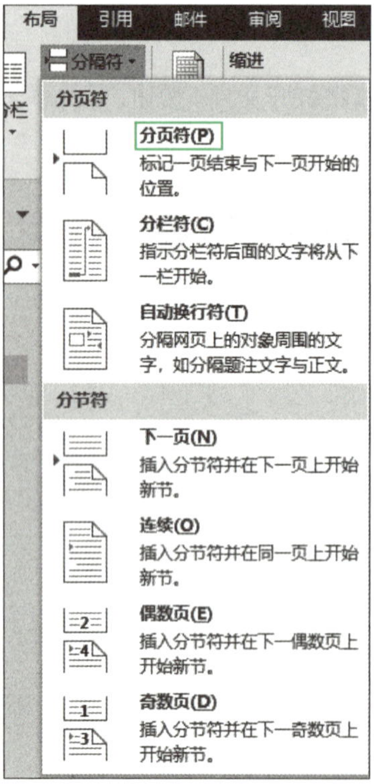

图 2–108　选择“分页符”命令

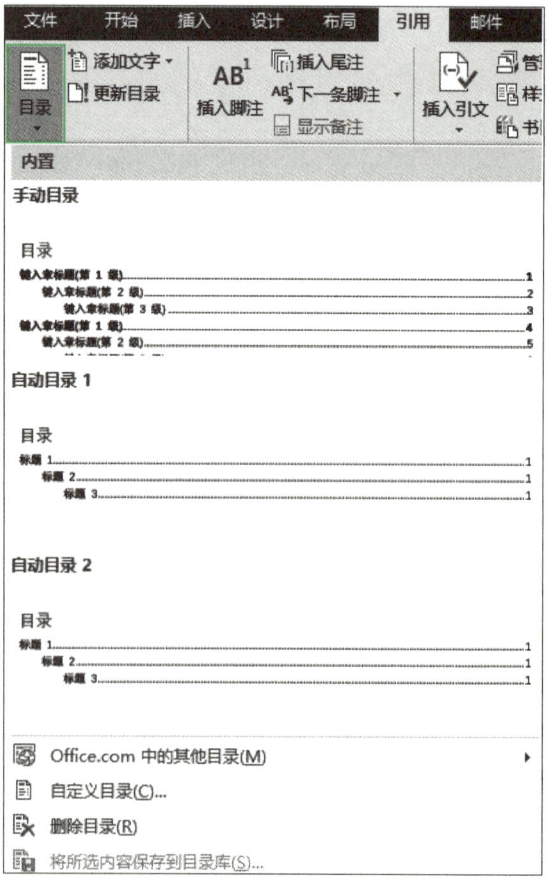

图 2–109　单击“目录”按钮

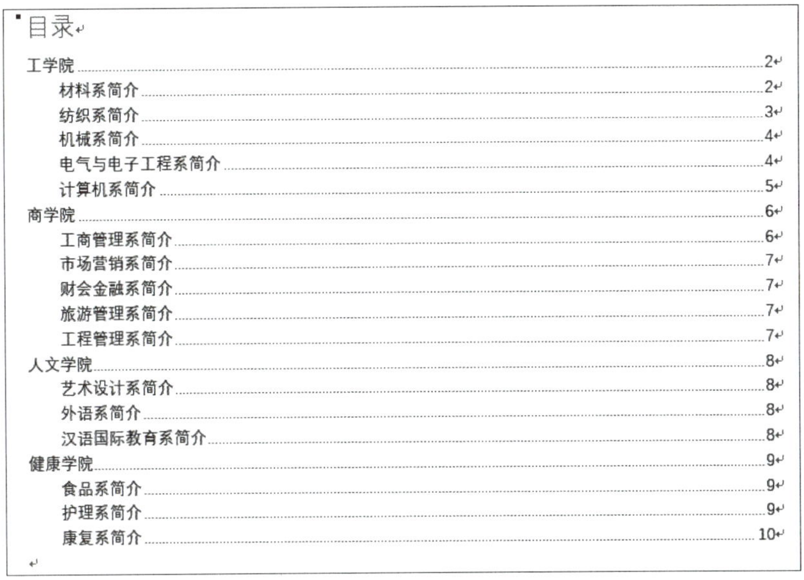

目录

图 2-110 目录设置效果

6. 自定义目录，在目录中添加“专业介绍”标题。

（1）在“引用”选项卡“目录”组中，单击“目录”按钮，在弹出的下拉菜单中，选择“自定义目录”命令，打开“目录”对话框，如图 2-111 所示。

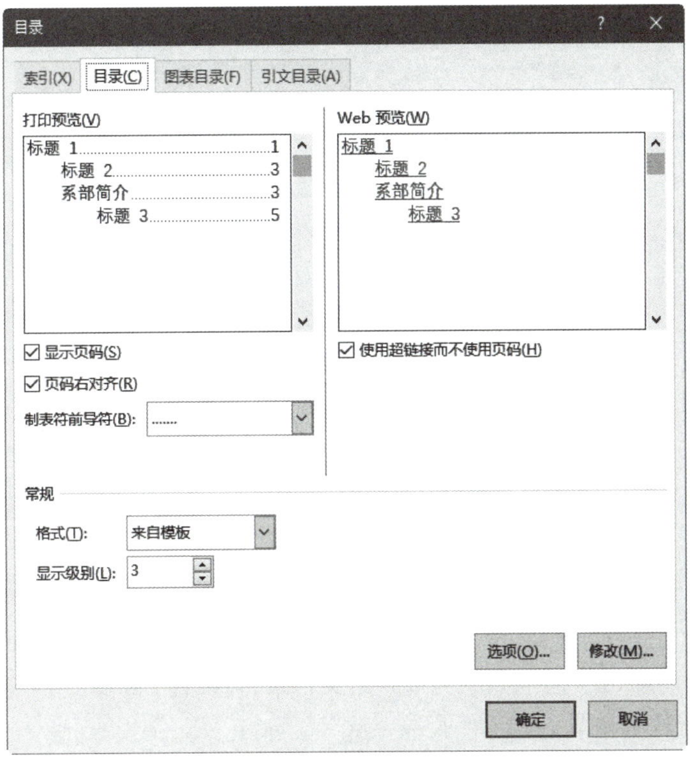

图 2-111 “目录”对话框

（2）单击“选项”按钮，打开“目录选项”对话框，如图 2–112 所示。删除标题 2 和标题 3 的目录级别“2”和“3”，再为“系部简介”和“专业介绍”分别添加目录级别“2”和“3”，如图 2–113 所示，单击“确定”按钮。

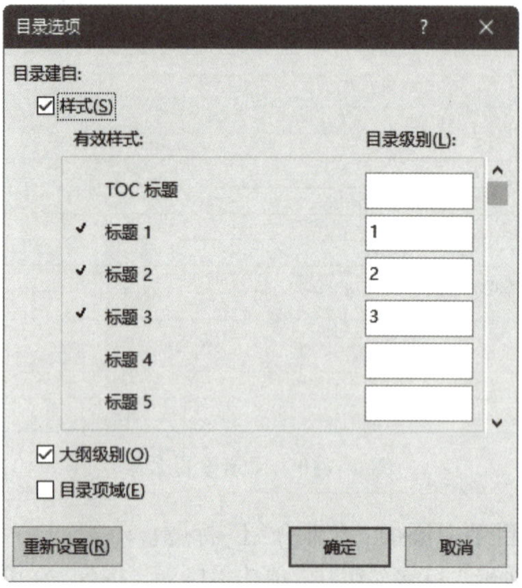

图 2–112　“目录选项”对话框

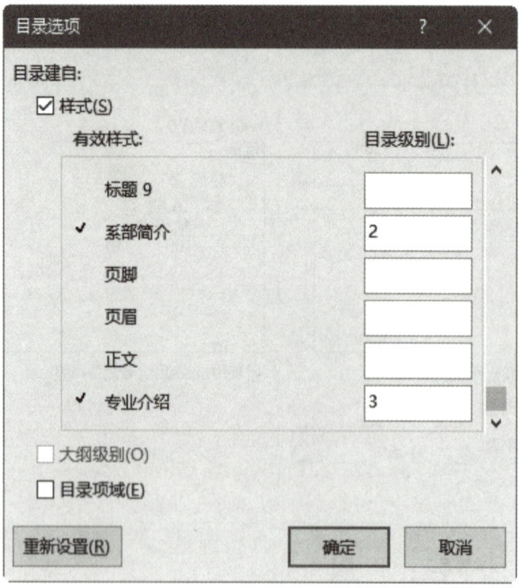

图 2–113　目录级别设置

（3）返回“目录”对话框，单击“确定”按钮，系统自动弹出一个提示对话框，询问“要替换此目录吗？”，单击“是”按钮，完成自定义目录，并设置“目录”两字“居中”“加粗”，自定义目录设置效果如图 2–114 所示。

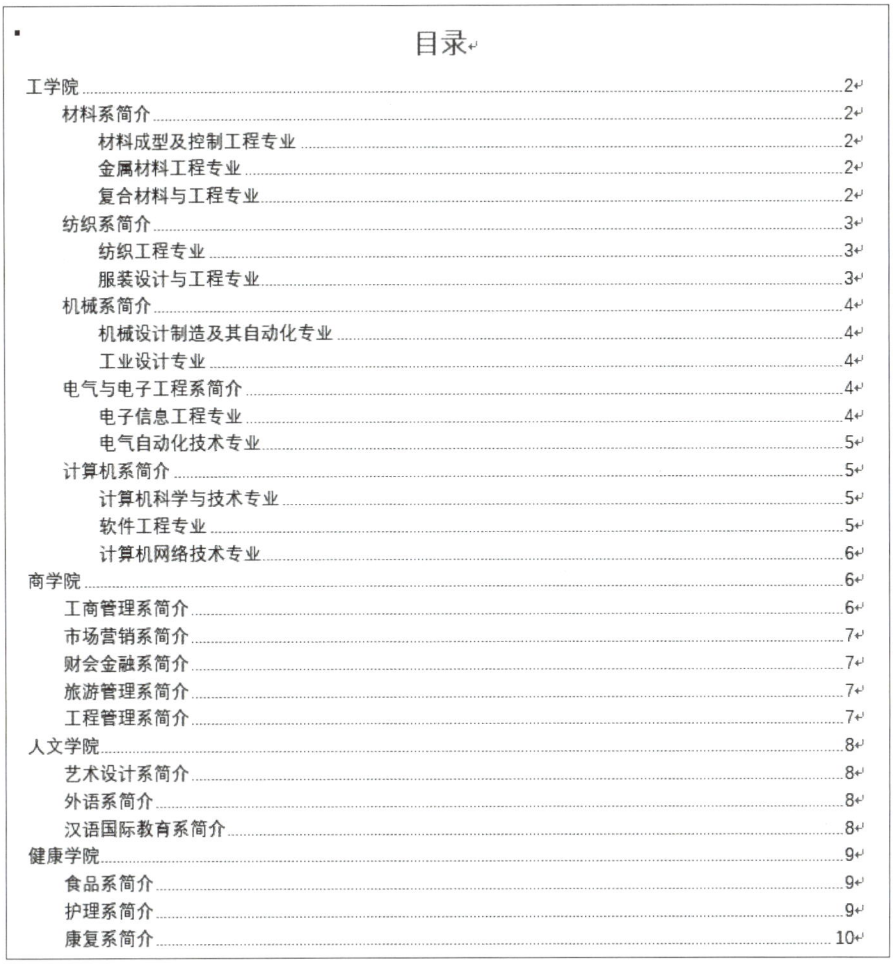

目录

工学院……2
材料系简介……2
材料成型及控制工程专业……2
金属材料工程专业……2
复合材料与工程专业……2
纺织系简介……3
纺织工程专业……3
服装设计与工程专业……3
机械系简介……4
机械设计制造及其自动化专业……4
工业设计专业……4
电气与电子工程系简介……4
电子信息工程专业……4
电气自动化技术专业……5
计算机系简介……5
计算机科学与技术专业……5
软件工程专业……5
计算机网络技术专业……6
商学院……6
工商管理系简介……6
市场营销系简介……7
财会金融系简介……7
旅游管理系简介……7
工程管理系简介……7
人文学院……8
艺术设计系简介……8
外语系简介……8
汉语国际教育系简介……8
健康学院……9
食品系简介……9
护理系简介……9
康复系简介……10

图 2-114 自定义目录设置效果

7. 将文档中“商学院”“人文学院”和“健康学院”的标题各另起一页，并更新目录。

（1）将光标分别定位于“商学院”“人文学院”和“健康学院”的标题前面，插入“分页符”，将每一个学院标题另起一页。

（2）在“引用”选项卡“目录”组中，单击“更新目录”按钮，打开“更新目录”对话框，如图 2-115 所示，选择“更新整个目录”，单击“确定”按钮，完成目录的更新。

8. 为“材料成型及控制工程专业”添加脚注，内容为“省级优势特色专业”，为“金属材料工程专业”添加脚注，内容为“省级企校共建专业”。

（1）选择标题“材料成型及控制工程专业”，在“引用”选项卡“脚注”组中，单击“插入脚注”按钮，如图 2-116 所示，光标自动定位于页面底端，输入脚注内容“省级优势特色专业”。

（2）采用上述方法，为“金属材料工程专业”添加脚

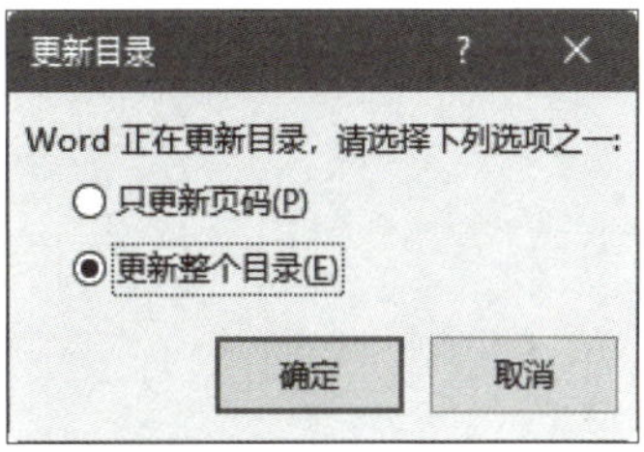

图 2-115 “更新目录”对话框

注，内容为“省级企校共建专业”。

9. 为“机械制图”课程添加批注，内容为“省级精品课程”，为“电工电子技术”课程添加批注，内容为“省级一流本科课程”。

（1）选择“材料成型及控制工程专业”中的主要课程“机械制图”，在“审阅”选项卡“批注”组中，单击“新建批注”按钮，如图 2-117 所示，在文档的右侧自动添加一个批注，输入批注内容“省级精品课程”，完成批注的添加。

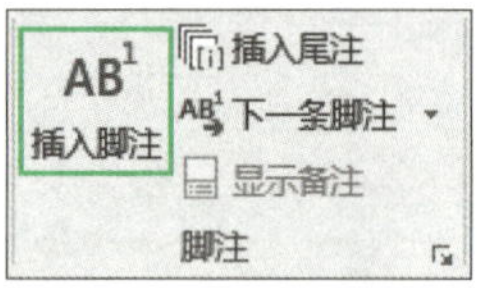

图 2-116　单击“插入脚注”按钮

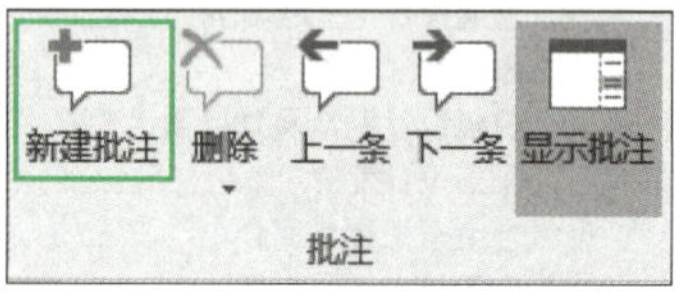

图 2-117　单击“新建批注”按钮

（2）采用上述方法，为“金属材料工程专业”中的主要课程“电工电子技术”添加批注，内容为“省级一流本科课程”，脚注和批注设置效果如图 2-118 所示。

10. 保存文档。

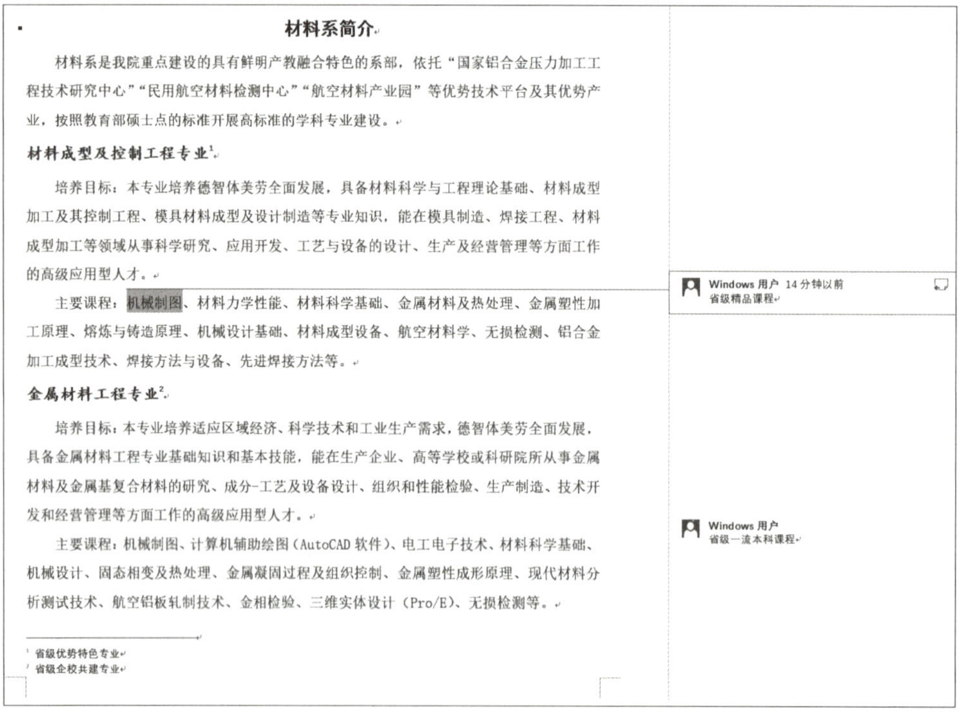

材料系简介

材料系是我院重点建设的具有鲜明产教融合特色的系部，依托“国家铝合金压力加工工程技术研究中心”“民用航空材料检测中心”“航空材料产业园”等优势技术平台及其优势产业，按照教育部硕士点的标准开展高标准的学科专业建设。

材料成型及控制工程专业[1]

培养目标：本专业培养德智体美劳全面发展，具备材料科学与工程理论基础、材料成型加工及其控制工程、模具材料成型及设计制造等专业知识，能在模具制造、焊接工程、材料成型加工等领域从事科学研究、应用开发、工艺与设备的设计、生产及经营管理等方面工作的高级应用型人才。

主要课程：机械制图、材料力学性能、材料科学基础、金属材料及热处理、金属塑性加工原理、熔炼与铸造原理、机械设计基础、材料成型设备、航空材料学、无损检测、铝合金加工成型技术、焊接方法与设备、先进焊接方法等。

金属材料工程专业[2]

培养目标：本专业培养适应区域经济、科学技术和工业生产需求，德智体美劳全面发展，具备金属材料工程专业基础知识和基本技能，能在生产企业、高等学校或科研院所从事金属材料及金属基复合材料的研究、成分-工艺及设备设计、组织和性能检验、生产制造、技术开发和经营管理等方面工作的高级应用型人才。

主要课程：机械制图、计算机辅助绘图（AutoCAD 软件）、电工电子技术、材料科学基础、机械设计、固态相变及热处理、金属凝固过程及组织控制、金属塑性成形原理、现代材料分析测试技术、航空铝板轧制技术、金相检验、三维实体设计（Pro/E）、无损检测等。

[1] 省级优势特色专业
[2] 省级企校共建专业

Windows 用户　14 分钟以前
省级精品课程

Windows 用户
省级一流本科课程

图 2-118　脚注和批注设置效果

实例二 “公文的种类及写法”的文档制作

学习目标及要求

了解多级列表的应用和修改方法。
掌握自定义目录的操作方法和技巧。
熟练掌握分页符和分节符的不同用法。
掌握目录的自动更新操作方法。

学习内容及操作步骤

1. 打开该实例素材文件夹中“公文的种类及写法 .docx”文档，将文档中红色文字设置为“标题 1”样式，蓝色文字设置为“标题 2”样式，绿色文字设置为“标题 3”样式。

（1）选择文档中任意的红色文字，利用“选定所有格式类似的文本”命令，将文档中所有的红色文字全部选中，将其设置为“标题 1”样式。

（2）采用上述方法，选择文档中所有蓝色文字，设置为“标题 2”样式，再选择文档中所有绿色文字，设置为“标题 3”样式。

2. 为文档中的一、二、三级标题应用多级列表，并设置“标题 1”的显示格式为“第 1 类，第 2 类，……”。

（1）将光标定位于标题“报告”中，在“段落”组中，单击“多级列表”按钮，在弹出的下拉菜单中，选择“列表库”中第 2 行第 3 列样式，如图 2–119 所示，为各级标题添加多级列表。

（2）选择“多级列表”中“定义新的多级列表”命令，打开“定义新多级列表”对话框。

（3）在“输入编号的格式”文本框中“1”的两侧分别输入“第”和“类”，如图 2–120 所示，单击“确定”按钮，完成多级列表的修改，多级列表设置效果如图 2–121 所示。

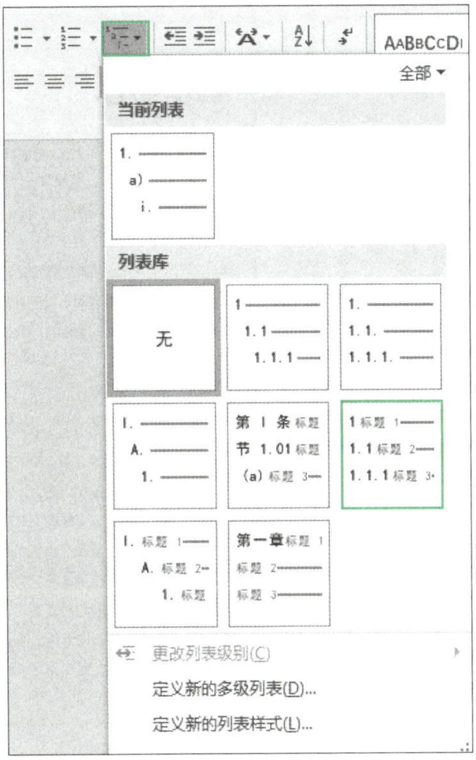

图 2–119 添加多级列表

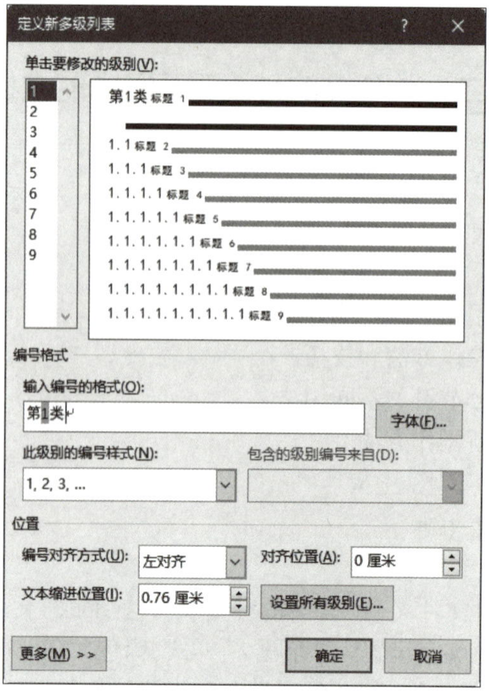

图 2–120　修改多级列表

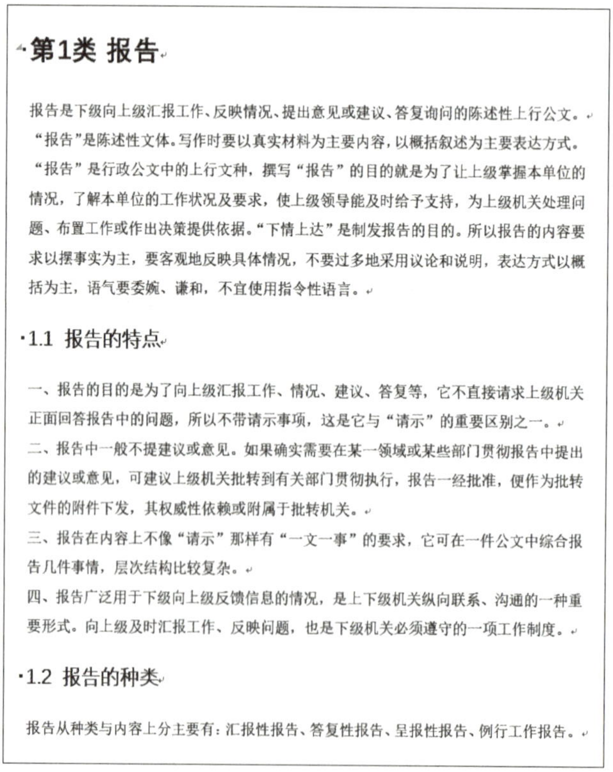

第1类 报告

报告是下级向上级汇报工作、反映情况、提出意见或建议、答复询问的陈述性上行公文。
“报告”是陈述性文体。写作时要以真实材料为主要内容，以概括叙述为主要表达方式。
“报告”是行政公文中的上行文种，撰写“报告”的目的就是为了让上级掌握本单位的情况，了解本单位的工作状况及要求，使上级领导能及时给予支持，为上级机关处理问题、布置工作或作出决策提供依据。“下情上达”是制发报告的目的。所以报告的内容要求以摆事实为主，要客观地反映具体情况，不要过多地采用议论和说明，表达方式以概括为主，语气要委婉、谦和，不宜使用指令性语言。

1.1 报告的特点

一、报告的目的是为了向上级汇报工作、情况、建议、答复等，它不直接请求上级机关正面回答报告中的问题，所以不带请示事项，这是它与“请示”的重要区别之一。
二、报告中一般不提建议或意见。如果确实需要在某一领域或某些部门贯彻报告中提出的建议或意见，可建议上级机关批转到有关部门贯彻执行，报告一经批准，便作为批转文件的附件下发，其权威性依赖或附属于批转机关。
三、报告在内容上不像“请示”那样有“一文一事”的要求，它可在一件公文中综合报告几件事情，层次结构比较复杂。
四、报告广泛用于下级向上级反馈信息的情况，是上下级机关纵向联系、沟通的一种重要形式。向上级及时汇报工作、反映问题，也是下级机关必须遵守的一项工作制度。

1.2 报告的种类

报告从种类与内容上分主要有：汇报性报告、答复性报告、呈报性报告、例行工作报告。

图 2–121　多级列表设置效果

3. 在文档的首页自动生成目录，要求目录和正文在不同的节中，并设置一、二、三级目录的字体颜色分别为红色、蓝色和绿色。

（1）将光标定位于文档的起始位置，在“布局”选项卡“页面设置”组中，单击“分隔符”按钮，在弹出的下拉菜单中，选择“下一页”命令，如图 1-122 所示，在文档首页插入一张空白页。

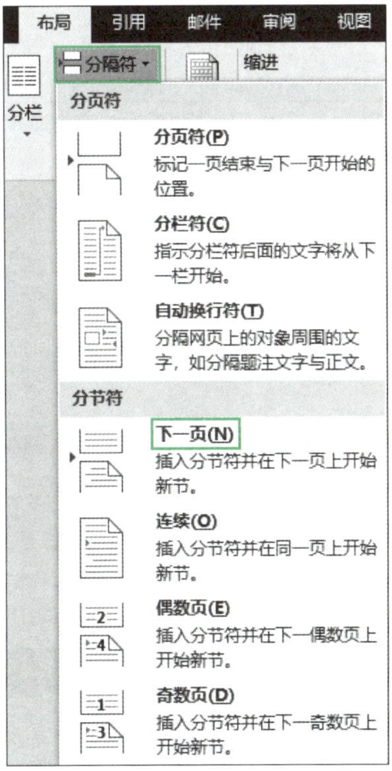

图 2-122　选择“下一页”命令

（2）将光标定位于空白页的起始位置，在“开始”选项卡“字体”组中，单击“清除所有格式”按钮，如图 2-123 所示，将空白页的格式清除。

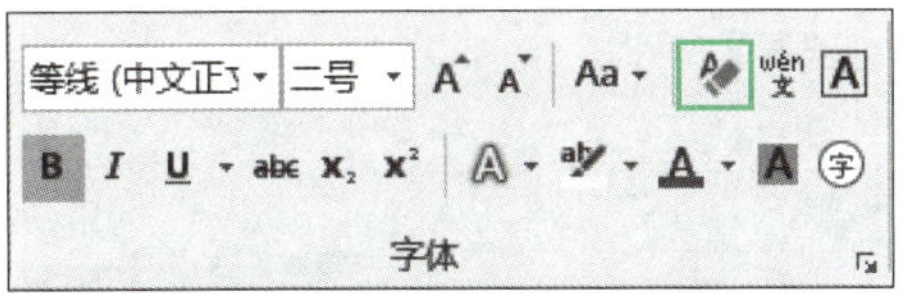

图 2-123　单击“清除所有格式”按钮

（3）在“引用”选项卡“目录”组中，单击“目录”按钮，在弹出的下拉菜单中，选择“自定义目录”命令，打开“目录”对话框，如图 2-124 所示。

（4）单击“修改”按钮，打开“样式”对话框，如图 2-125 所示。选择“样式”列表框中的“目录 1”，单击“修改”按钮，打开“修改样式”对话框，将“目录 1”格式设置为宋体，小四，红色，如图 2-126 所示，单击“确定”按钮。

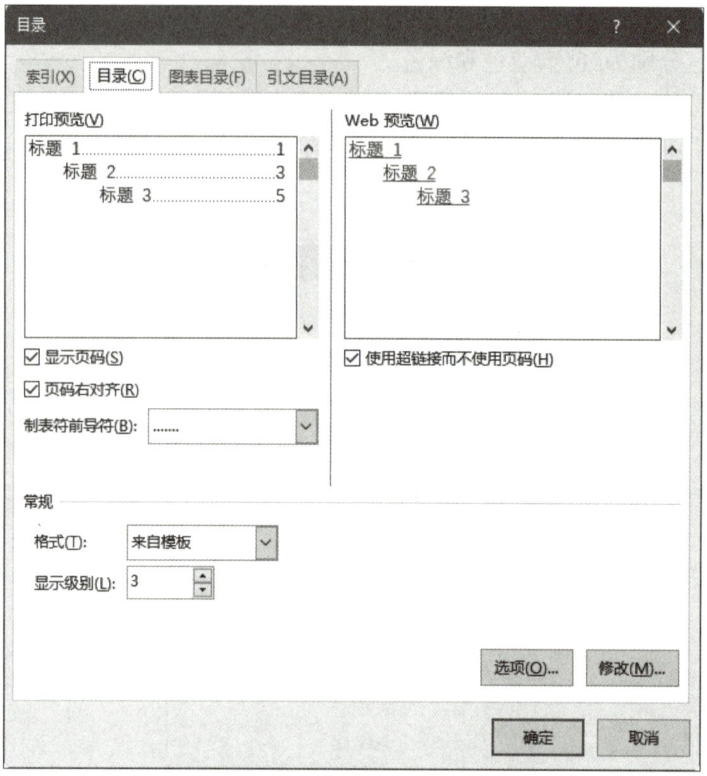

图 2–124　“目录”对话框

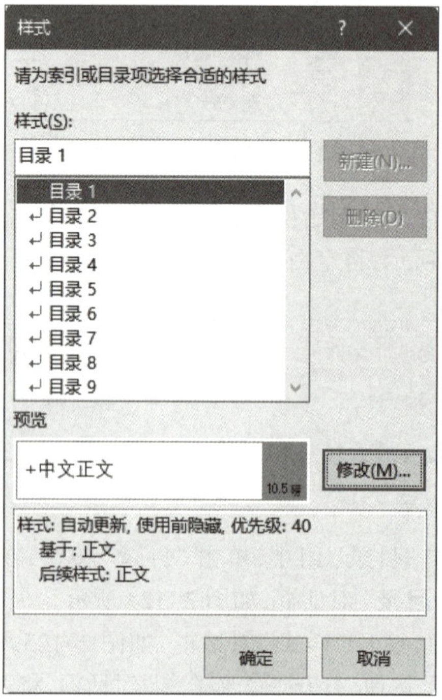

图 2–125　“样式”对话框

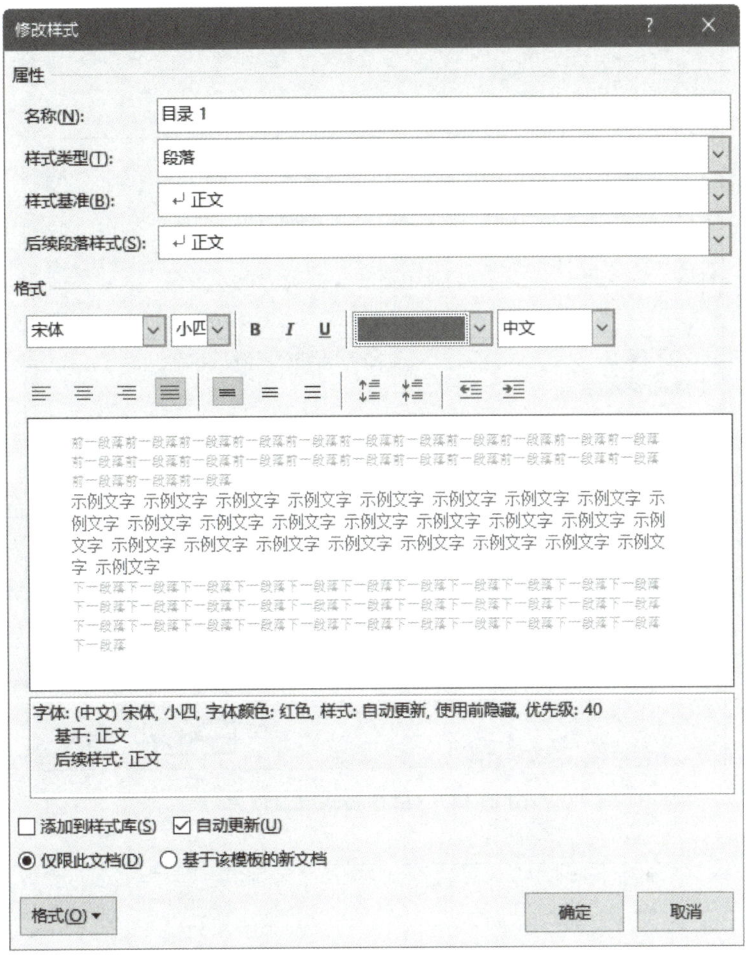

图 2-126 “目录 1” 格式设置

（5）采用上述方法，将“目录 2”格式设置为宋体，小四，蓝色，再将“目录 3”格式设置为宋体，小四，绿色，目录格式设置效果如图 2-127 所示。

（6）单击“确定”按钮，在文档中自动生成目录，目录生成效果如图 2-128 所示。

4. 为文档添加页码，目录页码格式为“Ⅰ，Ⅱ，Ⅲ ...”，正文页码格式为“1，2，3...”，起始页码从“1”开始，页码均位于页面底端，居中显示。

（1）将光标定位于文档的首页，在“插入”选项卡“页眉和页脚”组中，单击“页码”按钮，在弹出的下拉菜单中，选择“页面底端”命令，在级联菜单中选择“普通数字 2”，如图 2-129 所示，则在文档的页面底端插入默认的页码。

（2）将光标定位于第 1 页页脚编辑区内，在“页眉和页脚”组中，单击“页码”按钮，在弹出的下拉菜单中，选择“设置页码格式”命令，打开“页码格式”对话框。

视频：添加页码

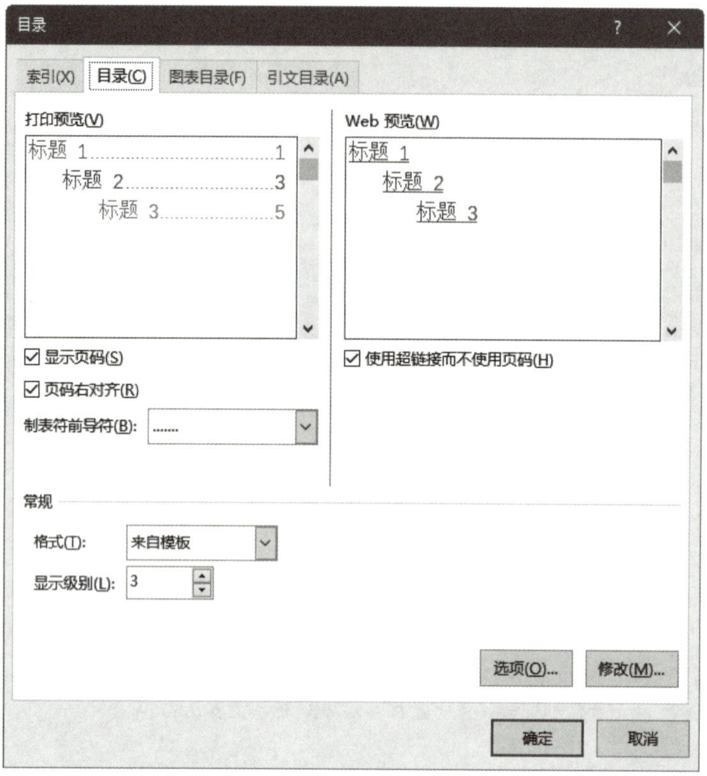

图 2-127　目录格式设置效果

第 1 类　报告........................4
1.1　报告的特点........................4
1.2　报告的种类........................4
1.3　报告的写法........................4
1.3.1　汇报性报告........................5
1.3.2　答复性报告........................5
1.3.3　呈报性报告........................5
1.3.4　例行工作报告........................5
第 2 类　公告........................5
2.1　公告的写法........................5
2.1.1　标题........................6
2.1.2　正文........................6
2.1.3　落款及日期........................6
第 3 类　会议纪要........................6
3.1　会议纪要的写法........................6
3.1.1　首部........................6
3.1.2　正文........................7
3.1.3　尾部........................7

图 2-128　目录生成效果

图 2-129　选择“普通数字 2”

（3）选择编号格式为“Ⅰ，Ⅱ，Ⅲ …”，如图 2-130 所示，单击“确定”按钮，系统自动修改目录页码格式。

（4）将光标定位于第 4 页页脚编辑区内，设置编号格式为“1，2，3…”，起始页码为“1”，如图 2-131 所示，单击“确定”按钮。

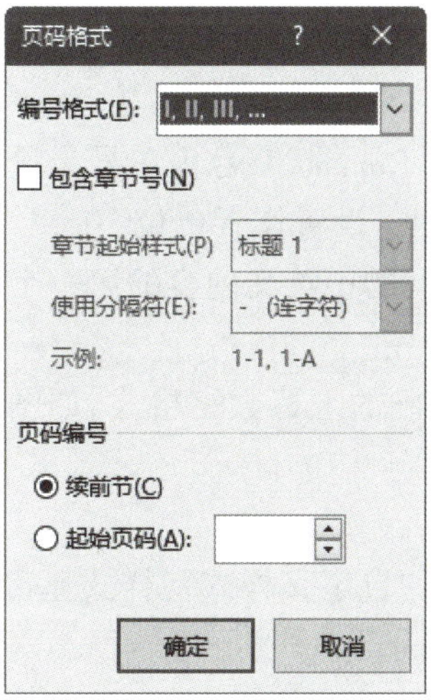

图 2-130　目录页码格式设置

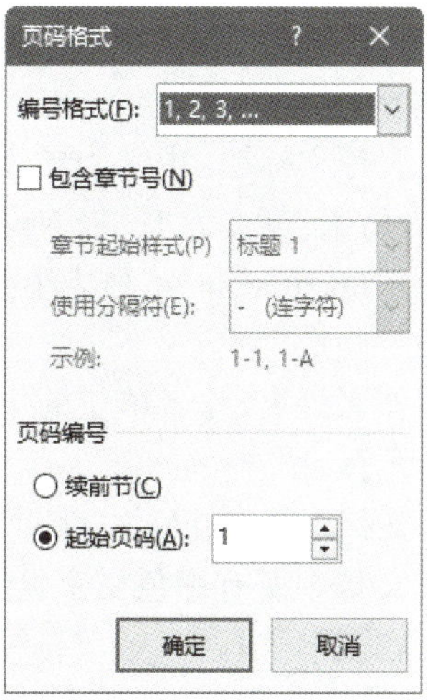

图 2-131　正文页码格式设置

（5）单击“关闭页眉和页脚”按钮，返回文档编辑状态。

5. 更新文档的目录。

将光标定位于目录中，单击鼠标右键，在弹出的快捷菜单中选择“更新域”命令，打开

“更新目录”对话框，选择“更新整个目录”，单击“确定”按钮，完成目录的更新，更新目录设置效果如图 2-132 所示。

图 2-132　更新目录设置效果

拓展训练　“毕业论文”的制作

综合运用所学知识并查阅相关资料，完成“毕业论文”的制作，操作要求如下：

1. 打开该训练素材文件夹中的“毕业论文 .docx”，将论文标题、作者姓名、作者单位的中英文部分均居中显示。

2. 设置论文标题：中文为黑体，西文为 Times New Roman，字号为三号。设置作者姓名：中文为仿宋，英文为 Times New Roman，字号为小四。设置作者单位：中文为宋体，西文为 Times New Roman，字号为小五。设置摘要、关键词的中英文内容的第一个词字体为黑体。

3. 将作者姓名、作者单位的中英文部分设置为正确的上标数字格式，如图 2-133 和图 2-134 所示。

4. 将文档中所有红色文字设置为“标题 1”样式。

5. 将文档中所有绿色文字设置为新样式，名称为“自定义样式”，样式基准为“标题 2”，黑色，无段落缩进。

基于 iOS 系统的风行视频设计与实现

张三[1]　李四[2]

([1]北京 XX 大学信息工程学院，北京 100080　[2]上海 XX 学院计算机系，上海，200030)

图 2-133　论文标题、作者姓名、作者单位（中文）格式设置效果

DESIGN AND IMPLEMENTATION OF POPULAR VIDEO BASED ON IOS SYSTEM

ZHANG San[1], LI Si[2]

([1]College of Information Engineering, Beijing XX University, Beijing 100080, China)

([2]Department of Computer Science, Shanghai XX College, Shanghai, 20030, China)

图 2-134 论文标题、作者姓名、作者单位(英文)格式设置效果

6. 将文档中所有蓝色文字设置为“样式标准 .docx”文档中的“新样式”样式。

7. 为上述一、二、三级标题应用多级列表。

8. 将正文之前的内容设置为一节,并将后续每一章均设置为独立的一节。

9. 在英文关键词段落之后,插入分页符。

10. 在正文“第 1 章 绪论”之前插入目录,并添加“目录”两个字,目录设置效果如图 2-135 所示。

目录

图 2-135 目录设置效果

11. 为正文之前的内容添加罗马数字(Ⅰ,Ⅱ,Ⅲ ...)页脚,页码位置在右侧。

12. 为正文设置奇数页页眉:章标题在左侧,页码在右侧;设置偶数页页脚:论文标题在右侧,页码在左侧。要求各章节连续编码,起始页码为 1,如图 2-136(引用标题作为页眉、页脚内容)、图 2-137 和图 2-138 所示。

13. 更新文档的目录。

14. 为“1.1 选题背景以及意义”段落中的“iOS 系统”插入脚注,内容为“iOS 系统是由苹果公司为 iPhone 开发的操作系统。它主要是给 iPhone,iPod touch 以及 iPad 使用。”

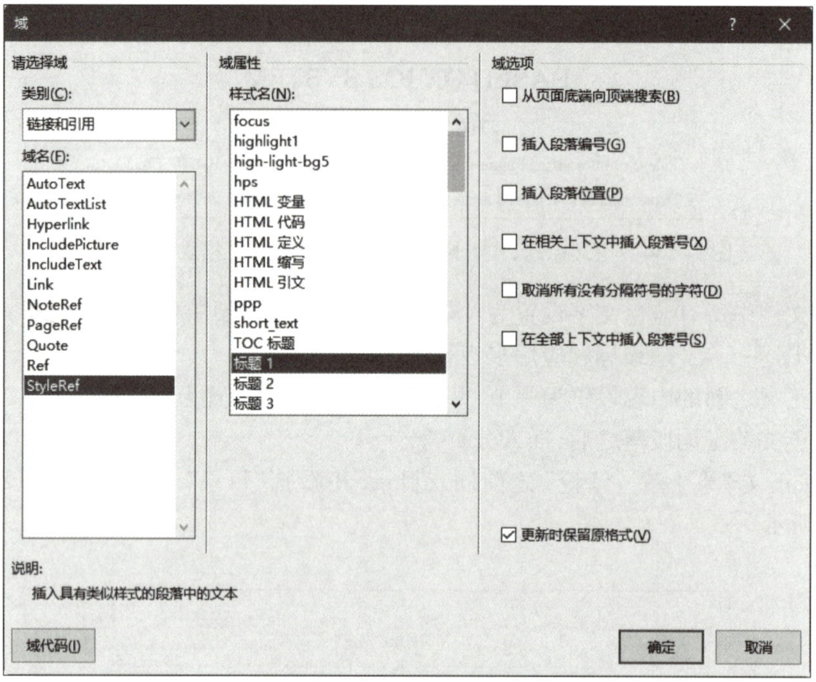

图 2-136　“域”对话框

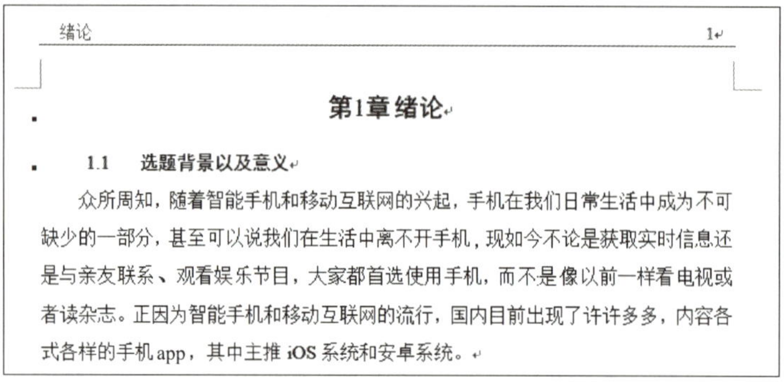
绪论　1

第1章 绪论

1.1　选题背景以及意义

众所周知，随着智能手机和移动互联网的兴起，手机在我们日常生活中成为不可缺少的一部分，甚至可以说我们在生活中离不开手机，现如今不论是获取实时信息还是与亲友联系、观看娱乐节目，大家都首选使用手机，而不是像以前一样看电视或者读杂志。正因为智能手机和移动互联网的流行，国内目前出现了许许多多，内容各式各样的手机 app，其中主推 iOS 系统和安卓系统。

图 2-137　奇数页页眉设置

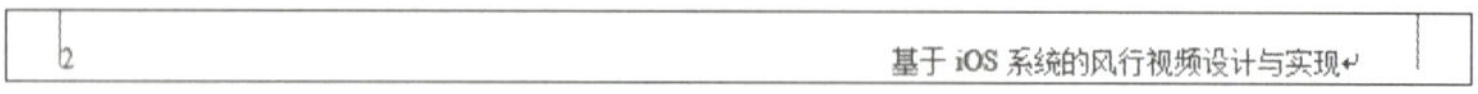

图 2-138　偶数页页脚设置

15. 为“1.1　选题背景以及意义”段落中的“安卓系统”插入尾注，内容为“安卓系统是一种以 Linux 与 Java 为基础的开放源代码操作系统，主要应用于便携设备。”

16. 为“第 9 章　参考文献”下方的文字内容添加编号，编号格式为“[序号]”，如图 2-139 所示。

17. 保存文档。

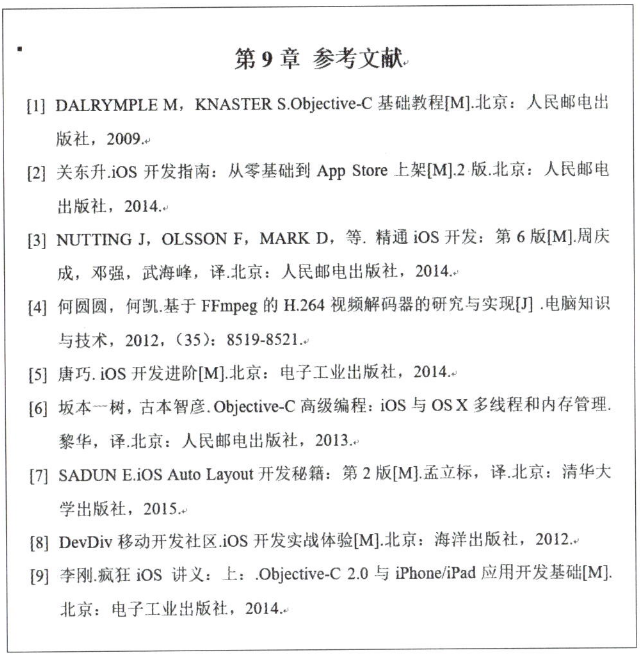

第 9 章 参考文献

[1] DALRYMPLE M，KNASTER S.Objective-C 基础教程[M].北京：人民邮电出版社，2009.

[2] 关东升.iOS 开发指南：从零基础到 App Store 上架[M].2 版.北京：人民邮电出版社，2014.

[3] NUTTING J，OLSSON F，MARK D，等. 精通 iOS 开发：第 6 版[M].周庆成，邓强，武海峰，译.北京：人民邮电出版社，2014.

[4] 何圆圆，何凯.基于 FFmpeg 的 H.264 视频解码器的研究与实现[J] .电脑知识与技术，2012，(35)：8519-8521.

[5] 唐巧. iOS 开发进阶[M].北京：电子工业出版社，2014.

[6] 坂本一树，古本智彦. Objective-C 高级编程：iOS 与 OS X 多线程和内存管理.黎华，译.北京：人民邮电出版社，2013.

[7] SADUN E.iOS Auto Layout 开发秘籍：第 2 版[M].孟立标，译.北京：清华大学出版社，2015.

[8] DevDiv 移动开发社区.iOS 开发实战体验[M].北京：海洋出版社，2012.

[9] 李刚.疯狂 iOS 讲义：上：.Objective-C 2.0 与 iPhone/iPad 应用开发基础[M].北京：电子工业出版社，2014.

图 2–139 编号设置效果

2.4 邮件合并

实例一 “工作证”的批量制作

学习目标及要求

掌握主文档的制作方法。
熟练掌握 Word 数据源的链接方法。
熟练掌握在主文档中插入合并域的方法。
掌握邮件合并到新文档的方法。

学习内容及操作步骤

1. 打开该实例素材文件夹中“工作证 .docx”主文档，建立与“员工信息表 .docx”的数据链接。

（1）在“邮件”选项卡“开始邮件合并”组中，单击“开始邮件合并”按钮，在弹出的下拉菜单中，选择“信函”命令，如图 2–140 所示，将该文档设置为“信函”类型。

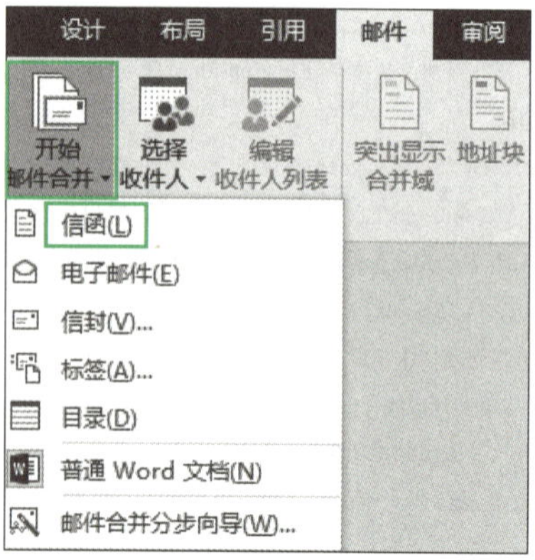

图 2–140　选择“信函”命令

（2）在“开始邮件合并”组中，单击“选择收件人”按钮，在弹出的下拉菜单中，选择“使用现有列表”命令，打开“选取数据源”对话框，如图 2–141 所示。

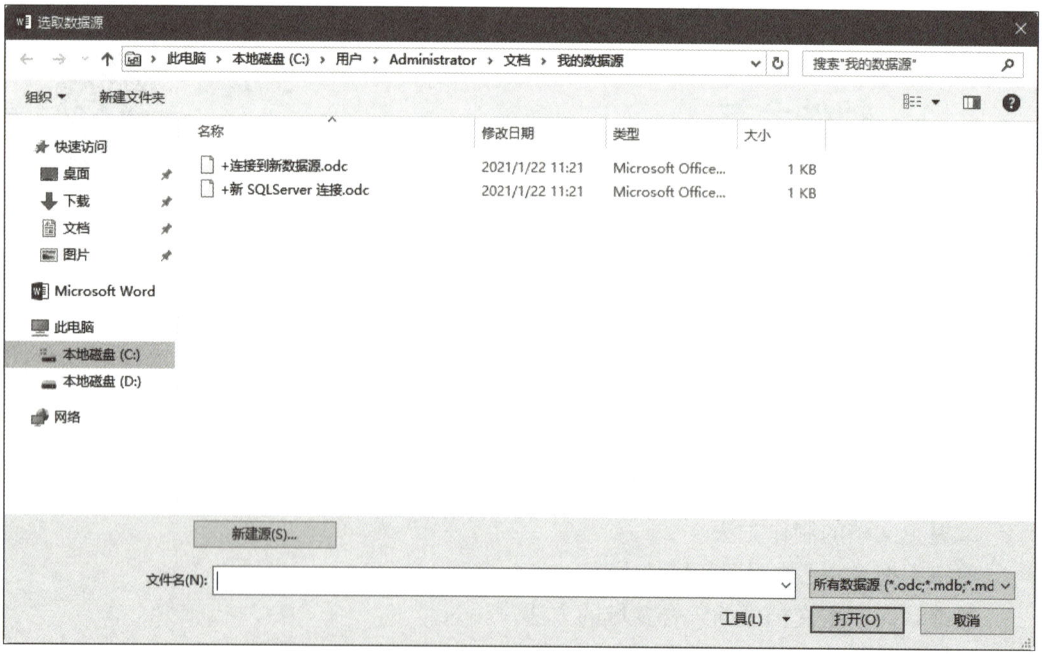

图 2–141　“选取数据源”对话框

（3）选择该实例素材文件夹中“员工信息表 .docx”数据源，单击“打开”按钮，建立两个文件之间的数据链接。

2. 为“工作证 .docx”主文档中的“工号”“姓名”“部门”和“职务”插入合并域，在“工作证”下方的文本框内插入“照片”合并域。

（1）将光标定位于“工号”右侧的横线上，在“编写和插入域”组中，单击“插入合并域”下拉按钮，如图 2-142 所示，在弹出的下拉菜单中，选择“工号”，即可插入“工号”合并域。

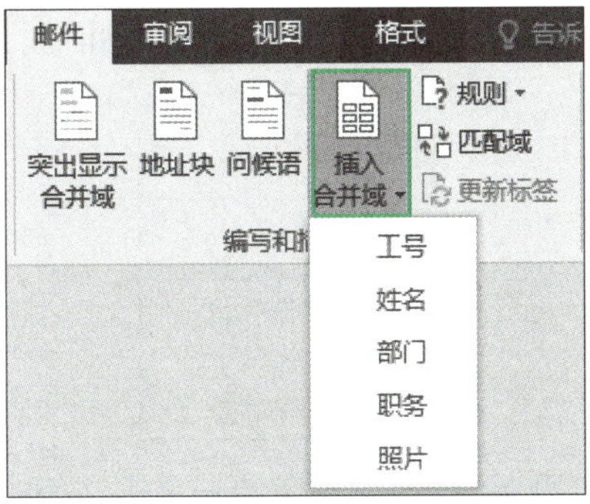

图 2-142 单击“插入合并域”下拉按钮

（2）采用上述方法，分别插入“姓名”“部门”“职务”和“照片”合并域，插入合并域效果如图 2-143 所示。

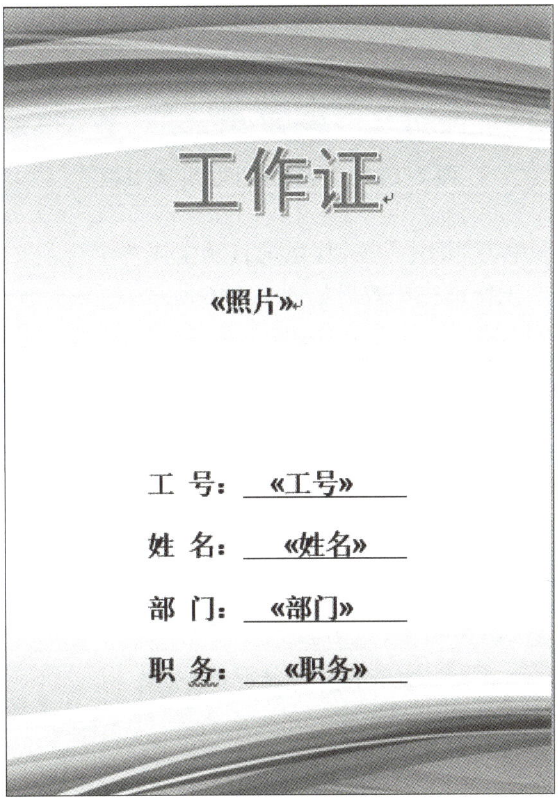

图 2-143 插入合并域效果

（3）在“预览结果”组中，单击“预览结果”按钮，可以查看合并域的数据源信息，也可以通过“首记录”“上一记录”“下一记录”“尾记录”按钮查看不同的数据源信息。

3. 完成邮件合并，生成新文档，保存名称为“工作证制作 .docx”。

（1）在“完成”组中，单击“完成并合并”按钮，如图 2–144 所示，在弹出的下拉菜单中，选择“编辑单个文档”命令，打开“合并到新文档”对话框，如图 2–145 所示。

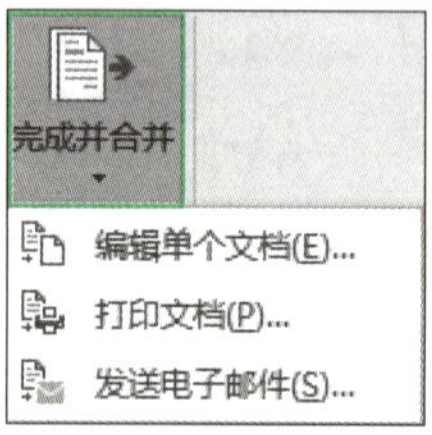

图 2–144　单击“完成并合并”按钮

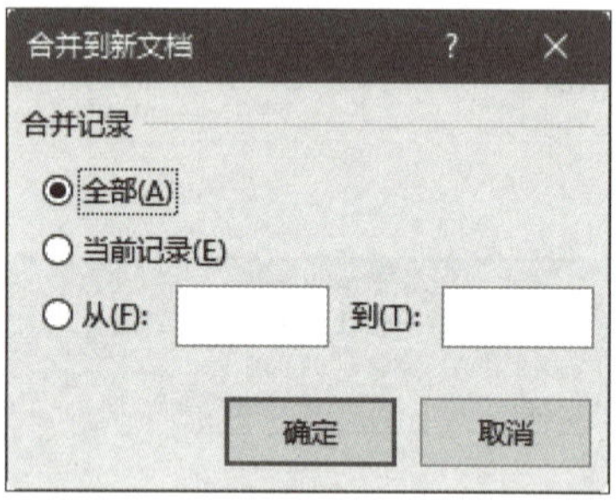

图 2–145　“合并到新文档”对话框

（2）选择“全部”，单击“确定”按钮，系统自动生成一个合并文档，保存该文档，名称为“工作证制作 .docx”，工作证完成效果如图 2–146 所示。

图 2–146　工作证完成效果

实例二 “邀请函”的批量制作

学习目标及要求

熟练掌握 Excel 数据源的链接方法。
掌握在主文档中插入规则的方法。
熟练掌握数据筛选的操作技巧。
掌握邮件合并到新文档的方法。

学习内容及操作步骤

1. 打开该实例素材文件夹中“邀请函 .docx”主文档，建立与数据源“嘉宾名单 .xlsx”的数据链接。

（1）将主文档设置为“信函”类型。

（2）选择收件人，打开“选取数据源”对话框。

（3）查找定位于“嘉宾名单 .xlsx”数据源，打开“选择表格”对话框，如图 2–147 所示，选择“Sheet1$”工作表，勾选“数据首行包含列标题”复选框，单击“确定”按钮，建立两个文件之间的数据链接。

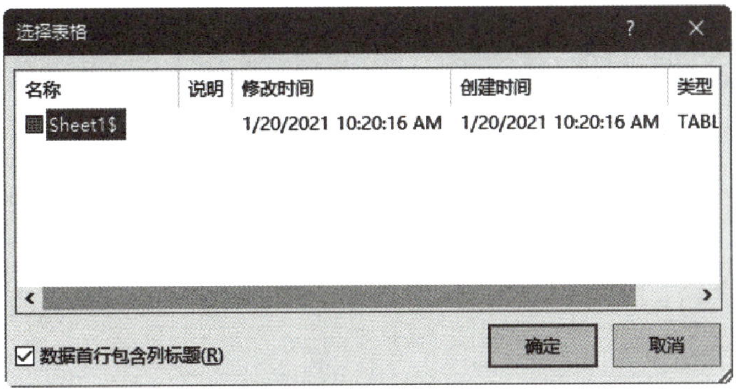

图 2–147 “选择表格”对话框

2. 筛选嘉宾名单，将计算机系和金融系的老师筛选为收件人。

（1）在“开始邮件合并”组中，单击“编辑收件人列表”按钮，如图 2–148 所示，打开“邮件合并收件人”对话框，如图 2–149 所示。

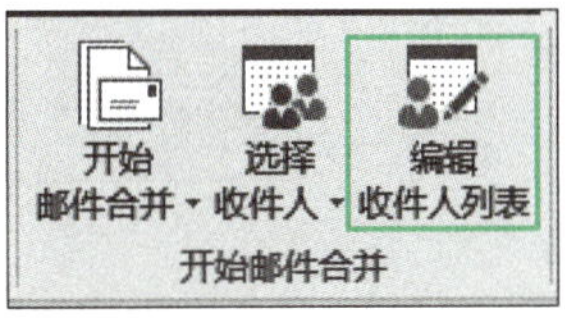

图 2–148 单击“编辑收件人列表”按钮

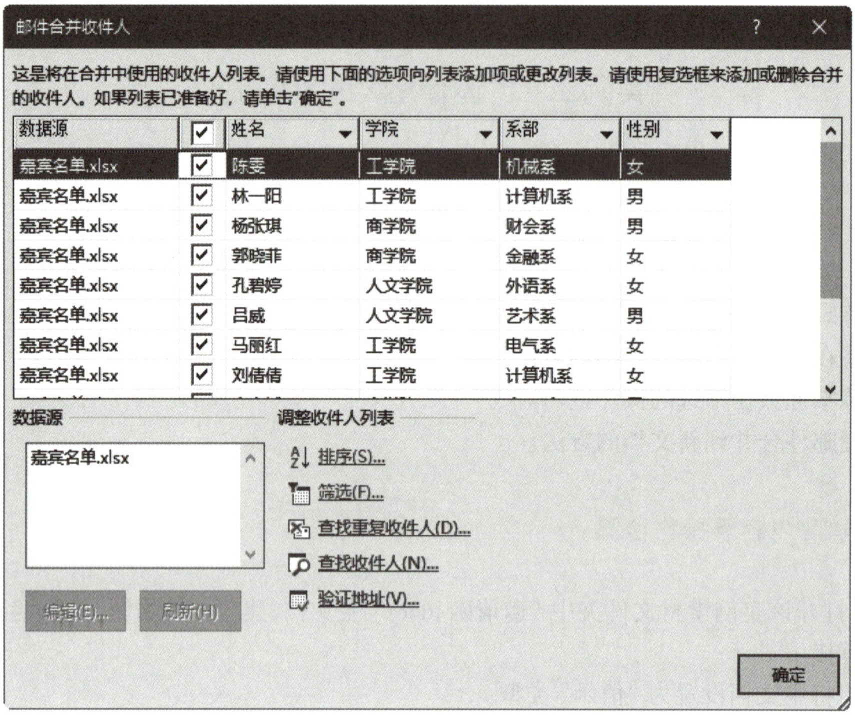

图 2-149 "邮件合并收件人"对话框

（2）单击"筛选"按钮，打开"筛选和排序"对话框，填写筛选条件，如图 2-150 所示，单击"确定"按钮，得到数据筛选结果，如图 2-151 所示，再单击"确定"按钮，关闭对话框。

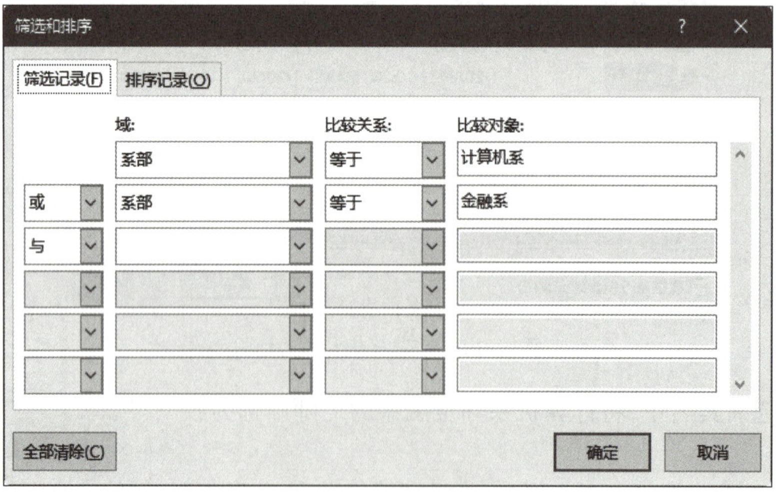

图 2-150 填写筛选条件

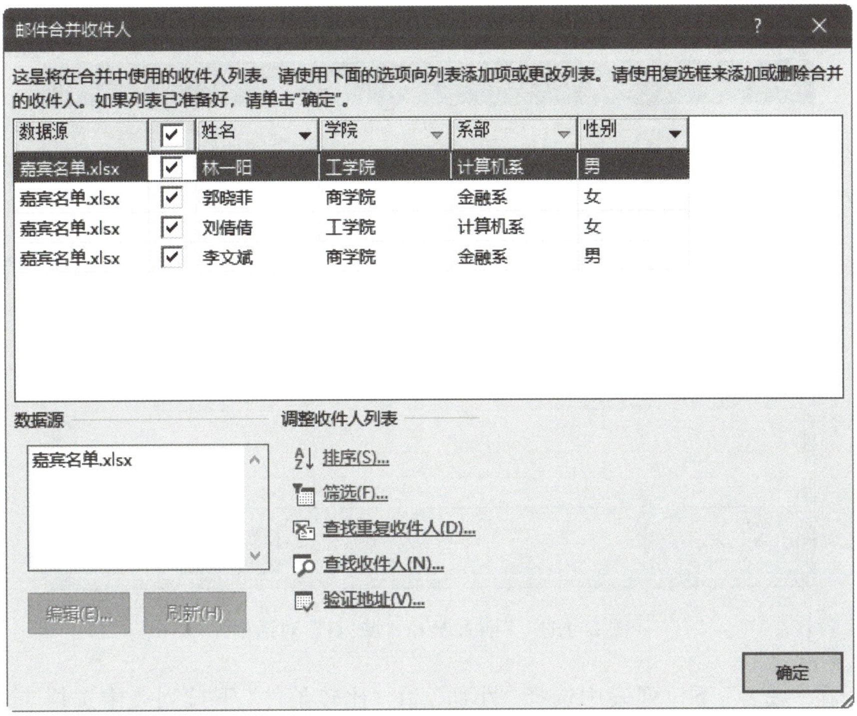

图 2-151 数据筛选结果

3. 在“尊敬的”后面插入“姓名”合并域和称谓，称谓则根据收件人性别自动显示为“先生”或“女士”。

视频：创建规则

（1）将光标定位于“尊敬的”后面，在“编写和插入域”组中，单击“插入合并域”下拉按钮，在弹出的下拉菜单中，选择“姓名”，即可插入“姓名”合并域。

（2）单击“规则”按钮，在弹出的下拉菜单中，选择“如果…那么…否则…”命令，如图 2-152 所示，打开“插入 Word 域：IF”对话框，如图 2-153 所示。

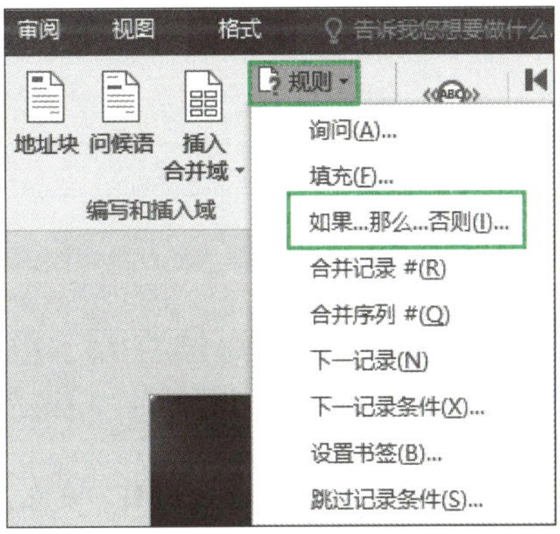

图 2-152 选择“如果 ... 那么 ... 否则 ...”命令

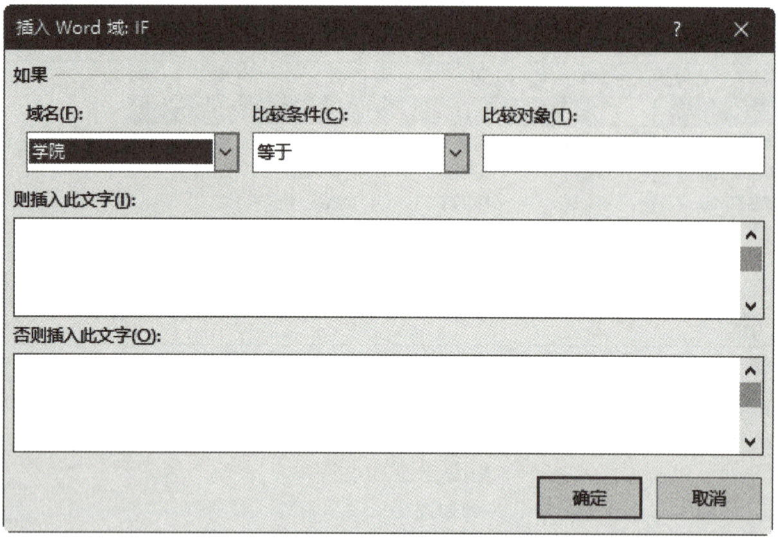

图 2-153　“插入 Word 域：IF” 对话框

（3）在 “域名” 下拉列表中选择 “性别”，在 “比较条件” 下拉列表中选择 “等于”，在 “比较对象” 文本框中输入 “男”，在 “则插入此文字” 文本框中输入 “先生”，在 “否则插入此文字” 文本框中输入 “女士”，如图 2-154 所示，单击 “确定” 按钮，即可完成称谓的插入，适当调整称谓的字体格式。

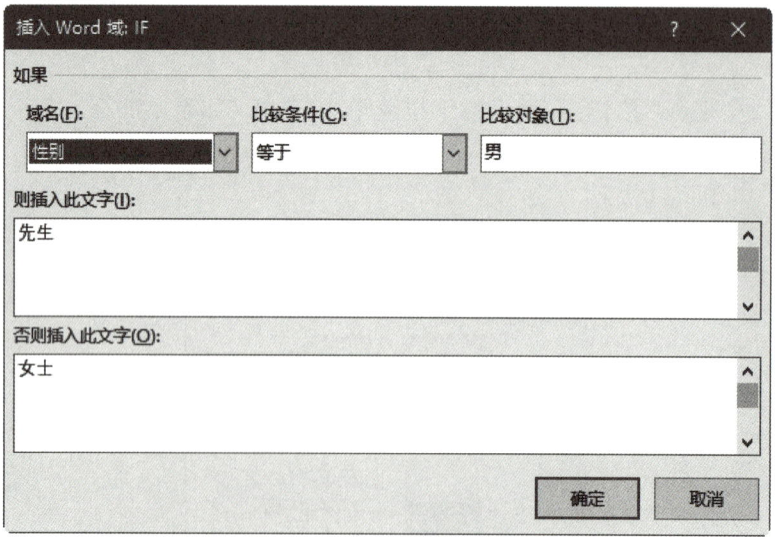

图 2-154　“插入 Word 域：IF” 设置

4. 在“我校于”后面插入元旦晚会的举办日期“2020 年 12 月 31 日”。

（1）将光标定位于“我校于”后面，在“编写和插入域”组中，单击“规则”按钮，在弹出的下拉菜单中，选择“填充”命令，打开“插入 Word 域：Fill-in”对话框，如图 2–155 所示。

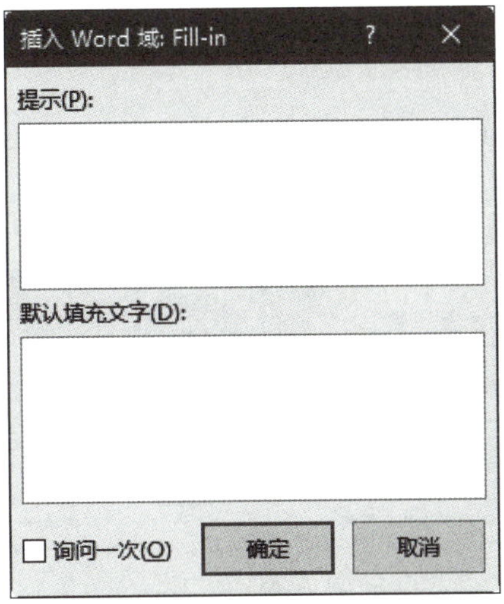

图 2–155 “插入 Word 域：Fill–in”对话框

（2）在“提示”文本框中输入“元旦晚会举办日期：”，在“默认填充文字”文本框中输入“2020 年 12 月 31 日”，勾选“询问一次”复选框，如图 2–156 所示，单击“确定”按钮，系统自动打开一个提示对话框，如图 2–157 所示，再单击“确定”按钮，完成日期的插入。

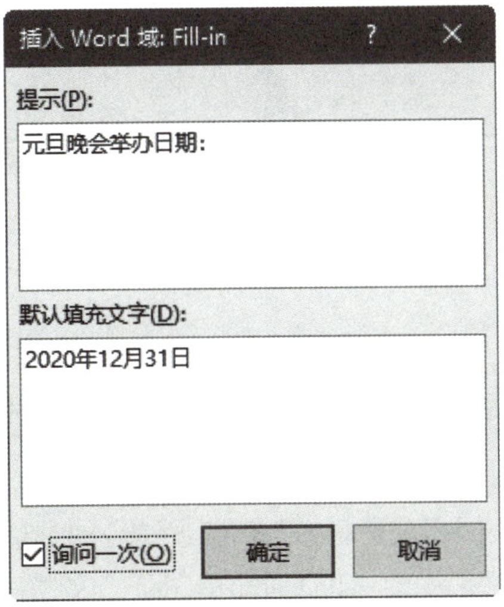

图 2–156 “插入 Word 域：Fill–in”设置

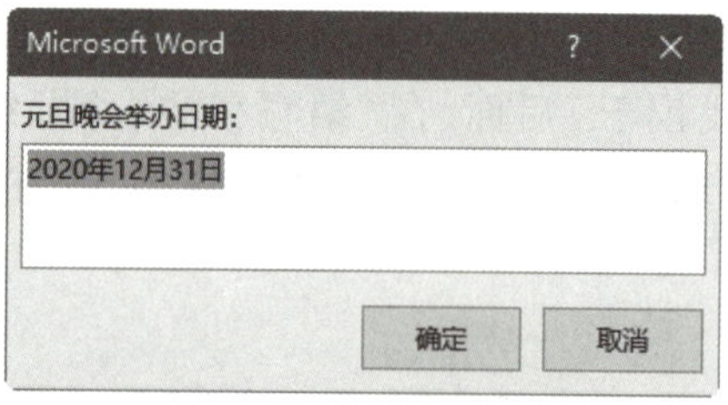

图 2–157　提示信息对话框

5. 完成邮件合并，生成合并文档，保存名称为“元旦晚会邀请函 .docx”，邀请函完成效果如图 2–158 所示。

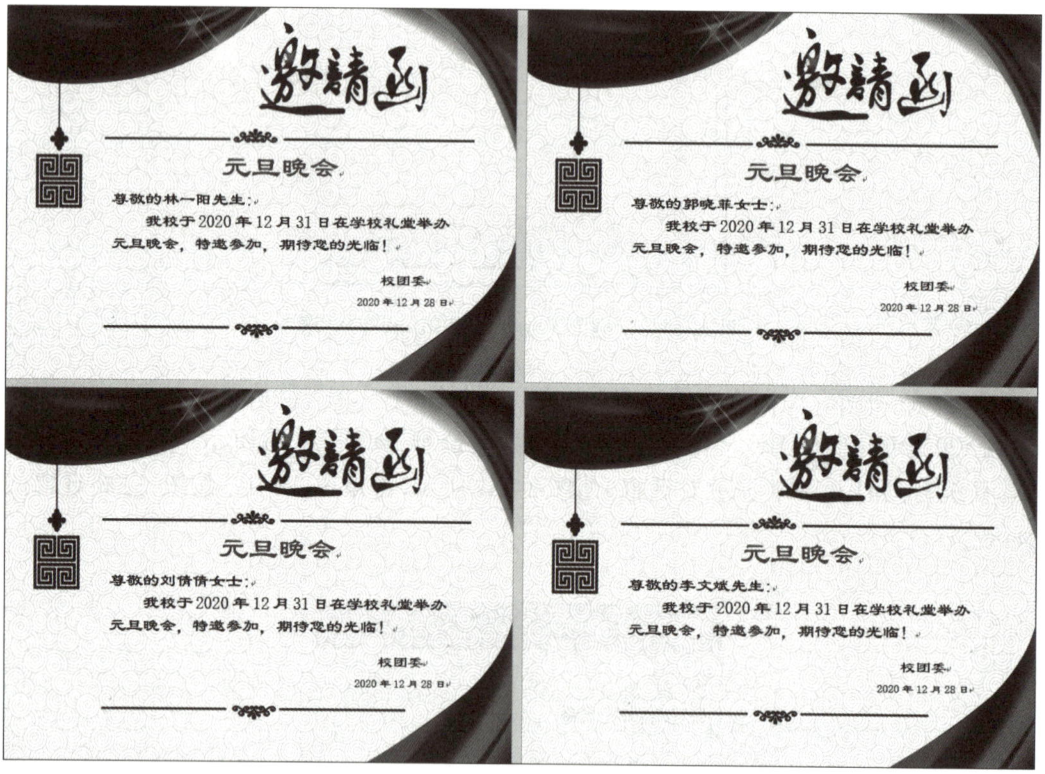

图 2–158　邀请函完成效果

拓展训练　“工资条”的批量制作

综合运用所学知识并查阅相关资料，完成“工资条”的批量制作，操作要求如下：

1. 打开该训练素材文件夹中的“工资通知单 .docx”文档，将文档类型设置为“目录”，如图 2–159 所示。

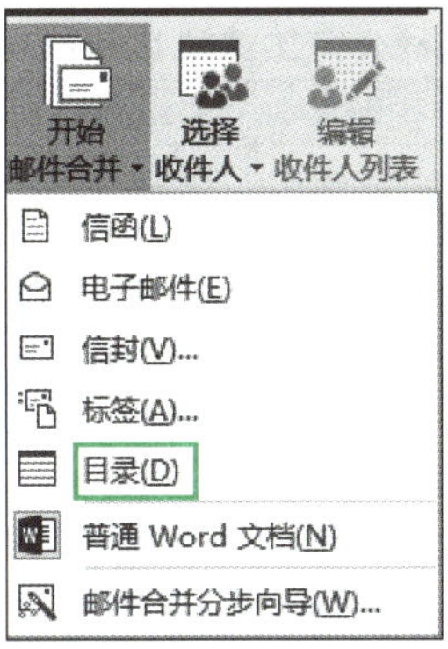

图 2-159 “目录”文档类型设置

2. 建立与数据源“工资明细表 .xlsx”的数据链接。

3. 在主文档相应的位置插入合并域，如图 2-160 所示。

***公司工资核算明细表

姓名	基本工资	岗位工资	住房补贴	伙食补贴	应发工资	五险一金	应纳税所得额	个税	实发工资
«姓名»	«基本工资»	«岗位工资»	«住房补贴»	«伙食补贴»	«应发工资»	«五险一金»	«应纳税所得额»	«个税»	«实发工资»

图 2-160 插入合并域设置

4. 将各项工资明细数字格式设置保留 2 位小数。

提示：

选择“基本工资”合并域，单击鼠标右键，在弹出的快捷菜单中，选择“切换域代码”命令，将光标定位于“基本工资”后，输入“\#0.00”，采用相同的方法，设置其他合并域，如图 2-161 所示。

***公司工资核算明细表

姓名	基本工资	岗位工资	住房补贴	伙食补贴	应发工资	五险一金	应纳税所得额	个税	实发工资
{ MERGEFIELD 姓名 }	{ MERGEFIELD 基本工资 \#0.00}	{ MERGEFIELD 岗位工资 \#0.00}	{ MERGEFIELD 住房补贴 \#0.00}	{ MERGEFIELD 伙食补贴 \#0.00 }	{ MERGEFIELD 应发工资 \#0.00}	{ MERGEFIELD 五险一金 \#0.00}	{ MERGEFIELD 应纳税所得额 \#0.00}	{ MERGEFIELD 个税 \#0.00}	{ MERGEFIELD 实发工资 \#0.00}

图 2-161 保留 2 位小数设置

5. 将“实发工资”高于 10 000 的记录跳过，如图 2-162 所示。

6. 完成邮件合并，生成合并文档，名称为“工资条 .docx”，工作条完成效果如图 2-163 所示。

***公司工资核算明细表

姓名	基本工资	岗位工资	住房补贴	伙食补贴	应发工资	五险一金	应纳税所得额	个税	实发工资
«姓名»	«基本工资»	«岗位工资»	«住房补贴»	«伙食补贴»	«应发工资»	«五险一金»	«应纳税所得额»	«个税»	«实发工资»

«跳过记录条件…»

图 2-162 “跳过记录条件”设置

***公司工资核算明细表

姓名	基本工资	岗位工资	住房补贴	伙食补贴	应发工资	五险一金	应纳税所得额	个税	实发工资
白世镜	6580.24	980.50	700.00	500.00	8760.74	1080.15	7680.59	115.60	7564.99

***公司工资核算明细表

姓名	基本工资	岗位工资	住房补贴	伙食补贴	应发工资	五险一金	应纳税所得额	个税	实发工资
邓百川	7600.00	1020.00	720.00	500.00	9840.00	1150.00	8690.00	121.00	8569.00

***公司工资核算明细表

姓名	基本工资	岗位工资	住房补贴	伙食补贴	应发工资	五险一金	应纳税所得额	个税	实发工资
丁春秋	4880.00	720.00	560.00	500.00	6660.00	820.00	5840.00	75.00	5765.00

***公司工资核算明细表

姓名	基本工资	岗位工资	住房补贴	伙食补贴	应发工资	五险一金	应纳税所得额	个税	实发工资
甘宝宝	4530.00	690.00	520.00	500.00	6240.00	780.00	5460.00	68.00	5392.00

***公司工资核算明细表

姓名	基本工资	岗位工资	住房补贴	伙食补贴	应发工资	五险一金	应纳税所得额	个税	实发工资
公冶乾	5300.00	780.00	580.00	500.00	7160.00	850.00	6310.00	82.00	6228.00

图 2-163 工资条完成效果

第 3 章

电子表格与数据处理

本章目录

3.1　数据录入及工作表的格式化

实例一　员工信息录入

学习目标及要求

熟练掌握各种类型数据的录入方法。

熟练掌握数据格式的设置方法。

了解数据验证的使用方法。

掌握行高、列宽的调整方法。

掌握自动填充功能的使用方法。

学习内容及操作步骤

1. 新建一个 Excel 文件，将该文件以“员工信息 .xlsx”为文件名进行保存。

2. 双击打开“员工信息 .xlsx”文件，在“Sheet1”工作表中的第一行输入如图 3-1 所示的内容。

	A	B	C	D	E	F	G	H	I	J
1	员工编号	姓名	身份证号	性别	年龄	出生日期	学历	毕业学校	所学专业	联系电话
2										
3										

图 3-1　第一行内容

3. 在 A2:B7 单元格区域输入员工编号和姓名，如图 3-2 所示。

（1）选择 A2 单元格，输入“A001”。

（2）将鼠标移至 A2 单元格的右下角，当鼠标指针变成黑色的十字填充柄时，按住鼠标左键向下拖动至 A7 单元格，松开鼠标左键实现自动填充。

（3）在 B2:B7 单元格区域输入姓名。

4. 在 C2:C7 单元格区域输入身份证号，并调整该列列宽为 20，如图 3-3 所示。

（1）选择 C2:C7 单元格区域，在“开始”选项卡“数字”组中，单击“数字格式”下拉按钮，如图 3-4 所示，在弹出的下拉菜单中选择“文本”命令，如图 3-5 所示。

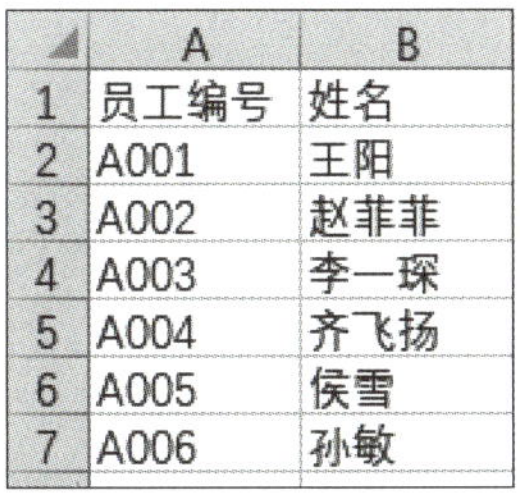

	A	B
1	员工编号	姓名
2	A001	王阳
3	A002	赵菲菲
4	A003	李一琛
5	A004	齐飞扬
6	A005	侯雪
7	A006	孙敏

图 3-2 输入员工编号和姓名

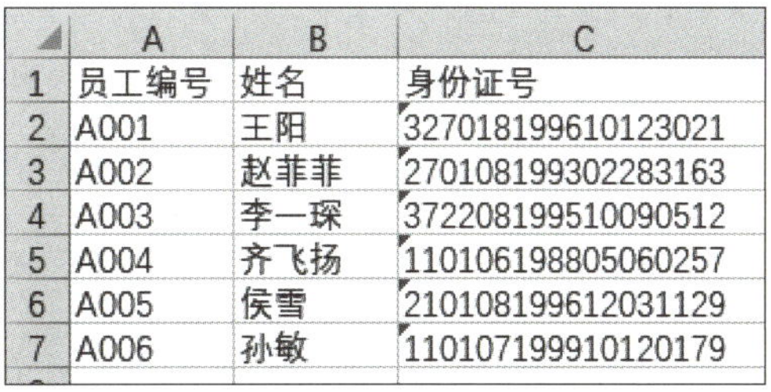

	A	B	C
1	员工编号	姓名	身份证号
2	A001	王阳	327018199610123021
3	A002	赵菲菲	270108199302283163
4	A003	李一琛	372208199510090512
5	A004	齐飞扬	110106198805060257
6	A005	侯雪	210108199612031129
7	A006	孙敏	110107199910120179

图 3-3 输入身份证号

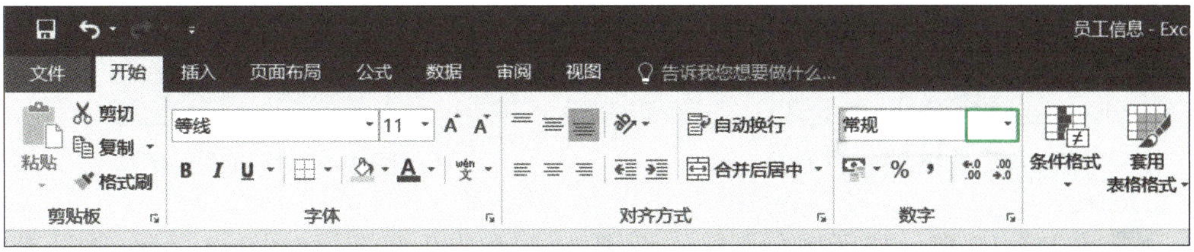

图 3-4 单击“数字格式”下拉按钮

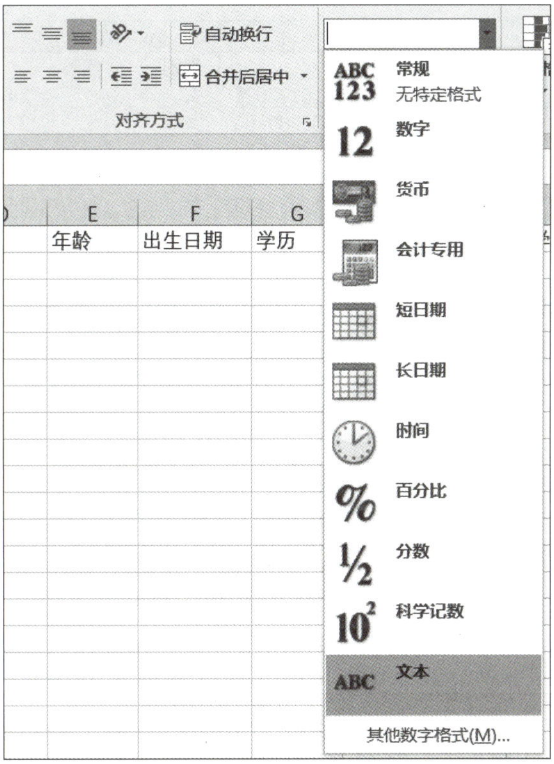

图 3-5 选择“文本”命令

（2）在 C2:C7 单元格区域中输入身份证号，单击 C 列列号，选择 C 列，在所选区域上单击鼠标右键，在弹出的快捷菜单中选择“列宽”命令，如图 3-6 所示，打开“列宽”对话框，如图 3-7 所示，在“列宽”文本框中输入“20”，单击“确定”按钮。

图 3-6　选择“列宽”命令

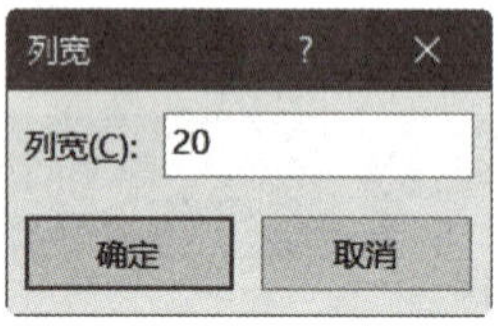

图 3-7　“列宽”对话框

5. 在 D2:F7 单元格区域分别输入性别、年龄和出生日期，如图 3-8 所示，并设置出生日期的显示格式。

	A	B	C	D	E	F
1	员工编号	姓名	身份证号	性别	年龄	出生日期
2	A001	王阳	327018199610123021	女	24	1996/10/12
3	A002	赵菲菲	270108199302283163	女	27	1993/2/28
4	A003	李一琛	372208199510090512	男	25	1995/10/9
5	A004	齐飞扬	110106198805060257	男	22	1998/5/6
6	A005	侯雪	210108199612031129	女	24	1996/12/3
7	A006	孙敏	110107199910120179	男	21	1999/10/12

图 3-8　输入性别、年龄和出生日期

（1）在 D2:D7 单元格区域输入性别，在 E2:E7 单元格区域输入年龄，在 F2:F7 单元格区域输入出生日期。

（2）选择 F2:F7 单元格区域，单击鼠标右键，在弹出的快捷菜单中选择“设置单元格格式”命令，打开“设置单元格格式”对话框。

（3）选择“数字”选项卡，在左侧的“分类”列表框中选择“日期”，在右侧的“类型”列表框中选择“*2012 年 3 月 14 日”，如图 3-9 所示，单击“确定”按钮，将出生日期设置为“* 年 * 月 * 日”的显示格式，出生日期显示效果如图 3-10 所示。

6. 为 G2:G7 单元格区域设置数据验证，条件是只允许输入“研究生，本科，专科”三种学历形式，并在 G2:G7 单元格区域输入相应学历，如图 3-11 所示。

（1）选择 G2:G7 单元格区域，在“数据”选项卡“数据工具”组中，单击“数据验证”下拉按钮，在弹出的下拉菜单中选择“数据验证”命令，如图 3-12 所示，打开“数据验证”对话框。

（2）设置验证条件，单击“允许”文本框右侧的下拉按钮，在弹出的下拉列表中选择“序列”，在“来源”文本框中输入“研究生，本科，专科”（间隔符号为英文半角输入法下的逗号），勾选“忽略空值”和“提供下拉箭头”复选框，如图 3-13 所示，单击“确定”按钮。

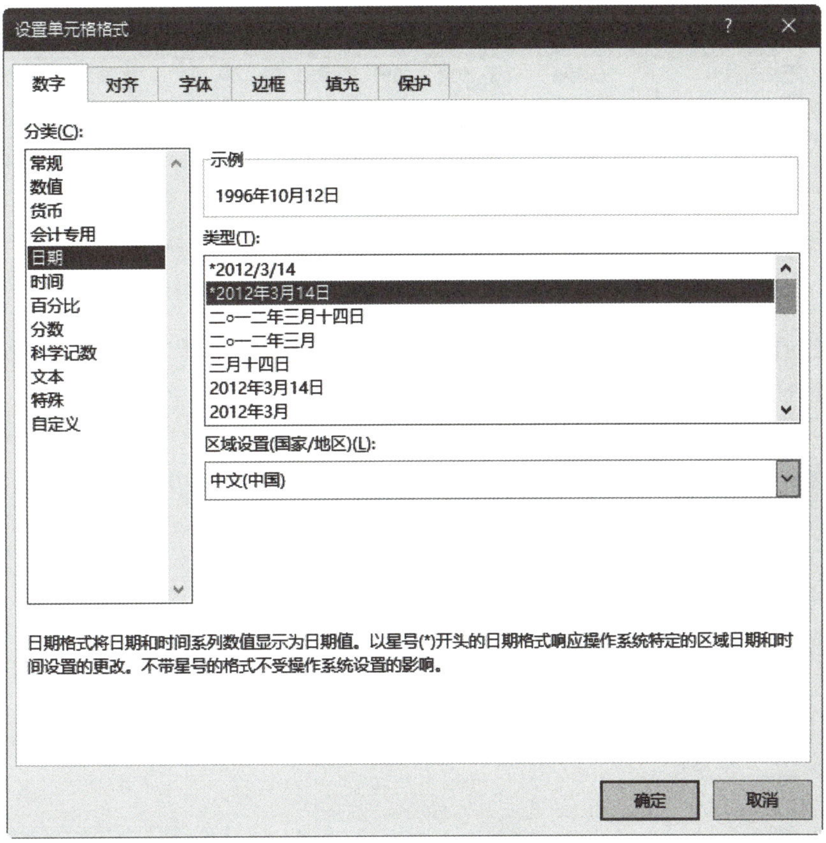

图 3–9　日期格式设置

	A	B	C	D	E	F
1	员工编号	姓名	身份证号	性别	年龄	出生日期
2	A001	王阳	327018199610123021	女	24	1996年10月12日
3	A002	赵菲菲	270108199302283163	女	27	1993年2月28日
4	A003	李一琛	372208199510090512	男	25	1995年10月9日
5	A004	齐飞扬	110106198805060257	男	22	1998年5月6日
6	A005	侯雪	210108199612031129	女	24	1996年12月3日
7	A006	孙敏	110107199910120179	男	21	1999年10月12日

图 3–10　出生日期显示效果

	A	B	C	D	E	F	G
1	员工编号	姓名	身份证号	性别	年龄	出生日期	学历
2	A001	王阳	327018199610123021	女	24	1996年10月12日	研究生
3	A002	赵菲菲	270108199302283163	女	27	1993年2月28日	研究生
4	A003	李一琛	372208199510090512	男	25	1995年10月9日	本科
5	A004	齐飞扬	110106198805060257	男	22	1998年5月6日	研究生
6	A005	侯雪	210108199612031129	女	24	1996年12月3日	本科
7	A006	孙敏	110107199910120179	男	21	1999年10月12日	专科

图 3–11　输入学历

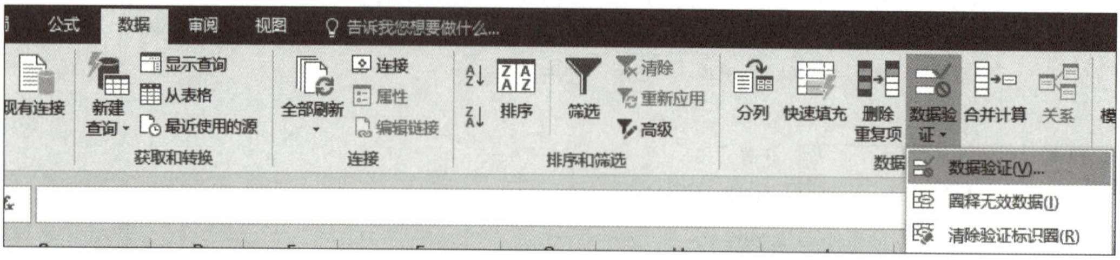

图 3-12　选择“数据验证”命令

（3）选择 G2 单元格，单击 G2 单元格右侧的下拉按钮，选择“研究生”，如图 3-14 所示。使用同样的方法依次输入其他人的学历。

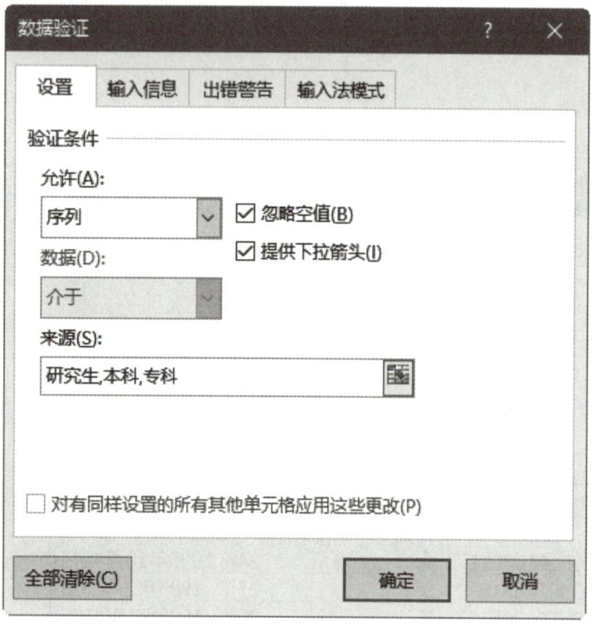

图 3-13　设置验证条件 1

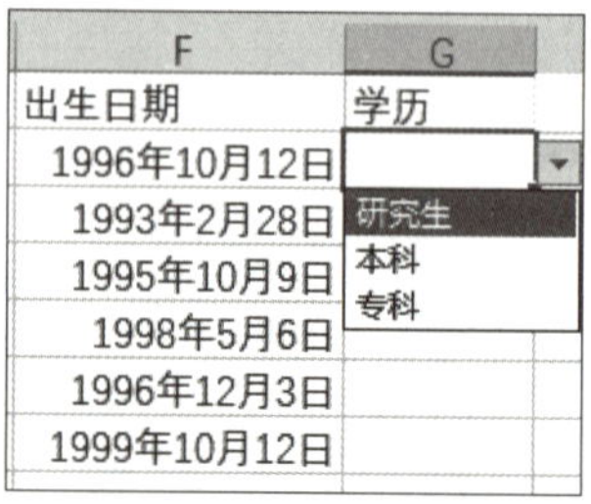

图 3-14　选择“研究生”

7. 在 H2:I7 单元格区域中输入相应的内容，“毕业学校”所在列列宽设置为 15，“所学专业”所在列列宽设置为 12，如图 3-15 所示。

	A	B	C	D	E	F	G	H	I
1	员工编号	姓名	身份证号	性别	年龄	出生日期	学历	毕业学校	所学专业
2	A001	王阳	327018199610123021	女	24	1996年10月12日	研究生	山东大学	金融工程
3	A002	赵菲菲	270108199302283163	女	27	1993年2月28日	研究生	中国科技大学	工商管理
4	A003	李一琛	372208199510090512	男	25	1995年10月9日	本科	湖南大学	信息安全
5	A004	齐飞扬	110106198805060257	男	22	1998年5月6日	研究生	哈尔滨工业大学	智能控制
6	A005	侯雪	210108199612031129	女	24	1996年12月3日	本科	山东大学	金融学
7	A006	孙敏	110107199910120179	男	21	1999年10月12日	专科	烟台南山学院	机电技术

图 3-15　输入毕业学校和所学专业

8. 为 J2:J7 单元格区域设置数据验证，只允许输入 11 位长度的电话号码，并在 J2:J7 单元格区域输入联系电话，如图 3-16 所示。

	A	B	C	D	E	F	G	H	I	J
1	员工编号	姓名	身份证号	性别	年龄	出生日期	学历	毕业学校	所学专业	联系电话
2	A001	王阳	327018199610123021	女	24	1996年10月12日	研究生	山东大学	金融工程	13732126677
3	A002	赵菲菲	270108199302283163	女	27	1993年2月28日	研究生	中国科技大学	工商管理	15891137521
4	A003	李一琛	372208199510090512	男	25	1995年10月9日	本科	湖南大学	信息安全	15866331893
5	A004	齐飞扬	110106198805060257	男	22	1998年5月6日	研究生	哈尔滨工业大学	智能控制	15666542107
6	A005	侯雪	210108199612031129	女	24	1996年12月3日	本科	山东大学	金融学	13796743812
7	A006	孙敏	110107199910120179	男	21	1999年10月12日	专科	烟台南山学院	机电技术	15947123527

图 3-16　输入联系电话

（1）选择 J2:J7 单元格区域，单击“数据验证”下拉按钮，选择“数据验证”命令，打开“数据验证”对话框。

（2）设置验证条件，单击“允许”文本框右侧的下拉按钮，在弹出的下拉列表中选择“文本长度”，单击“数据”文本框右侧的下拉按钮，在弹出的下拉列表中选择“等于”，在“长度”文本框中输入“11”，勾选“忽略空值”复选框，如图 3-17 所示，单击“确定”按钮。

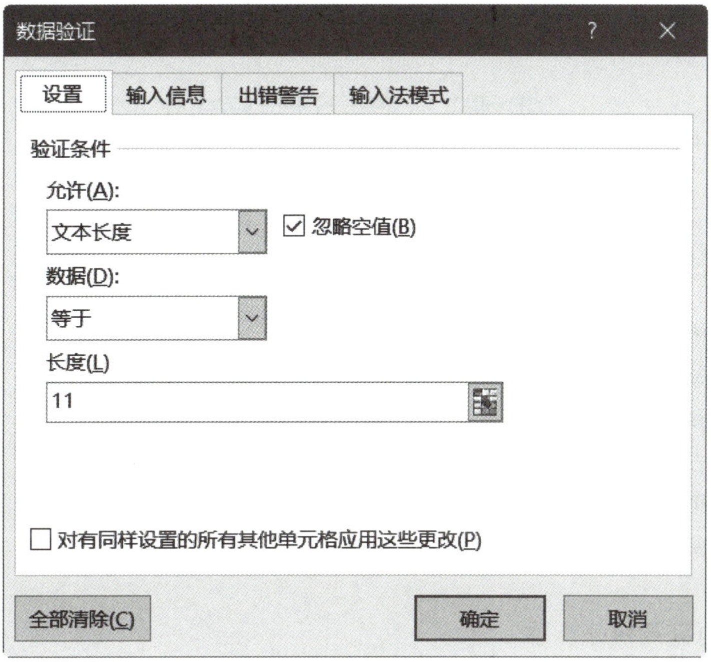

图 3-17　设置验证条件 2

（3）依次在 J2:J7 单元格区域中输入联系电话。

9. 将第 1—7 行的行高设置为 16。

在第 1 行行号上按住鼠标左键向下拖动选择第 1—7 行，在所选区域内单击鼠标右键，在弹出的快捷菜单中选择“行高”命令，打开“行高”对话框，在“行高”文本框中输入“16”，单击“确定”按钮，完成行高设置。

10. 将 A1:J7 单元格区域水平和垂直对齐方式均设置为居中。

选择 A1:J7 单元格区域，在“开始”选项卡“对齐方式”组中，分别单击“垂直居中”按钮和“居中”按钮，如图 3-18 所示，居中对齐设置效果如图 3-19 所示。

11. 单击“保存”按钮，保存文件。

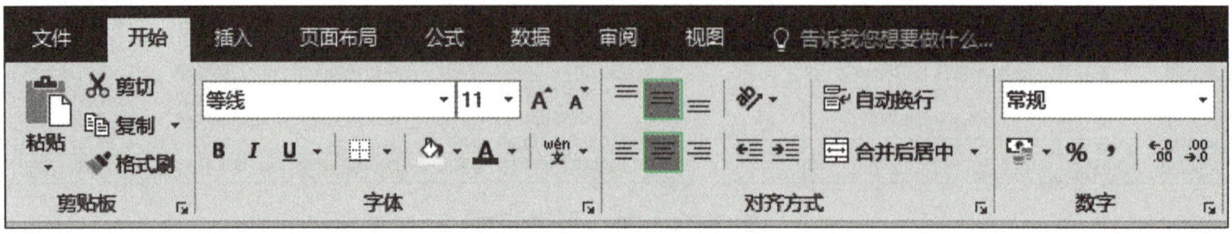

图 3-18　对齐方式设置

	A	B	C	D	E	F	G	H	I	J
1	员工编号	姓名	身份证号	性别	年龄	出生日期	学历	毕业学校	所学专业	联系电话
2	A001	王阳	327018199610123021	女	24	1996年10月12日	研究生	山东大学	金融工程	13732126677
3	A002	赵菲菲	270108199302283163	女	27	1993年2月28日	研究生	中国科技大学	工商管理	15891137521
4	A003	李一琛	372208199510090512	男	25	1995年10月9日	本科	湖南大学	信息安全	15866331893
5	A004	齐飞扬	110106198805060257	男	22	1998年5月6日	研究生	哈尔滨工业大学	智能控制	15666542107
6	A005	侯雪	210108199612031129	女	24	1996年12月3日	本科	山东大学	金融学	13796743812
7	A006	孙敏	110107199910120179	男	21	1999年10月12日	专科	烟台南山学院	机电技术	15947123527

图 3-19　居中对齐设置效果

实例二　产品订单格式化

学习目标及要求

熟练掌握单元格格式的设置方法。

熟练掌握条件格式的应用。

掌握查找和替换的用法。

掌握工作表的基本操作方法。

了解页面布局的设置方法。

了解冻结窗格的用法。

学习内容及操作步骤

1. 打开该实例素材文件夹中的“产品订单.xlsx”文件。

2. 将“Sheet1”工作表重命名为“8 月产品订单”，并将工作表标签颜色设置为红色。

（1）双击“Sheet1”工作表标签，输入“8 月产品订单”，按 Enter 键确认。

（2）在工作表标签上单击鼠标右键，在弹出的快捷菜单中选择“工作表标签颜色”命令，在级联菜单中选择标准色“红色”，如图 3-20 所示。

3. 在“8 月产品订单”工作表中，在第 1 行上方插入一空行，将 A1:F1 单元格区域合并后居中。

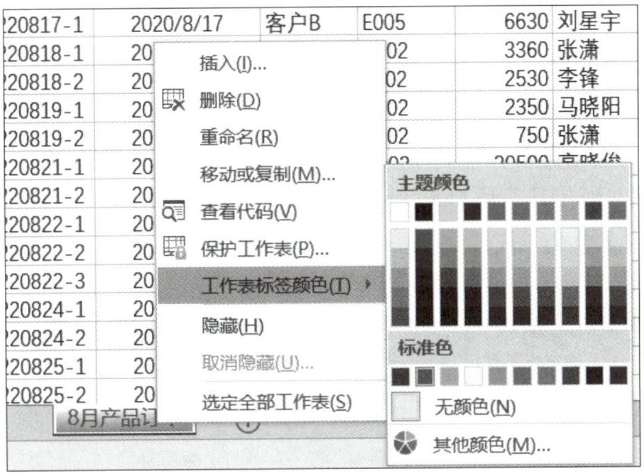

图 3-20 工作表标签颜色设置

（1）在第 1 行的行号上，单击鼠标右键，在弹出的快捷菜单中选择“插入”命令，即可在第 1 行上方插入一空行。

（2）选择 A1:F1 单元格区域，在“开始”选项卡“对齐方式”组中，单击“合并后居中”按钮，如图 3-21 所示，完成合并后居中。

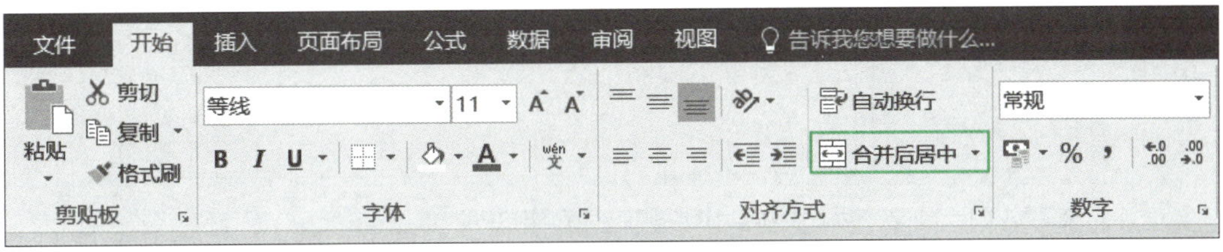

图 3-21 单击“合并后居中”按钮

4. 在 A1 单元格中输入标题“8 月份产品订单”，设置字体为黑体，字号为 26，颜色为红色。

5. 将第 2 行行高设置为 20，将第 3—36 行行高设置为 18。将第 A—F 列列宽设置为 15。

6. 将第 A—F 列的水平和垂直对齐方式均设置为居中，居中设置效果如图 3-22 所示。

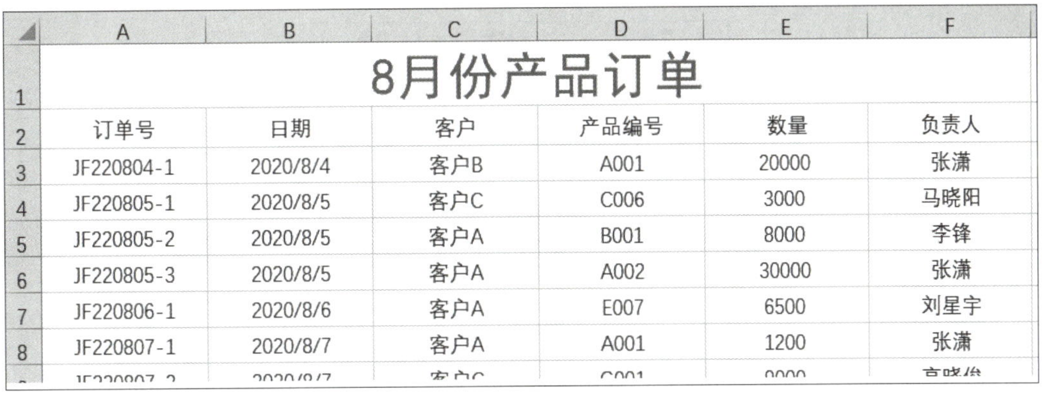

	A	B	C	D	E	F
1	8月份产品订单					
2	订单号	日期	客户	产品编号	数量	负责人
3	JF220804-1	2020/8/4	客户B	A001	20000	张潇
4	JF220805-1	2020/8/5	客户C	C006	3000	马晓阳
5	JF220805-2	2020/8/5	客户A	B001	8000	李锋
6	JF220805-3	2020/8/5	客户A	A002	30000	张潇
7	JF220806-1	2020/8/6	客户A	E007	6500	刘星宇
8	JF220807-1	2020/8/7	客户A	A001	1200	张潇

图 3-22 居中设置效果

7. 设置“数量”列数据格式为数值，保留 0 位小数，使用千位分隔符。

（1）选择 E3：E36 单元格区域，单击鼠标右键，在弹出的快捷菜单中选择“设置单元格格式”命令，打开“设置单元格格式”对话框。

（2）选择“数字”选项卡，在左侧的“分类”列表框中选择“数值”，在“小数位数”文本框中输入“0”，勾选“使用千位分隔符”复选框，如图 3–23 所示，单击“确定”按钮。“数量”列设置效果如图 3–24 所示。

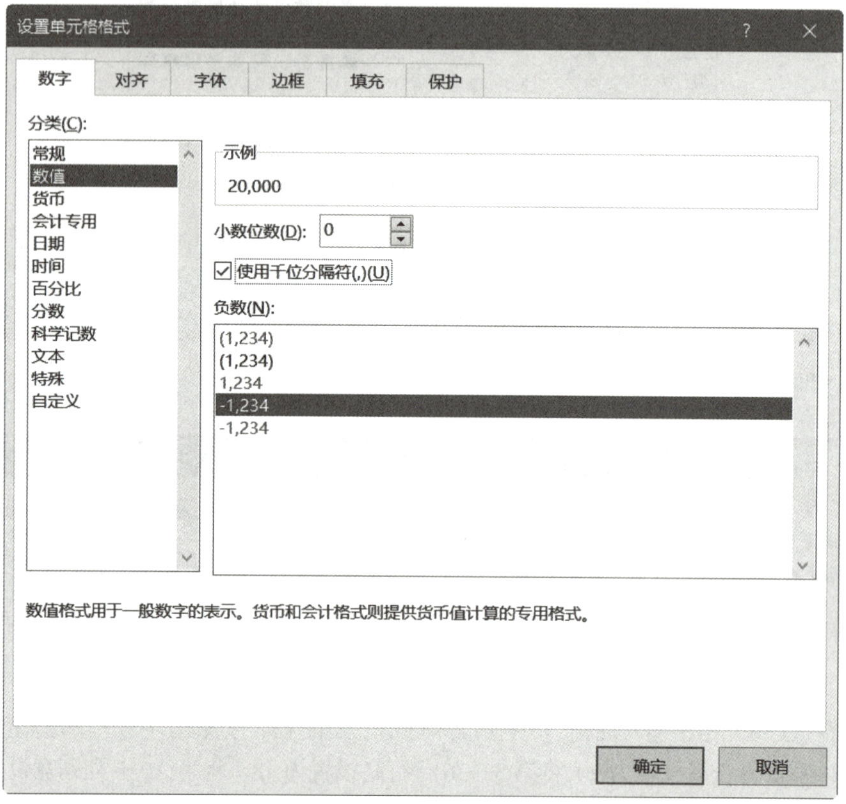

图 3–23　数值格式设置

客户	产品编号	数量
客户B	A001	20,000
客户C	C006	3,000
客户A	B001	8,000
客户A	A002	30,000
客户A	E007	6,500
客户A	A001	1,200

图 3–24　“数量”列设置效果

8. 将“负责人”列中的“马浩”替换为“杨文博”。

（1）选择 F3：F36 单元格区域，在“开始”选项卡“编辑”组中，单击“查找和选择”按钮，在弹出的下拉菜单中，选择“替换”命令，如图 3–25 所示，打开“查找和替换”对话框。

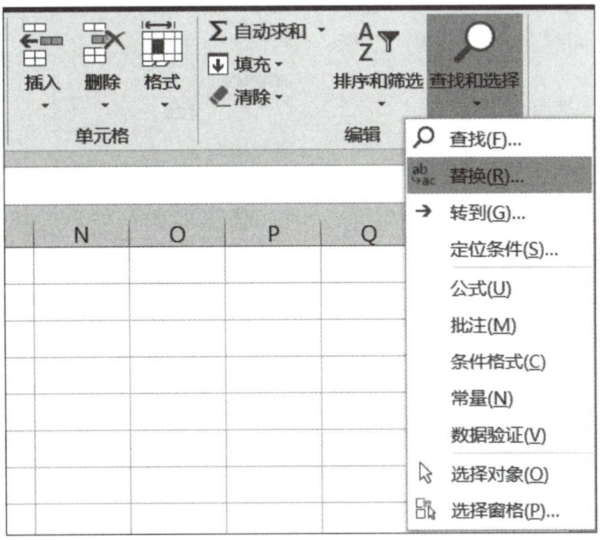

图 3–25　选择“替换”命令

（2）在“查找内容”文本框中输入“马浩”，“替换为”文本框中输入“杨文博”，如图 3–26 所示，单击“全部替换”按钮，完成替换。

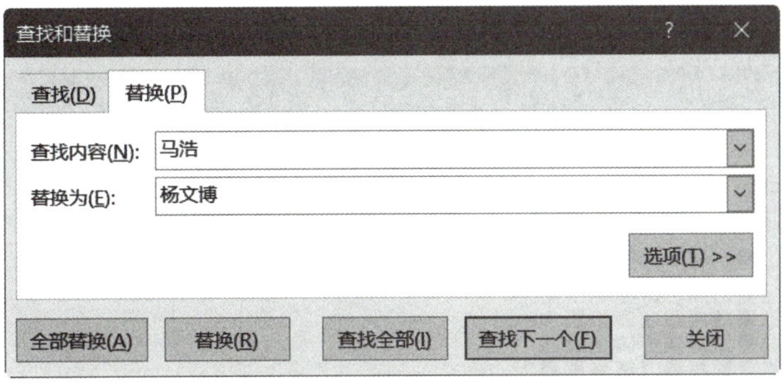

图 3–26　“查找和替换”设置

9. 为 A2：F2 单元格区域设置底纹，底纹图案为“细 对角线 条纹”，颜色为橙色，A3：F36 单元格区域底纹颜色设置为“绿色，个性色 6，淡色 80%”。

（1）选择 A2：F2 单元格区域，单击鼠标右键，在弹出的快捷菜单中选择“设置单元格格式”命令，打开“设置单元格格式”对话框。

（2）选择“填充”选项卡，单击“图案样式”右侧的下拉按钮，在下拉列表中选择第 3 行第 4 列底纹图案，如图 3–27 所示，单击“图案颜色”右侧的下拉按钮，在下拉列表中选择标准色“橙色”，如图 3–28 所示，单击“确定”按钮。

（3）选择 A3：F36 单元格区域，单击鼠标右键，在弹出的快捷菜单中选择“设置单元格格式”命令，在“设置单元格格式”对话框中选择“填充”选项卡，“背景色”选择“绿色，个性色 6，淡色 80%”，如图 3–29 所示，单击“确定”按钮。

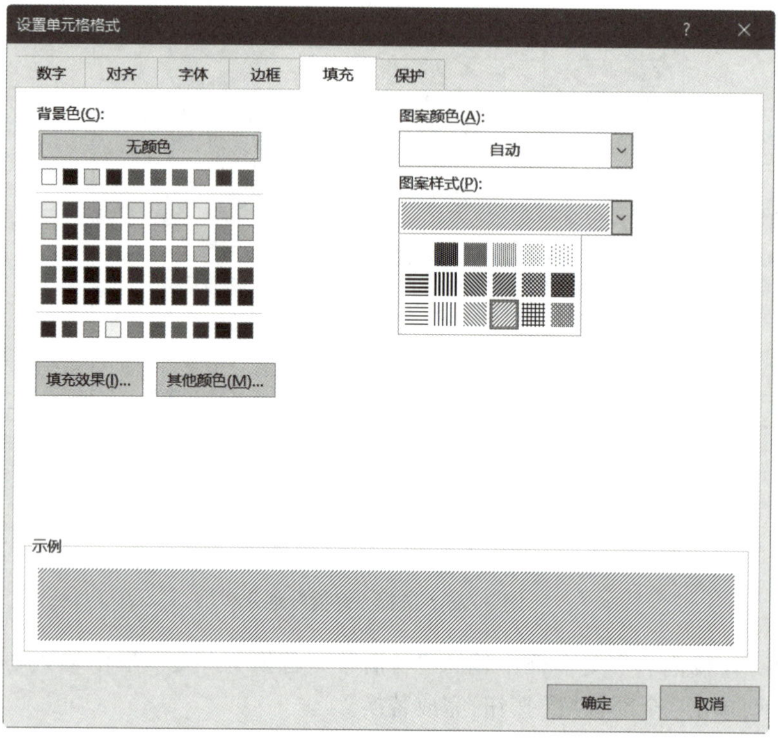

图 3-27　“图案样式”设置

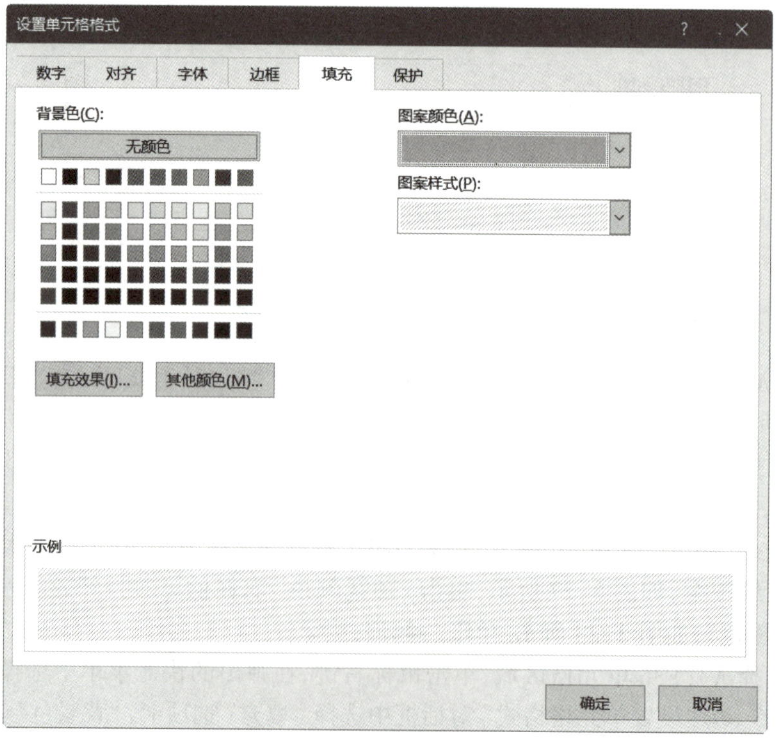

图 3-28　“图案颜色”设置

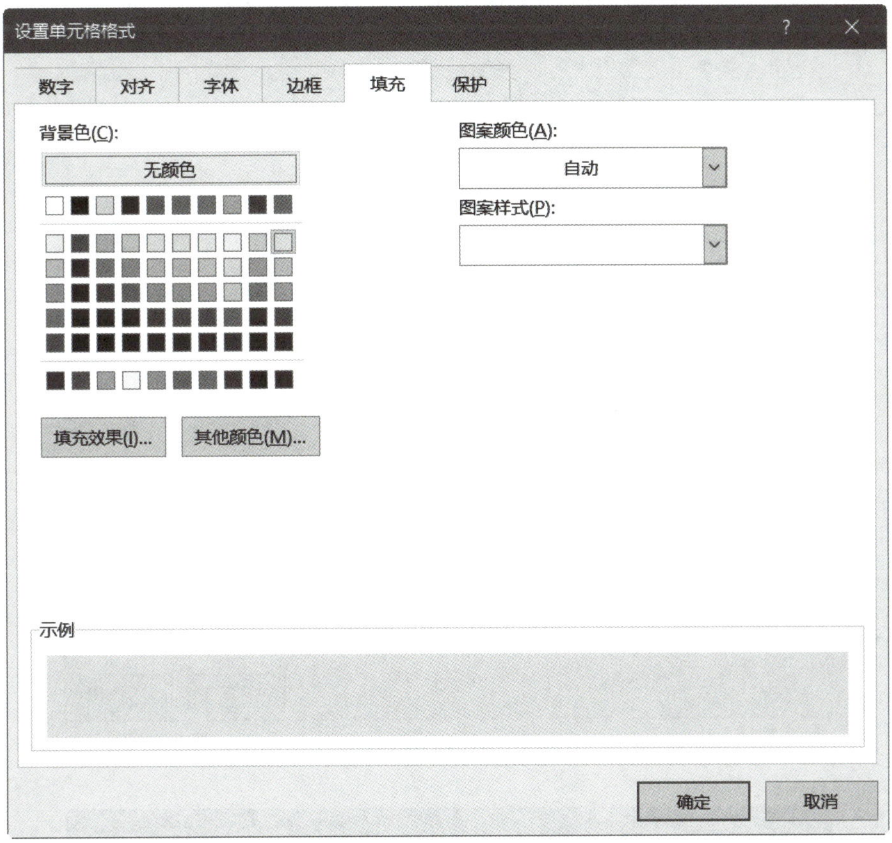

图 3-29 “背景色”设置

10. 为 A2:F36 单元格区域添加边框,外边框样式为双实线,颜色为红色。内边框样式为点画线,颜色为紫色。

(1)选择 A2:F36 单元格区域,单击鼠标右键,在弹出的快捷菜单中选择“设置单元格格式”命令,打开“设置单元格格式”对话框。

(2)选择“边框”选项卡,在“样式”列表框中选择“双实线”线型(第 7 行第 2 列),“颜色”选择标准色“红色”,单击“外边框”按钮添加外边框,如图 3-30 所示。

(3)在“样式”列表框中选择“点画线”线型(第 5 行第 1 列),“颜色”选择标准色“紫色”,单击“内部”按钮添加内边框,如图 3-31 所示。

(4)单击“确定”按钮,完成边框的设置,边框设置效果如图 3-32 所示。

11. 利用条件格式,为 E3:E36 单元格区域中“数量”高于 10 000 的单元格设置格式,字体设置为红色,加粗,底纹设置橙色。

(1)选择 E3:E36 单元格区域,在“开始”选项卡“样式”组中,单击“条件格式”按钮,在弹出的下拉菜单中选择“突出显示单元格规则”命令,在级联菜单中选择“大于”命令,如图 3-33 所示,打开“大于”对话框。

(2)在“为大于以下值的单元格设置格式”下方文本框中输入“10000”,在“设置为”下拉列表中选择“自定义格式”,如图 3-34 所示。

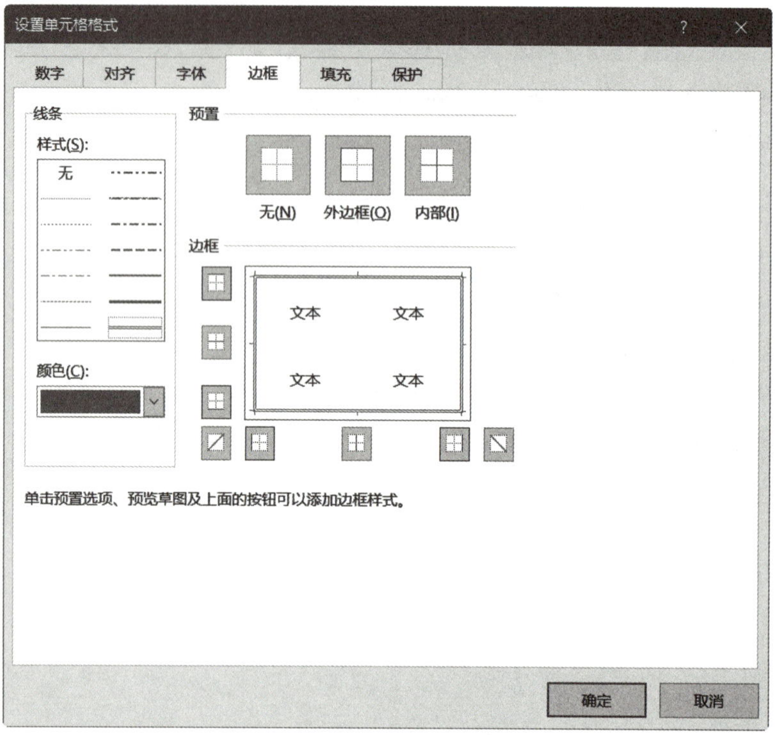

图 3-30 外边框设置

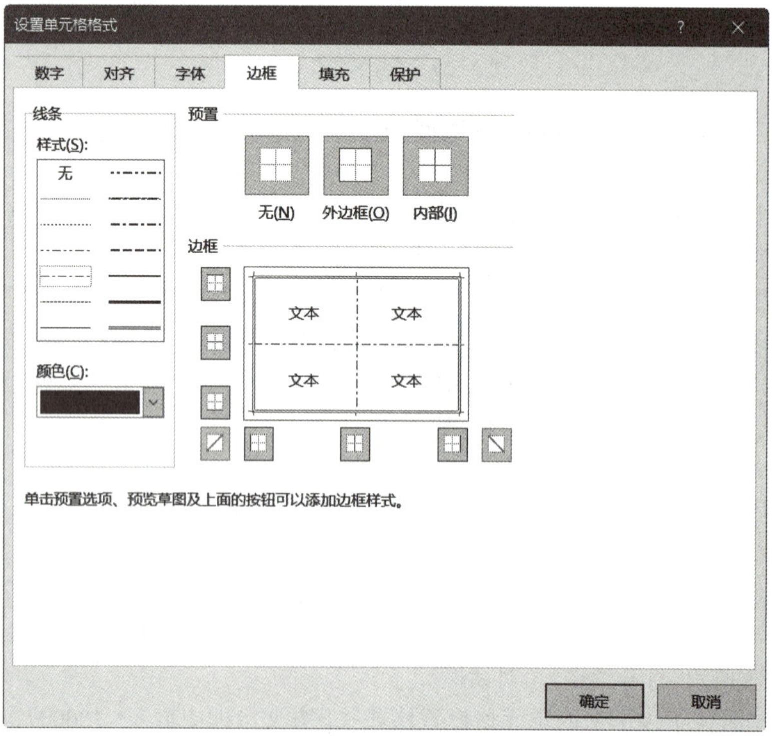

图 3-31 内边框设置

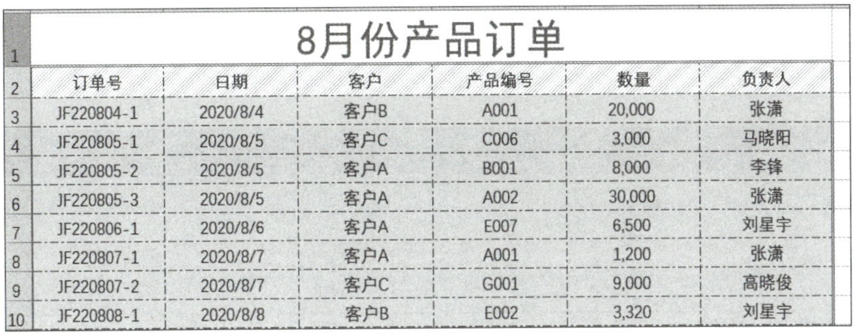

8月份产品订单					
订单号	日期	客户	产品编号	数量	负责人
JF220804-1	2020/8/4	客户B	A001	20,000	张潇
JF220805-1	2020/8/5	客户C	C006	3,000	马晓阳
JF220805-2	2020/8/5	客户A	B001	8,000	李锋
JF220805-3	2020/8/5	客户A	A002	30,000	张潇
JF220806-1	2020/8/6	客户A	E007	6,500	刘星宇
JF220807-1	2020/8/7	客户A	A001	1,200	张潇
JF220807-2	2020/8/7	客户C	G001	9,000	高晓俊
JF220808-1	2020/8/8	客户B	E002	3,320	刘星宇

图 3–32　边框设置效果

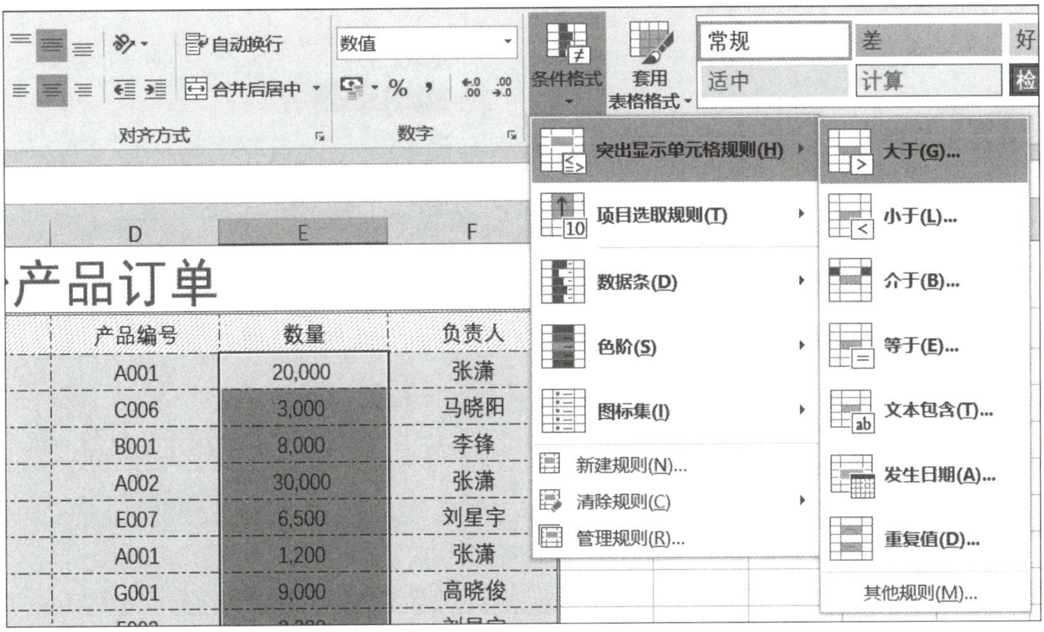

图 3–33　选择“大于”命令

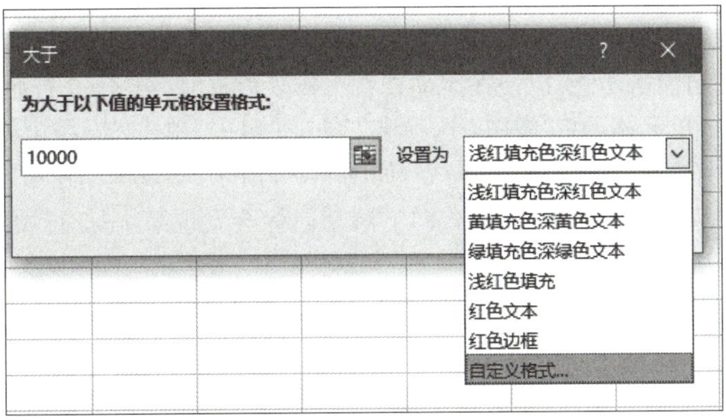

图 3–34　选择“自定义格式”

（3）在打开的“设置单元格格式”对话框中，选择“字体”选项卡，“字形”设置为“加粗”，“颜色”选择标准色“红色”，如图 3–35 所示。选择“填充”选项卡，“背景色”选择标准色“橙色”，如图 3–36 所示。

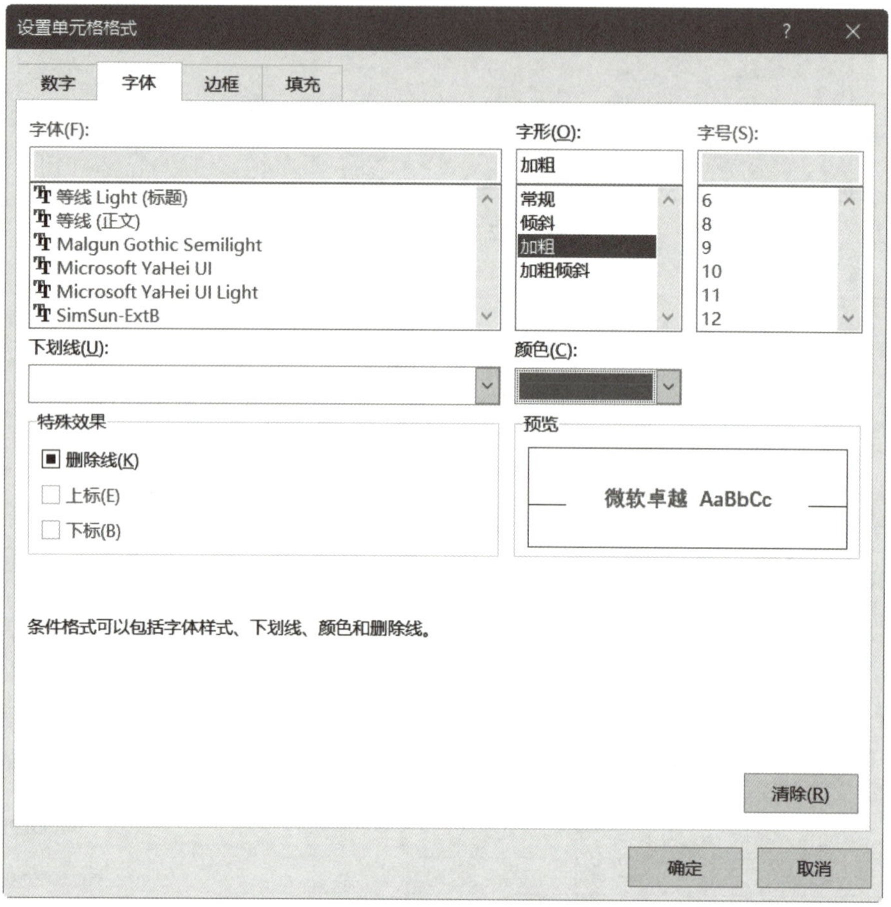

图 3–35　字体设置

（4）单击“确定”按钮，返回“大于”对话框，再单击“确定”按钮，完成条件格式的设置，条件格式设置效果如图 3–37 所示。

12. 使用冻结窗格功能，以便在滚动查看工作表数据时，第 1—2 行始终显示。

（1）选择 A3 单元格，在“视图”选项卡“窗口”组中，单击“冻结窗格”按钮，在弹出的下拉菜单中选择“冻结拆分窗格”命令，如图 3–38 所示，实现冻结窗格。

（2）选定数值区域中任意单元格，向下滚动鼠标会发现第 1—2 行始终在工作表上方显示，如图 3–39 所示。

13. 调整工作表的页面布局：纸张大小为 A4，纸张方向为纵向，设置上、下、左、右页边距均为 2 厘米，水平居中，缩放调整为 1 页宽。

（1）在“页面布局”选项卡“页面设置”组中，单击右下角“页面设置”按钮，如图 3–40 所示，打开“页面设置”对话框。

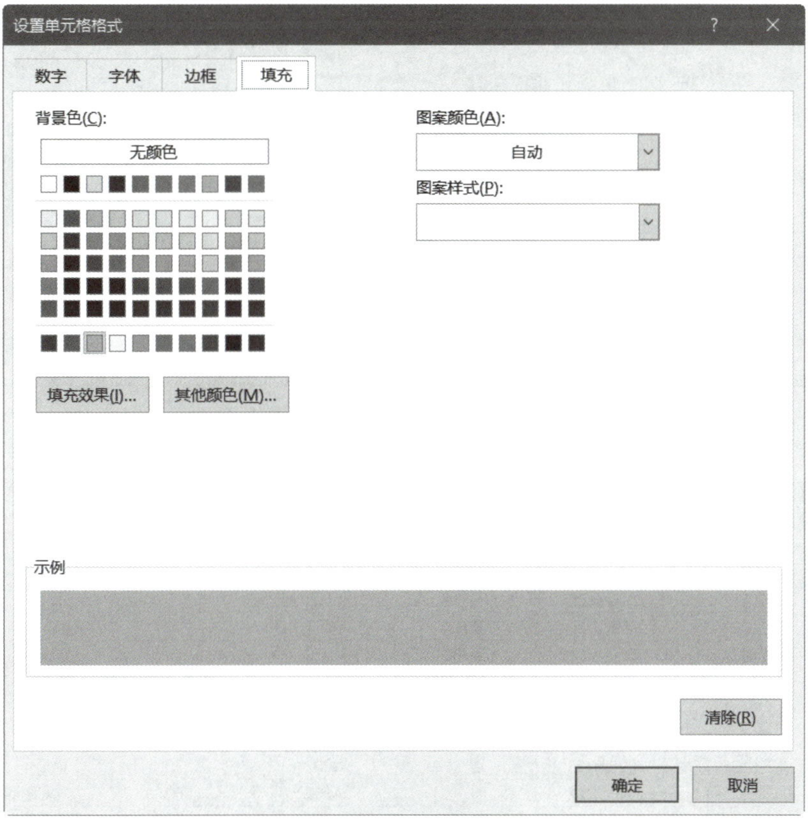

图 3-36 “背景色”设置

8月产品订单

订单号	日期	客户	产品编号	数量	负责人
JF220804-1	2020/8/4	客户B	A001	20,000	张潇
JF220805-1	2020/8/5	客户C	C006	3,000	马晓阳
JF220805-2	2020/8/5	客户A	B001	8,000	李锋
JF220805-3	2020/8/5	客户A	A002	30,000	张潇
JF220806-1	2020/8/6	客户A	E007	6,500	刘星宇
JF220807-1	2020/8/7	客户A	A001	1,200	张潇
JF220807-2	2020/8/7	客户C	G001	9,000	高晓俊
JF220808-1	2020/8/8	客户B	E002	3,320	刘星宇
JF220808-2	2020/8/8	客户B	F003	85,000	杨文博
JF220811-1	2020/8/11	客户E	G001	6,800	高晓俊
JF220812-1	2020/8/12	客户B	F003	1,350	杨文博
JF220813-1	2020/8/13	客户B	A001	2,500	张潇
JF220822-1	2020/8/14	客户C	G001	35,000	高晓俊
JF220815-1	2020/8/15	客户A	B001	3,620	李锋
JF220815-2	2020/8/15	客户D	F002	6,750	杨文博
JF220816-1	2020/8/16	客户F	C006	850	马晓阳

图 3-37 条件格式设置效果

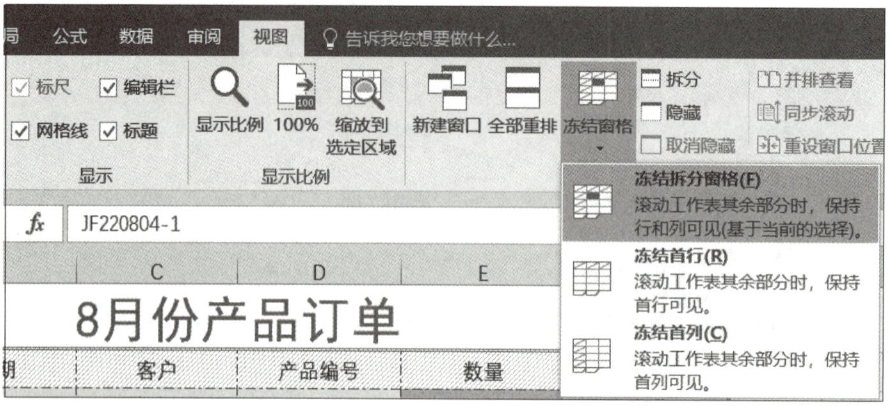

图 3-38　选择“冻结拆分窗格”命令

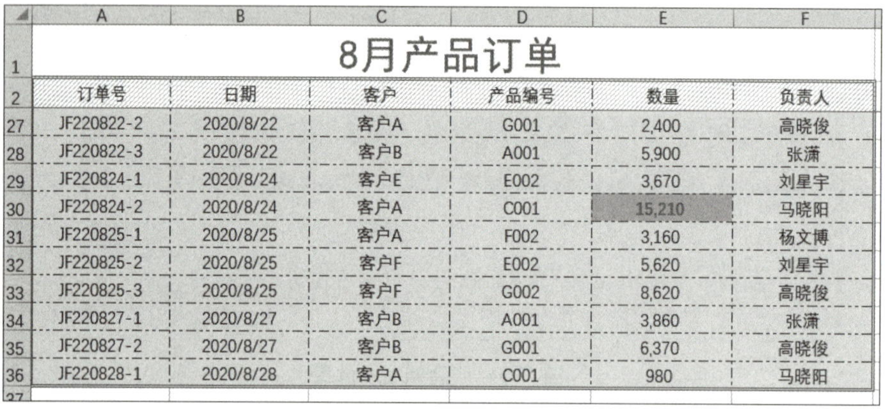

	A	B	C	D	E	F
1	8月产品订单					
2	订单号	日期	客户	产品编号	数量	负责人
27	JF220822-2	2020/8/22	客户A	G001	2,400	高晓俊
28	JF220822-3	2020/8/22	客户B	A001	5,900	张潇
29	JF220824-1	2020/8/24	客户E	E002	3,670	刘星宇
30	JF220824-2	2020/8/24	客户A	C001	15,210	马晓阳
31	JF220825-1	2020/8/25	客户A	F002	3,160	杨文博
32	JF220825-2	2020/8/25	客户F	E002	5,620	刘星宇
33	JF220825-3	2020/8/25	客户F	G002	8,620	高晓俊
34	JF220827-1	2020/8/27	客户B	A001	3,860	张潇
35	JF220827-2	2020/8/27	客户B	G001	6,370	高晓俊
36	JF220828-1	2020/8/28	客户A	C001	980	马晓阳

图 3-39　冻结窗格设置效果

图 3-40　单击“页面设置”按钮

（2）选择“页面”选项卡，“纸张大小”选择“A4”，“方向”选择“纵向”，“缩放”选择“调整为 1 页宽”（“缩放”默认为“调整为 1 页宽 1 页高”，需要手动删除“1 页高”中的“1”），如图 3-41 所示。

（3）选择“页边距”选项卡，上、下、左、右页边距均输入“2”，勾选“居中方式”中的“水平”复选框，如图 3-42 所示，单击“确定”按钮。

14. 保存文件，在“文件”选项卡中选择“打印”命令，设置打印份数为“2”，如图 3-43 所示。

15. 若已连接打印机，可设置“打印机”并单击“打印”按钮进行打印。

图 3–41　页面设置

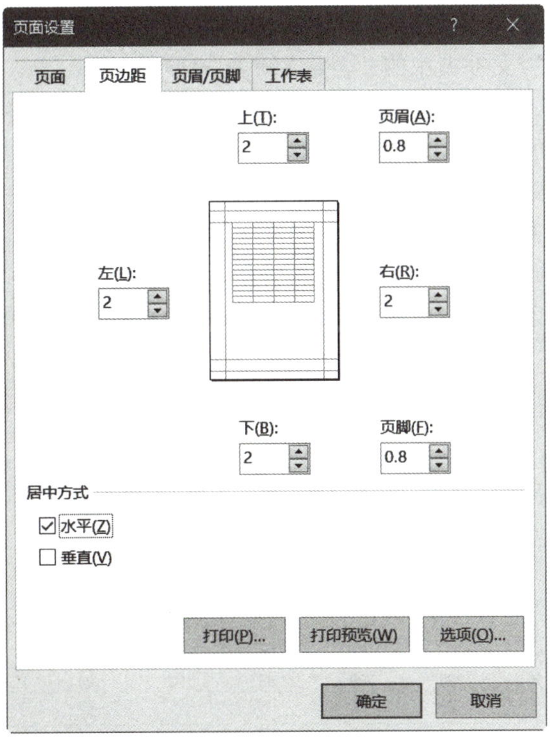

图 3–42　页边距设置

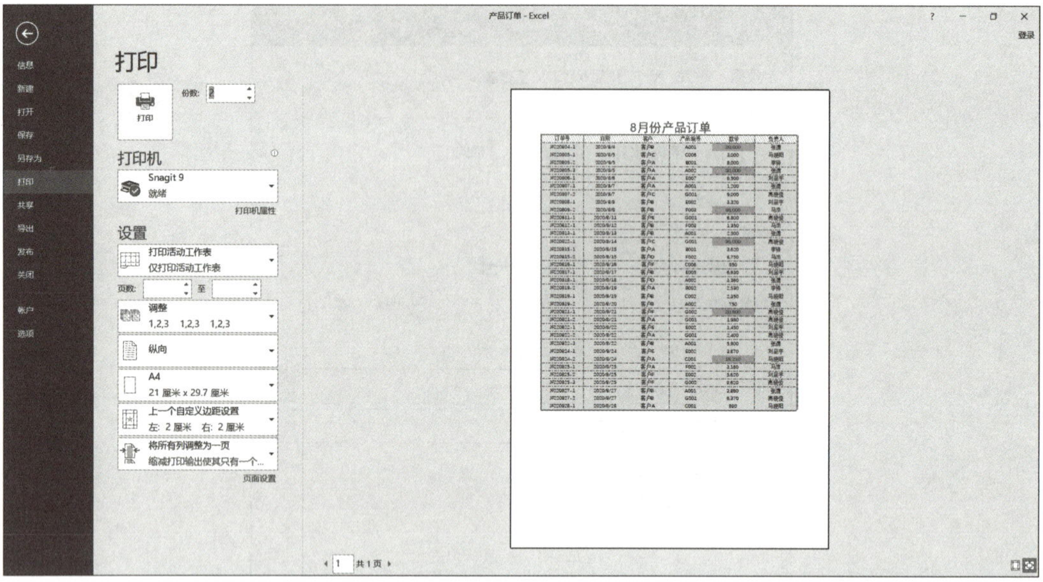

图 3–43 打印设置

拓展训练 学生成绩表的编辑与美化

综合运用所学知识并查阅相关资料，对学生成绩表进行编辑与美化。

1. 打开该训练素材文件夹中的“学生成绩表 .xlsx”文件。

2. 将“Sheet1”工作表重命名为“学生成绩表”，设置工作表标签颜色为浅蓝。

3. 在第 1 行上方插入一行，将单元格区域 A1 : K1 合并后居中。输入标题“高一期末成绩”，设置字体为华文新魏，字号为 20，颜色为红色。

4. 设置第 2 行行高为 18，设置第 3—22 行行高为 15。

5. 设置第 A—K 列列宽为 10，水平和垂直对齐方式均为居中。

6. 将“平均分”列的数据格式设置为数值，保留 2 位小数，格式设置效果如图 3–44 所示。

	A	B	C	D	E	F	G	H	I	J	K
1	高一期末成绩										
2	学号	姓名	性别	语文	数学	英语	物理	化学	政治	平均分	总分
3	A220101	杜芸	女	89	90	101	98	79	96	92.17	553
4	A220102	唐琳	女	110	95	98	94	93	93	97.17	583
5	A220103	侯亮	男	92	89	94	92	92	92	91.83	551
6	A220104	丁一阳	男	102	116	113	78	93	88	98.33	590
7	A220105	孙晓辉	男	88	98	101	89	73	95	90.67	544
8	A220106	陈海峰	男	90	111	116	55	95	91	93.00	558
9	A220107	方亮	男	91	77	61	95	65	70	76.50	459
10	A220108	徐鹏飞	男	87	78	80	61	62	72	73.33	440
11	A220109	刘雪	女	98	90	88	73	90	92	88.50	531
12	A220110	郑秀丽	女	100	82	102	91	83	68	87.67	526

图 3–44 格式设置效果

7. 使用查找和替换功能，将学号中的“A220”替换为“A2020”。

8. 将 A2:K22 单元格区域所有框线设置为黑色细实线，A2:K2 区域的上下框线设置为浅蓝色双实线，A22:K22 区域的下框线设置为浅蓝色双实线。

● 提示：

（1）选择 A2:K22 单元格区域，在“开始”选项卡“字体”组中，单击“边框”下拉按钮，在弹出的下拉菜单中选择“所有框线”命令，如图 3-45 所示。

图 3-45 选择“所有框线”命令

（2）选择 A2:K2 单元格区域，单击鼠标右键，在弹出的快捷菜单中选择“设置单元格格式”命令，在“设置单元格格式”对话框中选择“边框”选项卡，在“样式”列表框中选择“双实线”线型，“颜色”选择标准色“浅蓝”，单击“上框线”和“下框线”按钮，如图 3-46 所示，单击“确定”按钮。

（3）使用相同的方法设置 A22:K22 区域的下框线，边框设置效果如图 3-47 所示。

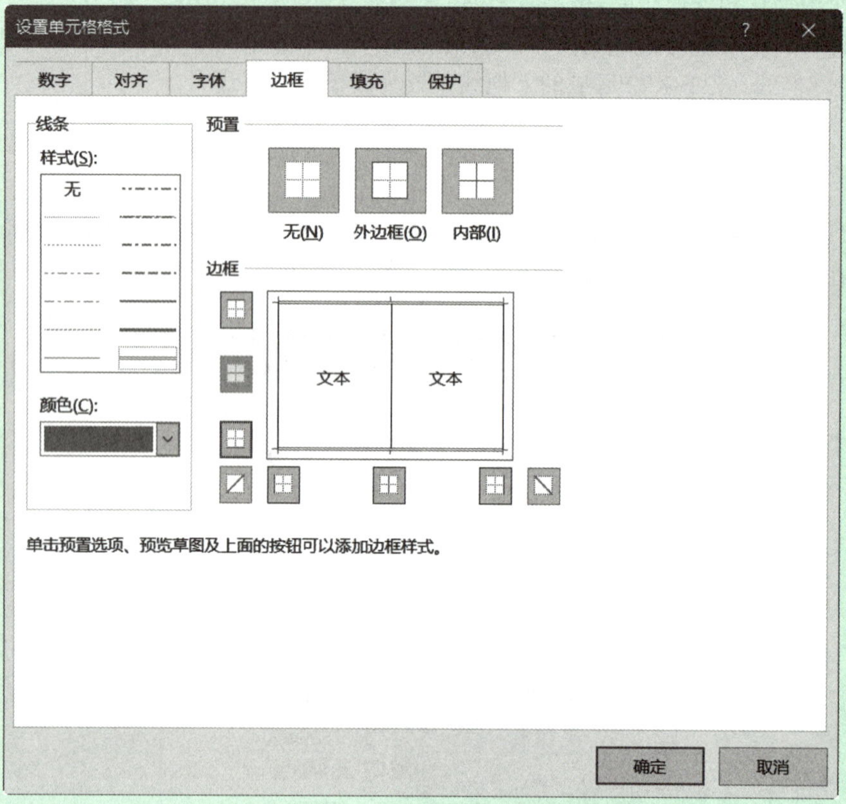

图 3-46　边框设置

	A	B	C	D	E	F	G	H	I	J	K
1	高一期末成绩										
2	学号	姓名	性别	语文	数学	英语	物理	化学	政治	平均分	总分
3	A2020101	杜芸	女	89	90	101	98	79	96	92.17	553
4	A2020102	唐琳	女	110	95	98	94	93	93	97.17	583
5	A2020103	侯亮	男	92	89	94	92	92	92	91.83	551
6	A2020104	丁一阳	男	102	116	113	78	93	88	98.33	590
7	A2020105	孙晓辉	男	88	98	101	89	73	95	90.67	544
8	A2020106	陈海峰	男	90	111	116	55	95	91	93.00	558
9	A2020107	方亮	男	91	77	61	95	65	70	76.50	459
10	A2020108	徐鹏飞	男	87	78	80	61	62	72	73.33	440
11	A2020109	刘雪	女	98	90	88	73	90	92	88.50	531
12	A2020110	郑秀丽	女	100	82	102	91	83	68	87.67	526
13	A2020111	杜航	男	71	78	74	71	50	61	67.50	405
14	A2020112	佟丽雪	女	96	84	92	95	93	88	91.33	548
15	A2020113	吴萍	女	75	78	95	91	67	81	81.17	487
16	A2020114	齐娟	女	88	95	97	96	88	93	92.83	557
17	A2020115	谢楠楠	女	68	82	90	74	86	79	79.83	479
18	A2020116	赵明	男	84	91	98	86	79	66	84.00	504
19	A2020117	刘军	男	100	65	95	86	78	75	83.17	499
20	A2020118	张宇	男	98	109	99	93	99	99	99.50	597
21	A2020119	王丹阳	女	76	90	80	62	80	71	76.50	459
22	A2020120	李晓娜	女	82	97	93	89	88	86	89.17	535
23											

图 3-47　边框设置效果

9. 利用条件格式，将语文、数学、英语成绩低于 80 的数据字体设置为红色，加粗，将物理、化学、政治成绩低于 60 的数据字体设置黄色底纹，如图 3-48 所示。

	A	B	C	D	E	F	G	H	I	J	K
1	高一期末成绩										
2	学号	姓名	性别	语文	数学	英语	物理	化学	政治	平均分	总分
3	A2020101	杜芸	女	89	90	101	98	79	96	92.17	553
4	A2020102	唐琳	女	110	95	98	94	93	93	97.17	583
5	A2020103	侯亮	男	92	89	94	92	92	92	91.83	551
6	A2020104	丁一阳	男	102	116	113	78	93	88	98.33	590
7	A2020105	孙晓辉	男	88	98	101	89	73	95	90.67	544
8	A2020106	陈海峰	男	90	111	116	55	95	91	93.00	558
9	A2020107	方亮	男	91	77	61	95	65	70	76.50	459
10	A2020108	徐鹏飞	男	87	78	80	61	62	72	73.33	440
11	A2020109	刘雪	女	98	90	88	73	90	92	88.50	531
12	A2020110	郑秀丽	女	100	82	102	91	83	68	87.67	526
13	A2020111	杜航	男	71	78	74	71	50	61	67.50	405
14	A2020112	佟丽雪	女	96	84	92	95	93	88	91.33	548
15	A2020113	吴萍	女	75	78	95	91	67	81	81.17	487
16	A2020114	齐娟	女	88	95	97	96	88	93	92.83	557
17	A2020115	谢楠楠	女	68	82	90	74	86	79	79.83	479
18	A2020116	赵明	男	84	91	98	86	79	66	84.00	504
19	A2020117	刘军	男	100	65	95	86	78	75	83.17	499
20	A2020118	张宇	男	98	109	99	93	99	99	99.50	597
21	A2020119	王丹阳	女	76	90	80	62	80	71	76.50	459
22	A2020120	李晓娜	女	82	97	93	89	88	86	89.17	535

图 3-48　添加条件格式

10. 修改条件格式，为语文、数学、英语成绩低于 80 的数据单元格增设绿色底纹。

● 提示：

（1）选择 D3:F22 单元格区域，在“开始”选项卡“样式”组中，单击“条件格式”按钮，在弹出的下拉菜单中选择“管理规则”命令，如图 3-49 所示，打开“条件格式规则管理器”对话框。

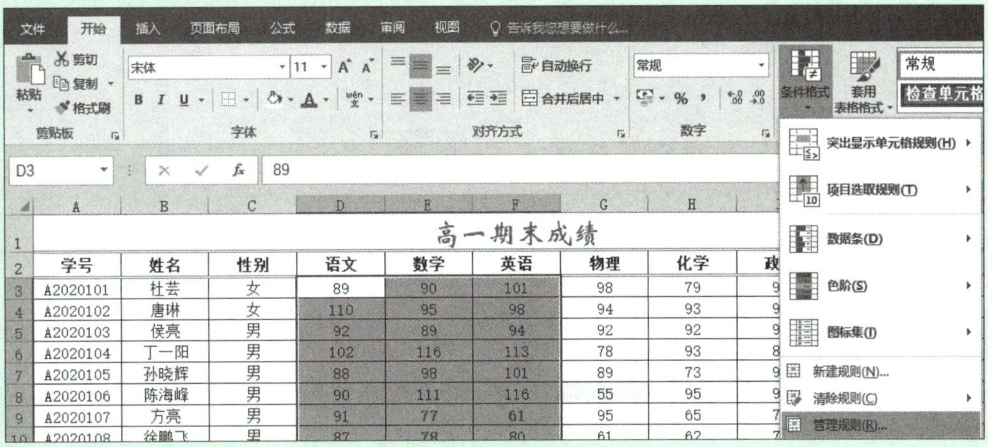

图 3-49　选择“管理规则”命令

（2）如图 3-50 所示，在“条件格式规则管理器”对话框中可以看到之前定义的条件格式，在该条件格式上双击，打开“编辑格式规则”对话框，如图 3-51 所示。

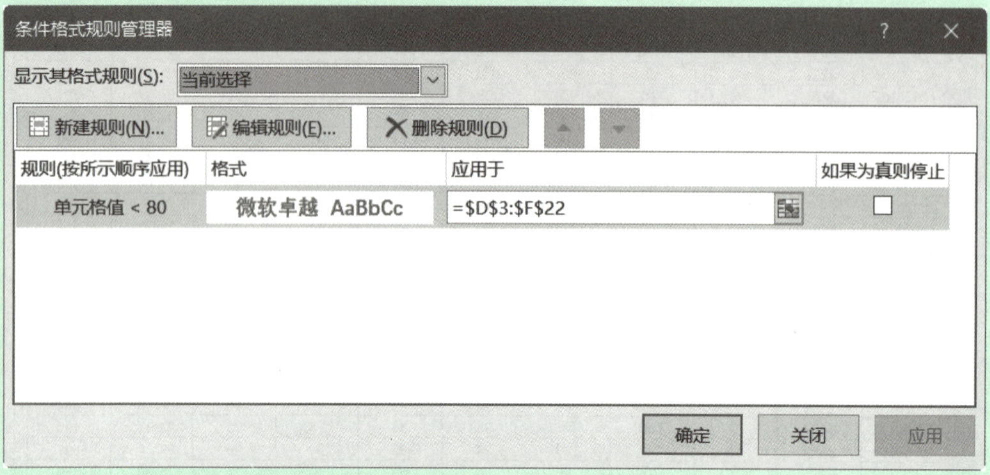

图 3-50　“条件格式规则管理器”对话框

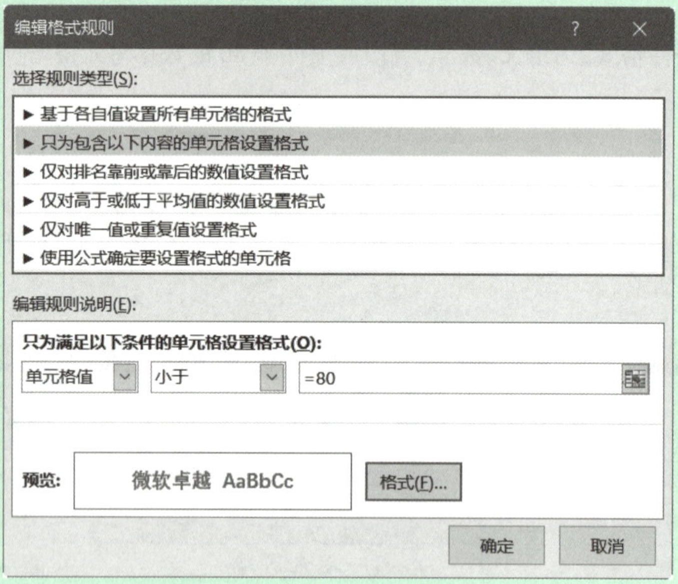

图 3-51　“编辑格式规则”对话框

（3）在“编辑格式规则”对话框中，单击“格式”按钮，打开“设置单元格格式”对话框，设置填充颜色为标准色“绿色”，返回“编辑格式规则”对话框，单击“确定”按钮，完成条件格式的修改。修改条件格式后效果如图 3-52 所示。

	A	B	C	D	E	F	G	H	I	J	K
1	高一期末成绩										
2	学号	姓名	性别	语文	数学	英语	物理	化学	政治	平均分	总分
3	A2020101	杜芸	女	89	90	101	98	79	96	92.17	553
4	A2020102	唐琳	女	110	95	98	94	93	93	97.17	583
5	A2020103	侯亮	男	92	89	94	92	92	92	91.83	551
6	A2020104	丁一阳	男	102	116	113	78	93	88	98.33	590
7	A2020105	孙晓辉	男	88	98	101	89	73	95	90.67	544
8	A2020106	陈海峰	男	90	111	116	55	95	91	93.00	558
9	A2020107	方亮	男	91	77	61	95	65	70	76.50	459
10	A2020108	徐鹏飞	男	87	78	80	61	62	72	73.33	440
11	A2020109	刘雪	女	98	90	88	73	90	92	88.50	531
12	A2020110	郑秀丽	女	100	82	102	91	83	68	87.67	526
13	A2020111	杜航	男	71	78	74	71	50	61	67.50	405
14	A2020112	佟丽雪	女	96	84	92	95	93	88	91.33	548
15	A2020113	吴萍	女	75	78	95	91	67	81	81.17	487
16	A2020114	齐娟	女	88	95	97	96	88	93	92.83	557
17	A2020115	谢楠楠	女	68	82	90	74	86	79	79.83	479
18	A2020116	赵明	男	84	91	98	86	79	66	84.00	504
19	A2020117	刘军	男	100	65	95	86	78	75	83.17	499
20	A2020118	张宇	男	98	109	99	93	99	99	99.50	597
21	A2020119	王丹阳	女	76	90	80	62	80	71	76.50	459
22	A2020120	李晓娜	女	82	97	93	89	88	86	89.17	535

图 3-52 修改条件格式后效果

11. 调整工作表的页面布局：纸张大小为 A4，纸张方向为横向，上、下、左、右页边距均设置为 2 厘米，水平居中。

12. 保存文件。

3.2 外部数据应用

实例一 趣味运动会赛程表的制作

学习目标及要求

熟练掌握文本文件中数据导入工作表的方法。

掌握单元格样式的使用和修改。

了解页眉、页脚的添加。

学习内容及操作步骤

1. 新建一个 Excel 文件，将该文件以 “趣味运动会赛程表 .xlsx” 为文件名进行保存。

2. 导入文本文件 “趣味运动会赛程 .txt” 中数据。

（1）打开 “趣味运动会赛程表 .xlsx”，在 “Sheet1” 工作表中，选择 A1 单元格，在 “数据” 选项卡 “获取外部数据” 组中，单击 “自文本” 按钮，如图 3–53 所示，打开 “导入文本文件” 对话框，如图 3–54 所示，选择该实例素材文件夹中的 “趣味运动会赛程 .txt” 文件，单击 “导入” 按钮。

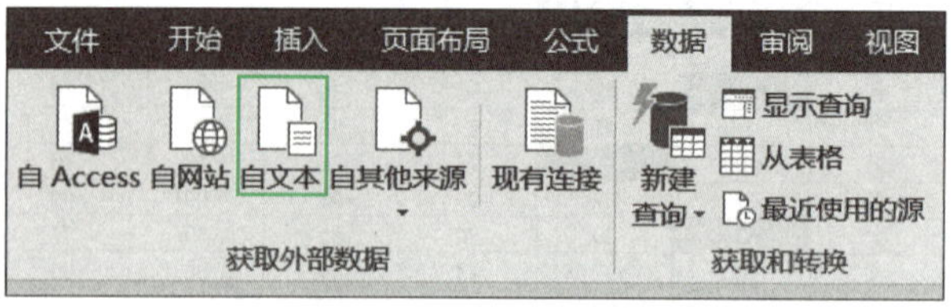

图 3–53　单击 “自文本” 按钮

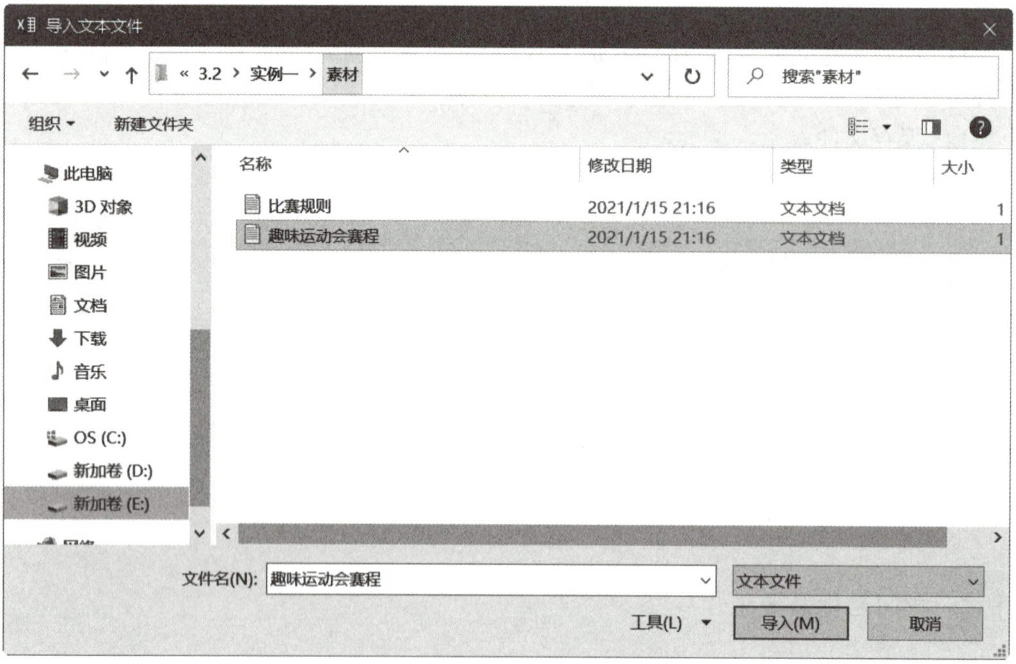

图 3–54　“导入文本文件” 对话框

（2）打开 “文本导入向导 – 第 1 步，共 3 步” 对话框，如图 3–55 所示，在 “请选择最合适的文件类型” 下方选择 “分隔符号”，单击 “下一步” 按钮。

（3）自动切换到 “文本导入向导 – 第 2 步，共 3 步” 对话框，如图 3–56 所示，在 “分隔符号” 中选择 “Tab 键”，单击 “下一步” 按钮。

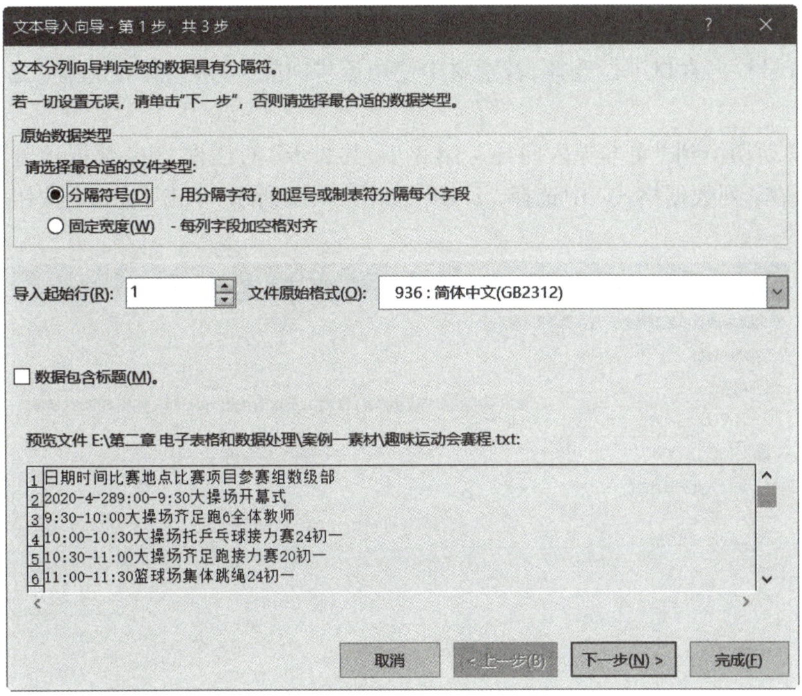

图 3-55 “文本导入向导 – 第 1 步，共 3 步”对话框

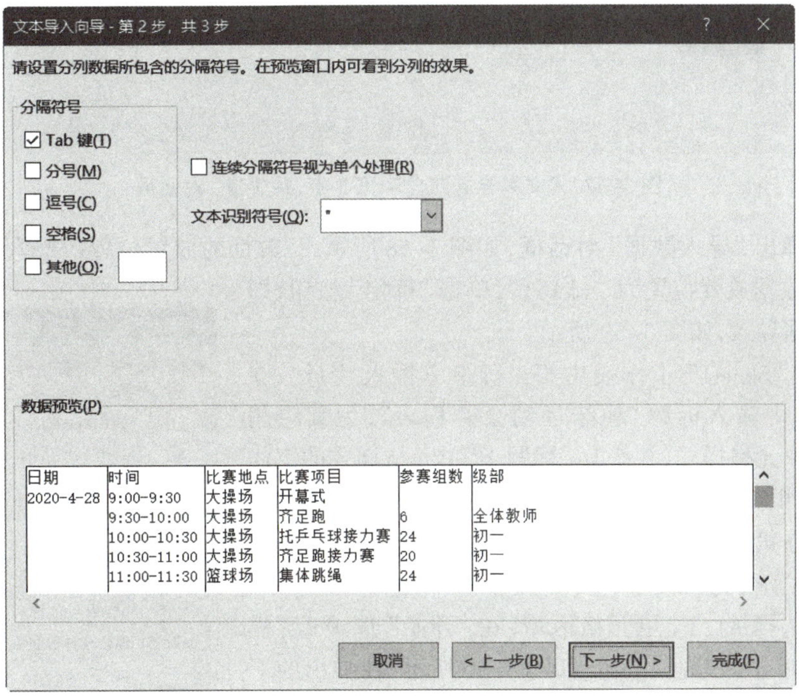

图 3-56 “文本导入向导 – 第 2 步，共 3 步”对话框

● 提示：

分隔符号根据素材进行选择，若素材中使用逗号间隔，分隔符号则选择“逗号”。

（4）自动切换到“文本导入向导－第 3 步，共 3 步”对话框，在“数据预览”区中选择“日期”列，在“列数据格式”中选择“日期”，如图 3–57 所示，单击“完成”按钮。

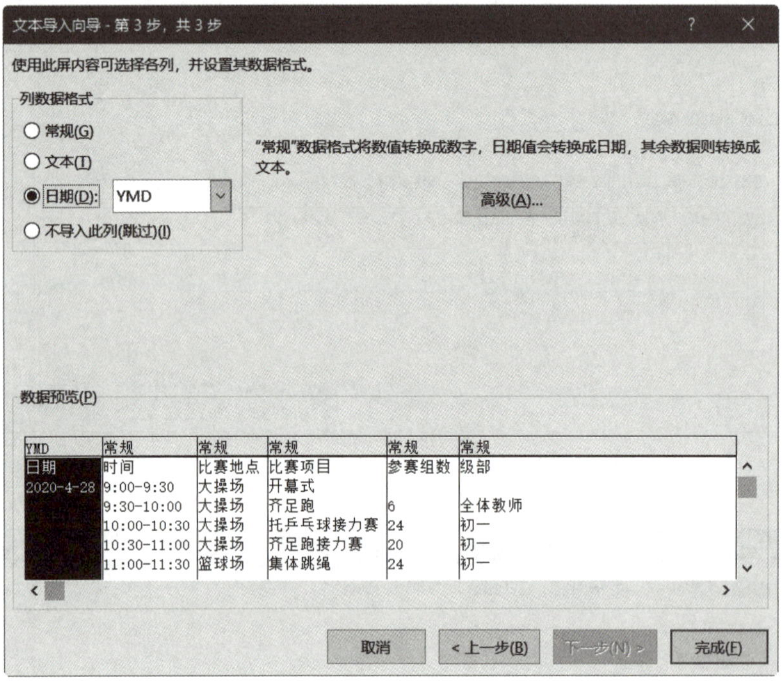

图 3–57 “文本导入向导－第 3 步，共 3 步”对话框

（5）弹出“导入数据”对话框，如图 3–58 所示，“数据的放置位置”选择“现有工作表”，确认数据放置位置为“=\$A\$1”，单击“确定”按钮，即可完成数据导入，如图 3–59 所示。

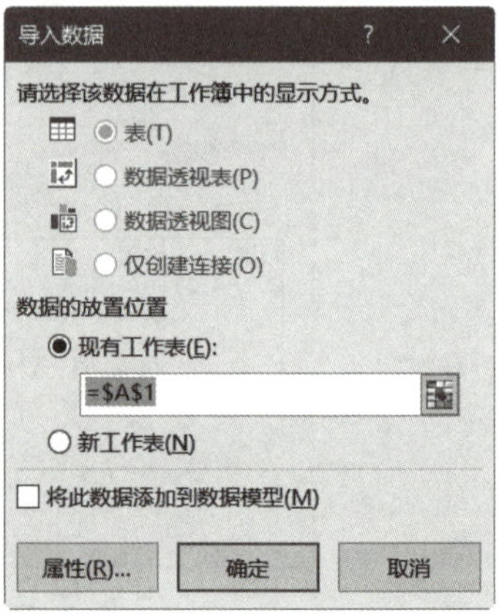

图 3–58 “导入数据”对话框

3. 在“Sheet1”工作表中第 1 行上方插入一行。在 A1 单元格中输入标题“趣味运动会赛程表”，为其应用“标题 1”单元格样式，并修改“标题 1”单元格样式的字体为红色，加粗。

（1）在第 1 行上方插入一行，在 A1 单元格中输入标题“趣味运动会赛程表”。

（2）选择 A1:F1 单元格区域，在“开始”选项卡“样式”组中，单击“其他”按钮，如图 3–60 所示，在弹出的下拉菜单中选择“标题 1”单元格样式，如图 3–61 所示。应用单元格样式效果如图 3–62 所示。

	A	B	C	D	E	F
1	日期	时间	比赛地点	比赛项目	参赛组数	级部
2	2020/4/28	9:00-9:30	大操场	开幕式		
3		9:30-10:00	大操场	齐足跑	6	全体教师
4		10:00-10:30	大操场	托乒乓球接力赛	24	初一
5		10:30-11:00	大操场	齐足跑接力赛	20	初一
6		11:00-11:30	篮球场	集体跳绳	24	初一
7		14:00-14:30	篮球场	运球跑接力赛	32	初一
8		14:30-15:00	篮球场	运球跑接力赛	26	初二
9		15:00-15:30	篮球场	运球跑接力赛	29	初三
10		15:30-16:00	大操场	托乒乓球接力赛	34	初二
11		16:30-17:00	大操场	齐足跑接力赛	16	初二
12	2020/4/29	9:00-9:30	大操场	集体跳绳	10	初二
13		9:30-10:00	大操场	托乒乓球接力赛	32	初三
14		10:00-10:30	大操场	齐足跑接力赛	22	初三
15		10:30-11:00	篮球场	集体跳绳	24	初三
16		11:00-11:30	篮球场	个人跳绳		所有年级
17		14:00-14:30	篮球场	端水过障碍接力赛	12	初一
18		14:30-15:00	篮球场	端水过障碍接力赛	16	初二
19		15:00-15:30	篮球场	端水过障碍接力赛	16	初三
20		15:30-16:00	篮球场	拔河赛	6	全体教师
21		16:30-17:00	大操场	闭幕式		
22						

图 3–59 数据导入结果

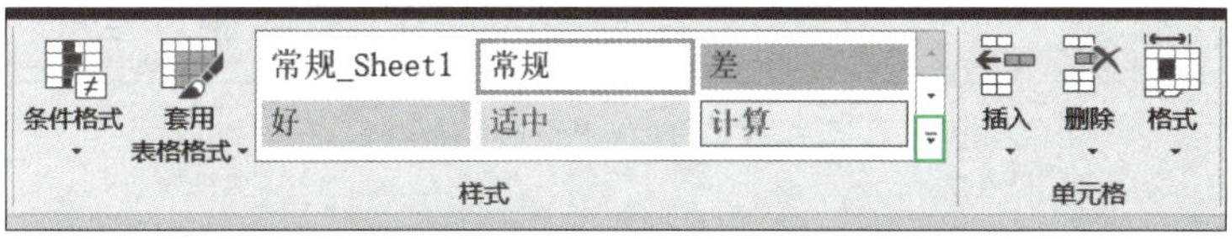

图 3–60 单击“其他”按钮

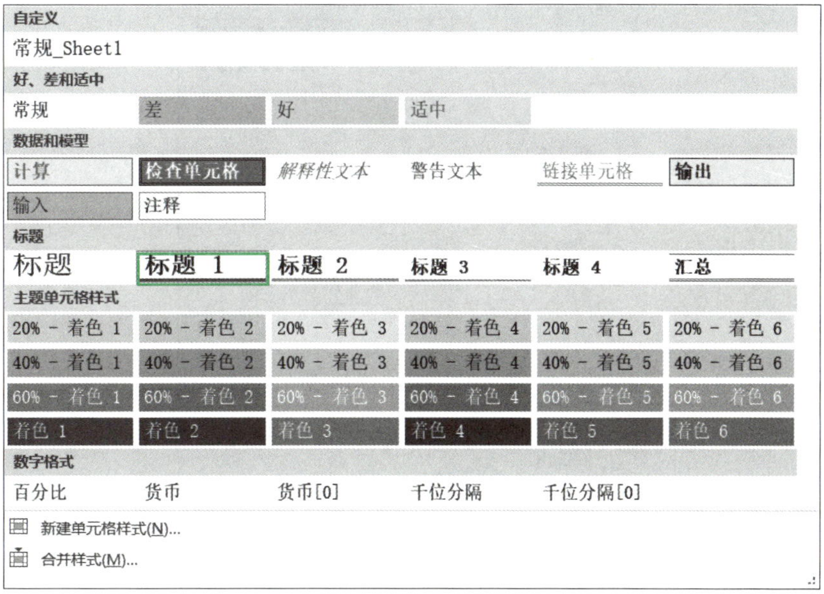

图 3–61 选择“标题 1”单元格样式

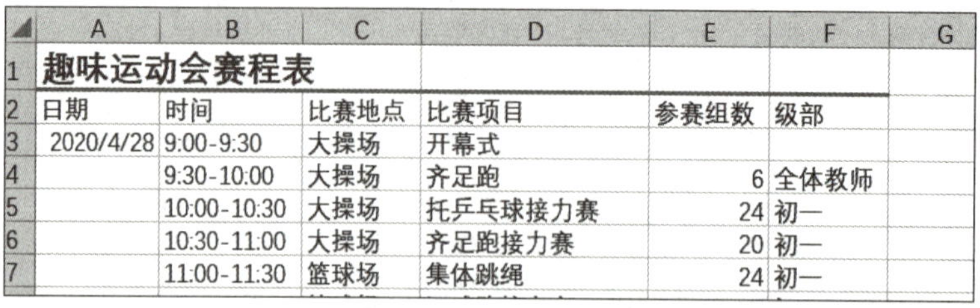

	A	B	C	D	E	F	G
1	趣味运动会赛程表						
2	日期	时间	比赛地点	比赛项目	参赛组数	级部	
3	2020/4/28	9:00-9:30	大操场	开幕式			
4		9:30-10:00	大操场	齐足跑	6	全体教师	
5		10:00-10:30	大操场	托乒乓球接力赛	24	初一	
6		10:30-11:00	大操场	齐足跑接力赛	20	初一	
7		11:00-11:30	篮球场	集体跳绳	24	初一	

图 3-62　应用单元格样式效果

（3）在“开始”选项卡“样式”组中“标题 1”单元格样式上单击鼠标右键，在弹出的快捷菜单中选择“修改”命令，如图 3-63 所示，打开“样式”对话框，如图 3-64 所示。

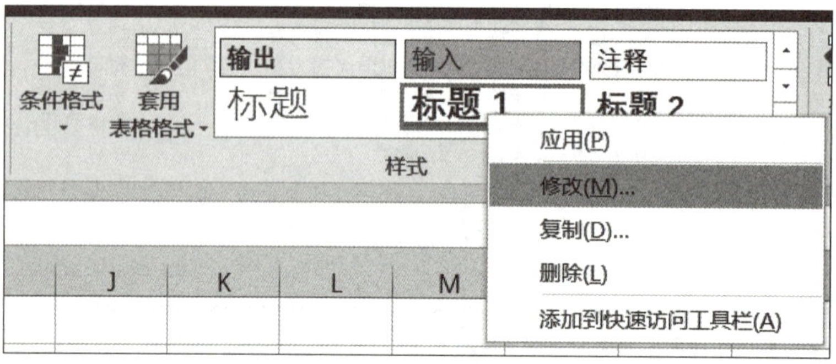

图 3-63　选择“修改”命令

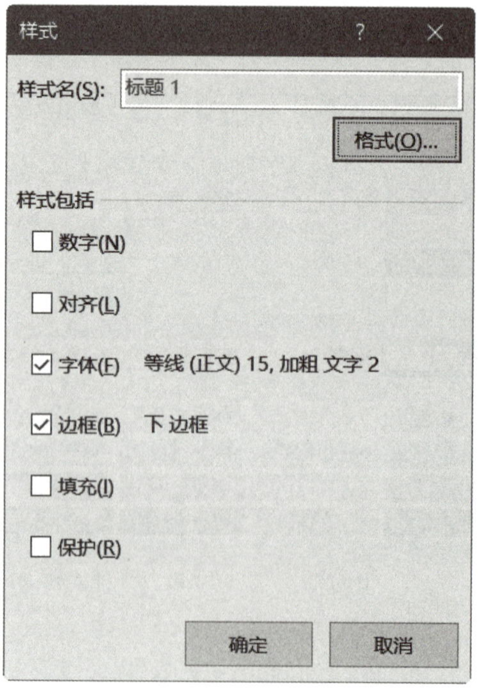

图 3-64　“样式”对话框

（4）单击“样式”对话框中的“格式”按钮，打开“设置单元格格式”对话框，选择“字体”选项卡，设置字形为“加粗”，颜色为标准色“红色”。样式修改后效果如图 3–65 所示。

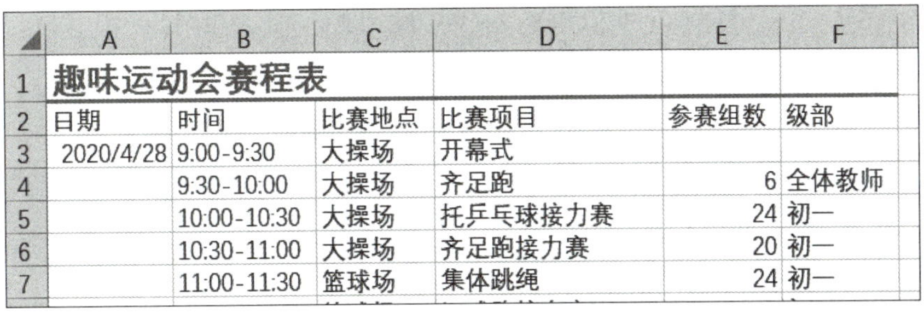

图 3–65　样式修改后效果

4. 设置标题文字对齐为跨列居中。

选择 A1 : F1 单元格区域，单击鼠标右键，在弹出的快捷菜单中选择“设置单元格格式”命令，打开“设置单元格格式”对话框，选择“对齐”选项卡，“水平对齐”选择“跨列居中”，如图 3–66 所示。跨列居中设置效果如图 3–67 所示。

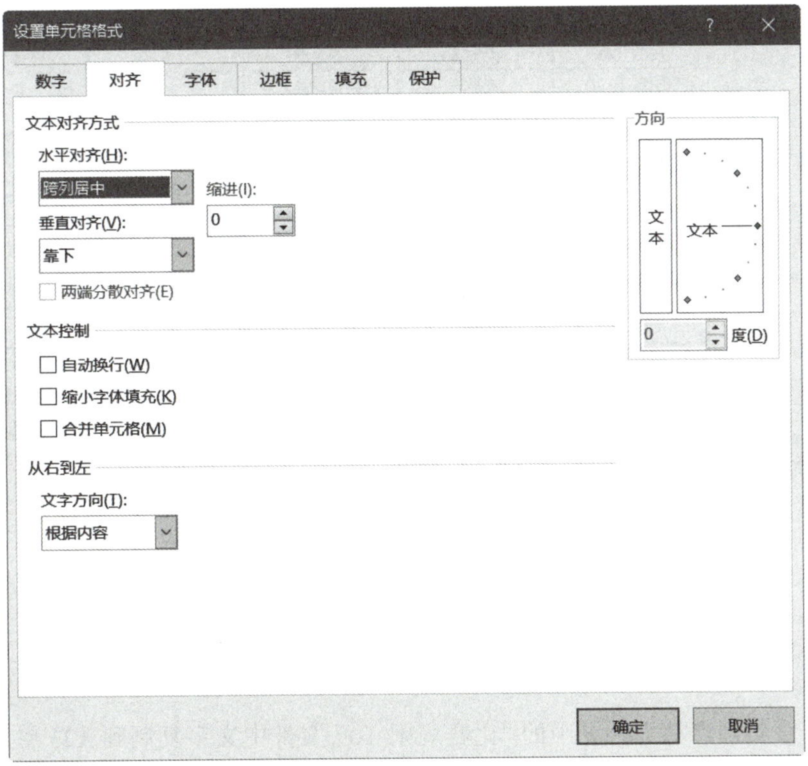

图 3–66　“跨列居中”设置

	A	B	C	D	E	F
1	趣味运动会赛程表					
2	日期	时间	比赛地点	比赛项目	参赛组数	级部
3	2020/4/28	9:00-9:30	大操场	开幕式		
4		9:30-10:00	大操场	齐足跑	6	全体教师
5		10:00-10:30	大操场	托乒乓球接力赛	24	初一
6		10:30-11:00	大操场	齐足跑接力赛	20	初一
7		11:00-11:30	篮球场	集体跳绳	24	初一

图 3-67 跨列居中设置效果

5. 将第 1 行行高设置为 30，其他行行高设置为 20，所有列列宽设置为 18。

6. 将 A3：A12 单元格区域合并后居中，将 A13：A22 单元格区域合并后居中。

7. 将 A2：F22 单元格区域的水平和垂直对齐方式均设置为居中。

8. 为 A2：F22 单元格区域添加边框：外边框样式为双实线，颜色为红色，内边框样式为虚线（第 4 行第 2 列），颜色为紫色。为 A2：F2 单元格区域添加“金色，个性色 4，淡色 80%”颜色底纹。边框、底纹设置效果如图 3-68 所示。

	A	B	C	D	E	F
1	趣味运动会赛程表					
2	日期	时间	比赛地点	比赛项目	参赛组数	级部
3	2020/4/28	9:00-9:30	大操场	开幕式		
4		9:30-10:00	大操场	齐足跑	6	全体教师
5		10:00-10:30	大操场	托乒乓球接力赛	24	初一
6		10:30-11:00	大操场	齐足跑接力赛	20	初一
7		11:00-11:30	篮球场	集体跳绳	24	初一
8		14:00-14:30	篮球场	运球跑接力赛	32	初一
9		14:30-15:00	篮球场	运球跑接力赛	26	初二
10		15:00-15:30	篮球场	运球跑接力赛	29	初三
11		15:30-16:00	大操场	托乒乓球接力赛	34	初二
12		16:30-17:00	大操场	齐足跑接力赛	16	初二
13	2020/4/29	9:00-9:30	大操场	集体跳绳	10	初二
14		9:30-10:00	大操场	托乒乓球接力赛	32	初三
15		10:00-10:30	大操场	齐足跑接力赛	22	初三
16		10:30-11:00	篮球场	集体跳绳	24	初三
17		11:00-11:30	篮球场	个人跳绳		所有年级
18		14:00-14:30	篮球场	端水过障碍接力赛	12	初一
19		14:30-15:00	篮球场	端水过障碍接力赛	16	初二
20		15:00-15:30	篮球场	端水过障碍接力赛	16	初三
21		15:30-16:00	篮球场	拔河赛	6	全体教师
22		16:30-17:00	大操场	闭幕式		

图 3-68 边框、底纹设置效果

9. 将该实例素材文件夹中的“比赛规则 .txt”文件中文字复制到 A23 单元格中，将 A23：F23 单元格区域合并后居中。使用 Alt+Enter 快捷键将文字内容手动换行。设置 A23 单元格对齐方式为左对齐。适当调整行高使其能显示全部文字，“比赛规则”设置效果如图 3-69 所示。

13	2020/4/29	9:00-9:30	大操场	集体跳绳	10	初二
14		9:30-10:00	大操场	托乒乓球接力赛	32	初三
15		10:00-10:30	大操场	齐足跑接力赛	22	初三
16		10:30-11:00	篮球场	集体跳绳	24	初三
17		11:00-11:30	篮球场	个人跳绳		所有年级
18		14:00-14:30	篮球场	端水过障碍接力赛	12	初一
19		14:30-15:00	篮球场	端水过障碍接力赛	16	初二
20		15:00-15:30	篮球场	端水过障碍接力赛	16	初三
21		15:30-16:00	篮球场	拔河赛	6	全体教师
22		16:30-17:00	大操场	闭幕式		
23	比赛规则: 1. 每轮比赛前现场抽签决定比赛对手。 2. 比赛采用三局两胜制。 3. 比赛输的一方淘汰，不再参与下一轮抽签比赛。					

图 3–69 “比赛规则”设置效果

10. 为工作表添加页眉和页脚。

（1）在“插入”选项卡“文本”组中，单击“页眉和页脚”按钮，如图 3–70 所示。

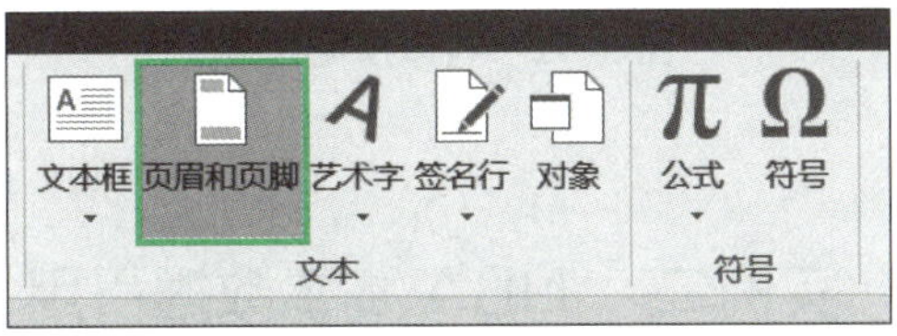

图 3–70 单击“页眉和页脚”按钮

（2）在页眉的中间位置输入“双语学校”，在页眉的右侧位置插入“当前日期”，如图 3–71 所示。

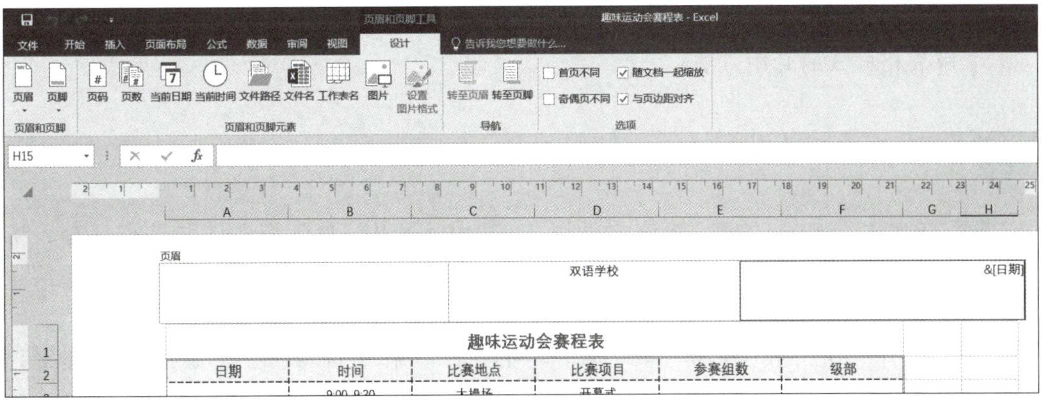

图 3–71 页眉内容设置

（3）在页眉和页脚工具“设计”选项卡“页眉和页脚”组中，单击“页脚”按钮，在弹出的下拉菜单中，选择“第 1 页，共 ? 页”命令。

11. 设置纸张方向为横向，上、下、左、右页边距均设置为 2.5 厘米，水平方向居中，缩放设置为“调整为 1 页宽 1 页高”，打印预览效果如图 3–72 所示。

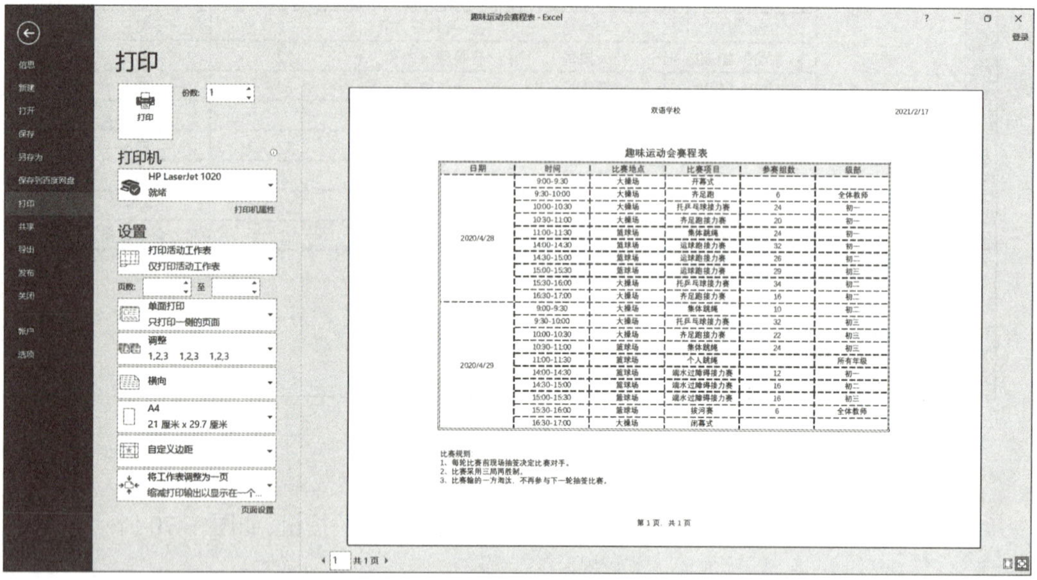

图 3–72　打印预览效果

实例二　NBA 赛事数据引用

学习目标及要求

熟练掌握网页中表格数据的导入方法。

了解表格样式的套用方法。

学习内容及操作步骤

1. 新建一个 Excel 文件，将该文件以“2020NBA 赛事 .xlsx”为文件名进行保存。将“Sheet1”工作表重命名为“8 月 NBA 赛事”，将“Sheet2”工作表重命名为“9 月 NBA 赛事”。

（1）新建一个空白 Excel 文件，并将该文件命名为“2020NBA 赛事 .xlsx”。

（2）打开“2020NBA 赛事 .xlsx”，双击“Sheet1”工作表标签，输入“8 月 NBA 赛事”，单击“新工作表”按钮 ⊕，插入新工作表“Sheet2”，双击“Sheet2”工作表标签，输入“9 月 NBA 赛事”，如图 3–73 所示。

2. 浏览网页“2020 年 8 月 NBA 赛事 .html”，将其中的“2020 年 8 月 NBA 赛程表”表格数据导入“8 月 NBA 赛事”工作表中；浏览网页“2020 年 9 月 NBA 赛事 .html”，将其中的“2020 年 9 月 NBA 赛程表”表格数

图 3–73　工作表新建及重命名

据导入“9 月 NBA 赛事”工作表中，要求均从 A1 单元格开始导入。

（1）在“8 月 NBA 赛事”工作表中，选择 A1 单元格，在“数据”选项卡“获取外部数据”组中，单击“自其他来源”按钮，在弹出的下拉菜单中选择“来自 XML 数据导入”命令，如图 3-74 所示，打开“选取数据源”对话框。

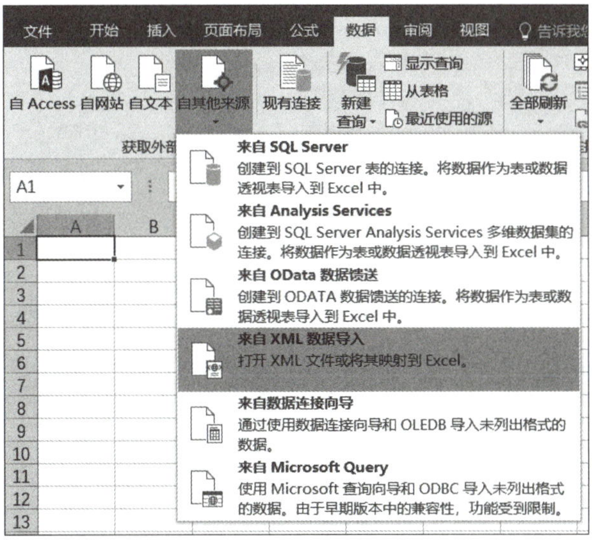

图 3-74　选择“来自 XML 数据导入”命令

（2）定位到存放该实例素材的文件夹，文件类型选择“所有文件”，选择“2020 年 8 月 NBA 赛事 .html”文件，如图 3-75 所示。

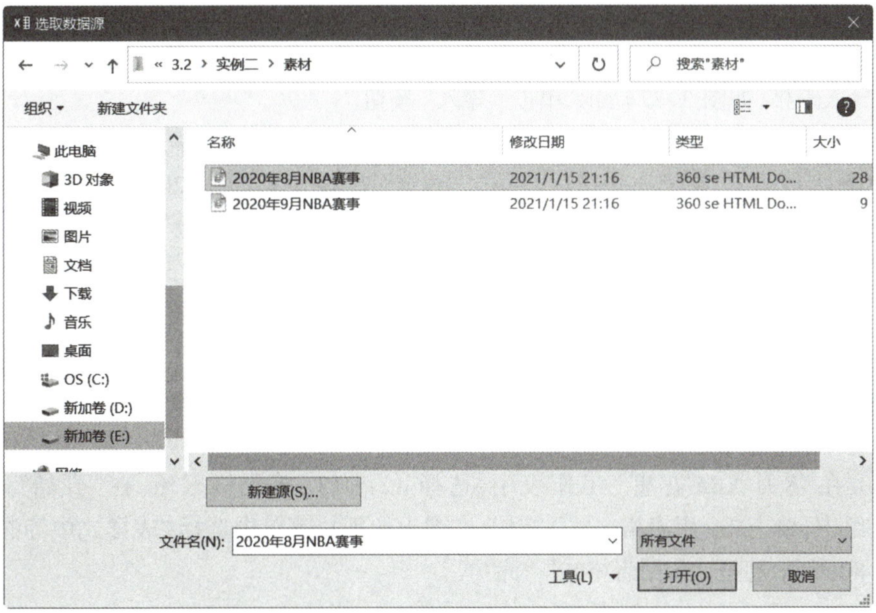

图 3-75　选择“2020 年 8 月 NBA 赛事 .html”文件

（3）单击“打开”按钮，打开“新建 Web 查询”对话框，如图 3-76 所示。

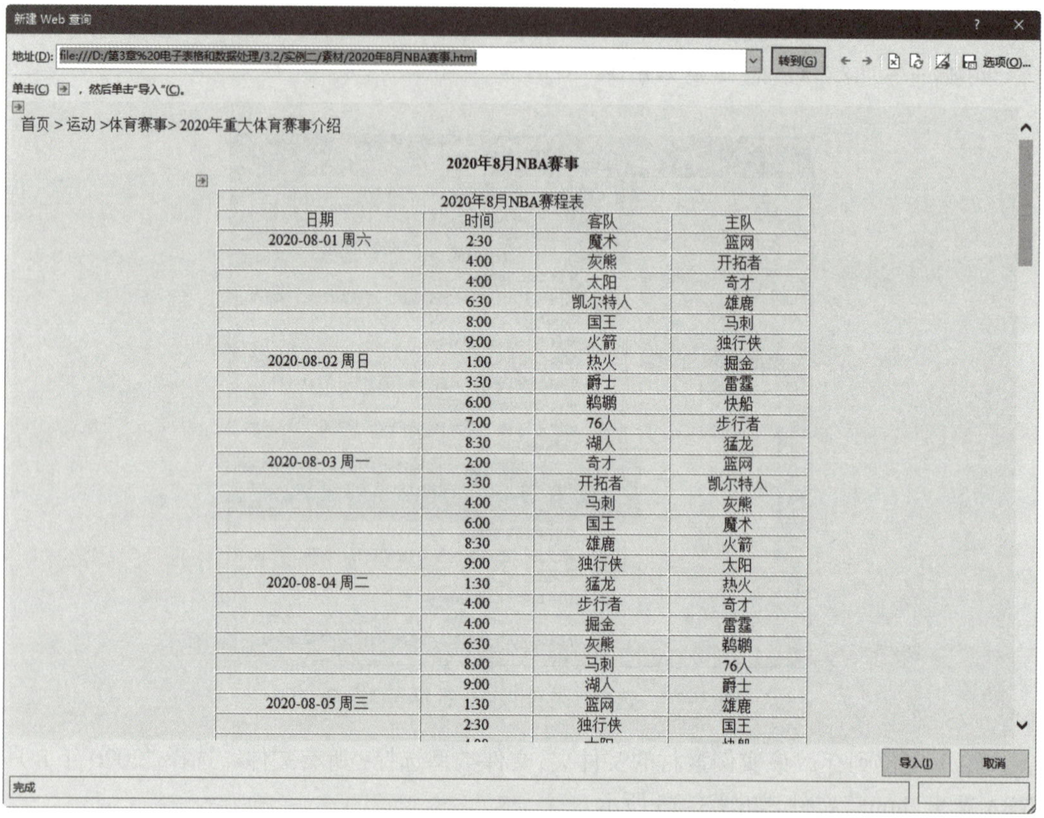

图 3-76　“新建 Web 查询”对话框

（4）单击所要导入表格左上角带方框的橙色箭头，此时，橙色箭头变成对号“√”，选定所要导入表格，如图 3-77 所示，单击“导入”按钮。

（5）弹出“导入数据”对话框，如图 3-78 所示，“数据的放置位置”选择“现有工作表”，确认放置位置为“=$A$1”，单击“确定”按钮，即可将“2020 年 8 月 NBA 赛程表”导入到“8 月 NBA 赛事”工作表中，“2020 年 8 月 NBA 赛程表”导入效果如图 3-79 所示。

（6）采用上述方法，浏览网页“2020 年 9 月 NBA 赛事 .html”，将其中的“2020 年 9 月 NBA 赛程表”表格数据导入“9 月 NBA 赛事”工作表中。

3. 为“8 月 NBA 赛事”工作表中数据区域套用“表样式中等深浅 9”表格样式，并将数据区域的水平和垂直对齐方式均设置为居中。

（1）在“8 月 NBA 赛事”工作表中，选择 A2 : D137 单元格区域，在“开始”选项卡“样式”组中，单击“套用表格格式”按钮，在弹出的下拉菜单中选择“表样式中等深浅 9”，如图 3-80 所示，打开“套用表格格式”对话框。

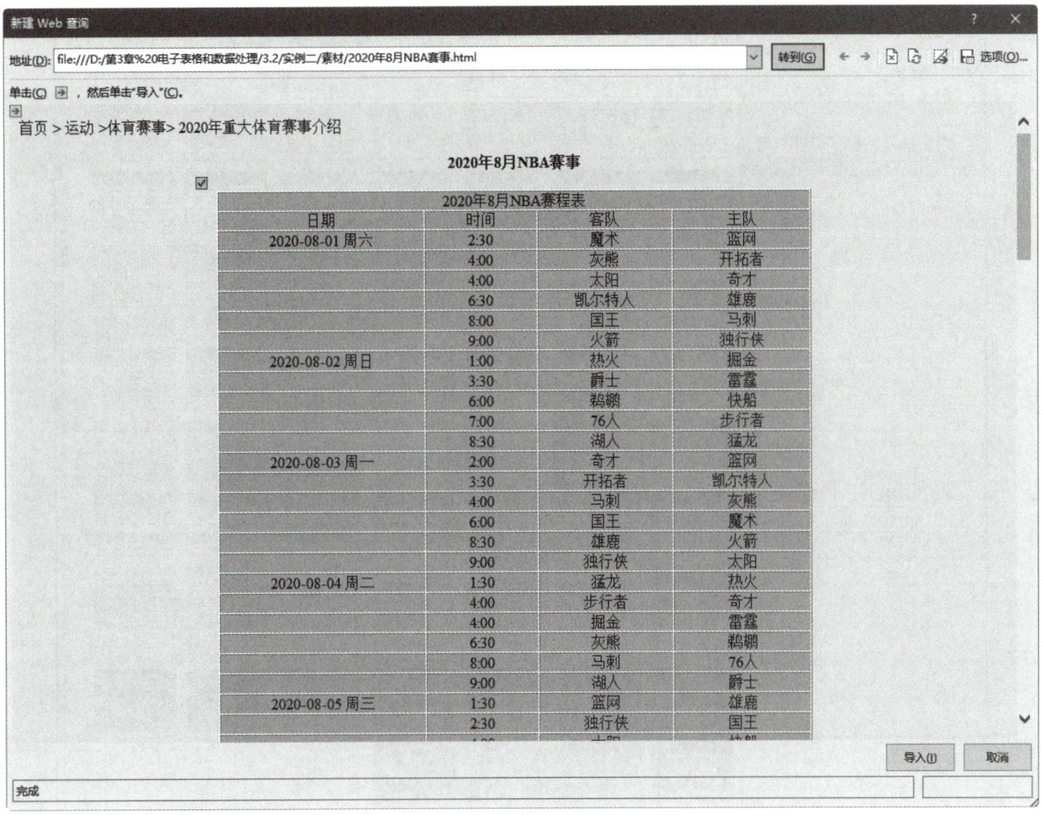

图 3-77 选定所要导入表格

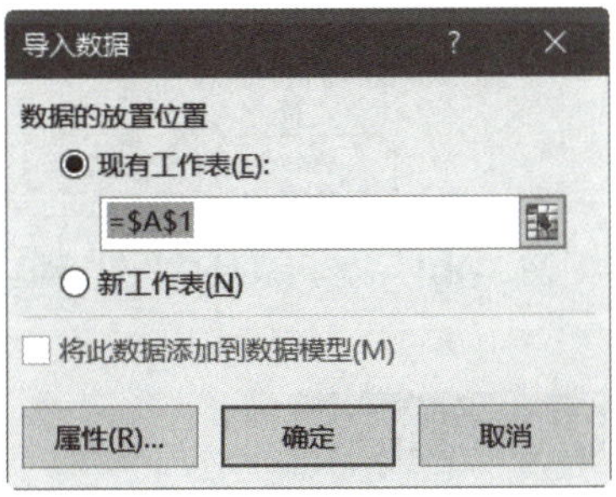

图 3-78 "导入数据"对话框

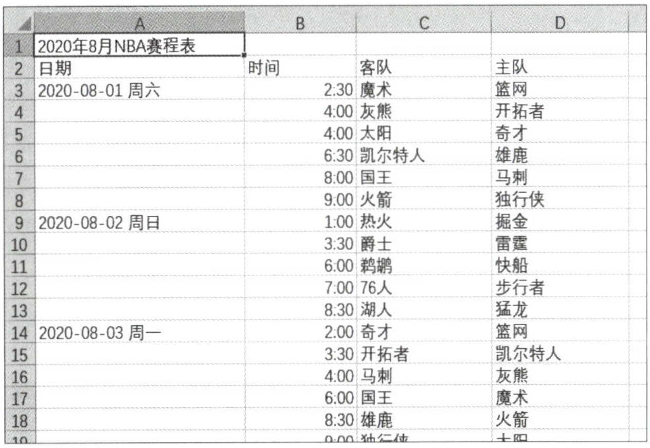

图 3-79 "2020 年 8 月 NBA 赛程表"导入效果

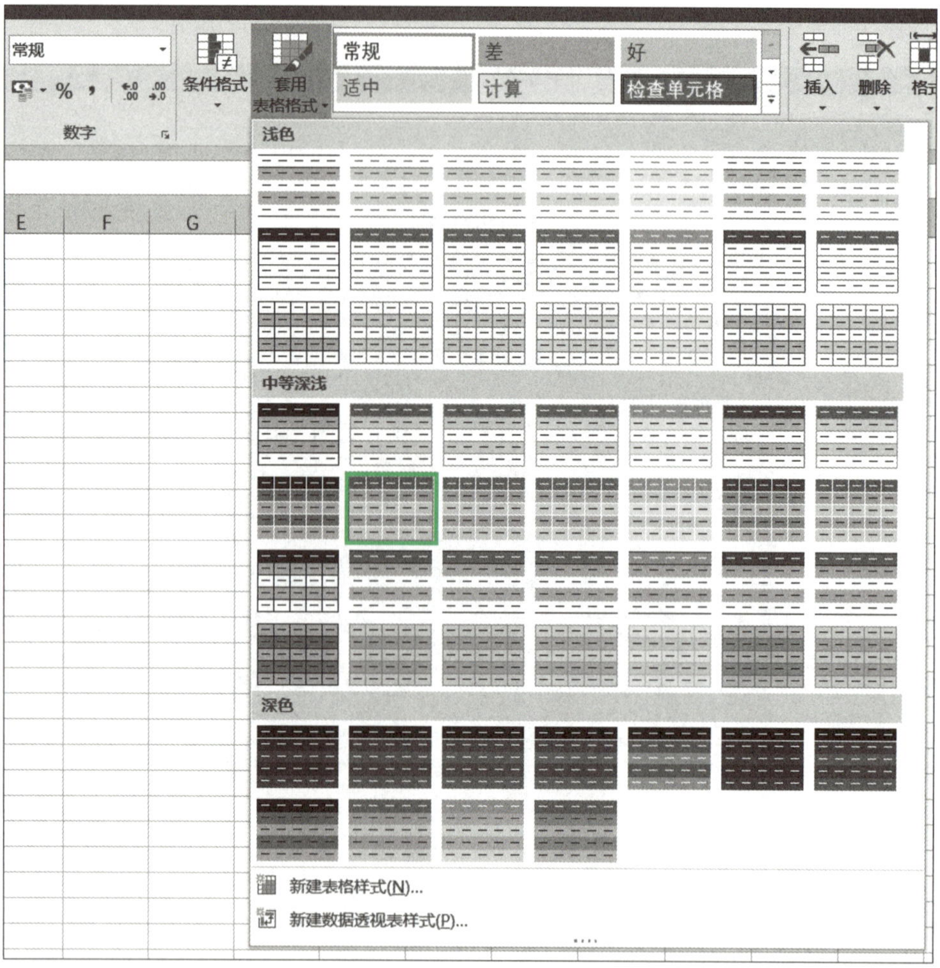

图 3-80 选择“表样式中等深浅 9”

（2）在“套用表格式”对话框中，如图 3-81 所示，勾选“表包含标题”复选框，单击“确定”按钮。系统自动弹出提示信息对话框，如图 3-82 所示，询问“选定区域与一个或多个外部数据区域交迭。是否要将选定区域转换为表并删除所有外部连接？”，单击“是”按钮。套用表格样式效果如图 3-83 所示。

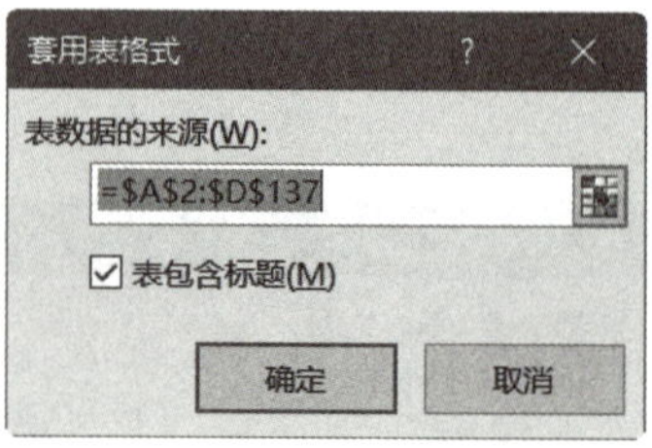

图 3-81 “套用表格式”对话框

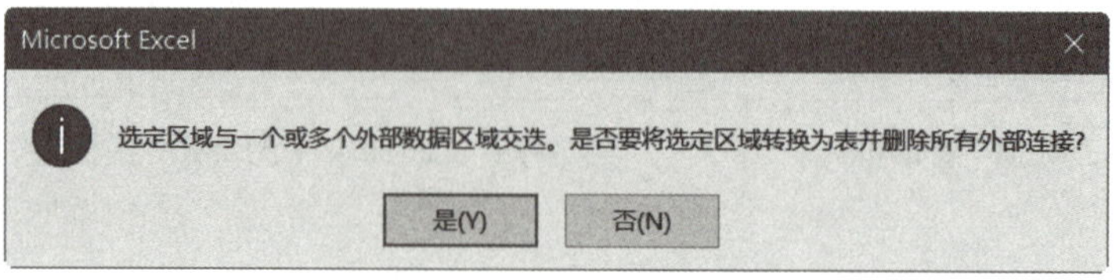

图 3-82 提示信息对话框

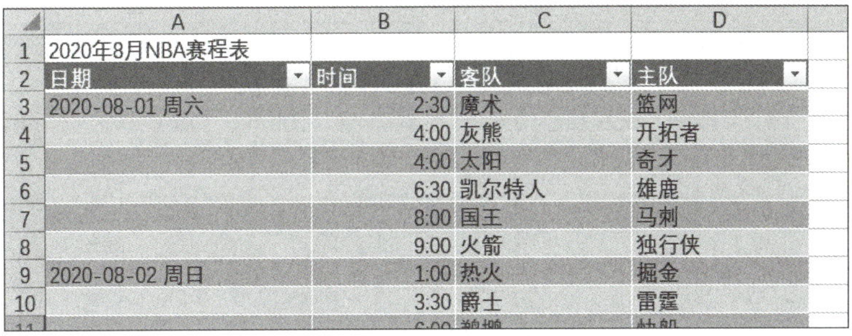

	A	B	C	D
1	2020年8月NBA赛程表			
2	日期	时间	客队	主队
3	2020-08-01 周六	2:30	魔术	篮网
4		4:00	灰熊	开拓者
5		4:00	太阳	奇才
6		6:30	凯尔特人	雄鹿
7		8:00	国王	马刺
8		9:00	火箭	独行侠
9	2020-08-02 周日	1:00	热火	掘金
10		3:30	爵士	雷霆

图 3-83　套用表格样式效果

（3）确保 A2：D137 单元格区域是选中状态，在“开始”选项卡“对齐方式”组中，单击“垂直居中”和“居中”按钮。

4. 将 A1：D1 单元格区域合并后居中，并设置标题字体为黑体，字号为 20。

5. 将第 A—D 列列宽调整为 18，“8 月 NBA 赛事”工作表效果如图 3-84 所示。

	A	B	C	D	E
1	2020年8月NBA赛程表				
2	日期	时间	客队	主队	
3	2020-08-01 周六	2:30	魔术	篮网	
4		4:00	灰熊	开拓者	
5		4:00	太阳	奇才	
6		6:30	凯尔特人	雄鹿	
7		8:00	国王	马刺	
8		9:00	火箭	独行侠	
9	2020-08-02 周日	1:00	热火	掘金	
10		3:30	爵士	雷霆	
11		6:00	鹈鹕	快船	
12		7:00	76人	步行者	
13		8:30	湖人	猛龙	
14	2020-08-03 周一	2:00	奇才	篮网	
15		3:30	开拓者	凯尔特人	
16		4:00	马刺	灰熊	

图 3-84　“8 月 NBA 赛事”工作表效果

6. 采用上述方法，为“9 月 NBA 赛事”工作表中的 A2：D39 单元格区域套用“表样式中等深浅 10”表格样式，并勾选“表包含标题”复选框。数据区域的水平和垂直对齐方式均设置为居中。将 A1：D1 单元格区域合并后居中，并适当设置标题字体、字号，所有列列宽调整为 18。“9 月 NBA 赛事”工作表效果如图 3-85 所示。

7. 为“8 月 NBA 赛事”工作表的标题添加批注，批注内容为“NBA 中国官方网站：https：//china.nba.com/”。

（1）选择“8 月 NBA 赛事”工作表的 A1 单元格，单击鼠标右键，在弹出的快捷菜单中选择“插入批注”命令，如图 3-86 所示。

（2）在批注框中输入批注内容，如图 3-87 所示。

图 3-85　“9 月 NBA 赛事”工作表效果

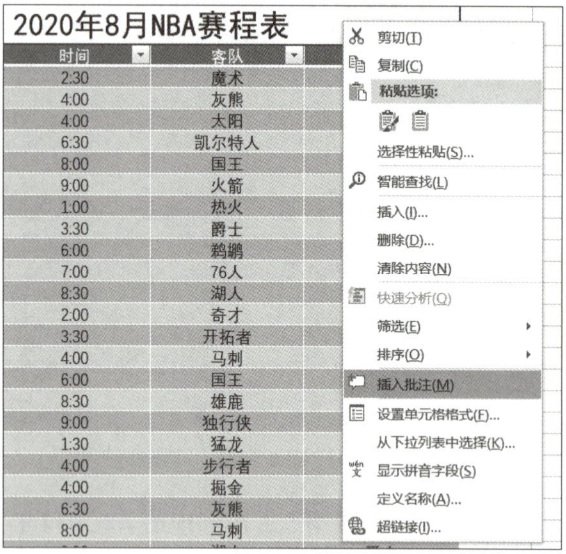

图 3-86　选择“插入批注”命令

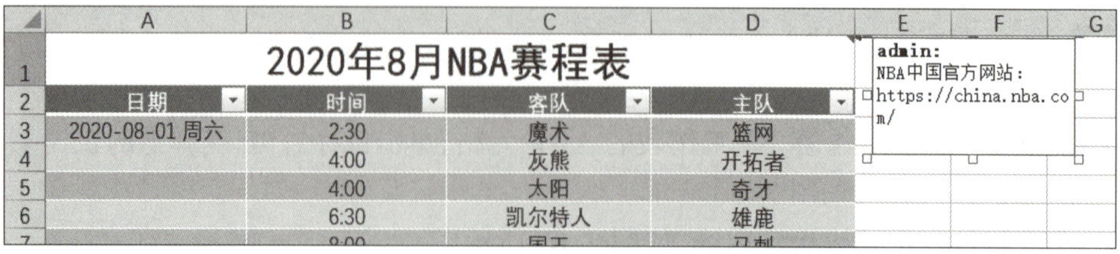

图 3-87　输入批注内容

8. 调整“8 月 NBA 赛事”工作表的页面布局：纸张大小为 A4，纸张方向为纵向，设置上、下、左、右页边距均为 2 厘米，水平居中，并设置顶端标题行。

顶端标题行设置：在“页面布局”选项卡“页面设置”组中，单击右下角“页面设置”按钮，在打开的“页面设置”对话框中，选择“工作表”选项卡，单击“顶端标题行”文本框右侧的折叠按钮，选择第 2 行，再次单击折叠按钮返回“页面设置”对话框，如图 3-88 所示，单击“打印预览”按钮进行预览，翻页查看，会发现标题行出现在每页的顶端。

9. 保存文件。

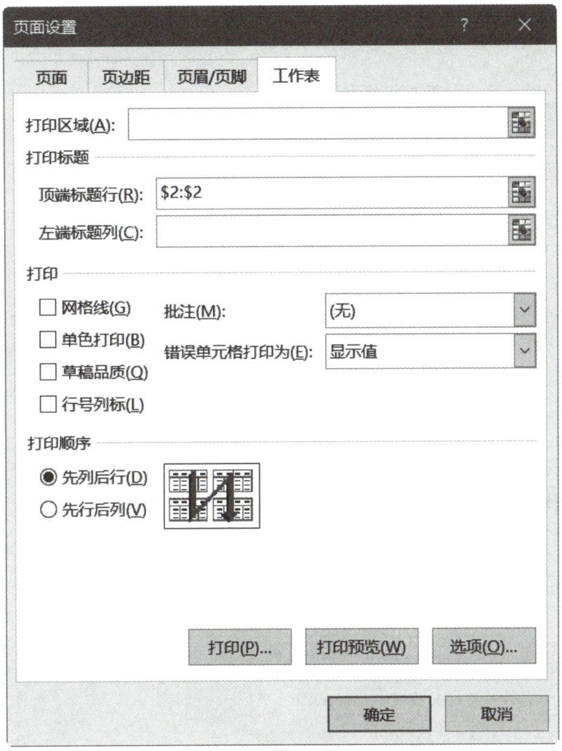

图 3-88　顶端标题行设置

拓展训练　计算机等级考试科目表

综合运用所学知识并查阅相关资料，制作计算机等级考试科目表。

1. 新建一个 Excel 文件，将该文件以“计算机等级考试科目 .xlsx”为文件名进行保存。

2. 导入网页中的计算机等级考试科目数据。

● 提示：

（1）在“Sheet1”工作表中，选择 A1 单元格，在“数据”选项卡“获取外部数据”组中，单击“自网站”按钮，打开“新建 Web 查询”对话框。

（2）在“新建 Web 查询”对话框的“地址”栏中，输入网页地址“http://ncre.neea.edu.cn/html1/folder/1507/909-1.htm”，单击“转到”按钮，如图 3-89 所示。

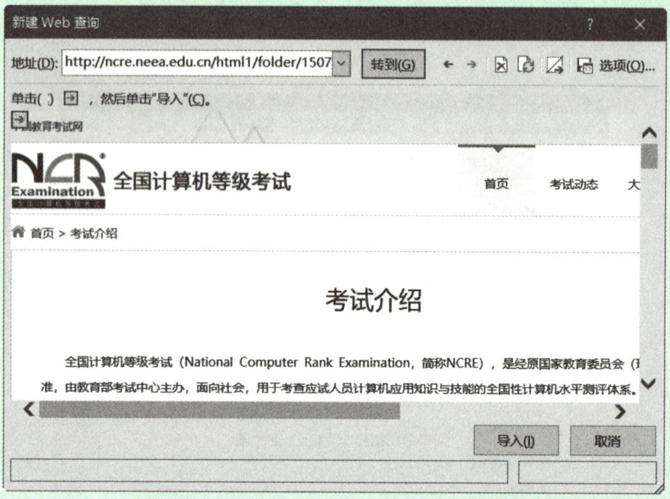

图 3-89 单击“转到”按钮

（3）单击左上角带方框的橙色箭头，此时，橙色箭头变成对号“√”，选定整个页面，如图 3-90 所示，单击“导入”按钮，弹出“导入数据”对话框，“数据的放置位置”选择“现有工作表”，确认放置位置为“=$A$1”，单击“确定”按钮，完成数据导入，如图 3-91 所示。

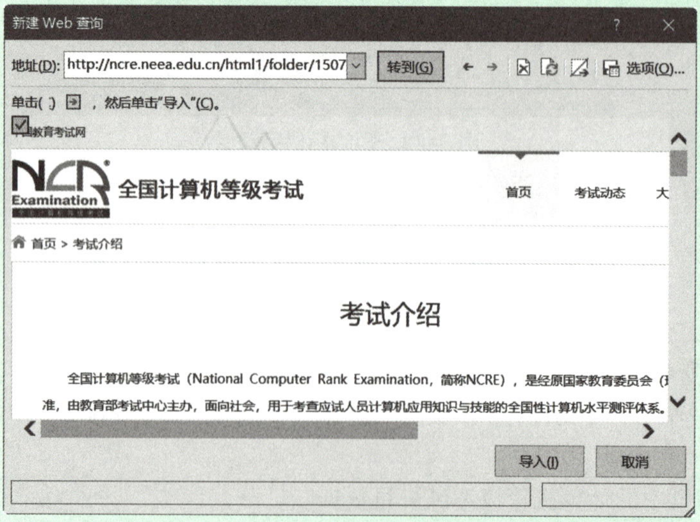

图 3-90 选定整个页面

	A	B	C	D	E	F	G	H
1	中国教育考试网							
2	NCRE							
3	首页							
4	考试动态							
5	大纲教材							
6	相关下载							
7	试题选登							
8	常见问题							
9	承办机构							
10	首页 > 首页 > 考试项目 > NCRE > 考试介绍							
11	考试介绍							
12								
13	全国计算机等级考试（National Computer Rank Examination，简称NCRE），是经原国家教育委员会（现教育部）批							
14								
15	NCRE级别科目设置及证书体系（2021年版）							
16	级别	科目名称	科目代码	考试时间	考核课程代码	获证条件		
17	一级	计算机基础及WPS Office应用	14	90分钟	114	科目14考试合格		
18		计算机基础及MS Office应用	15	90分钟	115	科目15考试合格		
19		计算机基础及Photoshop应用	16	90分钟	116	科目16考试合格		
20		网络安全素质教育	17	90分钟	117	科目17考试合格		
21	二级	C语言程序设计	24	120分钟	201、224	科目24考试合格		
22		Java语言程序设计	28	120分钟	201、228	科目28考试合格		
23		Access数据库程序设计	29	120分钟	201、229	科目29考试合格		
24		C++语言程序设计	61	120分钟	201、261	科目61考试合格		
25		MySQL数据库程序设计	63	120分钟	201、263	科目63考试合格		
26		Web程序设计	64	120分钟	201、264	科目64考试合格		
27		MS Office高级应用与设计	65	120分钟	201、265	科目65考试合格		

图 3-91 完成数据导入

3. 删除第 1—14 行及第 70—117 行，并删除中间多余的空行。保留内容如图 3-92 所示。

	A	B	C	D	E	F	G
1	NCRE级别科目设置及证书体系（2021年版）						
2	级别	科目名称	科目代码	考试时间	考核课程代码	获证条件	
3	一级	计算机基础及WPS Office应用	14	90分钟	114	科目14考试合格	
4		计算机基础及MS Office应用	15	90分钟	115	科目15考试合格	
5		计算机基础及Photoshop应用	16	90分钟	116	科目16考试合格	
6		网络安全素质教育	17	90分钟	117	科目17考试合格	
7	二级	C语言程序设计	24	120分钟	201、224	科目24考试合格	
8		Java语言程序设计	28	120分钟	201、228	科目28考试合格	
9		Access数据库程序设计	29	120分钟	201、229	科目29考试合格	
10		C++语言程序设计	61	120分钟	201、261	科目61考试合格	
11		MySQL数据库程序设计	63	120分钟	201、263	科目63考试合格	
12		Web程序设计	64	120分钟	201、264	科目64考试合格	
13		MS Office高级应用与设计	65	120分钟	201、265	科目65考试合格	
14		Python语言程序设计	66	120分钟	201、266	科目66考试合格	
15		WPS Office高级应用与设计	67	120分钟	201、267	科目67考试合格	
16	三级	网络技术	35	120分钟	335	科目35考试合格	
17		数据库技术	36	120分钟	336	科目36考试合格	
18		信息安全技术	38	120分钟	338	科目38考试合格	
19		嵌入式系统开发技术	39	120分钟	339	科目39考试合格	
20		Linux应用与开发技术	71	120分钟	371	科目71考试合格	
21	四级	网络工程师	41	90分钟	401、403	获得科目35证书，	
22						科目41考试合格	
23		数据库工程师	42	90分钟	401、404	获得科目36证书，	
24						科目42考试合格	
25		信息安全工程师	44	90分钟	401、403	获得科目38证书，	
26						科目44考试合格	
27		嵌入式系统开发工程师	45	90分钟	401、402	获得科目39证书，	
28						科目45考试合格	
29		Linux应用与开发开发工程师	46	90分钟	401、402	获得科目71证书，	
30						科目46考试合格	
31							
32	其中：						
33	一级：操作技能级/信息素养。考核计算机基础知识及计算机基本操作能力，包括Office办公软件、图形图						
34	二级：程序设计/办公软件高级应用级。考核内容包括计算机语言与基础程序设计能力，要求参试者掌握一						
35	三级：工程师预备级。三级证书考核面向应用、面向职业的岗位专业技能。						
36	四级：工程师级。四级证书面向已持有三级相关证书的考生，考核计算机专业课程，是面向应用、面向职						
37	报名者不受年龄、职业、学历等限制，均可根据自己学习情况和实际能力选考相应的级别和科目。考生可						
38	每次考试具体报名时间由各省级承办机构规定，可登录各省级承办机构网站查询。						
39	NCRE考试实行百分制计分，但以等第形式通知考生成绩。成绩等第分为"优秀"、"良好"、"及格"、"不及格"						

图 3-92 保留内容

4. 将单元格区域 A1:F1 合并后居中，设置标题字体为华文中宋，字号为 20，颜色为红色。

5. 将第 2 行行高设置为 25，第 3—30 行行高设置为 20。“科目名称”所在列列宽设置为 30，其他列列宽设置为 16。

6. 将 A2:F30 单元格区域的水平和垂直对齐方式均设置为居中。

7. 为 A2:F30 单元格区域添加边框，外边框样式为粗实线，颜色为浅蓝。内边框样式为细虚线，颜色为绿色。

8. 将 A2:F2 单元格区域底纹颜色设置为浅蓝，字形为加粗。

9. 分别将 A3:A6，A7:A15，A16:A20，A21:A30 单元格区域合并后居中，合并后居中效果如图 3-93 所示。

NCRE级别科目设置及证书体系（2021年版）

级别	科目名称	科目代码	考试时间	考核课程代码	获证条件
一级	计算机基础及WPS Office应用	14	90分钟	114	科目14考试合格
	计算机基础及MS Office应用	15	90分钟	115	科目15考试合格
	计算机基础及Photoshop应用	16	90分钟	116	科目16考试合格
	网络安全素质教育	17	90分钟	117	科目17考试合格
二级	C语言程序设计	24	120分钟	201、224	科目24考试合格
	Java语言程序设计	28	120分钟	201、228	科目28考试合格
	Access数据库程序设计	29	120分钟	201、229	科目29考试合格
	C++语言程序设计	61	120分钟	201、261	科目61考试合格
	MySQL数据库程序设计	63	120分钟	201、263	科目63考试合格
	Web程序设计	64	120分钟	201、264	科目64考试合格
	MS Office高级应用与设计	65	120分钟	201、265	科目65考试合格
	Python语言程序设计	66	120分钟	201、266	科目66考试合格
	WPS Office高级应用与设计	67	120分钟	201、267	科目67考试合格
三级	网络技术	35	120分钟	335	科目35考试合格
	数据库技术	36	120分钟	336	科目36考试合格
	信息安全技术	38	120分钟	338	科目38考试合格
	嵌入式系统开发技术	39	120分钟	339	科目39考试合格
	Linux应用与开发技术	71	120分钟	371	科目71考试合格
四级	网络工程师	41	90分钟	401、403	获得科目35证书，科目41考试合格
	数据库工程师	42	90分钟	401、404	获得科目36证书，科目42考试合格
	信息安全工程师	44	90分钟	401、403	获得科目38证书，科目44考试合格
	嵌入式系统开发工程师	45	90分钟	401、402	获得科目39证书，科目45考试合格
	Linux应用与开发开发工程师	46	90分钟	401、402	获得科目71证书，科目46考试合格

图 3-93 合并后居中效果

10. 将 A32:F32 合并，水平对齐方式设置为左对齐，将下方单元格的文本移动到该单元格中，配合 Alt+Enter 快捷键设置文本换行，适当调整行高显示所有文字。

11. 页面布局：纸张大小为 A4，纸张方向为纵向，上、下页边距设置为 2 厘米，左、右页边距设置为 1.5 厘米，水平居中。

12. 缩放设置为“将所有列调整为 1 页宽”。

13. 保存文件，“计算机等级考试科目”效果如图 3-94 所示。

NCRE级别科目设置及证书体系（2021年版）

级别	科目名称	科目代码	考试时间	考核课程代码	获证条件
一级	计算机基础及WPS Office应用	14	90分钟	114	科目14考试合格
	计算机基础及MS Office应用	15	90分钟	115	科目15考试合格
	计算机基础及Photoshop应用	16	90分钟	116	科目16考试合格
	网络安全素质教育	17	90分钟	117	科目17考试合格
二级	C语言程序设计	24	120分钟	201、224	科目24考试合格
	Java语言程序设计	28	120分钟	201、228	科目28考试合格
	Access数据库程序设计	29	120分钟	201、229	科目29考试合格
	C++语言程序设计	61	120分钟	201、261	科目61考试合格
	MySQL数据库程序设计	63	120分钟	201、263	科目63考试合格
	Web程序设计	64	120分钟	201、264	科目64考试合格
	MS Office高级应用与设计	65	120分钟	201、265	科目65考试合格
	Python语言程序设计	66	120分钟	201、266	科目66考试合格
	WPS Office高级应用与设计	67	120分钟	201、267	科目67考试合格
三级	网络技术	35	120分钟	335	科目35考试合格
	数据库技术	36	120分钟	336	科目36考试合格
	信息安全技术	38	120分钟	338	科目38考试合格
	嵌入式系统开发技术	39	120分钟	339	科目39考试合格
	Linux应用与开发技术	71	120分钟	371	科目71考试合格
四级	网络工程师	41	90分钟	401、403	获得科目35证书，科目41考试合格
	数据库工程师	42	90分钟	401、404	获得科目36证书，科目42考试合格
	信息安全工程师	44	90分钟	401、403	获得科目38证书，科目44考试合格
	嵌入式系统开发工程师	45	90分钟	401、402	获得科目39证书，科目45考试合格
	Linux应用与开发开发工程师	46	90分钟	401、402	获得科目71证书，科目46考试合格

一级：操作技能级/信息素养。考核计算机基础知识及计算机基本操作能力，包括Office办公软件、图形图像软件、网络安全素质教育。

二级：程序设计/办公软件高级应用级。考核内容包括计算机语言与基础程序设计能力，要求参试者掌握一门计算机语言，可选类别有高级语言程序设计类、数据库程序设计类等；二级还包括办公软件高级应用能力，要求参试者具有计算机应用知识及Office办公软件的高级应用能力，能够在实际办公环境中开展具体应用。

二级：程序设计/办公软件高级应用级。考核内容包括计算机语言与基础程序设计能力，要求参试者掌握一门计算机语言，可选类别有高级语言程序设计类、数据库程序设计类等；二级还包括办公软件高级应用能力，要求参试者具有计算机应用知识及Office办公软件的高级应用能力，能够在实际办公环境中开展具体应用

三级：工程师预备级。三级证书考核面向应用、面向职业的岗位专业技能。

四级：工程师级。四级证书面向已持有三级相关证书的考生，考核计算机专业课程，是面向应用、面向职业的工程师岗位证书。

报名者不受年龄、职业、学历等限制，均可根据自己学习情况和实际能力选考相应的级别和科目。考生可按照省级承办机构公布的流程在网上进行报名。

每次考试具体报名时间由各省级承办机构规定，可登录各省级承办机构网站查询。

NCRE考试实行百分制计分，但以等第形式通知考生成绩。成绩等第分为 优秀"、 良好"、 及格"、 不及格"四等。100-90分为 优秀"，89-80分为 良好"，79-60分为 及格"，59-0分为 不及格"。

考试成绩优秀者，在证书上注明 优秀"字样；考试成绩良好者，在证书上注明 良好"字样；考试成绩及格者，在证书上注明 合格"字

图 3-94 “计算机等级考试科目”效果

3.3　公式与常用函数

实例一　学生成绩处理

学习目标及要求

熟练掌握公式的使用方法。
掌握公式的复制和值的复制方法。
熟练掌握常用函数的使用方法。

学习内容及操作步骤

1. 打开该实例素材文件夹中的“学生成绩 .xlsx”文件。

2. 分别在数学、英语和计算机三个工作表中计算每位同学的学期成绩。数学和英语的学期成绩 = 平时成绩 ×10%+ 期中成绩 ×20%+ 期末成绩 ×70%。计算机的学期成绩 = 平时成绩 ×20%+ 期中成绩 ×20%+ 期末成绩 ×60%。

（1）选择“数学”工作表的 E2 单元格，在编辑栏中单击，输入公式“=B2*0.1+C2*0.2+D2*0.7”，按 Enter 键，求出第一个人的数学学期成绩。

> **● 提示：**
> 单元格地址可以通过鼠标选择的方式得到。

（2）使用自动填充功能求出其他人的数学学期成绩，如图 3–95 所示。

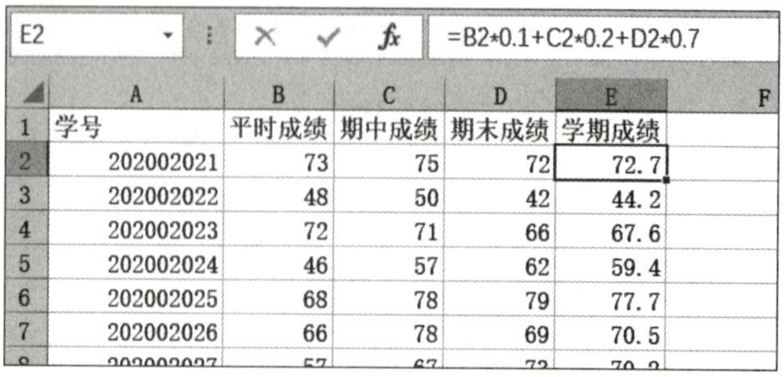

E2　=B2*0.1+C2*0.2+D2*0.7

	A	B	C	D	E	F
1	学号	平时成绩	期中成绩	期末成绩	学期成绩	
2	202002021	73	75	72	72.7	
3	202002022	48	50	42	44.2	
4	202002023	72	71	66	67.6	
5	202002024	46	57	62	59.4	
6	202002025	68	78	79	77.7	
7	202002026	66	78	69	70.5	

图 3–95　求出数学学期成绩

（3）选择 E2 单元格，按 Ctrl+C 快捷键复制，选择“英语”工作表的 E2 单元格，按 Ctrl+V 快捷键粘贴，求出第一个人的英语学期成绩，并使用自动填充功能求出其他人的英语学期成绩。

（4）选择“计算机”工作表的 E2 单元格，在编辑栏中单击，输入公式“=B2*0.2+C2*0.2+D2*0.6”，按 Enter 键，求出第一个人的计算机学期成绩，并使用自动填充功能求出其他人的计算机学期成绩，如图 3–96 所示。

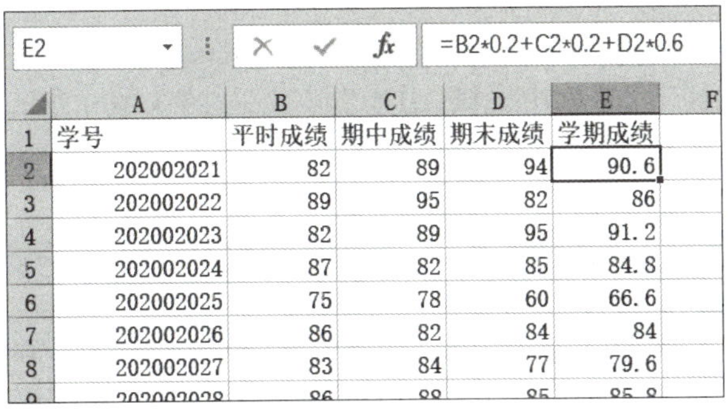

图 3–96 求出计算机学期成绩

3. 将数学、英语和计算机三个工作表（三个工作表的学生顺序是一致的）中的学号、学期成绩分别复制到“成绩汇总”工作表的对应列中。

（1）选择“数学”工作表的 A2：A61 单元格区域，按 Ctrl+C 快捷键复制，选择“成绩汇总”工作表的 A2 单元格，按 Ctrl+V 快捷键粘贴。

（2）选择“数学”工作表的 E2：E61 单元格区域，按 Ctrl+C 快捷键复制，选择“成绩汇总”工作表的 D2 单元格，单击鼠标右键，在弹出的快捷菜单“粘贴选项”中单击“值”按钮，如图 3–97 所示，完成值的复制。值粘贴效果如图 3–98 所示。

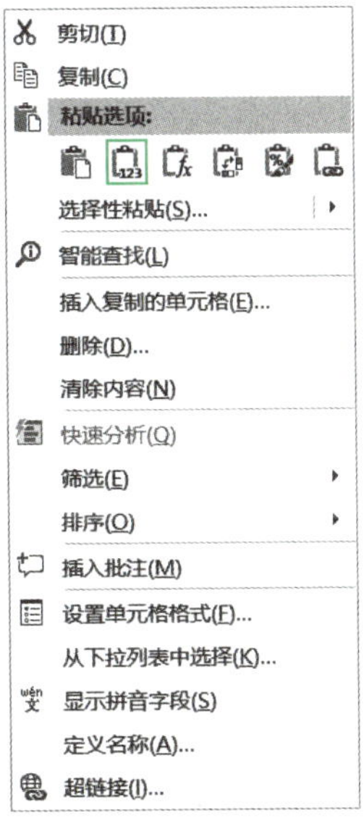

图 3–97 单击“值”按钮

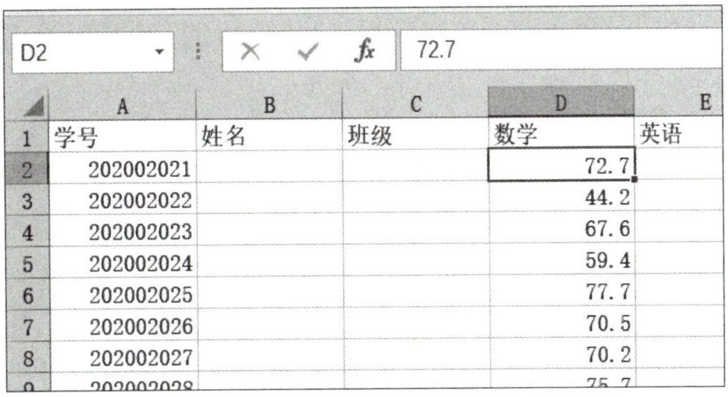

图 3–98 值粘贴效果

（3）选择“英语”工作表的 E2：E61 单元格区域，按 Ctrl+C 快捷键复制，选择“成绩汇总”工作表的 E2 单元格，单击鼠标右键，在弹出的快捷菜单中选择“选择性粘贴”命令，打开“选择性粘贴”对话框，如图 3-99 所示，“粘贴”选择“数值”，单击“确定”按钮，完成值的复制。

（4）采用上述方法将计算机学期成绩复制到“成绩汇总”工作表的“计算机”列中。

4. 使用函数求出每位同学的综合成绩。

（1）选择 G2 单元格，单击编辑栏左侧的“插入函数”按钮，打开“插入函数”对话框。

（2）在“选择函数”列表框中选择“SUM”函数，如图 3-100 所示，单击“确定”按钮，打开“函数参数”对话框。

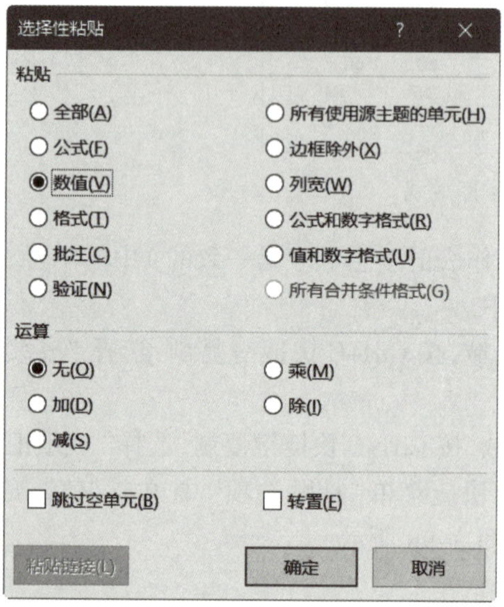

图 3-99　“选择性粘贴”对话框

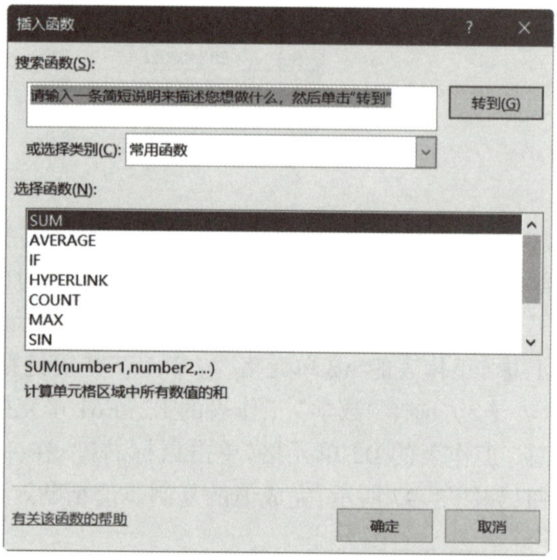

图 3-100　选择“SUM”函数

（3）单击“Number1”文本框右侧的折叠按钮，选择 D2：F2 单元格区域，再次单击折叠按钮返回“函数参数”对话框，如图 3-101 所示，单击“确定”按钮，即可计算出第一个人的综合成绩。

（4）使用自动填充功能对“综合成绩”列其他单元格进行填充，综合成绩计算结果如图 3-102 所示。

5. 计算各科的平均分，要求保留 1 位小数。

（1）选择 K3 单元格，单击编辑栏左侧的“插入函数”按钮，打开“插入函数”对话框。

（2）在“选择函数”列表框中选择“AVERAGE”函数，单击“确定”按钮，打开“函数参数”对话框。

（3）单击“Number1”文本框右侧的折叠按钮，选择 D2：D61 单元格区域，再次单击折叠按钮返回“函数参数”对话框，如图 3-103 所示，单击“确定”按钮，即可计算出数学的平均分。

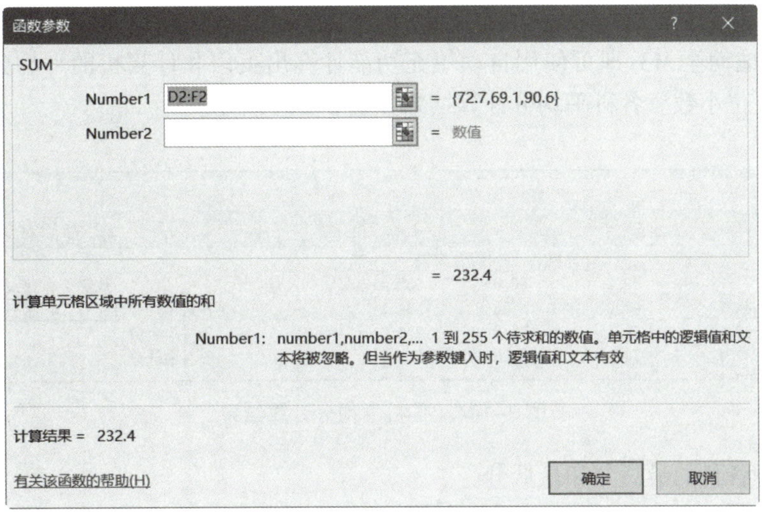

图 3-101 “SUM”函数参数设置

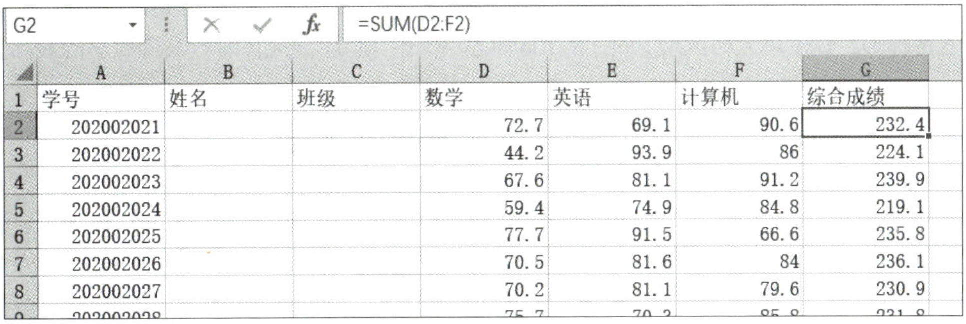

	A	B	C	D	E	F	G
1	学号	姓名	班级	数学	英语	计算机	综合成绩
2	202002021			72.7	69.1	90.6	232.4
3	202002022			44.2	93.9	86	224.1
4	202002023			67.6	81.1	91.2	239.9
5	202002024			59.4	74.9	84.8	219.1
6	202002025			77.7	91.5	66.6	235.8
7	202002026			70.5	81.6	84	236.1
8	202002027			70.2	81.1	79.6	230.9

图 3-102 综合成绩计算结果

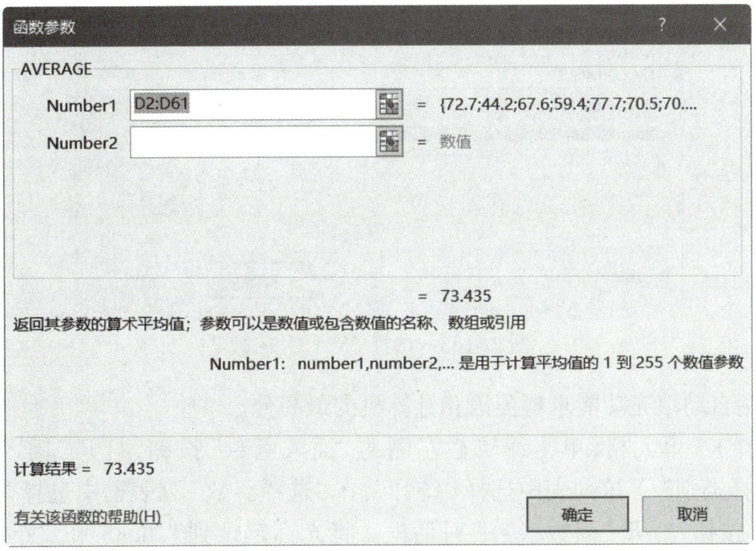

图 3-103 “AVERAGE”函数参数设置

（4）将鼠标移至 K3 单元格的右下角，当鼠标指针变成黑色的十字填充柄时，按住鼠标左键向右拖动至 M3，即可使用自动填充功能计算出英语和计算机的平均分，设置数值格式，保留 1 位小数。各科平均分计算结果如图 3–104 所示。

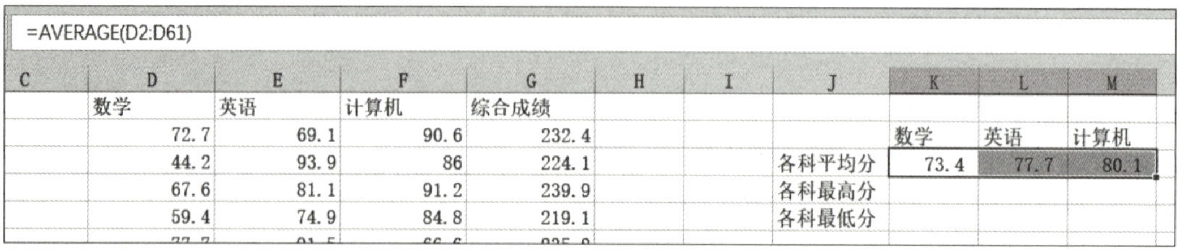

图 3–104　各科平均分计算结果

6. 统计各科的最高分和最低分。

（1）选择 K4 单元格，单击编辑栏左侧的“插入函数”按钮，打开“插入函数”对话框。在“或选择类别”下拉列表中选择“统计”，在“选择函数”列表框中选择“MAX”函数，如图 3–105 所示，单击“确定”按钮，打开“函数参数”对话框。将光标定位到“Number1”文本框中，选择 D2 : D61 单元格区域，如图 3–106 所示，单击“确定”按钮，即可求得数学的最高分。

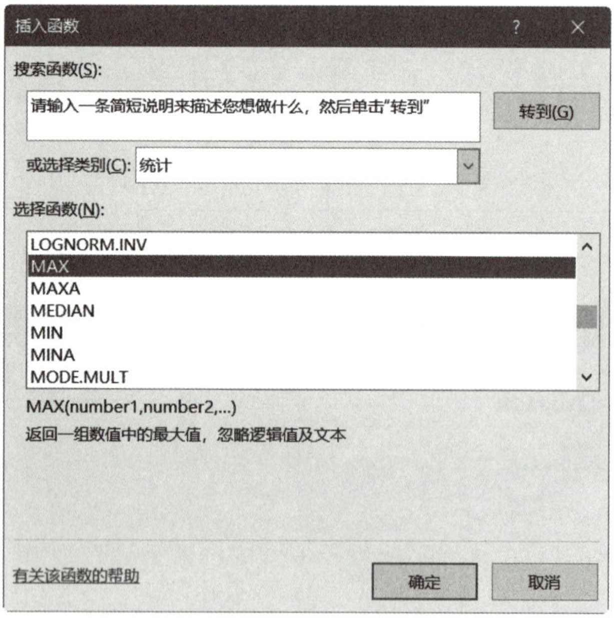

图 3–105　选择“MAX”函数

（2）使用自动填充功能求得英语和计算机的最高分。

（3）选择 K5 单元格，单击编辑栏左侧的“插入函数”按钮，打开“插入函数”对话框，在“或选择类别”下拉列表中选择“统计”，在“选择函数”列表框中选择“MIN”函数，单击“确定”按钮，打开“函数参数”对话框。将光标定位到“Number1”文本框中，选择 D2 : D61 单元格区域，如图 3–107 所示，单击“确定”按钮，即可求得数学的最低分。

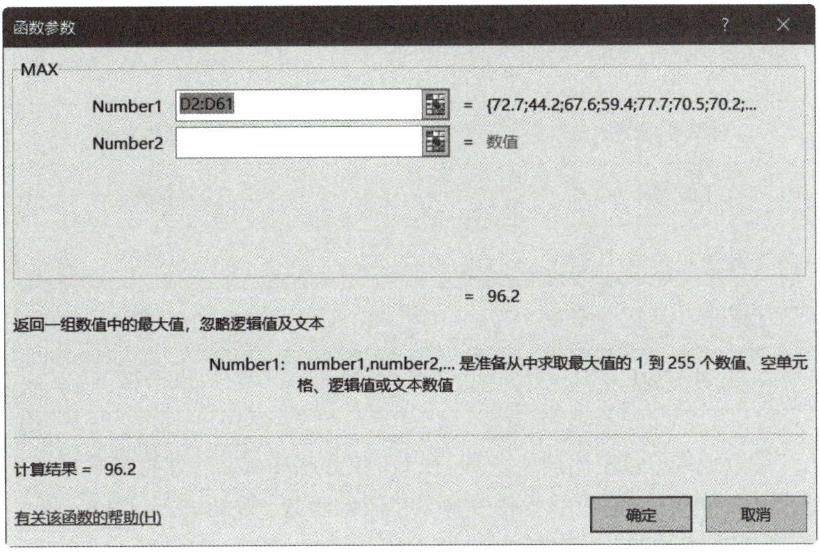

图 3–106 “MAX”函数参数设置

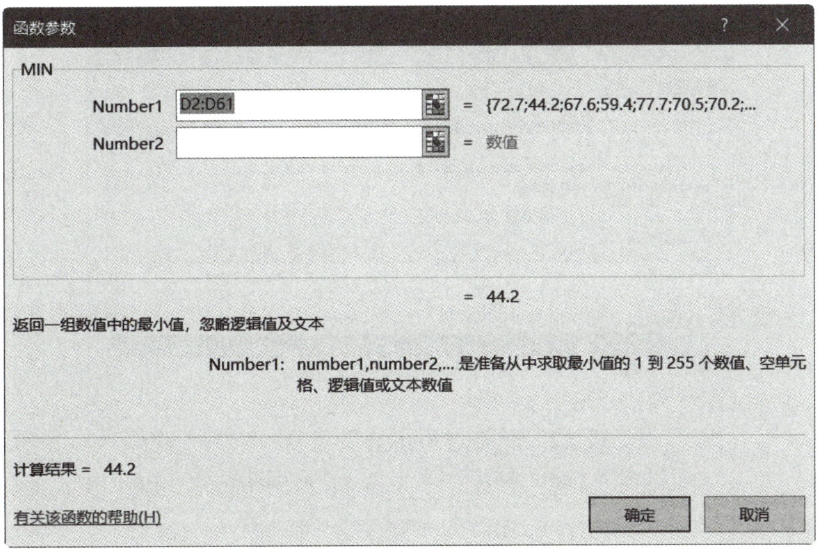

图 3–107 “MIN”函数参数设置

（4）使用自动填充功能求得英语和计算机的最低分。各科最高分和最低分统计结果如图 3–108 所示。

K	L	M	N
	数学	英语	计算机
各科平均分	73.4	77.7	80.1
各科最高分	96.2	94.3	98.6
各科最低分	44.2	58	56.4

图 3–108 各科最高分和最低分统计结果

7. 根据计算机成绩，按照表 3-1 的条件填写“计算机总评”。

表 3-1　计算机总评

计算机成绩	计算机总评
大于或等于 90	优秀
大于或等于 75 且小于 90	良好
大于或等于 60 且小于 75	合格
小于 60	不合格

（1）在“综合成绩”列左侧插入一列，在 G1 单元格中输入“计算机总评”。

（2）选择 G2 单元格，单击编辑栏左侧的“插入函数”按钮，打开“插入函数”对话框，在“选择函数”列表框中选择“IF”函数，如图 3-109 所示，单击“确定”按钮，打开“函数参数”对话框。

视频：“IF”函数

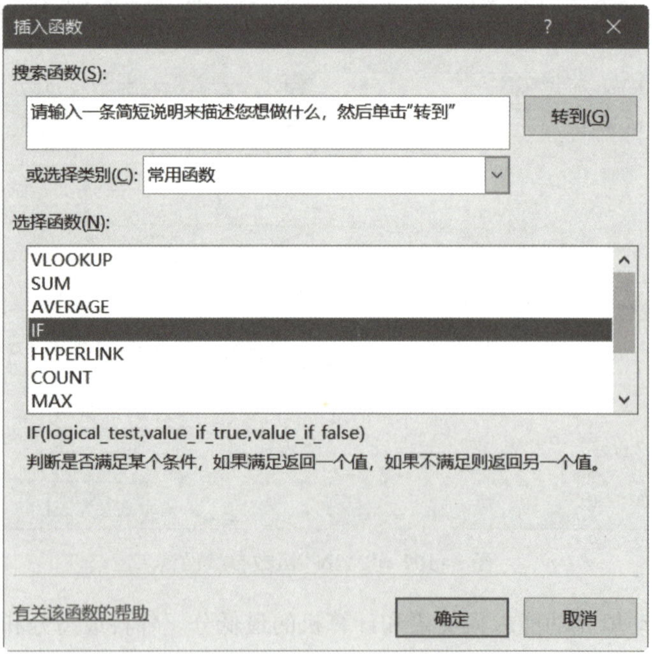

图 3-109　选择“IF”函数

（3）在“Logical_test”文本框中输入“F2>=90”，在“Value_if_true”文本框中输入“优秀”，在“Value_if_false”文本框中输入“IF()”，如图 3-110 所示。

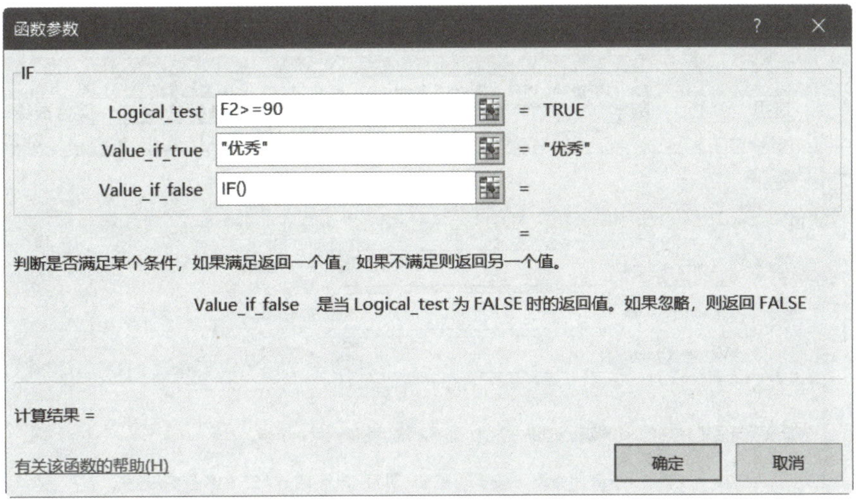

图 3-110 “IF”函数参数设置

● 提示：

在“Value_if_true”文本框中输入“优秀”时，引号不需要输入，光标定位到其他文本框时，系统自动添加引号。

● 函数详解：

IF(Logical_test, Value_if_true, Value_if_false)用于判断是否满足某一条件，如果满足返回一个值，如果不满足则返回另一个值。

● 参数说明：

Logical_test：任何可能被计算为 TRUE 或 FALSE 的数值或表达式。

Value_if_true：Logical_test 为 TRUE 时的返回值。

Value_if_false：Logical_test 为 FALSE 时的返回值。

（4）将光标定位到编辑栏中嵌套的第二层“IF”函数括号内，如图 3-111 所示，就打开了第二层“IF”函数的函数参数对话框。在“Logical_test”文本框中输入“F2>=75”，在“Value_if_true”文本框中输入“良好”，在“Value_if_false”文本框中输入“IF()”，如图 3-112 所示。

（5）将光标定位到编辑栏中嵌套的第三层“IF”函数括号内，如图 3-113 所示，就打开了第三层“IF”函数的函数参数对话框。在“Logical_test”文本框中输入“F2>=60”，在“Value_if_true”文本框中输入“合格”，在“Value_if_false”文本框中输入“不合格”，如图 3-114 所示，单击“确定”按钮，求得第一个人的计算机总评。

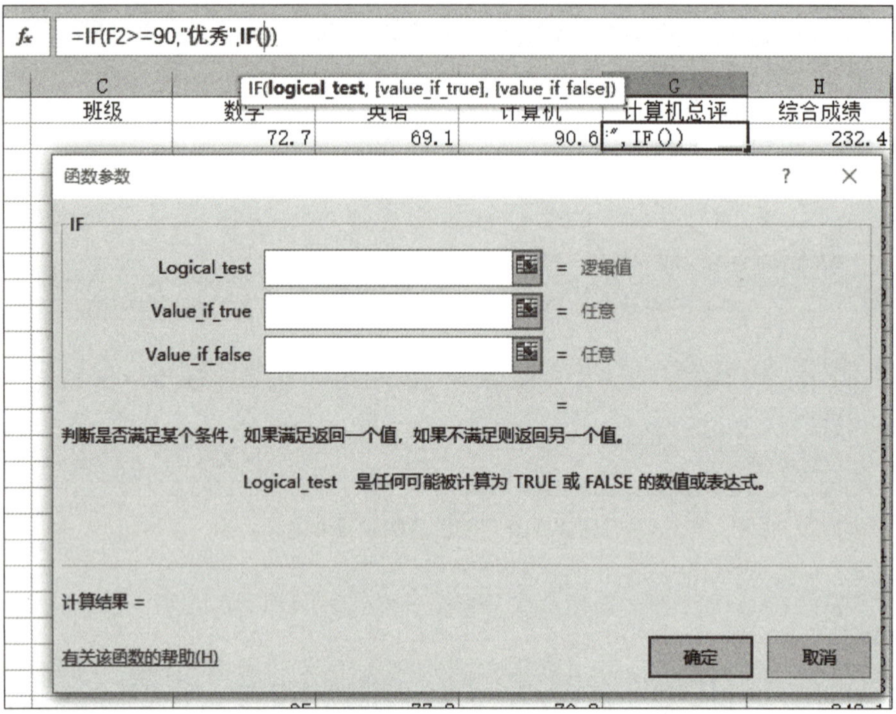

图 3-111　光标定位到编辑栏中嵌套的第二层 “IF” 函数括号内

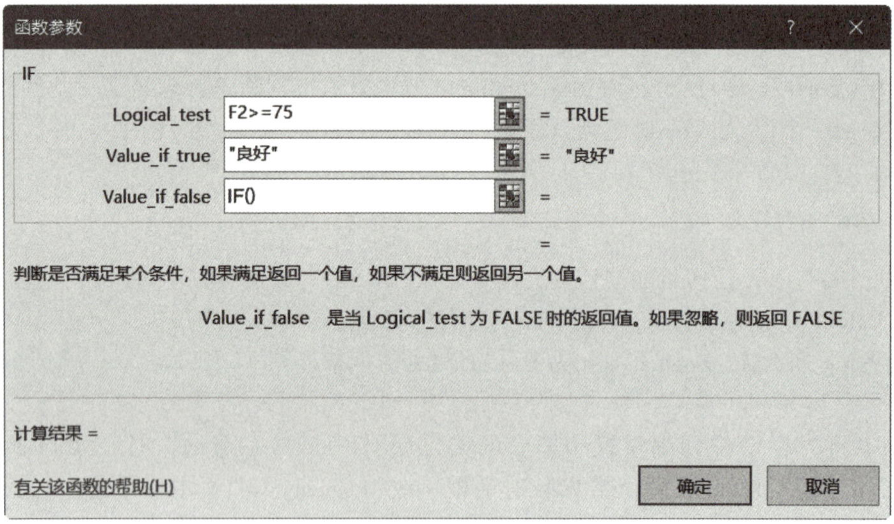

图 3-112　第二层 “IF” 函数参数设置

（6）使用自动填充功能求得其他同学的计算机总评，计算机总评填写结果如图 3-115 所示。

8. 依据 “学生信息” 工作表，利用函数将学生 “姓名” 填入 “成绩汇总” 工作表中的 “姓名” 列中。

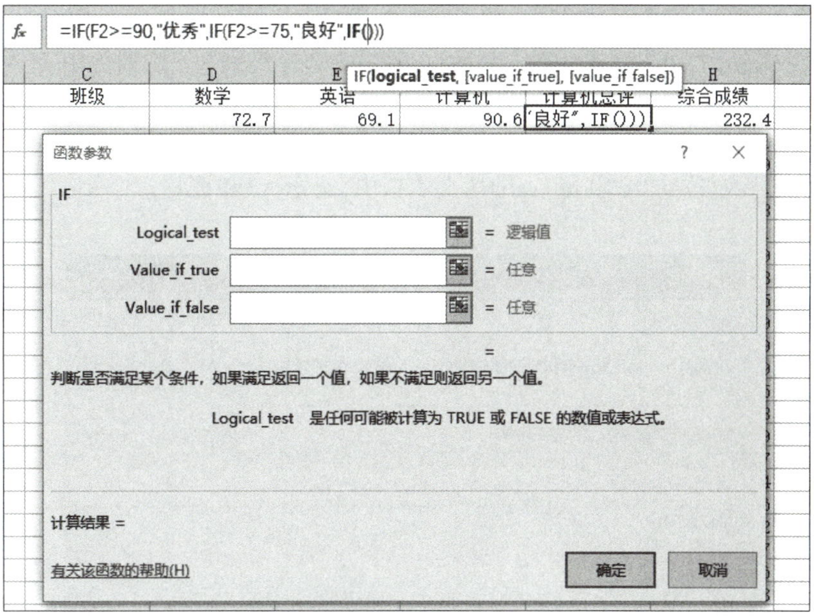

图 3-113　光标定位到编辑栏中嵌套的第三层“IF”函数括号内

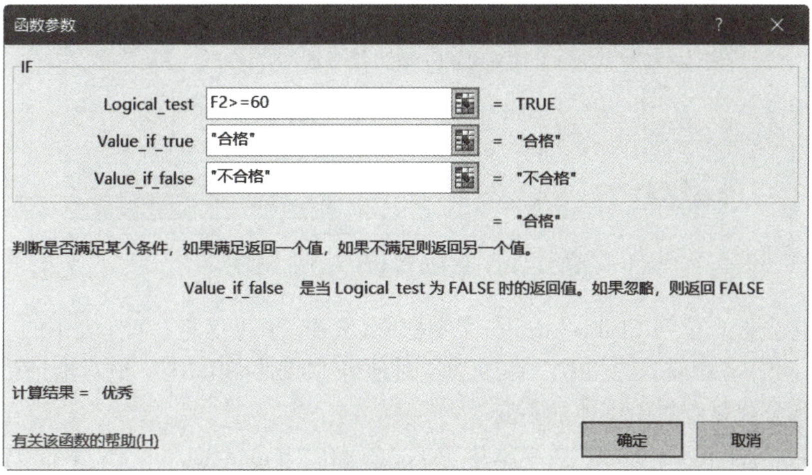

图 3-114　第三层“IF”函数参数设置

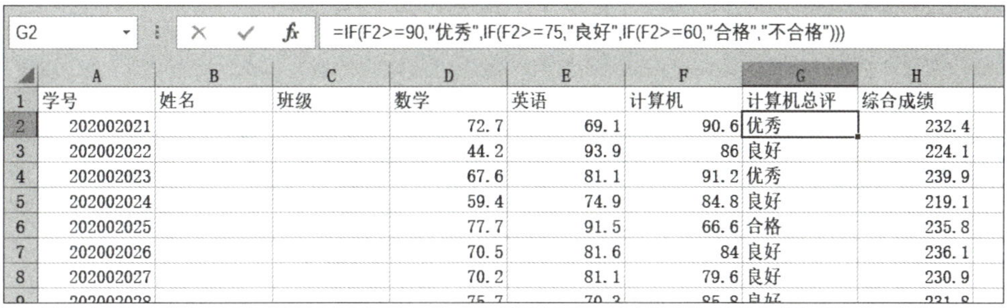

	A	B	C	D	E	F	G	H
1	学号	姓名	班级	数学	英语	计算机	计算机总评	综合成绩
2	202002021			72.7	69.1	90.6	优秀	232.4
3	202002022			44.2	93.9	86	良好	224.1
4	202002023			67.6	81.1	91.2	优秀	239.9
5	202002024			59.4	74.9	84.8	良好	219.1
6	202002025			77.7	91.5	66.6	合格	235.8
7	202002026			70.5	81.6	84	良好	236.1
8	202002027			70.2	81.1	79.6	良好	230.9

图 3-115　计算机总评填写结果

（1）在“成绩汇总”工作表中，选择 B2 单元格，单击编辑栏左侧的“插入函数”按钮，打开“插入函数”对话框，在“或选择类别”下拉列表中选择“查找与引用”，在“选择函数”列表框中选择“VLOOKUP”函数，如图 3-116 所示，单击“确定”按钮，打开“函数参数”对话框。

视频：“VLOOKUP”函数

（2）将光标定位到“Lookup_value”文本框中，选择 A2 单元格。

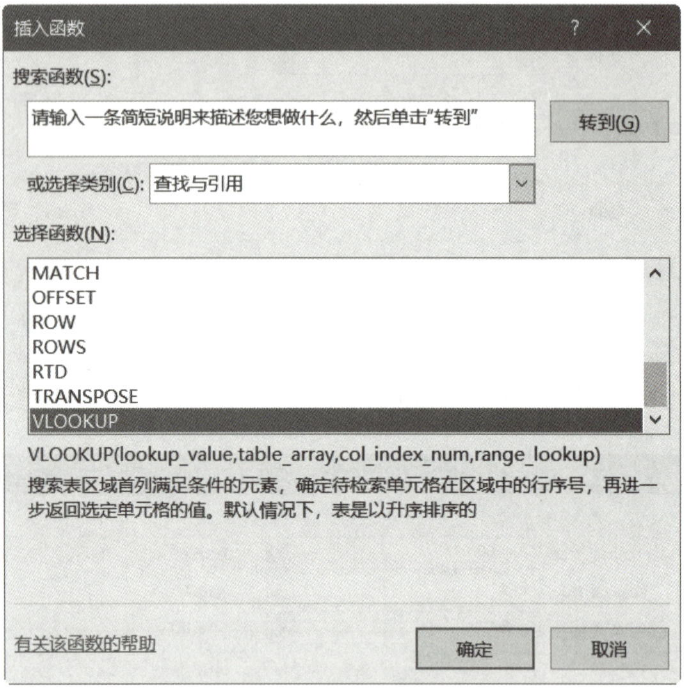

图 3-116　选择“VLOOKUP”函数

（3）将光标定位到“Table_array”文本框中，选择“学生信息”工作表中的 A2: B61 单元格区域。按 F4 键将“A2: B61”修改为绝对地址“$A$2: $B$61”（绝对地址引用是指在进行函数和公式复制时引用地址不变）。

（4）在“Col_index_num”文本框中输入“2”，在“Range_lookup”文本框中输入“0”，如图 3-117 所示，单击“确定”按钮，得到第一条记录的学生姓名。

● 函数详解：

VLOOKUP（Lookup_value，Table_array，Col_index_num，Range_lookup）用于搜索表区域首列满足条件的元素，确定待检索单元格在区域中的行序号，再进一步返回选定单元格的值。默认情况下，表是以升序排序的。

● 参数说明：

Lookup_value：需要在数据表首列进行搜索的值，可以是数值、引用或字符串。

Table_array：要在其中搜索数据的文字、数字或逻辑值表，可以是对区域或区域名称的引用。

Col_index_num：应返回其中匹配值的 Table_array 中的列序号，表中首个值列的序号为 1。

Range_lookup：逻辑值，若要在第一列中查找大致匹配，请使用 TRUE 或省略；若要查找精确匹配，请使用 FALSE。

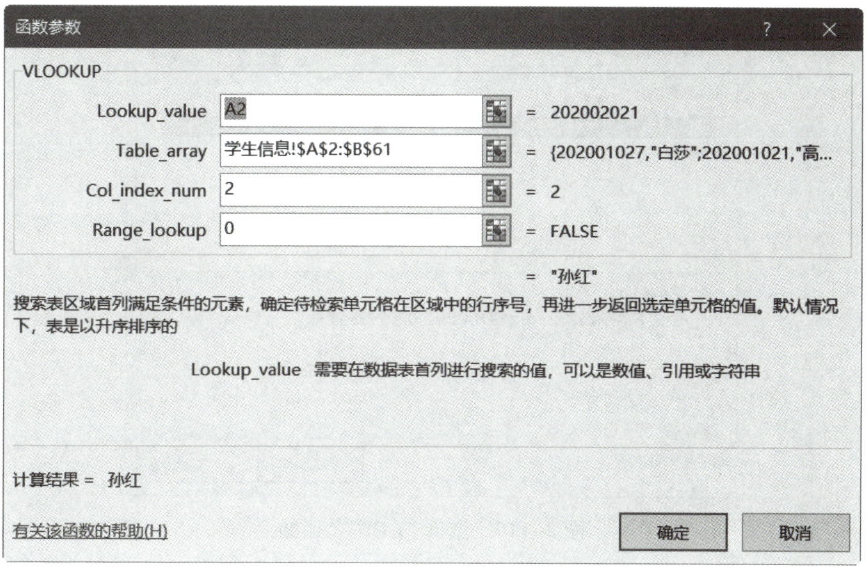

图 3-117 “VLOOKUP”函数参数设置

（5）使用自动填充功能对“姓名”列其他单元格进行填充，姓名填入结果如图 3-118 所示。

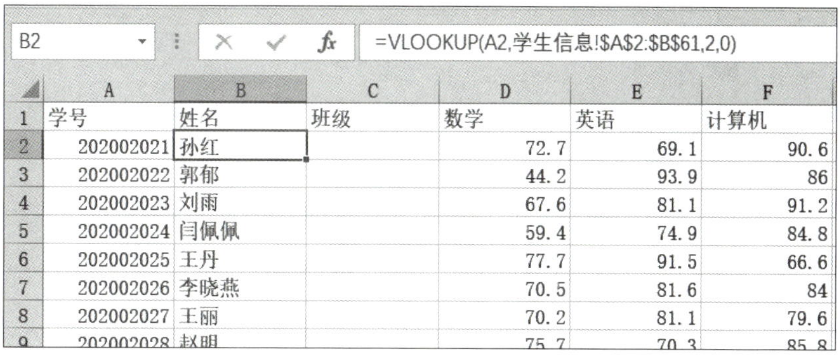

	A	B	C	D	E	F
1	学号	姓名	班级	数学	英语	计算机
2	202002021	孙红		72.7	69.1	90.6
3	202002022	郭郁		44.2	93.9	86
4	202002023	刘雨		67.6	81.1	91.2
5	202002024	闫佩佩		59.4	74.9	84.8
6	202002025	王丹		77.7	91.5	66.6
7	202002026	李晓燕		70.5	81.6	84
8	202002027	王丽		70.2	81.1	79.6
9	202002028	赵明		75.7	70.3	85.8

图 3-118 姓名填入结果

9. 在“成绩汇总”工作表中，通过函数提取学生所在年级和班级，学号的第 1—4 位代表学生所在年级，学号的第 6 位代表学生所在班级，“1”对应班级名称为“1 班”，“2”对应班级名称为“2 班”。

（1）在 C 列左侧插入一列，在 C1 单元格中输入“年级”。

（2）选择 C2 单元格，单击编辑栏左侧的“插入函数”按钮，打开“插入函数”对话框。在“搜索函数”文本框中输入“left”，单击“转到”按钮。在“选择函数”列表框中选择“LEFT”函数，如图 3-119 所示，单击“确定”按钮，打开“函数参数”对话框。

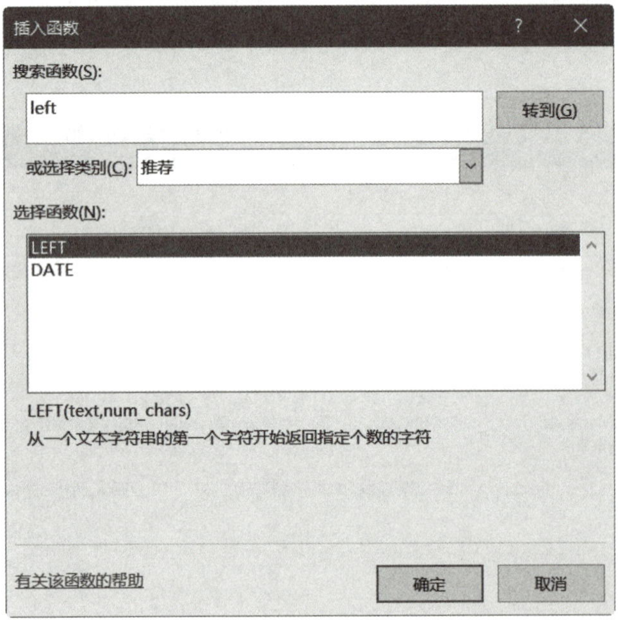

图 3-119　选择“LEFT”函数

（3）将光标定位到“Text”文本框中，选择 A2 单元格，在“Num_chars”文本框中输入“4”，如图 3-120 所示，单击“确定”按钮，求出第一个人所在的年级。

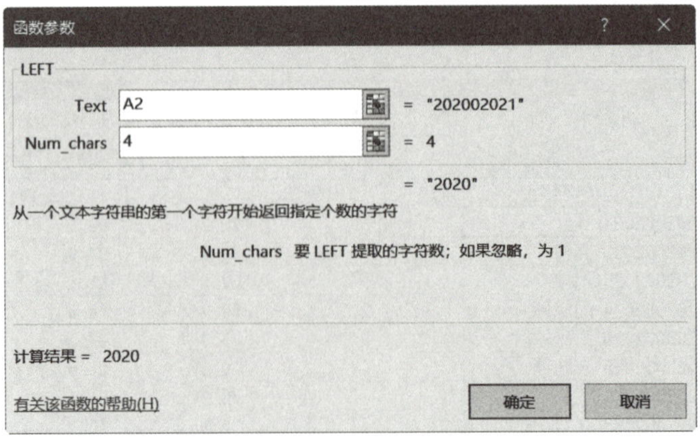

图 3-120　“LEFT”函数参数设置

● 函数详解：

LEFT (Text，Num_chars) 用于从一个文本字符串的第一个字符开始返回指定个数的字符。

● 参数说明：

Text：要提取字符的字符串。

Num_chars：要 LEFT 提取的字符数；如果忽略，为 1。

（4）选择 D2 单元格，单击编辑栏左侧的“插入函数”按钮，打开“插入函数”对话框，在“搜索函数”文本框中输入“mid”，单击“转到”按钮。在“选择函数”列表框中选择“MID”函数，单击“确定”按钮，打开“函数参数”对话框。

（5）将光标定位到“Text”文本框中，选择 A2 单元格，在“Start_num”文本框中输入“6”，在“Num_chars”文本框中输入“1”，如图 3-121 所示，单击“确定”按钮，求出第一个人所在的班级，如图 3-122 所示。

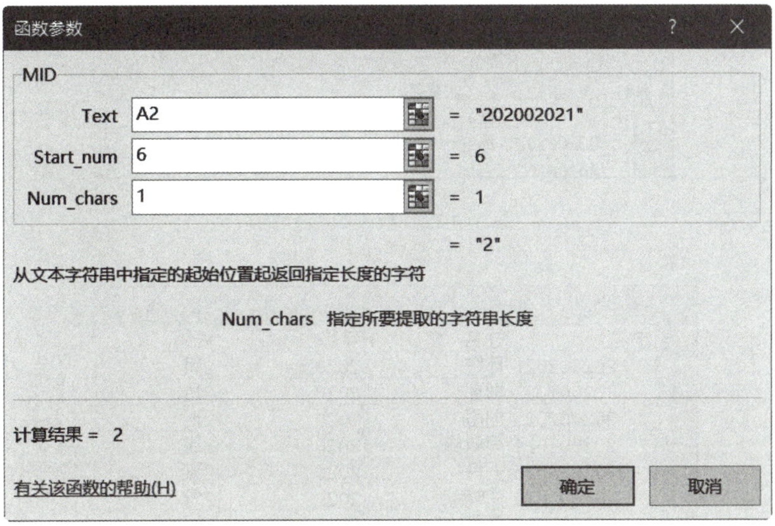

图 3-121 “MID”函数参数设置

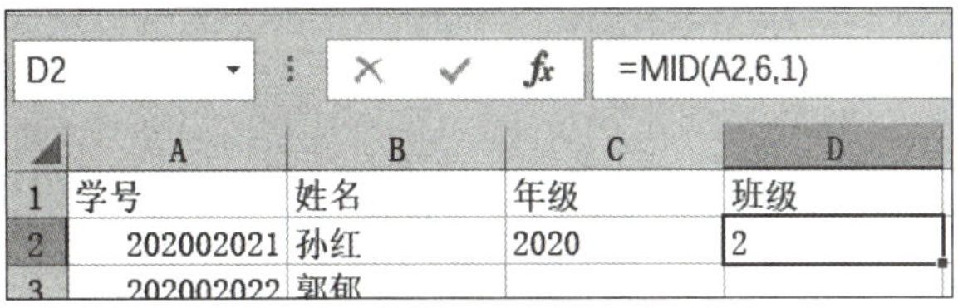

图 3-122 求出第一个人所在的年级和班级

● 函数详解：

MID(Text, Start_num, Num_chars)用于从文本字符串中指定的起始位置起返回指定长度的字符。

● 参数说明：

Text：准备从中提取字符串的文本字符串。

Start_num：准备提取的第一个字符的位置，Text 中第一个字符为 1。

Num_chars：指定所要提取的字符串长度。

（6）选择 D2 单元格，在编辑栏的“MID”函数后输入“&" 班 "”（输入引号时切换至英文半角输入法状态），如图 3-123 所示，按 Enter 键确定输入。

（7）使用自动填充功能对“年级”和“班级”列其他单元格进行填充，年级和班级提取结果如图 3-124 所示。

10. 调整所有列水平居中，保存文件，学生成绩处理最终效果如图 3-125 所示。

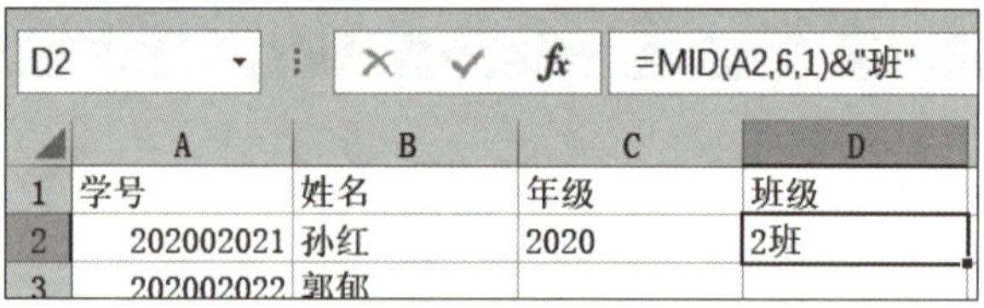

D2　=MID(A2,6,1)&"班"

	A	B	C	D
1	学号	姓名	年级	班级
2	202002021	孙红	2020	2班
3	202002022	郭郁		

图 3-123　修改班级公式

	A	B	C	D
1	学号	姓名	年级	班级
2	202002021	孙红	2020	2班
3	202002022	郭郁	2020	2班
4	202002023	刘雨	2020	2班
5	202002024	闫佩佩	2020	2班
6	202002025	王丹	2020	2班
7	202002026	李晓燕	2020	2班
8	202002027	王丽	2020	2班
9	202002028	赵明	2020	2班
10	202002029	刘军	2020	2班
11	202002030	吴磊	2020	2班
12	202001010	江晓勇	2020	1班
13	202001011	郭洋	2020	1班
14	202001012	郭杰	2020	1班
15	202001013	谢如雪	2020	1班
16	202001014	方斐艳	2020	1班
17	202001015	莫一明	2020	1班

图 3-124　年级和班级提取结果

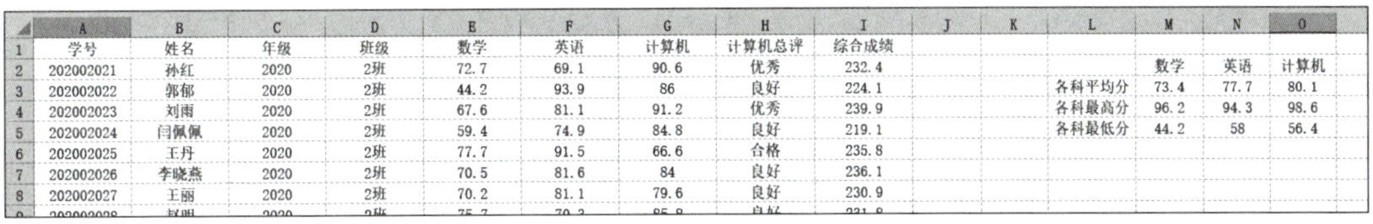

	A	B	C	D	E	F	G	H	I	J	K	L	M	N	O
1	学号	姓名	年级	班级	数学	英语	计算机	计算机总评	综合成绩						
2	202002021	孙红	2020	2班	72.7	69.1	90.6	优秀	232.4				数学	英语	计算机
3	202002022	郭郁	2020	2班	44.2	93.9	86	良好	224.1			各科平均分	73.4	77.7	80.1
4	202002023	刘雨	2020	2班	67.6	81.1	91.2	优秀	239.9			各科最高分	96.2	94.3	98.6
5	202002024	闫佩佩	2020	2班	59.4	74.9	84.8	良好	219.1			各科最低分	44.2	58	56.4
6	202002025	王丹	2020	2班	77.7	91.5	66.6	合格	235.8						
7	202002026	李晓燕	2020	2班	70.5	81.6	84	良好	236.1						
8	202002027	王丽	2020	2班	70.2	81.1	79.6	良好	230.9						

图 3-125　学生成绩处理最终效果

实例二　订单数据统计

学习目标及要求

熟练掌握常用统计函数的使用方法。

了解条件格式高级应用。

学习内容及操作步骤

1. 打开该实例素材文件夹中的“产品订单数据 .xlsx”文件。

2. 依据“单价”工作表，利用函数将产品单价填入“订单明细”工作表中的“单价”列中。

（1）在“订单明细”工作表中，选择 E2 单元格，单击编辑栏左侧的“插入函数”按钮，插入“VLOOKUP”函数，打开“函数参数”对话框。

（2）“Lookup_value”参数选择 D2 单元格，“Table_array”参数选择“单价”工作表中的 A2:B15 单元格区域，按 F4 键将“A2:B15”修改为绝对地址“$A$2:$B$15”，“Col_index_num”参数输入“2”，“Range_lookup”参数输入“0”，如图 3-126 所示，单击“确定”按钮，得到第一行产品的单价。

（3）使用自动填充功能对“单价”列其他单元格进行填充，单价填入结果如图 3-127 所示。

3. 利用公式在金额列填入订单金额，金额 = 单价 × 数量。

选择 G2 单元格，在编辑栏中输入公式“=E2*F2”，按 Enter 键，求出第一行订单的金额，并使用自动填充功能求得其他订单的金额，金额填入结果如图 3-128 所示。

4. 在“订单统计”工作表的 B2:B6 单元格区域，利用函数统计每个客户的订单金额，客户订单金额统计位置如图 3-129 所示。

（1）选择 B2 单元格，单击编辑栏左侧的“插入函数”按钮，打开“插入函数”对话框，在“搜索函数”文本框中输入“sumifs”，单击“转到”按钮。在“选择函数”列表框中选择“SUMIFS”函数，如图 3-130 所示，单击“确定”按钮，打开“函数参数”对话框。

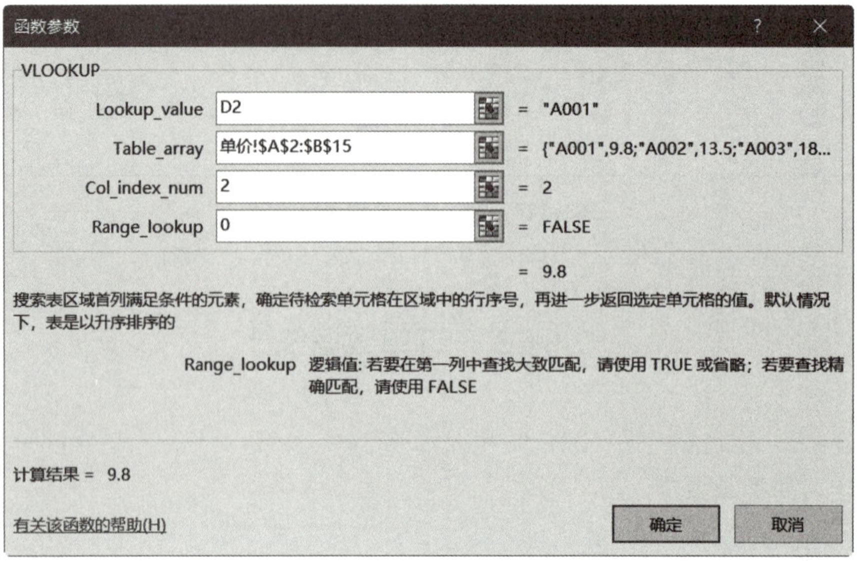

图 3–126　“VLOOKUP”函数参数设置

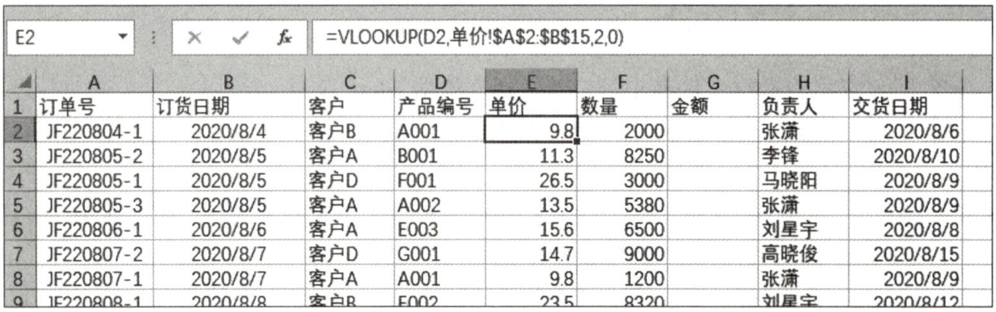

E2　=VLOOKUP(D2,单价!$A$2:$B$15,2,0)

	A	B	C	D	E	F	G	H	I
1	订单号	订货日期	客户	产品编号	单价	数量	金额	负责人	交货日期
2	JF220804-1	2020/8/4	客户B	A001	9.8	2000		张潇	2020/8/6
3	JF220805-2	2020/8/5	客户A	B001	11.3	8250		李锋	2020/8/10
4	JF220805-1	2020/8/5	客户D	F001	26.5	3000		马晓阳	2020/8/9
5	JF220805-3	2020/8/5	客户A	A002	13.5	5380		张潇	2020/8/9
6	JF220806-1	2020/8/6	客户A	E003	15.6	6500		刘星宇	2020/8/8
7	JF220807-2	2020/8/7	客户D	G001	14.7	9000		高晓俊	2020/8/15
8	JF220807-1	2020/8/7	客户A	A001	9.8	1200		张潇	2020/8/9
9	JF220808-1	2020/8/8	客户B	E002	23.5	8320		刘星宇	2020/8/12

图 3–127　单价填入结果

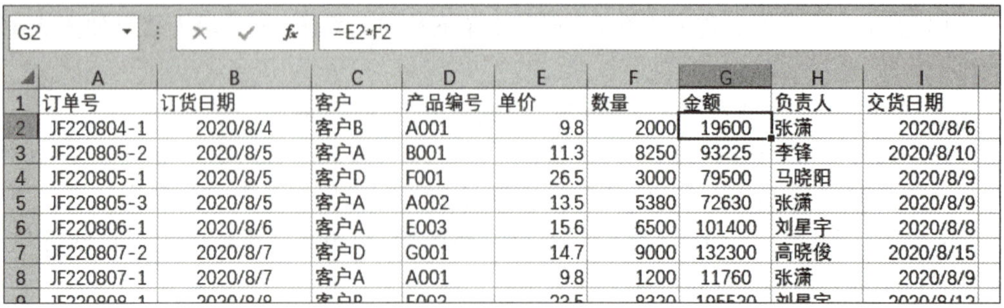

G2　=E2*F2

	A	B	C	D	E	F	G	H	I
1	订单号	订货日期	客户	产品编号	单价	数量	金额	负责人	交货日期
2	JF220804-1	2020/8/4	客户B	A001	9.8	2000	19600	张潇	2020/8/6
3	JF220805-2	2020/8/5	客户A	B001	11.3	8250	93225	李锋	2020/8/10
4	JF220805-1	2020/8/5	客户D	F001	26.5	3000	79500	马晓阳	2020/8/9
5	JF220805-3	2020/8/5	客户A	A002	13.5	5380	72630	张潇	2020/8/9
6	JF220806-1	2020/8/6	客户A	E003	15.6	6500	101400	刘星宇	2020/8/8
7	JF220807-2	2020/8/7	客户D	G001	14.7	9000	132300	高晓俊	2020/8/15
8	JF220807-1	2020/8/7	客户A	A001	9.8	1200	11760	张潇	2020/8/9
9	JF220808-1	2020/8/8	客户B	E002	23.5	8320	195520	刘星宇	2020/8/12

图 3–128　金额填入结果

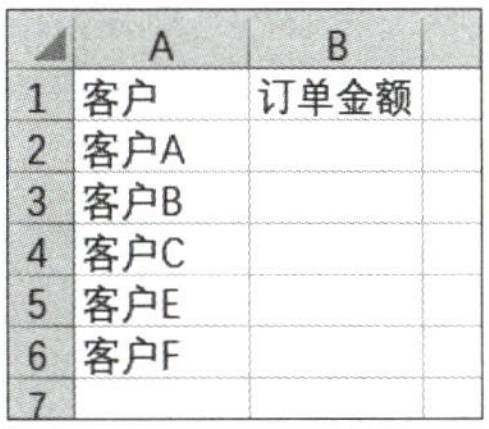

图 3-129 客户订单金额统计位置

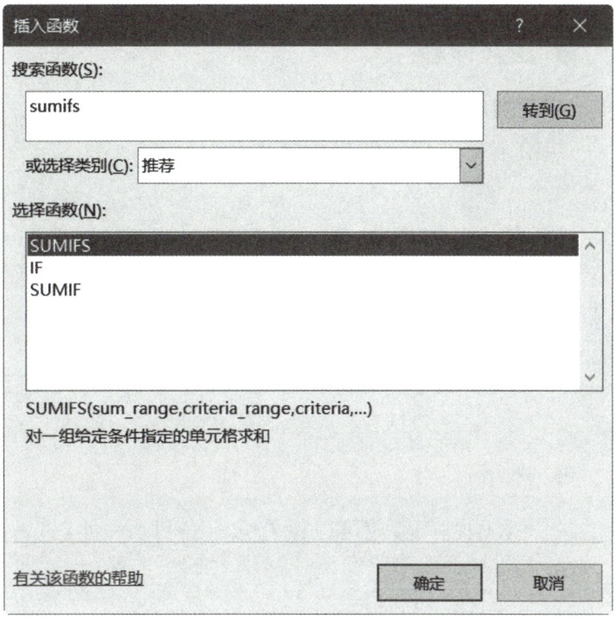

图 3-130 选择“SUMIFS”函数

（2）将光标定位到“Sum_range”文本框中，选择“订单明细”工作表中的 G2: G69 单元格区域，按 F4 键将“G2: G69”修改为绝对地址“\$G\$2: \$G\$69”。

（3）将光标定位到“Criteria_range1”文本框中，选择“订单明细”工作表中的 C2: C69 单元格区域，按 F4 键修改为绝对地址引用。

（4）将光标定位到“Criteria1”文本框中，选择 A2 单元格，如图 3-131 所示，单击“确定”按钮，得到第一个客户的订单金额。

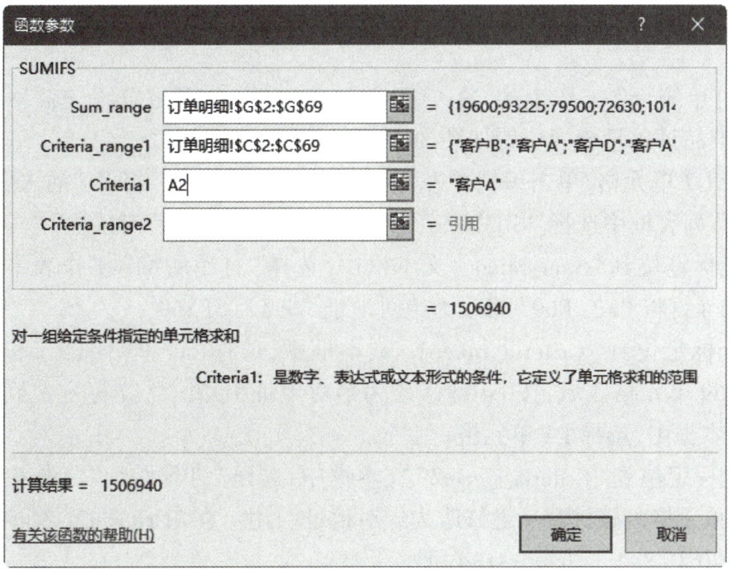

图 3-131 “SUMIFS”函数参数对话框

● **函数详解：**

SUMIFS (Sum_range, Criteria_range1, Criteria1, [Criteria_range2, Criteria2]) 用于对一组给定条件指定的单元格求和。

● **参数说明：**

Sum_range：求和的实际单元格。

Criteria_range1：要为特定条件计算的单元格区域。

Criteria1：数字、表达式或文本形式的条件，它定义了单元格求和的范围。

● **提示：**

"SUMIFS" 函数可以设置多个条件，一对 Criteria_range 和 Criteria 对应一个条件。

（5）使用自动填充功能求得其他客户的订单金额，订单金额统计结果如图 3-132 所示。

B2 =SUMIFS(订单明细!$G$2:$G$69,订单明细!$C$2:$C$69,A2)

	A	B	C	D	E	F	G	H	I
1	客户	订单金额				产品编号	8月订单量	9月订单量	合计
2	客户A	1506940				A001			
3	客户B	1774886				A002			
4	客户C	530819				A003			
5	客户E	970695				B001			
6	客户F	1336391				B002			
7						C001			

图 3-132 订单金额统计结果

5. 在 "订单统计" 工作表的 G2：H15 单元格区域，利用函数统计各种产品 8 月和 9 月的订单量，产品订单量统计位置如图 3-133 所示。

（1）选择 G2 单元格，单击编辑栏左侧的 "插入函数" 按钮，打开 "插入函数" 对话框，在 "选择函数" 列表框中选择 "SUMIFS" 函数，打开 "函数参数" 对话框。

（2）将光标定位到 "Sum_range" 文本框中，选择 "订单明细" 工作表中的 F2：F69 单元格区域，按 F4 键将 "F2：F69" 修改为绝对地址 "$F$2：$F$69"。

（3）将光标定位到 "Criteria_range1" 文本框中，选择 "订单明细" 工作表中的 D2：D69 单元格区域，按 F4 键修改为绝对地址引用。将光标定位到 "Criteria1" 文本框中，选择 F2 单元格。

（4）将光标定位到 "Criteria_range2" 文本框中，选择 "订单明细" 工作表中的 B2：B69 单元格区域，按 F4 键修改为绝对地址引用。在 "Criteria2" 文本框中输入 ">=2020-8-1"，如图 3-134 所示。

视频："SUMIFS" 函数

F	G	H	I
产品编号	8月订单量	9月订单量	合计
A001			
A002			
A003			
B001			
B002			
C001			
C002			
E001			
E002			
E003			
F001			
F002			
G001			
G002			

图 3-133　产品订单量统计位置

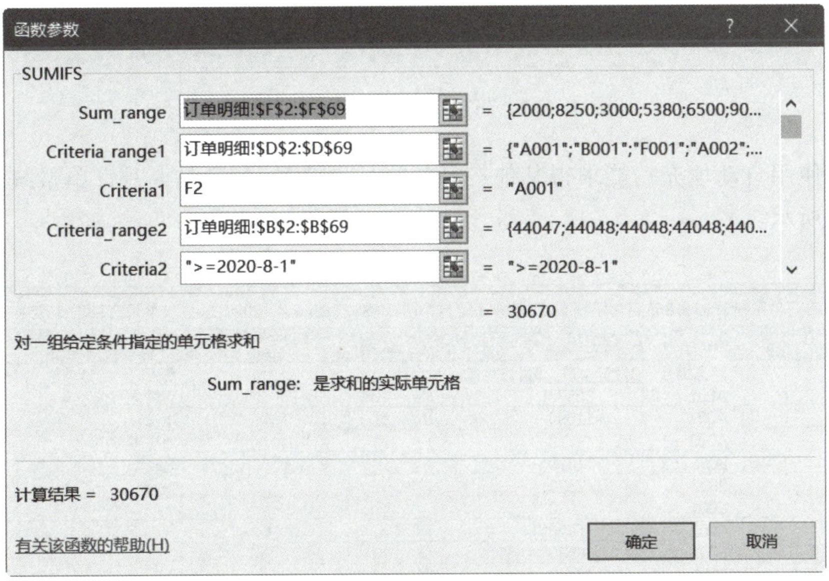

图 3-134　“SUMIFS”函数参数设置 1

● 提示：

在“Criteria2”文本框中输入“>=2020-8-1”时，引号不需要输入，光标定位到其他文本框时，系统自动添加引号。

（5）单击右侧滚动条的向下按钮，会显示参数“Criteria_range3”和“Criteria3”文本框。将光标定位到“Criteria_range3”文本框中，选择“订单明细”工作表中的 B2：B69 单元格区域，按 F4 键修改为绝对地址引用。在“Criteria3”文本框中输入“<2020-9-1”，如图 3-135 所示，单击“确定”按钮，即可求得第一个产品的 8 月订单量。

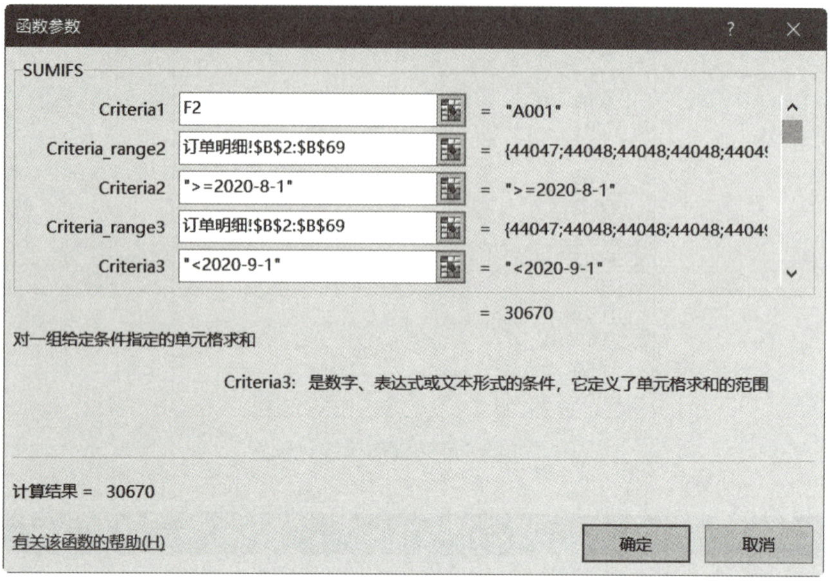

图 3-135　“SUMIFS”函数参数设置 2

（6）使用自动填充功能求得其他产品的 8 月订单量，各产品 8 月订单量统计结果如图 3-136 所示。

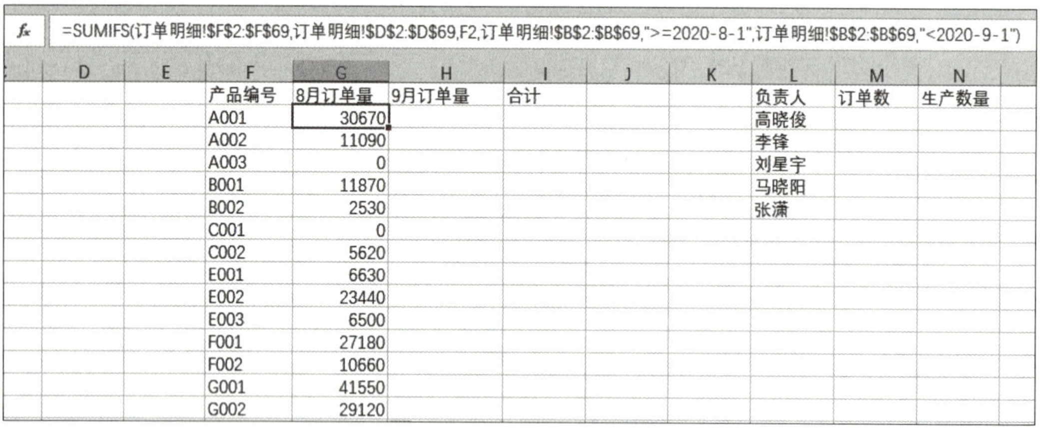

fx =SUMIFS(订单明细!$F$2:$F$69,订单明细!$D$2:$D$69,F2,订单明细!$B$2:$B$69,">=2020-8-1",订单明细!$B$2:$B$69,"<2020-9-1")

D	E	F	G	H	I	J	K	L	M	N
		产品编号	8月订单量	9月订单量	合计			负责人	订单数	生产数量
		A001	30670					高晓俊		
		A002	11090					李锋		
		A003	0					刘星宇		
		B001	11870					马晓阳		
		B002	2530					张潇		
		C001	0							
		C002	5620							
		E001	6630							
		E002	23440							
		E003	6500							
		F001	27180							
		F002	10660							
		G001	41550							
		G002	29120							

图 3-136　各产品 8 月订单量统计结果

（7）各产品 9 月订单量可以通过复制 G2 单元格的公式到 H2 单元格，并适当修改时间条件的起止参数求得，如图 3-137 所示。再使用自动填充功能求得其他产品的 9 月订单量，各产品 9 月订单量统计结果如图 3-138 所示。

6. 利用公式或函数统计各种产品 8 月和 9 月订单量合计，结果如图 3-139 所示。

7. 在“订单统计”工作表的 M2：N6 单元格区域，利用函数统计每个人负责的订单数和生产数量，位置如图 3-140 所示。

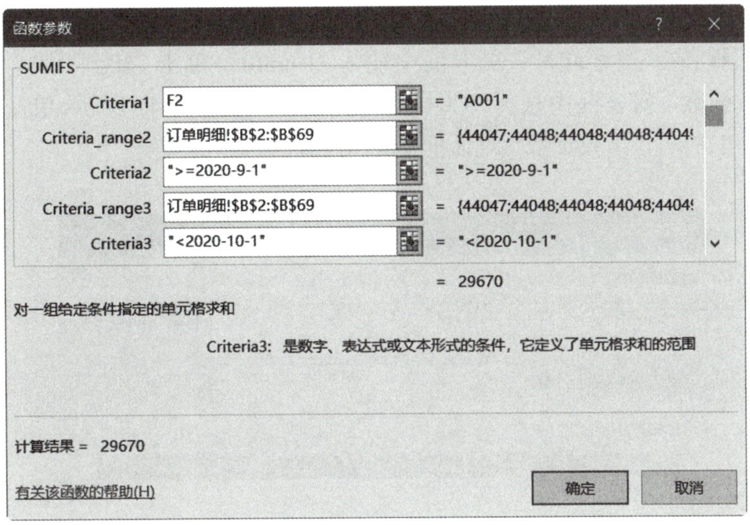

图 3-137 H2 单元格 “SUMIFS” 函数参数修改

fx =SUMIFS(订单明细!$F$2:$F$69,订单明细!$D$2:$D$69,F2,订单明细!$B$2:$B$69,">=2020-9-1",订单明细!$B$2:$B$69,"<2020-10-1")

D	E	F	G	H	I	J	K	L	M	N
		产品编号	8月订单量	9月订单量	合计			负责人	订单数	生产数量
		A001	30670	29670				高晓俊		
		A002	11090	14980				李锋		
		A003	0	8530				刘星宇		
		B001	11870	20730				马晓阳		
		B002	2530	15210				张潇		
		C001	0	9510						
		C002	5620	1320						
		E001	6630	5520						
		E002	23440	20120						
		E003	6500	5300						
		F001	27180	9750						
		F002	10660	24100						
		G001	41550	20620						
		G002	29120	0						

图 3-138 各产品 9 月订单量统计结果

fx =SUM(G2:H2)

D	E	F	G	H	I
		产品编号	8月订单量	9月订单量	合计
		A001	30670	29670	60340
		A002	11090	14980	26070
		A003	0	8530	8530
		B001	11870	20730	32600
		B002	2530	15210	17740
		C001	0	9510	9510
		C002	5620	1320	6940
		E001	6630	5520	12150
		E002	23440	20120	43560
		E003	6500	5300	11800
		F001	27180	9750	36930
		F002	10660	24100	34760
		G001	41550	20620	62170
		G002	29120	0	29120

图 3-139 各产品 8 月和 9 月订单量合计统计结果

L	M	N
负责人	订单数	生产数量
高晓俊		
李锋		
刘星宇		
马晓阳		
张潇		

图 3-140 订单数和生产数量统计位置

（1）选择 M2 单元格，单击编辑栏左侧的“插入函数”按钮，打开“插入函数”对话框，在“搜索函数”文本框中输入“countif”，单击“转到”按钮。在“选择函数”列表框中选择“COUNTIF”函数，如图 3-141 所示，单击“确定”按钮，打开“函数参数”对话框。

视频：“COUNTIF”函数

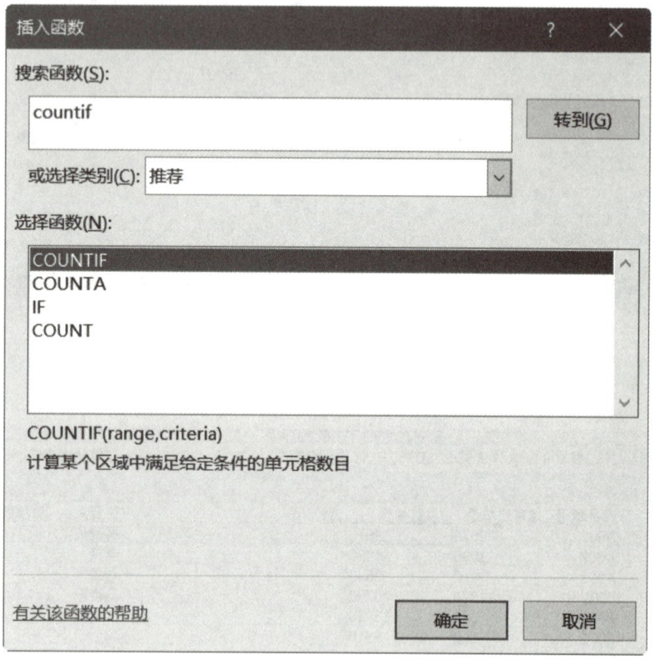

图 3-141　选择“COUNTIF”函数

（2）将光标定位到“Range”文本框中，选择“订单明细”工作表中的 H2:H69 单元格区域，按 F4 键修改为绝对地址引用。将光标定位到“Criteria”文本框中，选择 L2 单元格，如图 3-142 所示，单击“确定”按钮，得到第一个人负责的订单数。

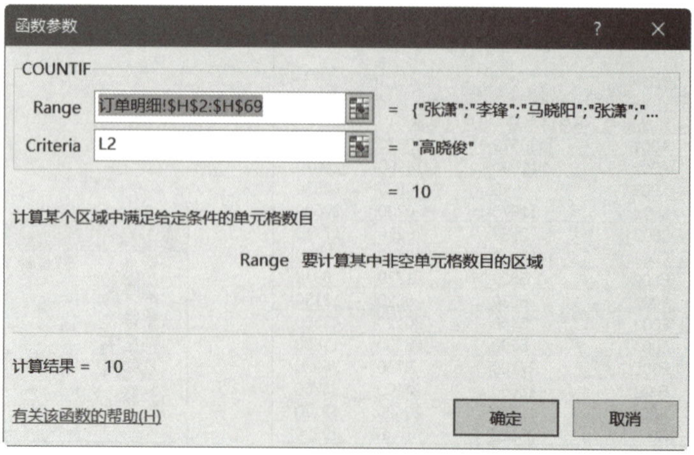

图 3-142　“COUNTIF”函数参数设置

● 函数详解：

COUNTIF（Range，Criteria）用于计算某个区域中满足给定条件的单元格数目。

● 参数说明：

Range：要计算其中非空单元格数目的区域。
Criteria：以数字、表达式或文本形式定义的条件。

（3）使用自动填充功能得到其他人负责的订单数，订单数统计结果如图 3–143 所示。

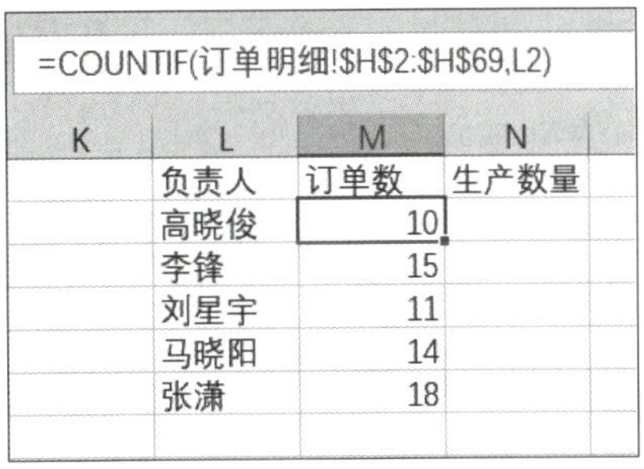

图 3–143　订单数统计结果

（4）使用“SUMIFS”函数和自动填充功能统计每个人负责的生产数量，“SUMIFS”函数参数设置如图 3–144 所示，生产数量统计结果如图 3–145 所示。

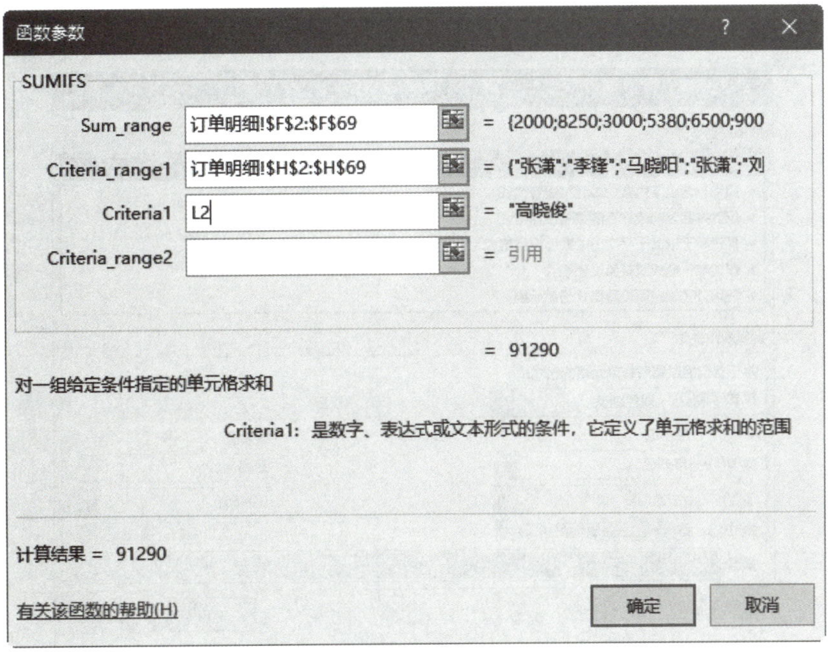

图 3–144　“SUMIFS”函数参数设置

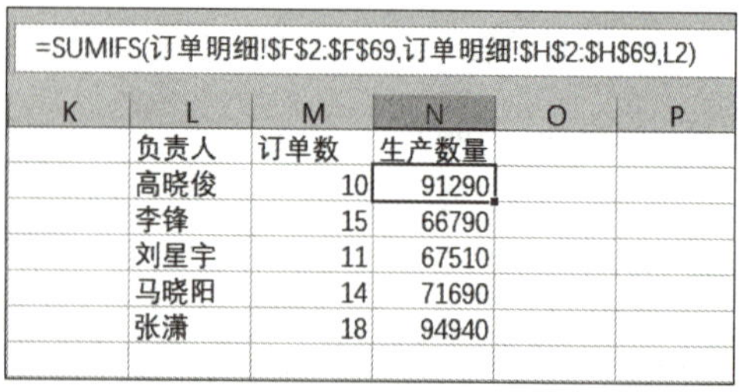

图 3–145　生产数量统计结果

8. 在“订单明细”工作表中，将交货日期与订货日期相差小于 3 天的记录标注黄色底纹。

（1）选择“订单明细”工作表中的 A2∶I69 单元格区域，在“开始”选项卡“样式”组中，单击“条件格式”按钮，在弹出的下拉菜单中选择“新建规则”命令，如图 3–146 所示，打开“新建格式规则”对话框，如图 3–147 所示。

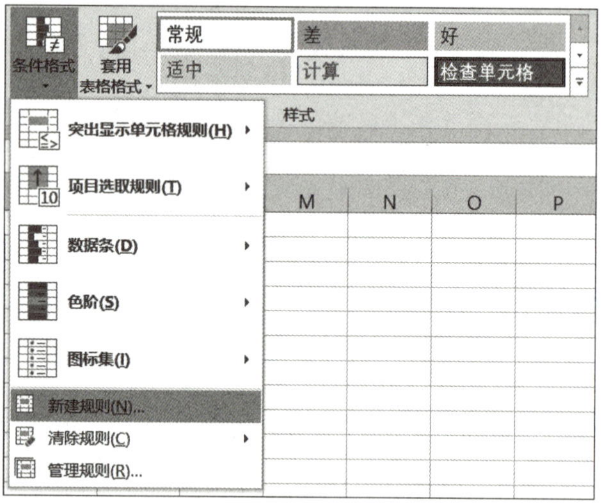

图 3–146　选择“新建规则”命令

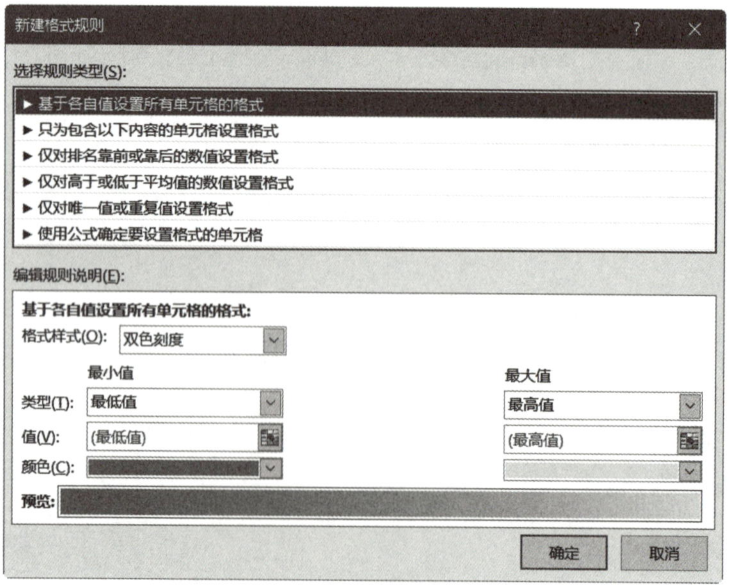

图 3–147　“新建格式规则”对话框

（2）在“选择规则类型”列表框中选择“使用公式确定要设置格式的单元格”。

（3）在“为符合此公式的值设置格式”下方的文本框中输入“=$I2-$B2<3”，或者输入等号后用鼠标选择的方式引用单元格地址得到“=$I$2-$B$2<3”，然后将“2”前的“$”符号删除（这是混合地址应用，列绝对引用而行相对引用，在复制公式时列不变行变），如图 3-148 所示。

（4）单击“格式”按钮，弹出“设置单元格格式”对话框，在“填充”选项卡下设置背景色为标准色“黄色”，单击“确定”按钮，返回“编辑格式规则”对话框，如图 3-149 所示，单击“确定”按钮。设置条件格式后效果如图 3-150 所示。

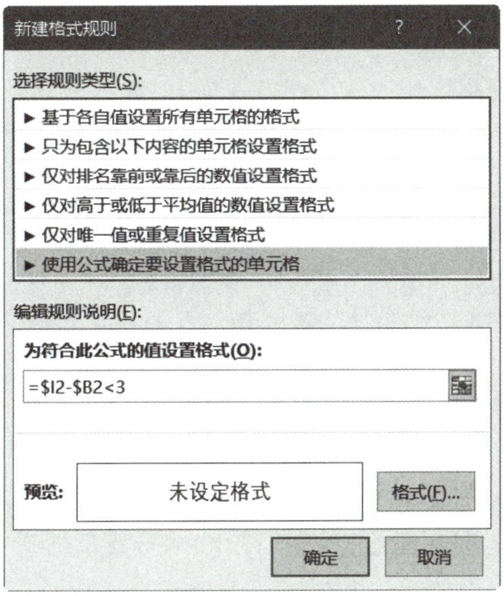

图 3-148 “使用公式确定要设置格式的单元格”规则设置

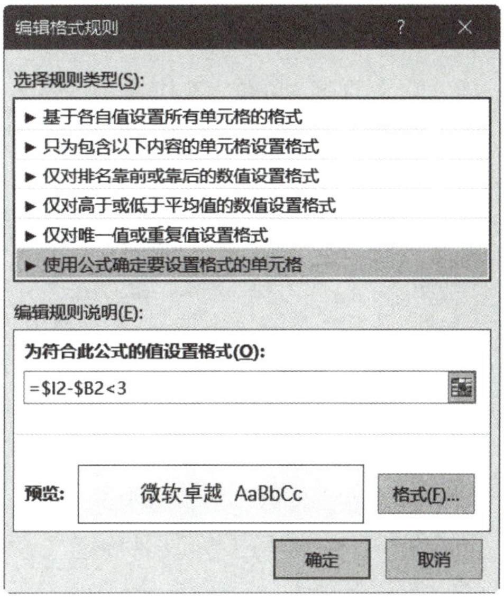

图 3-149 “编辑格式规则”对话框

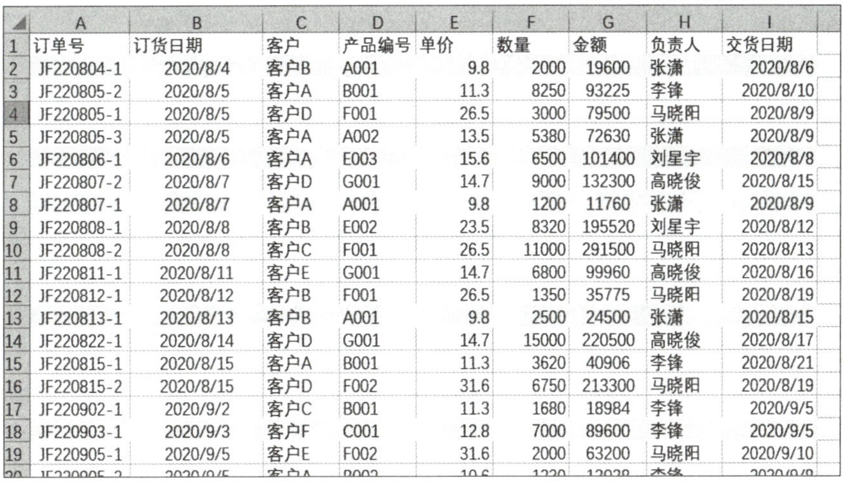

	A	B	C	D	E	F	G	H	I
1	订单号	订货日期	客户	产品编号	单价	数量	金额	负责人	交货日期
2	JF220804-1	2020/8/4	客户B	A001	9.8	2000	19600	张潇	2020/8/6
3	JF220805-2	2020/8/5	客户A	B001	11.3	8250	93225	李锋	2020/8/10
4	JF220805-1	2020/8/5	客户D	F001	26.5	3000	79500	马晓阳	2020/8/9
5	JF220805-3	2020/8/5	客户A	A002	13.5	5380	72630	张潇	2020/8/9
6	JF220806-1	2020/8/6	客户A	E003	15.6	6500	101400	刘星宇	2020/8/8
7	JF220807-2	2020/8/7	客户D	G001	14.7	9000	132300	高晓俊	2020/8/15
8	JF220807-1	2020/8/7	客户A	A001	9.8	1200	11760	张潇	2020/8/9
9	JF220808-1	2020/8/8	客户B	E002	23.5	8320	195520	刘星宇	2020/8/12
10	JF220808-2	2020/8/8	客户C	F001	26.5	11000	291500	马晓阳	2020/8/13
11	JF220811-1	2020/8/11	客户E	G001	14.7	6800	99960	高晓俊	2020/8/16
12	JF220812-1	2020/8/12	客户B	F001	26.5	1350	35775	马晓阳	2020/8/19
13	JF220813-1	2020/8/13	客户B	A001	9.8	2500	24500	张潇	2020/8/15
14	JF220822-1	2020/8/14	客户D	G001	14.7	15000	220500	高晓俊	2020/8/17
15	JF220815-1	2020/8/15	客户A	B001	11.3	3620	40906	李锋	2020/8/21
16	JF220815-2	2020/8/15	客户D	F002	31.6	6750	213300	马晓阳	2020/8/19
17	JF220902-1	2020/9/2	客户C	B001	11.3	1680	18984	李锋	2020/9/5
18	JF220903-1	2020/9/3	客户F	C001	12.8	7000	89600	李锋	2020/9/5
19	JF220905-1	2020/9/5	客户E	F002	31.6	2000	63200	马晓阳	2020/9/10

图 3-150 设置条件格式后效果

9. 保存文件。

拓展训练　办公用品采购统计

综合运用所学知识并查阅相关资料，对办公用品采购数据进行统计。

1. 打开该训练素材文件夹中的“办公用品采购 .xlsx”文件。
2. 将“单价”工作表的 A2：C18 单元格区域定义名称为“价格表”。

提示：

（1）选择“单价”工作表中的 A2：C18 单元格区域，在“公式”选项卡“定义的名称”组中，单击“定义名称”按钮，如图 3-151 所示，打开“新建名称”对话框。

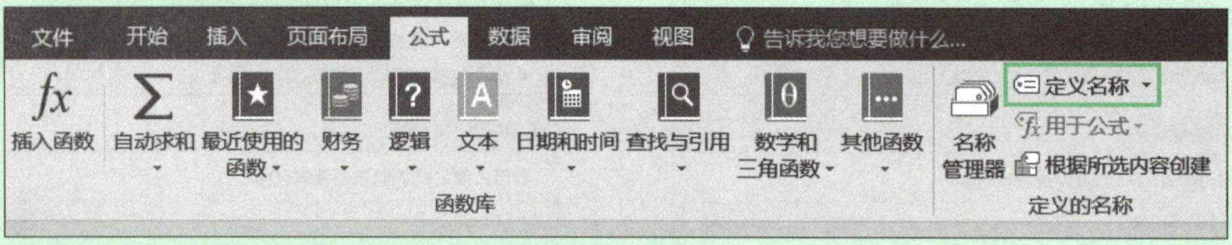

图 3-151　单击“定义名称”按钮

（2）在“名称”文本框中输入“价格表”，如图 3-152 所示，单击“确定”按钮，完成名称定义。若需要修改名称定义，可单击“名称管理器”按钮，打开“名称管理器”对话框进行修改。

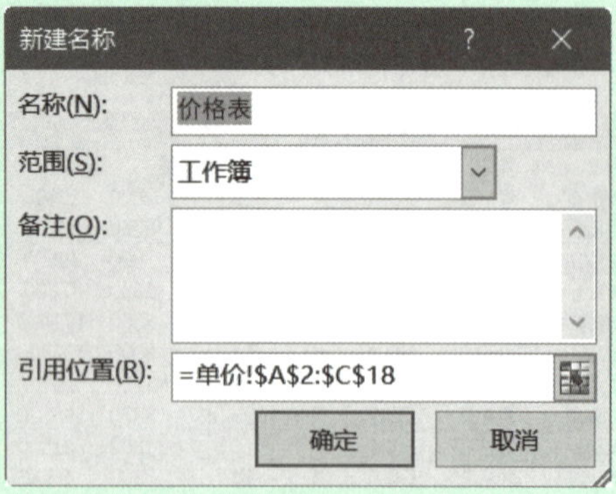

图 3-152　在“名称”文本框中输入“价格表”

3. 依据“单价”工作表，利用函数将办公用品的类别和单价填入“采购明细”工作表的相应列中。

● 提示：

（1）使用“VLOOKUP”函数和自动填充功能求得办公用品的类别，参数设置如图 3-153 所示（“Table_array”参数在选择 A2:C18 单元格区域时会自动引用定义的名称），类别填入结果如图 3-154 所示。

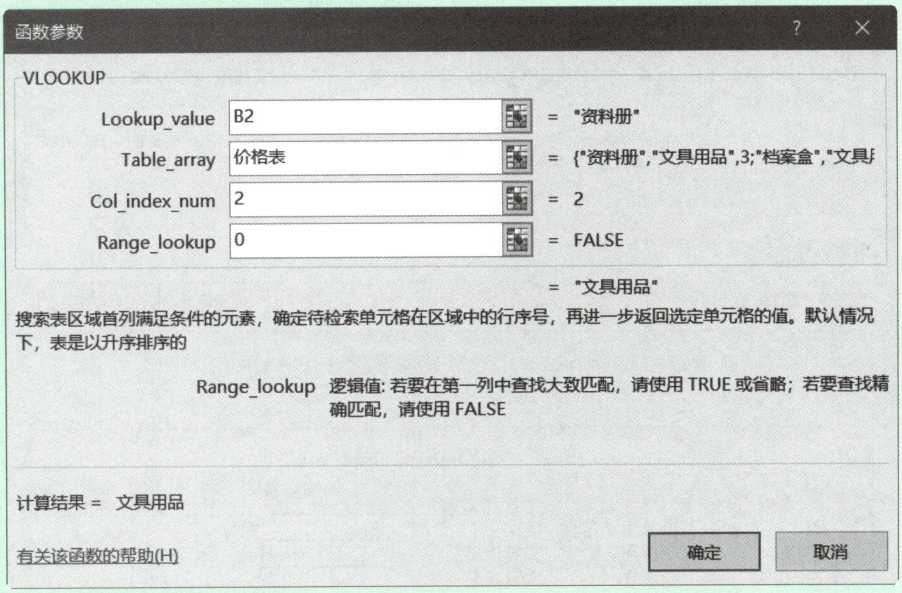

图 3-153 “VLOOKUP”函数参数设置（求类别）

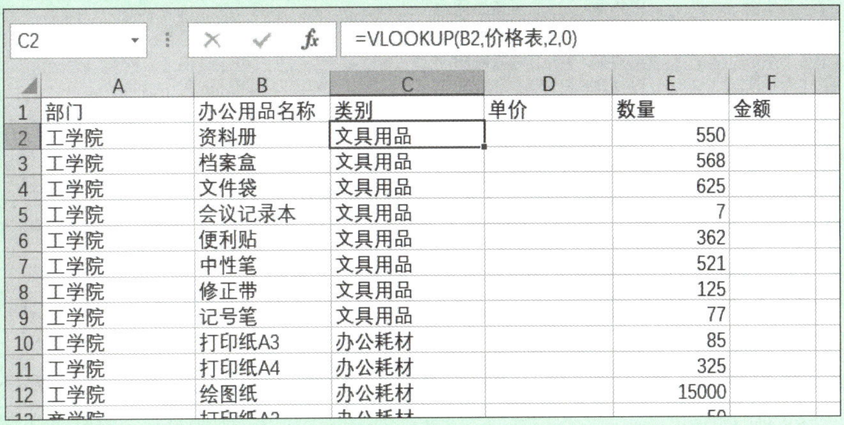

	A	B	C	D	E	F
1	部门	办公用品名称	类别	单价	数量	金额
2	工学院	资料册	文具用品		550	
3	工学院	档案盒	文具用品		568	
4	工学院	文件袋	文具用品		625	
5	工学院	会议记录本	文具用品		7	
6	工学院	便利贴	文具用品		362	
7	工学院	中性笔	文具用品		521	
8	工学院	修正带	文具用品		125	
9	工学院	记号笔	文具用品		77	
10	工学院	打印纸A3	办公耗材		85	
11	工学院	打印纸A4	办公耗材		325	
12	工学院	绘图纸	办公耗材		15000	

图 3-154 类别填入结果

（2）使用“VLOOKUP”函数和自动填充功能求得办公用品的单价，参数设置如图 3-155 所示，单价填入结果如图 3-156 所示。

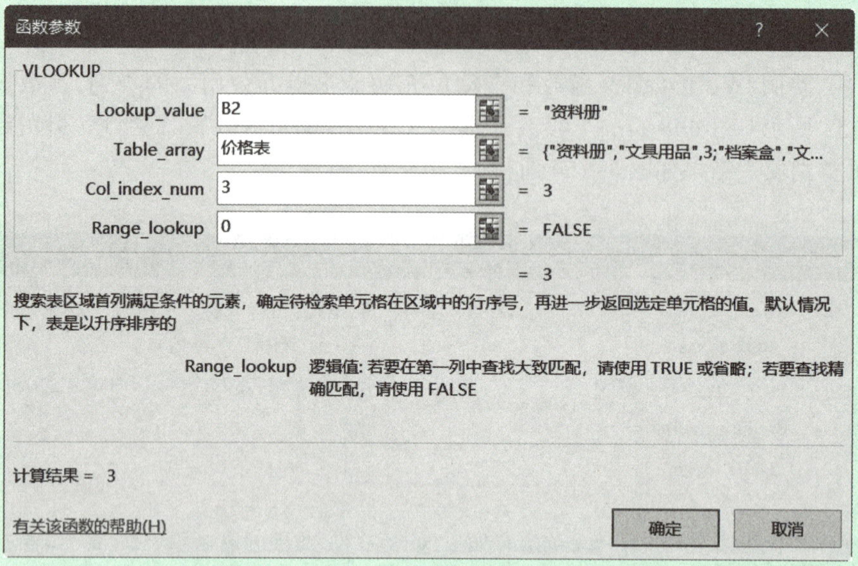

图 3-155　“VLOOKUP”函数参数设置（求单价）

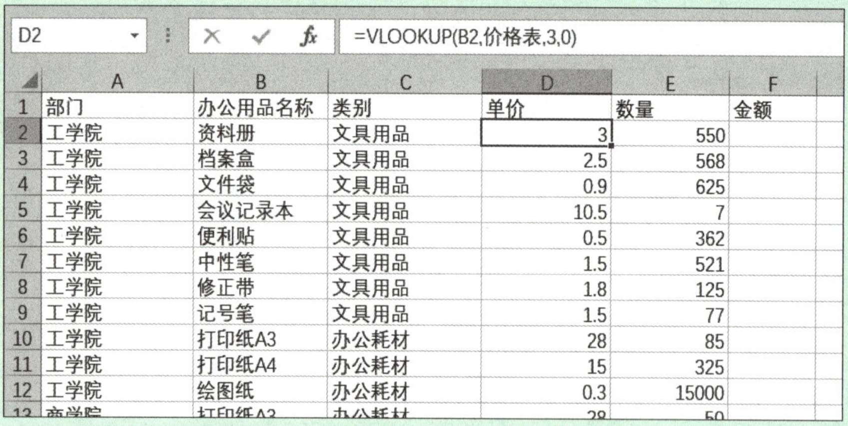

	A	B	C	D	E	F
1	部门	办公用品名称	类别	单价	数量	金额
2	工学院	资料册	文具用品	3	550	
3	工学院	档案盒	文具用品	2.5	568	
4	工学院	文件袋	文具用品	0.9	625	
5	工学院	会议记录本	文具用品	10.5	7	
6	工学院	便利贴	文具用品	0.5	362	
7	工学院	中性笔	文具用品	1.5	521	
8	工学院	修正带	文具用品	1.8	125	
9	工学院	记号笔	文具用品	1.5	77	
10	工学院	打印纸A3	办公耗材	28	85	
11	工学院	打印纸A4	办公耗材	15	325	
12	工学院	绘图纸	办公耗材	0.3	15000	

图 3-156　单价填入结果

4. 利用公式和自动填充功能在“金额”列填入金额，金额 = 单价 × 数量，金额填入结果如图 3-157 所示。

5. 在 K2:K18 单元格区域，使用“SUMIFS”函数统计每种办公用品的总数量，统计结果如图 3-158 所示。

6. 在 N2:N4 单元格区域，使用“SUMIFS”函数统计每种类别办公用品的金额，统计结果如图 3-158 所示。

7. 在 N9:N11 单元格区域，使用“SUMIFS”函数统计各部门的金额，并使用“IF”函数判断是否超标（金额超过 20 000 即为超标），统计结果如图 3-158 所示。

8. 保存文件。

F2 =D2*E2

	A	B	C	D	E	F
1	部门	办公用品名称	类别	单价	数量	金额
2	工学院	资料册	文具用品	3	550	1650
3	工学院	档案盒	文具用品	2.5	568	1420
4	工学院	文件袋	文具用品	0.9	625	562.5
5	工学院	会议记录本	文具用品	10.5	7	73.5
6	工学院	便利贴	文具用品	0.5	362	181
7	工学院	中性笔	文具用品	1.5	521	781.5
8	工学院	修正带	文具用品	1.8	125	225
9	工学院	记号笔	文具用品	1.5	77	115.5
10	工学院	打印纸A3	办公耗材	28	85	2380
11	工学院	打印纸A4	办公耗材	15	325	4875

图 3–157　金额填入结果

J	K	L	M	N	O
办公用品名称	总数量		类别	金额	
资料册	1178		办公耗材	28670	
档案盒	1328		文具用品	11781.9	
文件袋	1620		办公设备	16537	
会议记录本	20				
便利贴	1196				
中性笔	1378				
修正带	233		部门	金额	是否超标
记号笔	117		工学院	22963	是
荧光笔12色	0		商学院	15117	否
打印纸A3	215		人文学院	18908.9	否
打印纸A4	850				
绘图纸	33000				
打印机	4				
投影仪	1				
扫描仪	3				
饮水机	5				
路由器	58				

图 3–158　统计结果

3.4 数据处理

实例一　入学测试成绩处理

学习目标及要求

熟练掌握排序的用法。

熟练掌握自定义筛选的使用方法。

掌握高级筛选的使用方法。

学习内容及操作步骤

1. 打开该实例素材文件夹中的“入学测试成绩 .xlsx”文件。

2. 在“Sheet1”工作表中，将数据按照总分由高到低的顺序排序。

（1）在“Sheet1”工作表中，选择 A2:I102 单元格区域，在“数据”选项卡“排序和筛选”组中，单击“排序”按钮，如图 3-159 所示，打开“排序”对话框。

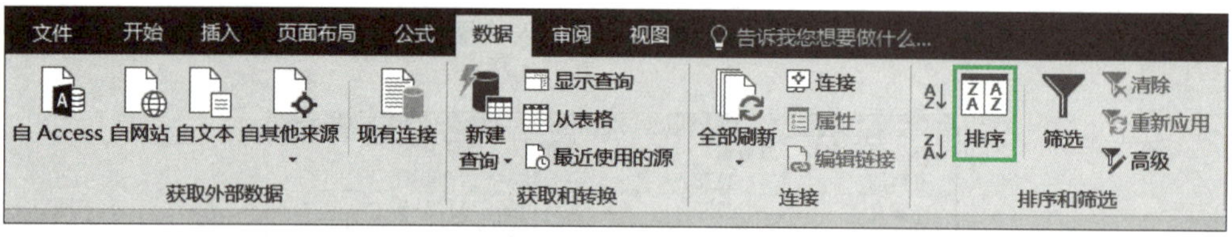

图 3-159　单击“排序”按钮

（2）“主要关键字”选择“总分”，“次序”选择“降序”，如图 3-160 所示，单击“确定”按钮，完成排序。排序结果如图 3-161 所示。

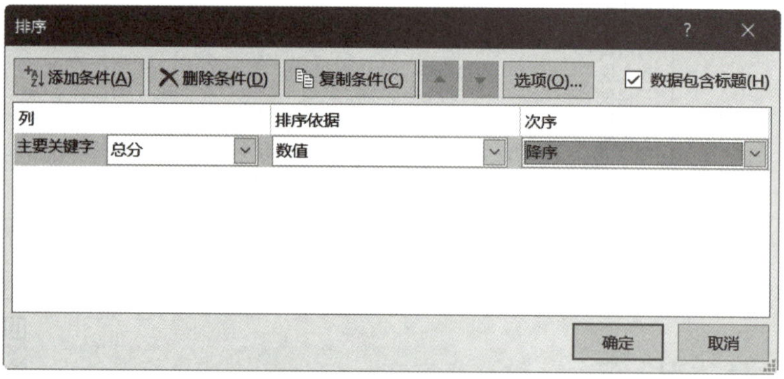

图 3-160　排序设置

入学测试成绩

考号	姓名	性别	班级	语文	数学	英语	综合	总分
22004	曾妍妍	女	1班	102	116	113	93	424
22006	苏翔	男	1班	101	103	104	88	396
22033	陈海峰	男	2班	90	111	116	79	396
22015	陈玉英	女	1班	103	105	105	81	394
22040	侯文波	男	2班	98	106	108	82	394
22072	宋瑜	女	3班	109	108	79	98	394
22016	高爽	女	1班	110	95	98	88	391
22070	李彬彬	男	3班	99	98	101	92	390
22100	张杰	男	3班	98	109	99	83	389
22009	宋子茜	女	1班	95	97	102	91	385
22032	孙丽敏	女	2班	98	110	96	81	385

图 3-161　排序结果

3. 在“Sheet2”工作表中，将数据按总分降序排序，总分相同的记录按照语文成绩降序排序。

（1）在“Sheet2”工作表中，选择 A2:I102 单元格区域，单击“排序”按钮，打开“排序”对话框。

（2）“主要关键字”选择“总分”，“次序”选择“降序”。

（3）单击“添加条件”按钮，增加次要关键字条件。“次要关键字”选择“语文”，“次序”选择“降序”，如图 3-162 所示，单击“确定”按钮，多关键字排序结果如图 3-163 所示。

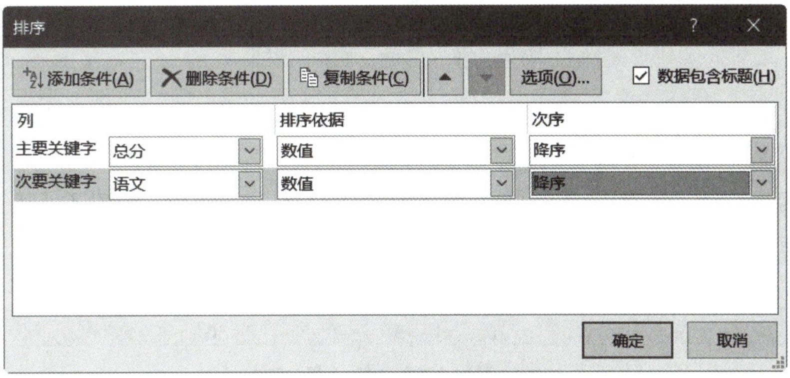

图 3-162　多关键字排序设置

	A	B	C	D	E	F	G	H	I
1	入学测试成绩								
2	考号	姓名	性别	班级	语文	数学	英语	综合	总分
3	22004	曾妍妍	女	1班	102	116	113	93	424
4	22006	苏翔	男	1班	101	103	104	88	396
5	22033	陈海峰	男	2班	90	111	116	79	396
6	22072	宋瑜	女	3班	109	108	79	98	394
7	22015	陈玉英	女	1班	103	105	105	81	394
8	22040	侯文波	男	2班	98	106	108	82	394
9	22016	高爽	女	1班	110	95	98	88	391
10	22070	李彬彬	男	3班	99	98	101	92	390
11	22100	张杰	男	3班	98	109	99	83	389
12	22032	孙丽敏	女	2班	98	110	96	81	385
13	22009	宋子茜	女	1班	95	97	102	91	385
14	22045	周梦飞	男	2班	88	110	109	78	385
15	22005	刘枫	男	1班	101	94	99	90	384
16	22074	吴芳华	女	3班	92	102	92	89	375
17	22011	杨辉	男	1班	88	98	101	88	375

图 3-163　多关键字排序结果

4. 在“Sheet3”工作表中，筛选出数学成绩前五名的记录。

● **提示：**

Excel 中的筛选功能可以快速地筛选出符合需要的数据。

（1）在“Sheet3”工作表中，选择数据区域中任意一个单元格，在“数据”选项卡“排序和筛选”组中，单击“筛选”按钮，如图 3-164 所示，每个字段名右侧即出现字段筛选器按钮。

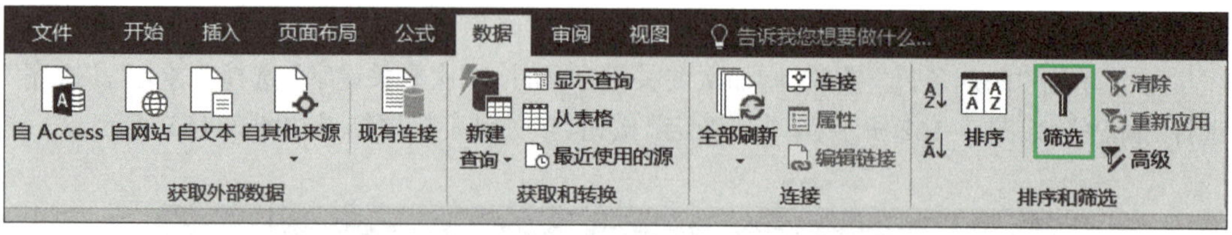

图 3-164 单击“筛选”按钮

（2）单击“数学”字段筛选器按钮，可启动列筛选器，其中列出了“升序”“降序”“按颜色排序”“数字筛选”等选项。

（3）选择“数字筛选”，在级联菜单中选择“前 10 项”命令，如图 3-165 所示，打开“自动筛选前 10 个”对话框。

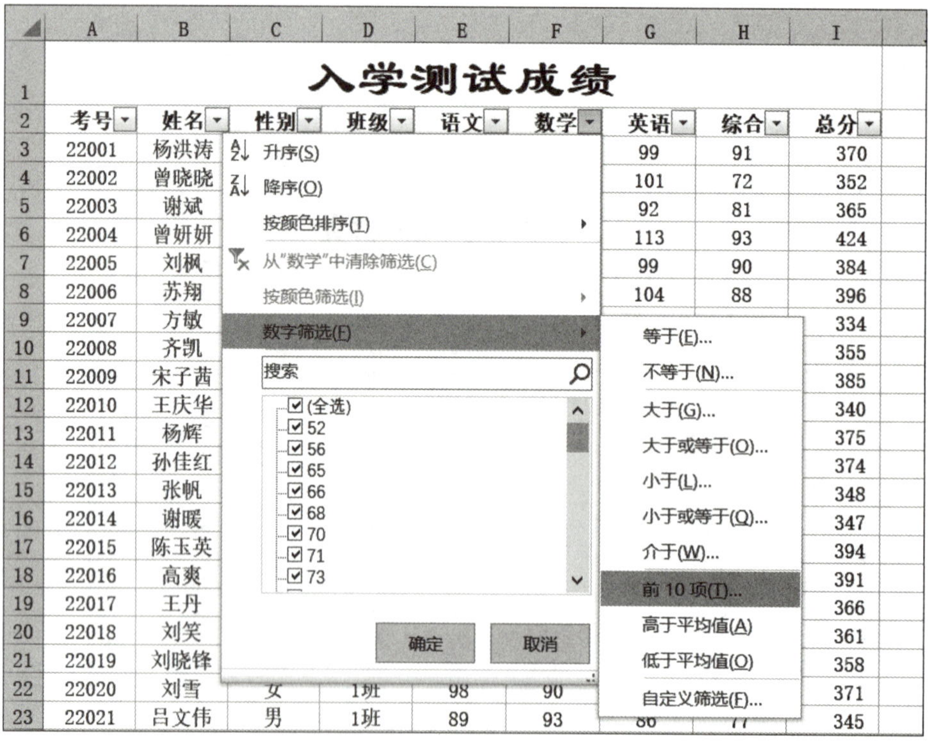

图 3-165 选择“前 10 项”命令

（4）设置“显示”为“最大”“5”“项”，如图 3-166 所示，单击“确定”按钮，即筛选出数学成绩前五的记录，数学成绩筛选结果如图 3-167 所示（这里因有成绩相同的记录，所以筛选出 6 条记录）。

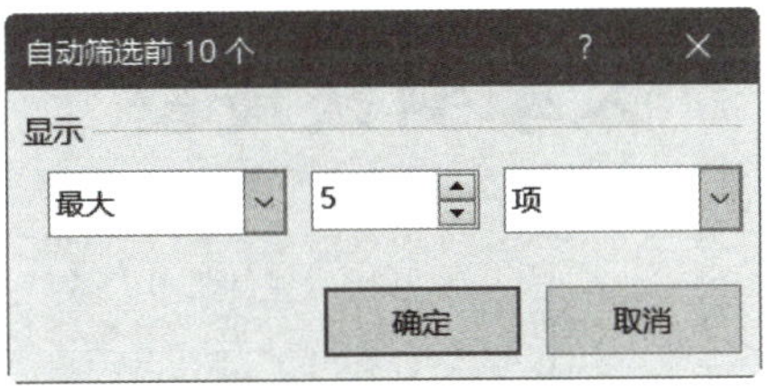

图 3-166 “显示”设置

	A	B	C	D	E	F	G	H	I
1	入学测试成绩								
2	考号	姓名	性别	班级	语文	数学	英语	综合	总分
6	22004	曾妍妍	女	1班	102	116	113	93	424
28	22026	张红	女	1班	87	113	74	86	360
34	22032	孙丽敏	女	2班	98	110	96	81	385
35	22033	陈海峰	男	2班	90	111	116	79	396
47	22045	周梦飞	男	2班	88	110	109	78	385
55	22053	唐琳琳	女	2班	91	112	97	71	371
103									
104									

图 3-167 数学成绩筛选结果

5. 在“Sheet4”工作表中，筛选出语文、数学、英语三科成绩均大于或等于 95 的记录。

（1）在“Sheet4”工作表中，选择数据区域中任意一个单元格，在“数据”选项卡“排序和筛选”组中，单击“筛选”按钮，每个字段名右侧即出现字段筛选器按钮。

（2）单击“语文”字段筛选器按钮，选择“数字筛选”，在级联菜单中选择“大于或等于”命令，打开“自定义自动筛选方式”对话框。在“大于或等于”右侧的文本框中输入 95，如图 3-168 所示，单击“确定”按钮，即筛选出语文成绩大于或等于 95 的记录。

图 3-168 “自定义自动筛选方式”对话框

（3）采用上述方法为数学和英语设置筛选条件。

这样，语文、数学、英语三科成绩均大于或等于 95 的记录筛选完成。数字筛选结果如图 3-169 所示。

	A	B	C	D	E	F	G	H	I
1	入学测试成绩								
2	考号	姓名	性别	班级	语文	数学	英语	综合	总分
6	22004	曾妍妍	女	1班	102	116	113	93	424
8	22006	苏翔	男	1班	101	103	104	88	396
11	22009	宋子茜	女	1班	95	97	102	91	385
17	22015	陈玉英	女	1班	103	105	105	81	394
18	22016	高爽	女	1班	110	95	98	88	391
20	22018	刘笑	男	1班	100	95	95	71	361
34	22032	孙丽敏	女	2班	98	110	96	81	385
42	22040	侯文波	男	2班	98	106	108	82	394
68	22066	张晶莹	女	3班	95	98	101	71	365
72	22070	李彬彬	男	3班	99	98	101	92	390
102	22100	张杰	男	3班	98	109	99	83	389

图 3-169　数字筛选结果

6. 在“Sheet5”工作表中，使用高级筛选功能，筛选出语文、数学、英语三科中至少有一科成绩大于或等于 110 的记录。

（1）在“Sheet5”工作表中，建立条件区域，在条件区域中输入筛选条件，如图 3-170 所示。

L	M	N
语文	数学	英语
>=110		
	>=110	
		>=110

图 3-170　输入筛选条件 1

● 提示：

三个条件“>=110”不在同一行，表示条件“或”的关系，条件区域与列表区域之间需要有间隔。

（2）在“数据”选项卡“排序和筛选”组中，单击“高级”按钮，如图 3-171 所示，打开“高级筛选”对话框。

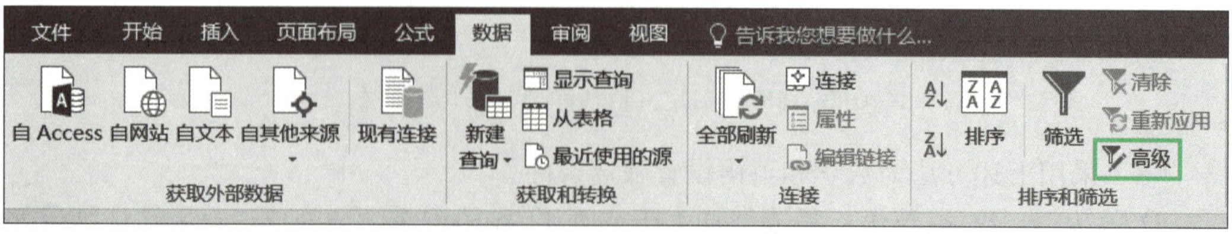

图 3-171　单击“高级”按钮

（3）“列表区域”选择 A2:I102 单元格区域，“条件区域”选择 L3:N6 单元格区域（条件区域位置不同，则选择区域不同），如图 3-172 所示。

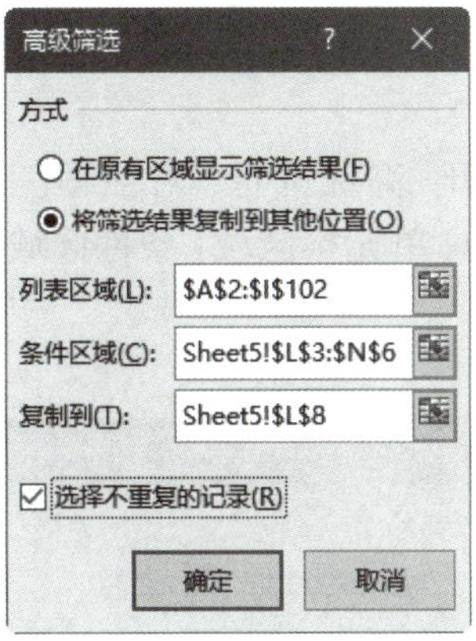

图 3-172 “高级筛选”设置 1

（4）在“方式”列表下，选择“将筛选结果复制到其他位置”，“复制到”选择 L8 单元格（也可自行选择“复制到”的单元格），如图 3-172 所示，单击“确定”按钮，高级筛选结果如图 3-173 所示。

语文	数学	英语						
>=110								
	>=110							
		>=110						
考号	**姓名**	**性别**	**班级**	**语文**	**数学**	**英语**	**综合**	**总分**
22004	曾妍妍	女	1班	102	116	113	93	424
22016	高爽	女	1班	110	95	98	88	391
22026	张红	女	1班	87	113	74	86	360
22032	孙丽敏	女	2班	98	110	96	81	385
22033	陈海峰	男	2班	90	111	116	79	396
22043	陈亮	男	2班	90	80	111	80	361
22045	周梦飞	男	2班	88	110	109	78	385
22053	唐琳琳	女	2班	91	112	97	71	371

图 3-173 高级筛选结果 1

7. 在“Sheet6”工作表中，使用高级筛选功能，筛选出语文、数学、英语三科成绩均大于或等于 95，并且综合大于或等于 85 的记录。

（1）在“Sheet6”工作表中，建立条件区域，在条件区域中输入筛选条件，如图 3-174 所示，条件要求为语文大于或等于 95 分，数学大于或等于 95，英语大于或等于 95，综合大于或等于 85。

L	M	N	O
语文	数学	英语	综合
>=95	>=95	>=95	>=85

图 3-174 输入筛选条件 2

提示：

四个条件“>=95”“>=95”“>=95”和“>=85”在同一行，表示条件“与”的关系，条件区域与列表区域之间需要有间隔。

（2）单击“高级”按钮，打开“高级筛选”对话框。“列表区域”选择 A2:I102 单元格区域，“条件区域”选择 L3:O4 单元格区域（条件区域位置不同，则选择区域不同），如图 3-175 所示。

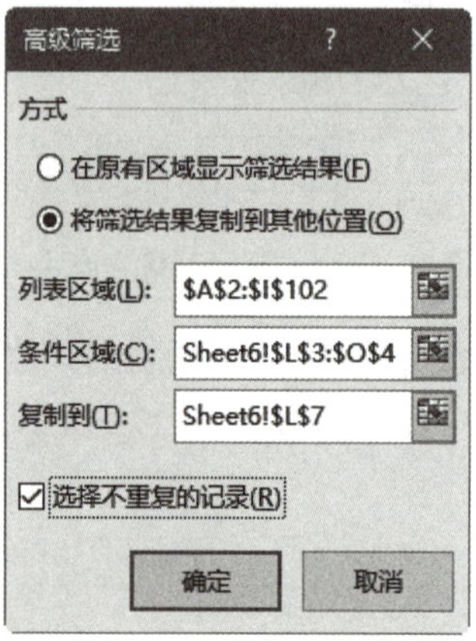

图 3-175　“高级筛选”设置 2

（3）在“方式”列表中，选择“将筛选结果复制到其他位置”，“复制到”选择 L7 单元格（也可自行选择“复制到”的单元格），如图 3-175 所示，单击“确定”按钮，高级筛选结果如图 3-176 所示。

语文	数学	英语	综合					
>=95	>=95	>=95	>=85					
考号	**姓名**	**性别**	**班级**	**语文**	**数学**	**英语**	**综合**	**总分**
22004	曾妍妍	女	1班	102	116	113	93	424
22006	苏翔	男	1班	101	103	104	88	396
22009	宋子茜	女	1班	95	97	102	91	385
22016	高爽	女	1班	110	95	98	88	391
22070	李彬彬	男	3班	99	98	101	92	390

图 3-176　高级筛选结果 2

8. 保存文件。

实例二　手机销售数据处理

学习目标及要求

掌握合并计算的用法。
熟练掌握分类汇总的使用方法。
熟练掌握数据透视表的创建与设置方法。

学习内容及操作步骤

1. 打开该实例素材文件夹中的“手机销售明细表.xlsx”文件。

2. 在“Sheet1”工作表中，利用“上半年手机销售情况”和“下半年手机销售情况”的数据，使用合并计算的方法求出“全年手机销售情况”。

提示：

Excel 中的合并计算功能能够帮助用户将指定单元格区域中的数据按照项目匹配，并对同类数据进行汇总。数据汇总的方式包括求和、计数、平均值、最大值、最小值等。

（1）在“Sheet1”工作表中，选择 A39 单元格，在“数据”选项卡“数据工具”组中，单击“合并计算”按钮，如图 3–177 所示，打开“合并计算”对话框。

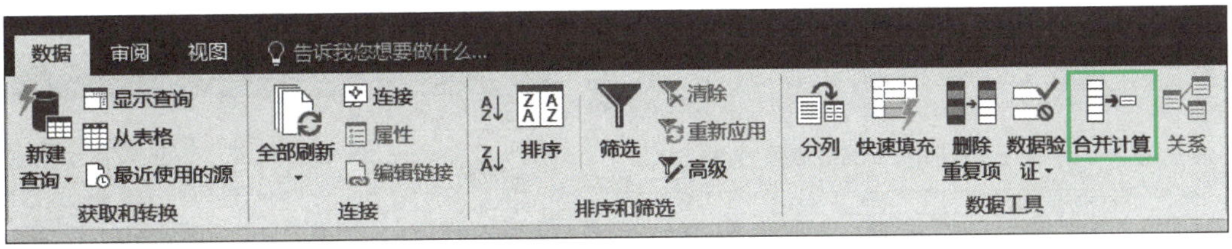

图 3–177　单击“合并计算”按钮

（2）“函数”选择“求和”，“引用位置”选择 A3：E17 单元格区域，如图 3–178 所示。

（3）单击“添加”按钮，将引用位置添加到“所有引用位置”列表框中，如图 3–179 所示。

（4）继续选择下一个引用位置 A21：E35，如图 3–180 所示（也可单击“添加”按钮，将引用位置添加到“所有引用位置”列表框中）。

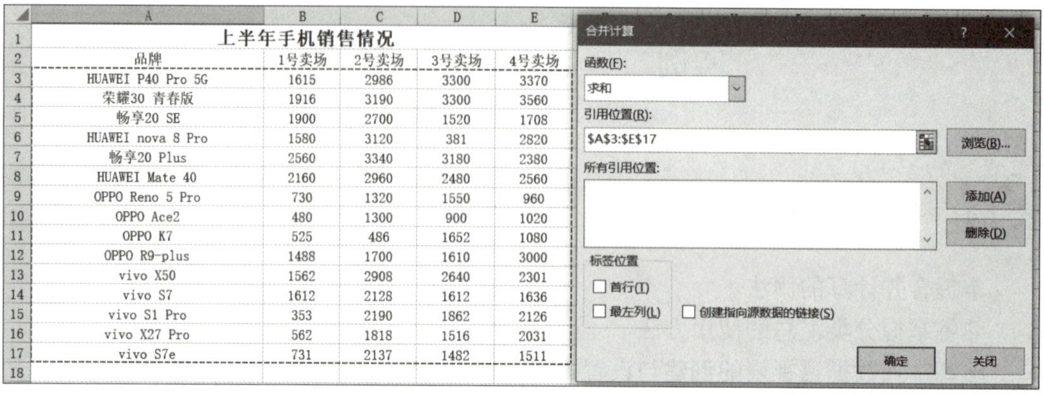

	A	B	C	D	E
1	上半年手机销售情况				
2	品牌	1号卖场	2号卖场	3号卖场	4号卖场
3	HUAWEI P40 Pro 5G	1615	2986	3300	3370
4	荣耀30 青春版	1916	3190	3300	3560
5	畅享20 SE	1900	2700	1520	1708
6	HUAWEI nova 8 Pro	1580	3120	381	2820
7	畅享20 Plus	2560	3340	3180	2380
8	HUAWEI Mate 40	2160	2960	2480	2560
9	OPPO Reno 5 Pro	730	1320	1550	960
10	OPPO Ace2	480	1300	900	1020
11	OPPO K7	525	486	1652	1080
12	OPPO R9-plus	1488	1700	1610	3000
13	vivo X50	1562	2908	2640	2301
14	vivo S7	1612	2128	1612	1636
15	vivo S1 Pro	353	2190	1862	2126
16	vivo X27 Pro	562	1818	1516	2031
17	vivo S7e	731	2137	1482	1511
18					

图 3–178　选择第 1 个引用位置

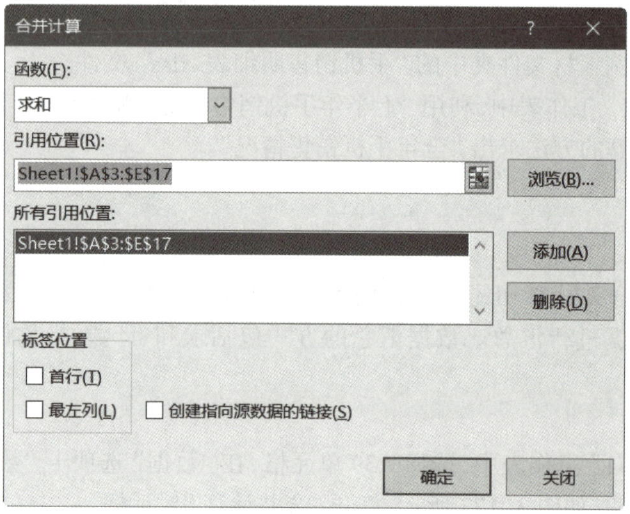

图 3–179　添加第 1 个引用位置

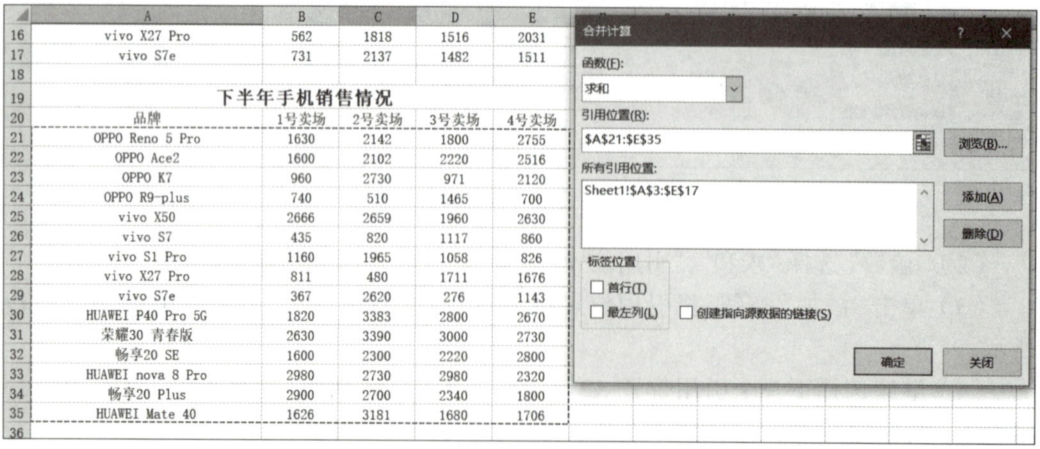

	A	B	C	D	E
16	vivo X27 Pro	562	1818	1516	2031
17	vivo S7e	731	2137	1482	1511
18					
19	下半年手机销售情况				
20	品牌	1号卖场	2号卖场	3号卖场	4号卖场
21	OPPO Reno 5 Pro	1630	2142	1800	2755
22	OPPO Ace2	1600	2102	2220	2516
23	OPPO K7	960	2730	971	2120
24	OPPO R9-plus	740	510	1465	700
25	vivo X50	2666	2659	1960	2630
26	vivo S7	435	820	1117	860
27	vivo S1 Pro	1160	1965	1058	826
28	vivo X27 Pro	811	480	1711	1676
29	vivo S7e	367	2620	276	1143
30	HUAWEI P40 Pro 5G	1820	3383	2800	2670
31	荣耀30 青春版	2630	3390	3000	2730
32	畅享20 SE	1600	2300	2220	2800
33	HUAWEI nova 8 Pro	2980	2730	2980	2320
34	畅享20 Plus	2900	2700	2340	1800
35	HUAWEI Mate 40	1626	3181	1680	1706
36					

图 3–180　选择第 2 个引用位置

（5）“标签位置”勾选“最左列”复选框，如图 3–181 所示，单击“确定”按钮，完成合并计算，合并计算结果如图 3–182 所示。

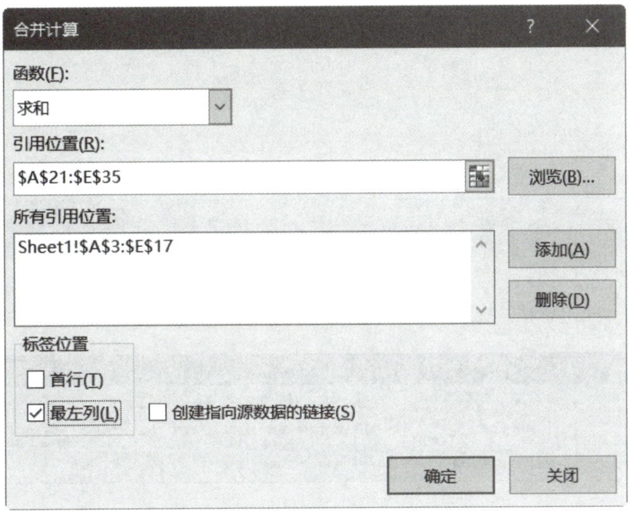

图 3–181　勾选“最左列”复选框

37	全年手机销售情况				
38	品牌	1号卖场	2号卖场	3号卖场	4号卖场
39	HUAWEI P40 Pro 5G	3435	6369	6100	6040
40	荣耀30 青春版	4546	6580	6300	6290
41	畅享20 SE	3500	5000	3740	4508
42	HUAWEI nova 8 Pro	4560	5850	3361	5140
43	畅享20 Plus	5460	6040	5520	4180
44	HUAWEI Mate 40	3786	6141	4160	4266
45	OPPO Reno 5 Pro	2360	3462	3350	3715
46	OPPO Ace2	2080	3402	3120	3536
47	OPPO K7	1485	3216	2623	3200
48	OPPO R9-plus	2228	2210	3075	3700
49	vivo X50	4228	5567	4600	4931
50	vivo S7	2047	2948	2729	2496
51	vivo S1 Pro	1513	4155	2920	2952
52	vivo X27 Pro	1373	2298	3227	3707
53	vivo S7e	1098	4757	1758	2654

图 3–182　合并计算结果

3. 在“Sheet2”工作表中，使用分类汇总功能对各品牌手机的销售总量及销售额总量进行汇总，并将结果分页显示。

（1）分类汇总之前先按手机的品牌进行排序。打开“排序”对话框，设置“主要关键字”为“品牌”，“排序依据”为“数值”，“次序”为“升序”，如图 3–183 所示，单击“确定”按钮，完成排序。

（2）在“数据”选项卡“分级显示”组中，单击“分类汇总”按钮，如图 3–184 所示，打开“分类汇总”对话框。

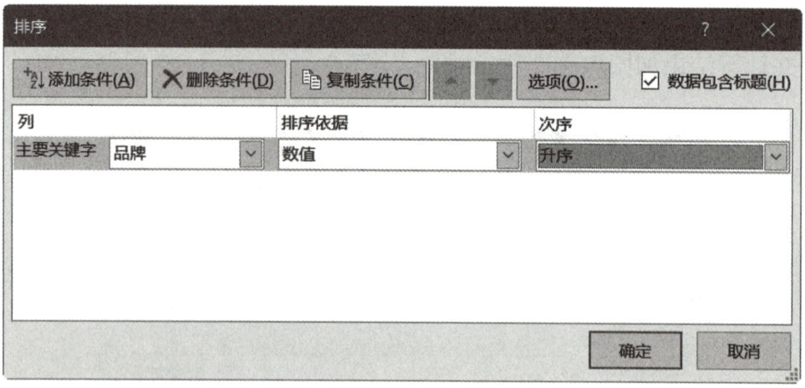

图 3-183　“排序”设置 1

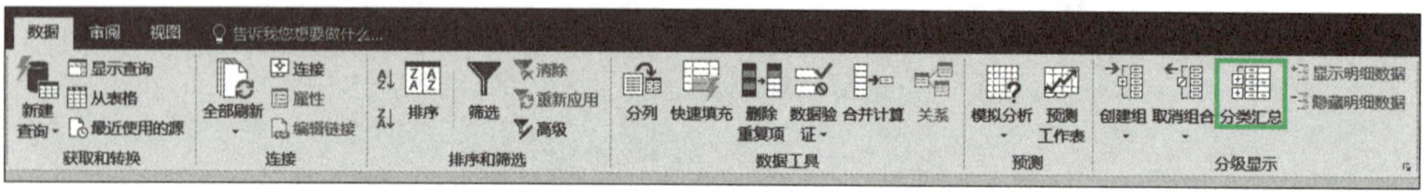

图 3-184　单击“分类汇总”按钮

（3）“分类字段”选择“品牌”，“汇总方式”选择“求和”，在“选定汇总项”列表框中，勾选“销售量”“销售额”复选框。

（4）勾选“替换当前分类汇总”“每组数据分页”“汇总结果显示在数据下方”复选框，如图 3-185 所示。

（5）单击“确定”按钮，即可完成分类汇总。分类汇总后，每类之间将自动增加一行分类汇总结果，并在工作表左侧插入分级显示控制栏，如图 3-186 所示。

（6）在分级显示控制栏中，单击级别显示控制按钮 2，则显示各类汇总结果及总计结果，如图 3-187 所示。

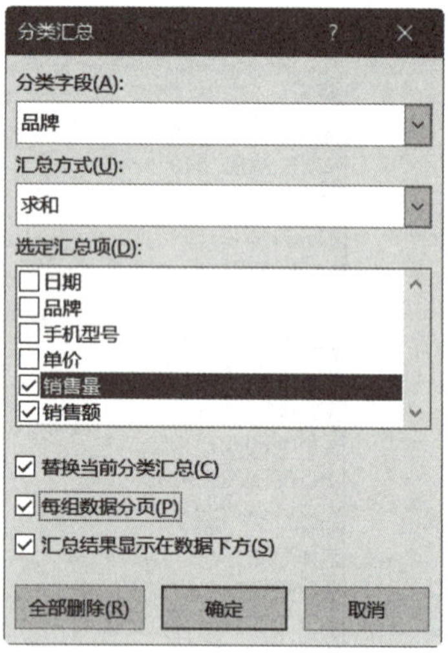

图 3-185　“分类汇总”设置 1

102	2020年12月19日	OPPO	OPPO Ace2	¥3, 599. 00	50	¥144, 950. 00
103	2020年12月20日	OPPO	OPPO K7	¥2, 299. 00	23	¥120, 357. 00
104	2020年12月21日	OPPO	OPPO Reno 5 Pro	¥3, 599. 00	13	¥25, 987. 00
105	2020年12月27日	OPPO	OPPO Reno 5 Pro	¥3, 599. 00	10	¥25, 990. 00
106	2020年12月27日	OPPO	OPPO R9-plus	¥3, 299. 00	8	¥49, 485. 00
107		**OPPO 汇总**			2363	¥6, 689, 215. 00
108	2020年1月1日	VIVO	vivo S1 Pro	¥1, 898. 00	22	¥51, 960. 00
109	2020年1月1日	VIVO	vivo X50	¥3, 298. 00	13	¥36, 374. 00
110	2020年1月9日	VIVO	vivo S7	¥2, 798. 00	26	¥105, 708. 00
111	2020年1月9日	VIVO	vivo S1 Pro	¥1, 898. 00	27	¥70, 146. 00
112	2020年1月10日	VIVO	vivo S7e	¥2, 398. 00	31	¥114, 638. 00

图 3-186　分类汇总结果 1

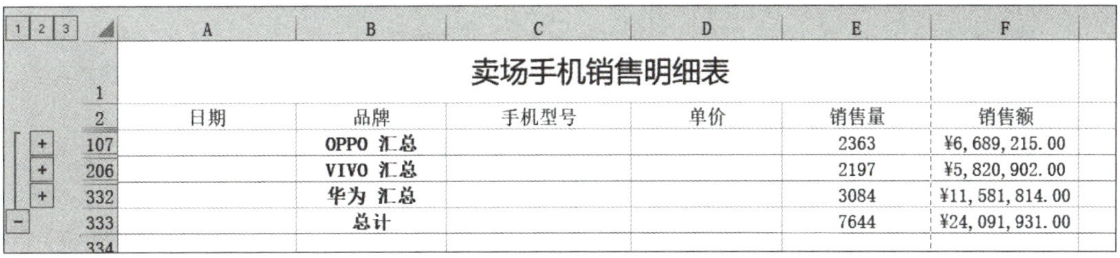

图 3–187　分类汇总结果 2

4. 在“Sheet3”工作表中，使用分类汇总功能对各品牌、各型号手机的销售总量及销售额总量进行汇总。

（1）分类汇总之前先按手机的品牌和型号进行排序。打开“排序”对话框，设置“主要关键字”为“品牌”，“排序依据”为“数值”，“次序”为“升序”，单击“添加条件”按钮，添加次要关键字排序条件，设置“次要关键字”为“手机型号”，“排序依据”为“数值”，“次序”为“升序”，如图 3–188 所示，单击“确定”按钮，完成排序。

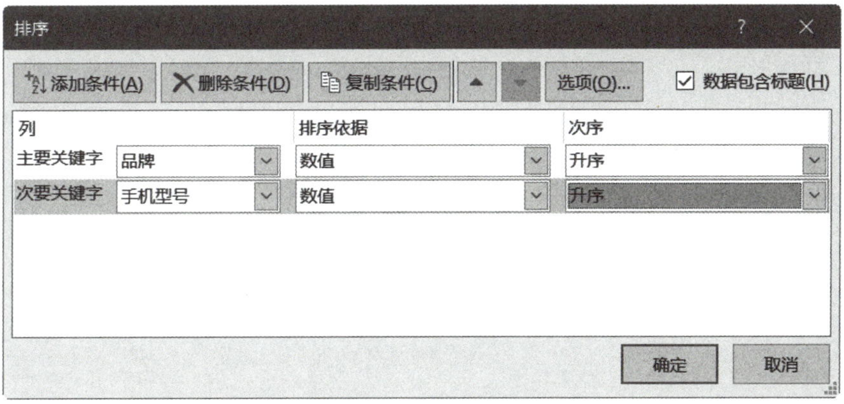

图 3–188　“排序”设置 2

（2）在“数据”选项卡“分级显示”组中，单击“分类汇总”按钮，打开“分类汇总”对话框。“分类字段”选择“品牌”，“汇总方式”选择“求和”，在“选定汇总项”列表框中，勾选“销售量”“销售额”复选框。勾选“替换当前分类汇总”和“汇总结果显示在数据下方”复选框，如图 3–189 所示，单击“确定”按钮。

（3）继续单击“分类汇总”按钮，打开“分类汇总”对话框。“分类字段”选择“手机型号”，“汇总方式”选择“求和”，在“选定汇总项”列表框中，勾选“销售量”“销售额”复选框。

（4）取消勾选“替换当前分类汇总”复选框，如图 3–190 所示，单击“确定”按钮，完成分类汇总的嵌套。

（5）在分级显示控制栏中，单击级别显示控制按钮 3 ，则显示各类汇总的结果及总计结果，如图 3–191 所示。

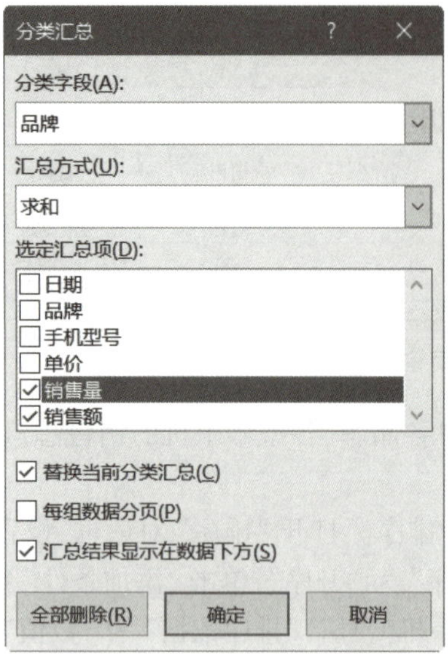

图 3-189　“分类汇总”设置 2

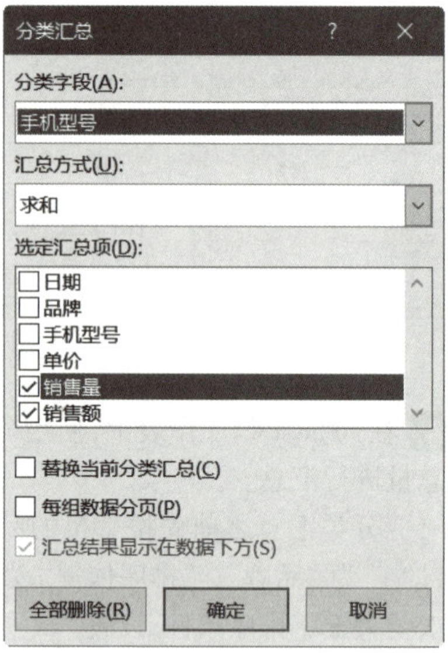

图 3-190　“分类汇总”设置 3

	A	B	C	D	E	F
1	卖场手机销售明细表					
2	日期	品牌	手机型号	单价	销售量	销售额
32			OPPO Ace2 汇总		778	¥2, 342, 392. 00
53			OPPO K7 汇总		454	¥1, 326, 726. 00
70			OPPO R9-plus 汇总		290	¥979, 803. 00
110			OPPO Reno 5 Pro 汇总		841	¥2, 040, 294. 00
111		OPPO 汇总			2363	¥6, 689, 215. 00
130			vivo S1 Pro 汇总		346	¥1, 023, 612. 00
149			vivo S7 汇总		426	¥1, 070, 868. 00
177			vivo S7e 汇总		653	¥2, 451, 774. 00
205			vivo X27 Pro 汇总		654	¥759, 816. 00
214			vivo X50 汇总		118	¥514, 832. 00
215		VIVO 汇总			2197	¥5, 820, 902. 00
243			HUAWEI Mate 40 汇总		657	¥3, 441, 600. 00
257			HUAWEI nova 8 Pro 汇总		282	¥446, 936. 00
275			HUAWEI P40 Pro 5G 汇总		536	¥3, 202, 344. 00
303			畅享20 Plus 汇总		673	¥2, 330, 334. 00
325			畅享20 SE 汇总		459	¥1, 087, 488. 00
346			荣耀30 青春版 汇总		477	¥1, 073, 112. 00
347		华为 汇总			3084	¥11, 581, 814. 00
348		总计			7644	¥24, 091, 931. 00
349						

图 3-191　分类汇总结果 3

5. 利用“Sheet4”工作表中的手机销售明细数据创建一个数据透视表，放置在一个名为“数据透视分析 1”的新工作表中，要求针对各品牌比较各型号手机的销售量和销售额。

● 提示：

数据透视表主要用于按多个字段进行分类汇总，用于分析不同字段数据之间的关系，对于数据的分析提供了更全面的视角。

（1）在“Sheet4”工作表中，选择数据区域任意一个单元格，在“插入”选项卡“表格”组中，单击“数据透视表”按钮，如图 3-192 所示，打开“创建数据透视表”对话框。

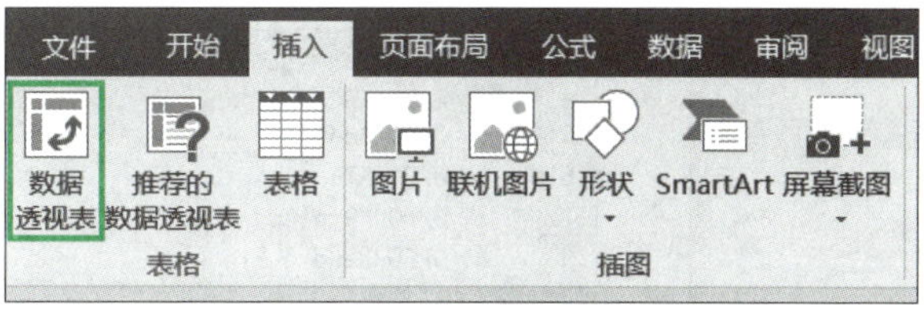

图 3-192　单击“数据透视表”按钮

（2）确认“表 / 区域”为 A2：F329（默认为绝对引用，如果区域不对，需要重新选择），在“选择放置数据透视表的位置”下方选择“新工作表”，如图 3-193 所示。

（3）单击“确定”按钮，在新工作表中打开“数据透视表字段”窗格，如图 3-194 所示。

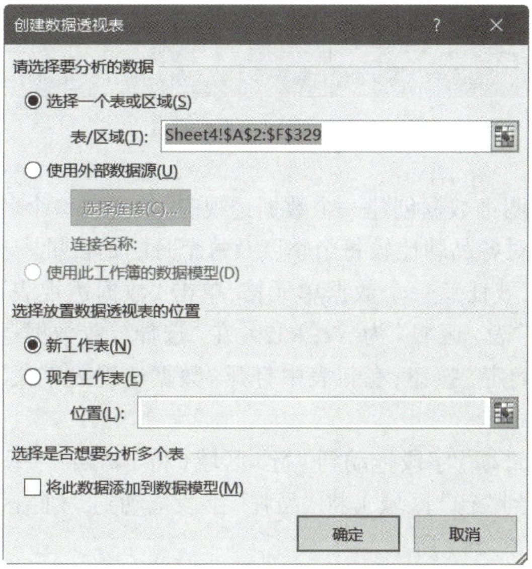

图 3-193　“创建数据透视表”设置

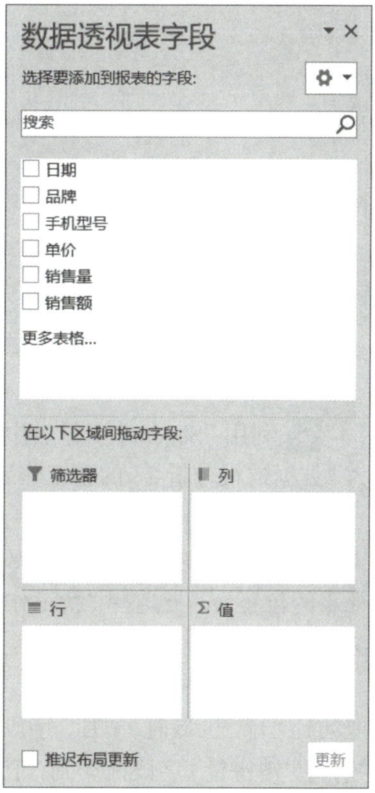

图 3-194　“数据透视表字段”窗格

（4）在“数据透视表字段”窗格中，将“品牌”“手机型号”字段依次拖动到“行”区域，将“销售量”“销售额”字段拖动到“值”区域（默认汇总方式为求和，若需要修改汇总方式，可单击“值”字段右侧的下拉按钮，选择“值字段设置”命令，进行值字段设置），如图 3-195 所示。

（5）将数据透视表所在的工作表重命名为“数据透视分析 1”，结果如图 3-196 所示。

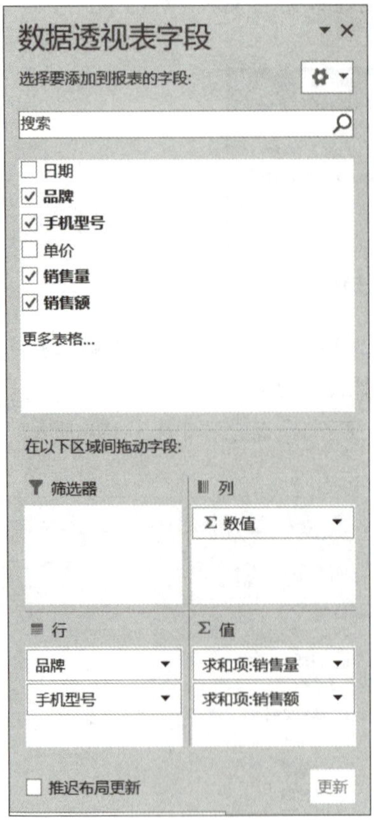

图 3-195　“数据透视表字段”设置 1

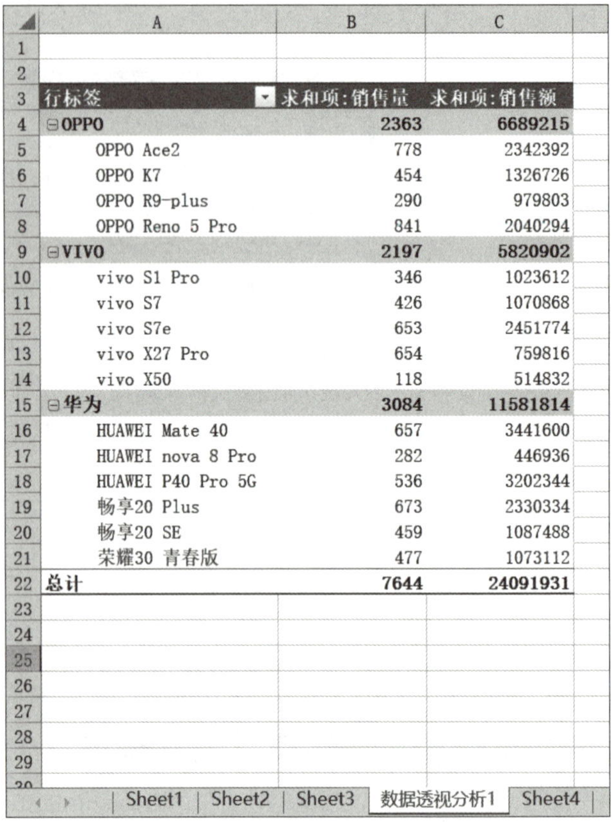

	A	B	C
1			
2			
3	行标签	求和项:销售量	求和项:销售额
4	⊟OPPO	2363	6689215
5	OPPO Ace2	778	2342392
6	OPPO K7	454	1326726
7	OPPO R9-plus	290	979803
8	OPPO Reno 5 Pro	841	2040294
9	⊟VIVO	2197	5820902
10	vivo S1 Pro	346	1023612
11	vivo S7	426	1070868
12	vivo S7e	653	2451774
13	vivo X27 Pro	654	759816
14	vivo X50	118	514832
15	⊟华为	3084	11581814
16	HUAWEI Mate 40	657	3441600
17	HUAWEI nova 8 Pro	282	446936
18	HUAWEI P40 Pro 5G	536	3202344
19	畅享20 Plus	673	2330334
20	畅享20 SE	459	1087488
21	荣耀30 青春版	477	1073112
22	总计	7644	24091931
23			
24			
25			
26			
27			
28			
29			

图 3-196　数据透视表结果 1

6. 利用“Sheet4”工作表中的手机销售明细数据创建一个数据透视表，放置在一个名为“数据透视分析 2”的新工作表中，要求针对各品牌比较每个季度及每个月的销售量。

（1）在“Sheet4”工作表中，选择数据区域任意一个数据单元格，单击“数据透视表”按钮，打开“创建数据透视表”对话框，确认“表 / 区域”为 A2：F329，在“选择放置数据透视表的位置”下方选择“新工作表”，单击“确定”按钮，在新表中打开“数据透视表字段”窗格。

（2）在“数据透视表字段”窗格中，将“日期”字段拖动到“行”区域（将“日期”字段拖动到“行”区域时，“月”字段会自动添加到“行”区域），将“品牌”字段拖动到“列”区域，将“销售量”字段拖动到“值”区域，如图 3–197 所示。

（3）选择 A5 单元格，在数据透视表工具“分析”选项卡中，单击“分组”组中的“组选择”按钮，如图 3–198 所示，打开“组合”对话框。

（4）在“步长”列表框中加选“季度”，取消“日”的选择，如图 3–199 所示，单击“确定”按钮，完成数据透视表的设置。

（5）将新工作表重命名为“数据透视分析 2”，结果如图 3–200 所示。

7. 保存文件。

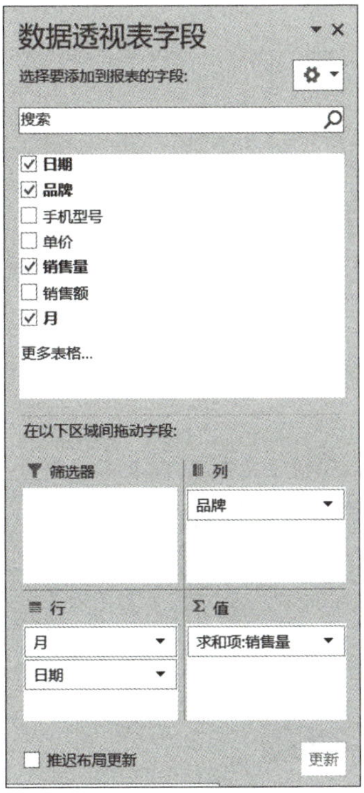

图 3–197 “数据透视表字段”设置 2

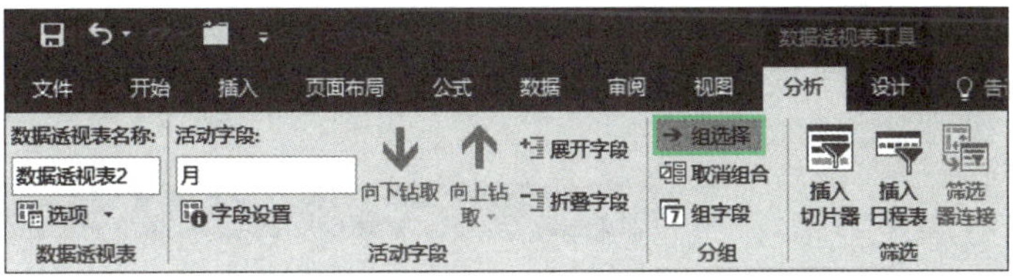

图 3–198 单击“分组”组中的“组选择”按钮

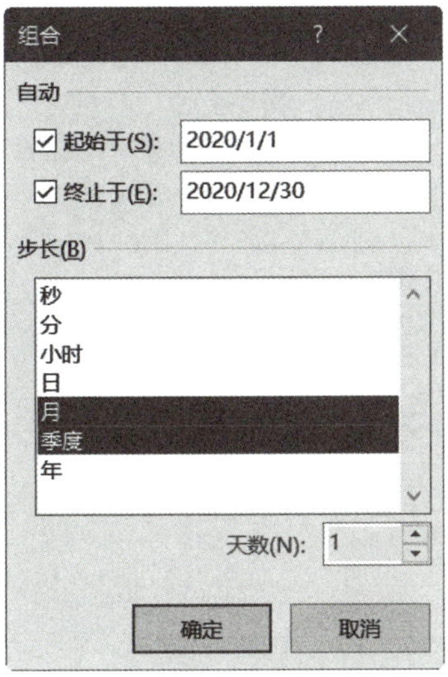

图 3–199 “组合”设置

求和项:销售量	列标签			
行标签	OPPO	VIVO	华为	总计
⊟第一季				
1月	267	286	254	807
2月	200	20	275	495
3月	239	164	289	692
⊟第二季				
4月	146	171	207	524
5月	210	286	384	880
6月	259	126	221	606
⊟第三季				
7月	181	133	292	606
8月	114	146	247	507
9月	152	160	216	528
⊟第四季				
10月	209	235	318	762
11月	219	233	230	682
12月	167	237	151	555
总计	2363	2197	3084	7644

图 3–200 数据透视表结果 2

拓展训练　电器销售数据处理

综合运用所学知识并查阅相关资料，对电器销售数据进行处理。

1. 打开该训练素材文件夹中的“电器销售统计 .xlsx”文件。

2. 在“Sheet1”工作表中，利用“第一季度家用电器销售情况”和“第二季度家用电器销售情况”的数据，使用合并计算的方法求出“上半年家用电器销售情况”。

提示：

（1）选择 A21 单元格，单击“合并计算”按钮，打开“合并计算”对话框，“函数”选择“求和”，“引用位置”选择 A2：E8 单元格区域，单击“添加”按钮，将引用位置添加到“所有引用位置”。

（2）继续添加下一个引用位置 A12：E18 单元格区域，标签位置勾选“首行”和“最左列”复选框，如图 3-201 所示，单击“确定”按钮，完成合并计算。

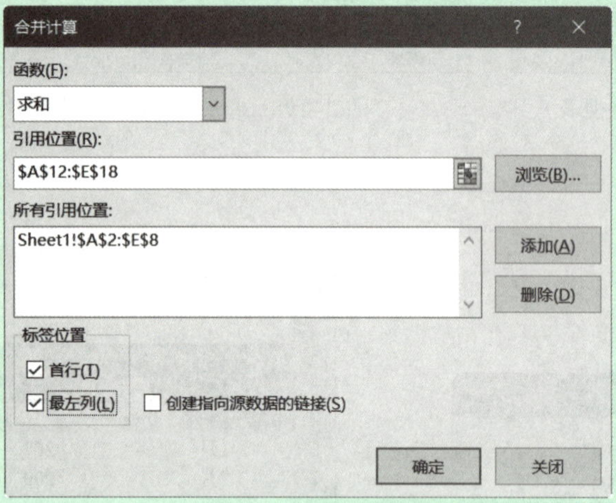

图 3-201　“合并计算”设置

（3）在 A21 单元格输入“商品名称”，合并计算结果如图 3-202 所示。

20	上半年家用电器销售情况				
21	商品名称	1号卖场	2号卖场	3号卖场	4号卖场
22	电视	3245	5128	3212	4936
23	洗衣机	3516	6292	4578	3076
24	冰箱	2860	5430	2491	3828
25	空调	2320	6630	1946	3520
26	热水器	3226	3599	3143	5110
27	电压力锅	2595	3780	3597	3420
28					

图 3-202　合并计算结果

3. 在“Sheet2”工作表中，筛选出空调和热水器销量均高于平均值的记录。

● 提示：

（1）在“Sheet2”工作表中，选择数据区域中任意一个单元格，单击“筛选”按钮，每个字段名右侧出现字段筛选器按钮。单击“空调”字段筛选器按钮，选择“数字筛选”，在级联菜单中选择“高于平均值”命令，如图 3–203 所示，

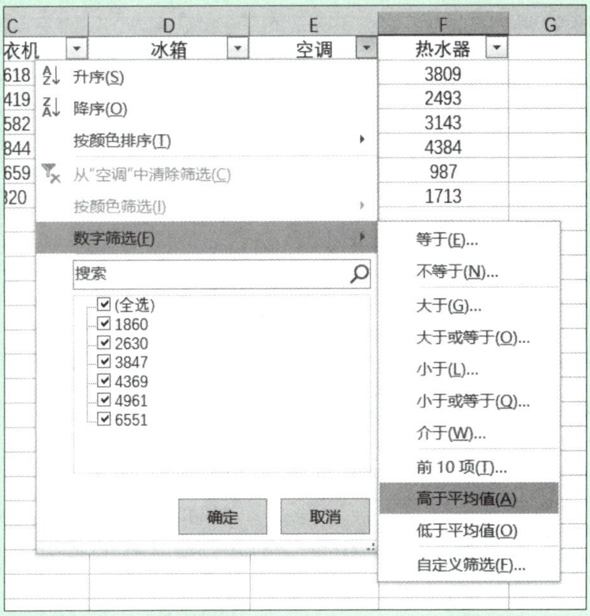

图 3–203　选择“高于平均值”命令

（2）采用上述方法设置“热水器”筛选条件，筛选结果如图 3–204 所示。

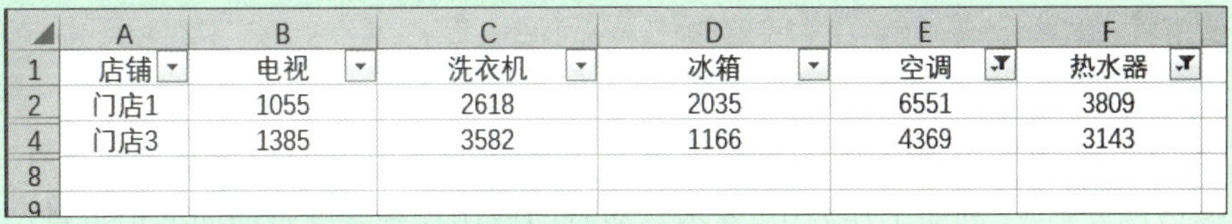

	A	B	C	D	E	F
1	店铺	电视	洗衣机	冰箱	空调	热水器
2	门店1	1055	2618	2035	6551	3809
4	门店3	1385	3582	1166	4369	3143
8						
9						

图 3–204　筛选结果

4. 在“Sheet3”工作表中，使用分类汇总功能对各门店、各商品的销售量进行汇总。

● 提示：

（1）分类汇总之前先按门店和商品名称进行排序，“主要关键字”为“店铺”，“次序”为“升序”，“次要关键字”为“商品名称”，“次序”为“升序”。

（2）按照门店进行分类汇总，“分类字段”选择“店铺”，“汇总方式”选择“求和”，“选定汇总项”勾选“销售量”复选框。

（3）再按照商品进行分类汇总，“分类字段”选择“商品名称”，“汇总方式”选择“求和”，“选定汇总项”勾选“销售量”复选框，取消选择“替换当前分类汇总”复选框。

（4）在分级显示控制栏中，单击级别显示控制按钮 3，则显示各类汇总的结果及总计结果，如图 3-205 所示。

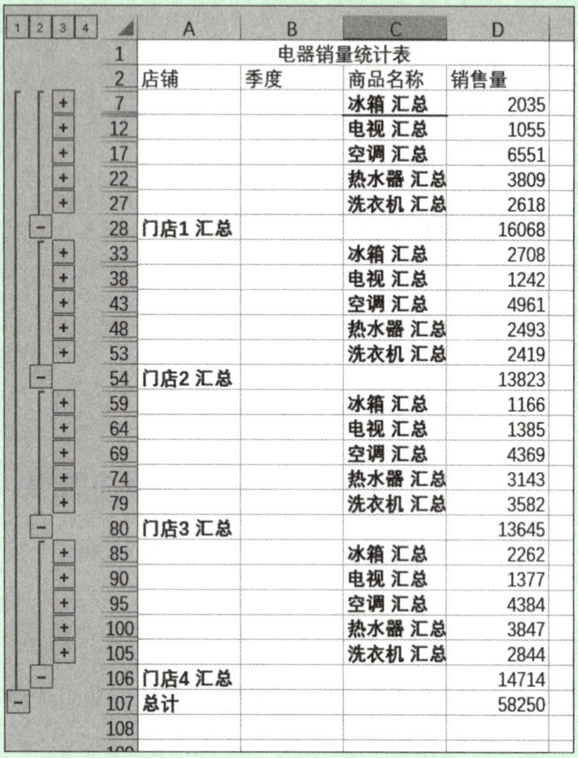

	A	B	C	D
1	电器销量统计表			
2	店铺	季度	商品名称	销售量
7			冰箱 汇总	2035
12			电视 汇总	1055
17			空调 汇总	6551
22			热水器 汇总	3809
27			洗衣机 汇总	2618
28	门店1 汇总			16068
33			冰箱 汇总	2708
38			电视 汇总	1242
43			空调 汇总	4961
48			热水器 汇总	2493
53			洗衣机 汇总	2419
54	门店2 汇总			13823
59			冰箱 汇总	1166
64			电视 汇总	1385
69			空调 汇总	4369
74			热水器 汇总	3143
79			洗衣机 汇总	3582
80	门店3 汇总			13645
85			冰箱 汇总	2262
90			电视 汇总	1377
95			空调 汇总	4384
100			热水器 汇总	3847
105			洗衣机 汇总	2844
106	门店4 汇总			14714
107	总计			58250
108				

图 3-205　分类汇总结果

5. 利用“Sheet4”工作表中的电器销售统计数据创建一个数据透视表，放置在一个名为“数据透视分析 1”的新工作表中，要求针对各门店比较各季度各商品的销售量。

● 提示：

（1）插入数据透视表，“表 / 区域”为 A2:D82 单元格区域，放置数据透视表的位置选择“新工作表”，将新工作表重命名为“数据透视分析 1”。

（2）在“数据透视表字段”窗格中，将“店铺”“季度”字段依次拖动到“行”区域，将“商品名称”字段拖动到“列”区域，将“销售量”字段拖动到“值”区域，如图 3-206 所示，数据透视表结果如图 3-207 所示。

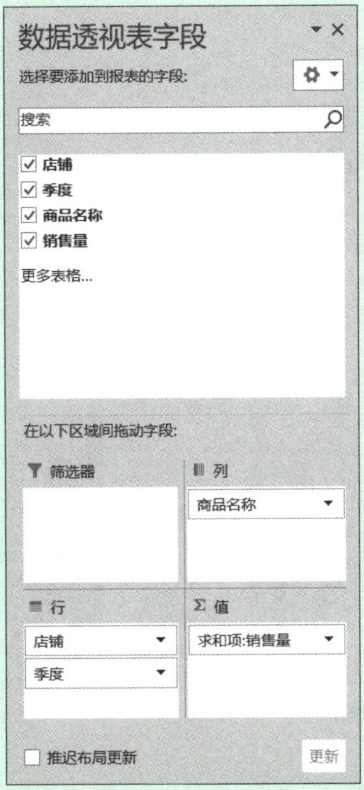

图 3-206 “数据透视表字段”设置

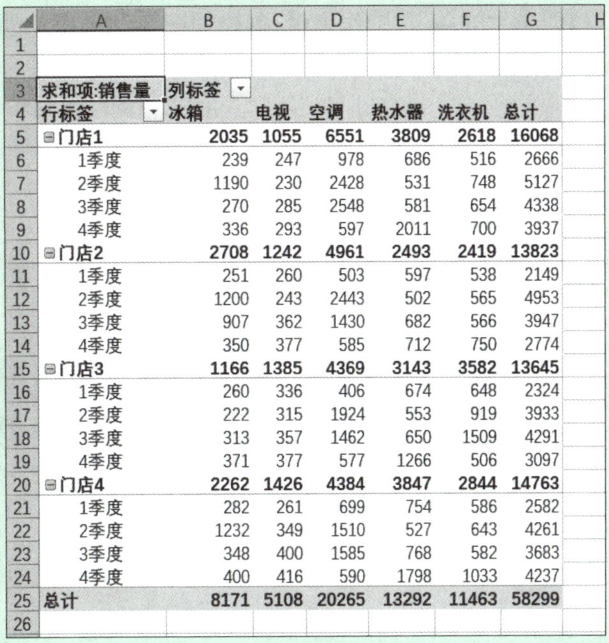

	A	B	C	D	E	F	G
1							
2							
3	求和项:销售量	列标签					
4	行标签	冰箱	电视	空调	热水器	洗衣机	总计
5	**门店1**	**2035**	**1055**	**6551**	**3809**	**2618**	**16068**
6	1季度	239	247	978	686	516	2666
7	2季度	1190	230	2428	531	748	5127
8	3季度	270	285	2548	581	654	4338
9	4季度	336	293	597	2011	700	3937
10	**门店2**	**2708**	**1242**	**4961**	**2493**	**2419**	**13823**
11	1季度	251	260	503	597	538	2149
12	2季度	1200	243	2443	502	565	4953
13	3季度	907	362	1430	682	566	3947
14	4季度	350	377	585	712	750	2774
15	**门店3**	**1166**	**1385**	**4369**	**3143**	**3582**	**13645**
16	1季度	260	336	406	674	648	2324
17	2季度	222	315	1924	553	919	3933
18	3季度	313	357	1462	650	1509	4291
19	4季度	371	377	577	1266	506	3097
20	**门店4**	**2262**	**1426**	**4384**	**3847**	**2844**	**14763**
21	1季度	282	261	699	754	586	2582
22	2季度	1232	349	1510	527	643	4261
23	3季度	348	400	1585	768	582	3683
24	4季度	400	416	590	1798	1033	4237
25	**总计**	**8171**	**5108**	**20265**	**13292**	**11463**	**58299**
26							

图 3-207 数据透视表结果

6. 保存文件。

3.5 图表

实例一 图书借阅统计图表

学习目标及要求

熟练掌握图表的创建方法。

熟练掌握图表的修改和设置方法。

学习内容及操作步骤

1. 打开该实例素材文件夹中的“图书借阅数据 .xlsx”文件。
2. 在“Sheet1”工作表中，创建如图 3-208 所示的图表。

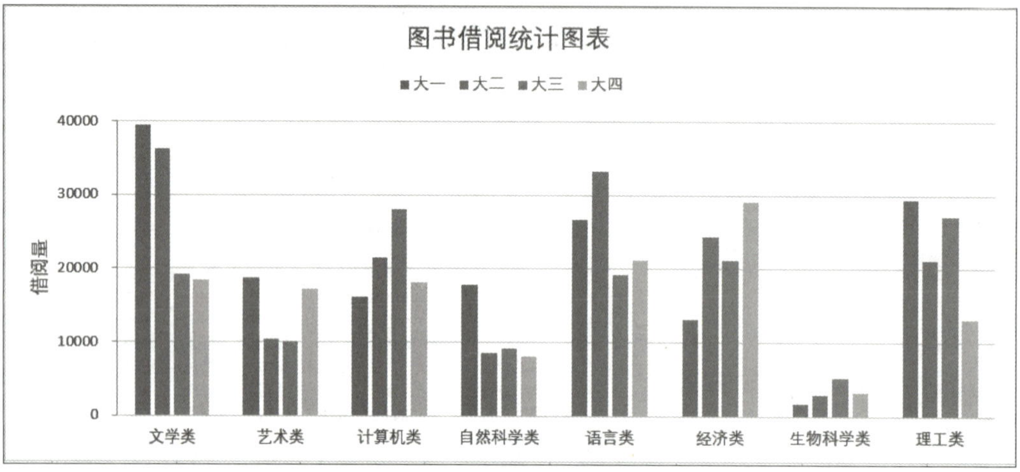

图 3-208　图书借阅统计图表效果

● 提示：

图表是将工作表数据用条形、折线、柱形、饼状或其他形状图形来表示，它比数据本身更易于表现统计数据之间的关系，并且图表中的数据与工作表中的数据是联动的。

（1）在“Sheet1”工作表中，选择 A2:I6 单元格区域，在“插入”选项卡“图表”组中，单击“插入柱形图或条形图”按钮，在弹出的下拉菜单中选择“簇状柱形图”命令，如图 3-209 所示，即可插入图表。

（2）适当调整图表大小，移动图表位置。

（3）修改图表标题为“图书借阅统计图表”，如图 3-210 所示。

（4）在图表工具“设计”选项卡“图表布局”组中，单击“添加图表元素”按钮，在弹出的下拉菜单中选择“图例”命令，在级联菜单中选择“顶部”命令，如图 3-211 所示，设置图例在图表的顶部显示。

（5）单击“添加图表元素”按钮，在弹出的下拉菜单中选择“轴标题”命令，在级联菜单中选择“主要纵坐标轴”命令，如图 3-212 所示，输入纵坐标轴标题“借阅量”，图例和轴标题设置效果如图 3-213 所示。

（6）在“垂直（值）轴”上单击鼠标右键，在弹出的快捷菜单中选择“设置坐标轴格式”命令，如图 3-214 所示，打开“设置坐标轴格式”窗格。

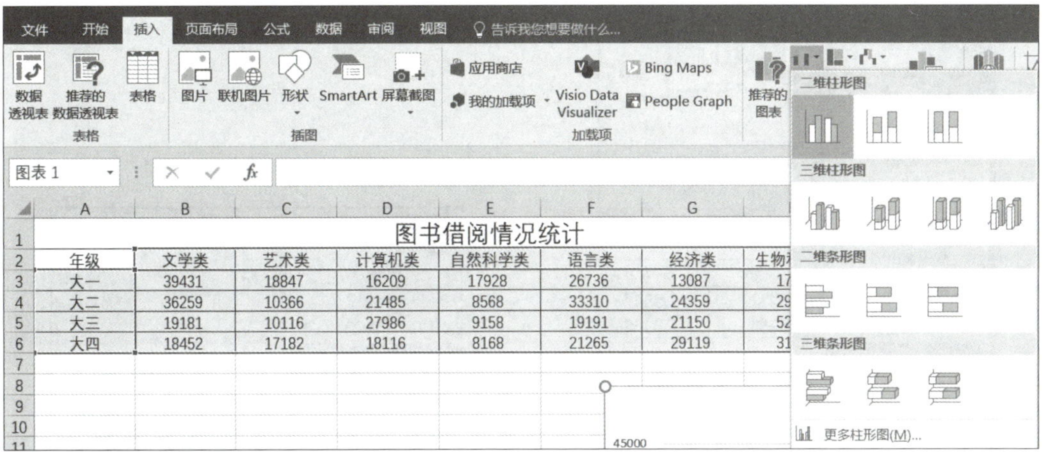

图 3-209　选择“簇状柱形图”命令

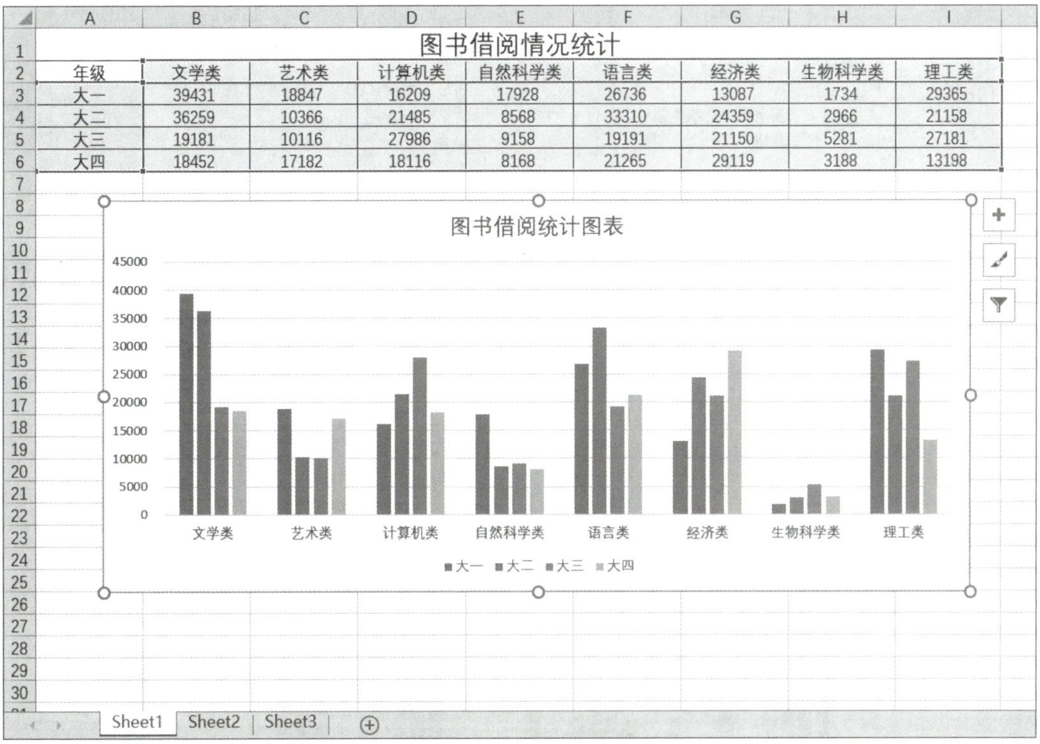

图 3-210　修改图表标题

（7）将边界最大值设置为“40000.0”，主要单位设置为“10000.0”，如图 3-215 所示。

（8）单击“刻度线”折叠按钮，将刻度线“主要类型”设置为“外部”，如图 3-216 所示。坐标轴设置效果如图 3-217 所示。

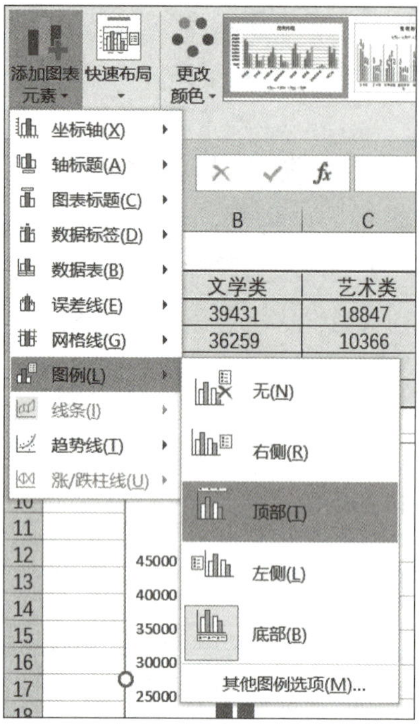

图 3-211　选择“顶部”命令

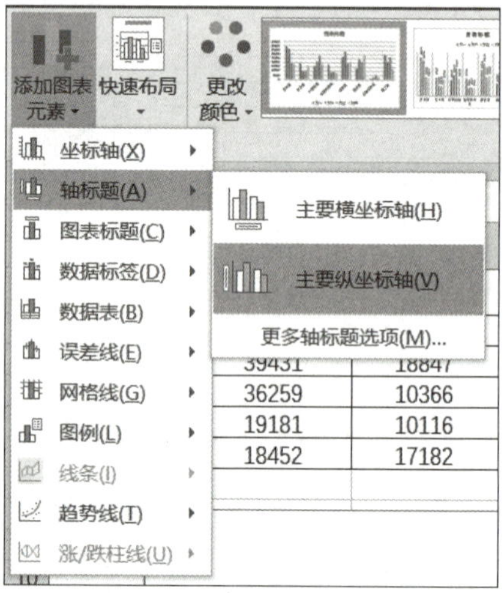

图 3-212　选择“主要纵坐标轴”命令

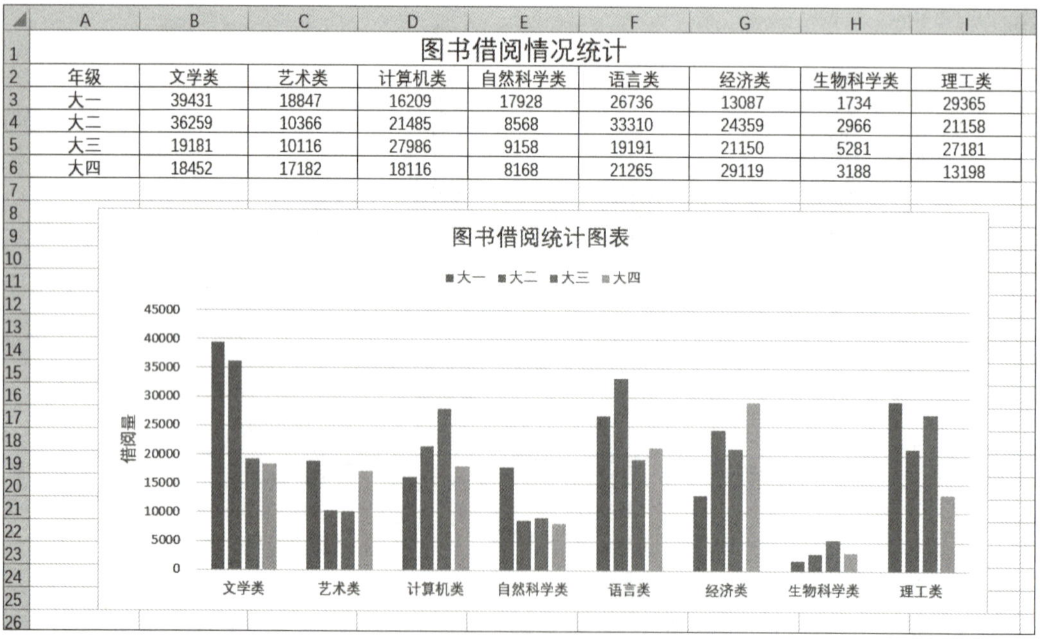

图书借阅情况统计

年级	文学类	艺术类	计算机类	自然科学类	语言类	经济类	生物科学类	理工类
大一	39431	18847	16209	17928	26736	13087	1734	29365
大二	36259	10366	21485	8568	33310	24359	2966	21158
大三	19181	10116	27986	9158	19191	21150	5281	27181
大四	18452	17182	18116	8168	21265	29119	3188	13198

图 3-213　图例和轴标题设置效果

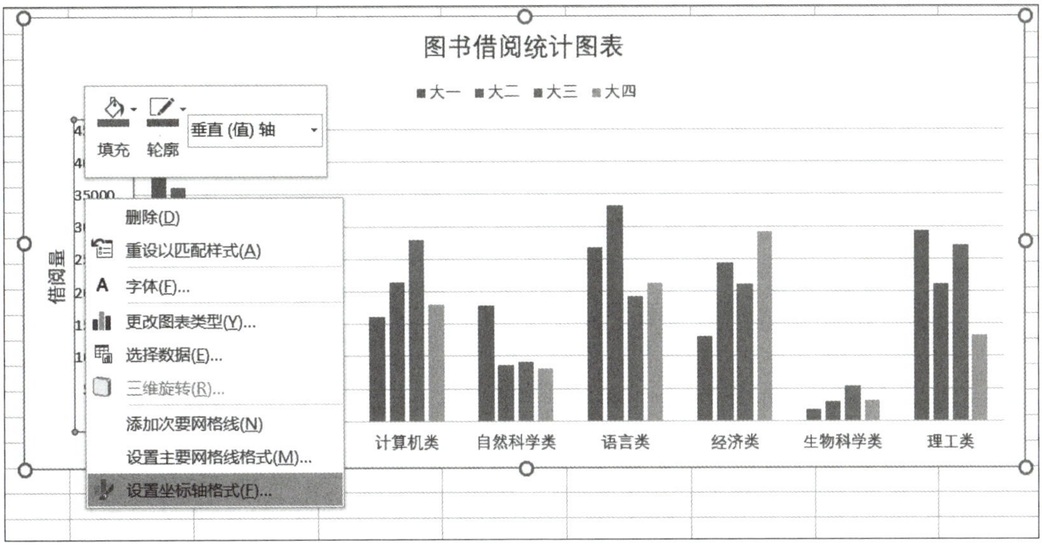

图 3–214 选择“设置坐标轴格式”命令

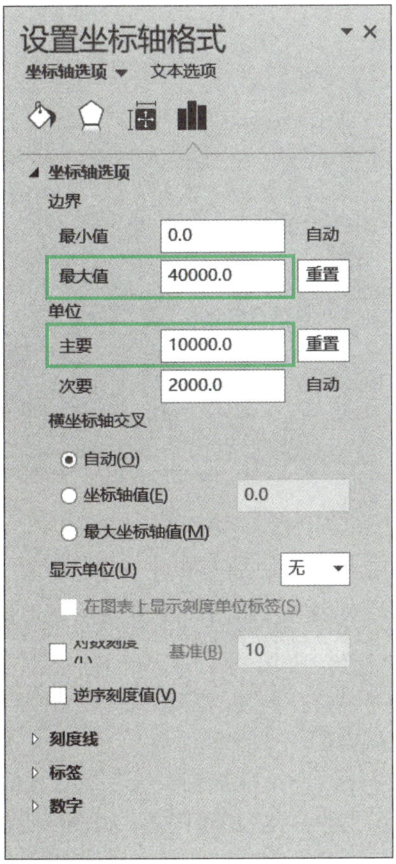

图 3–215 边界和单位设置

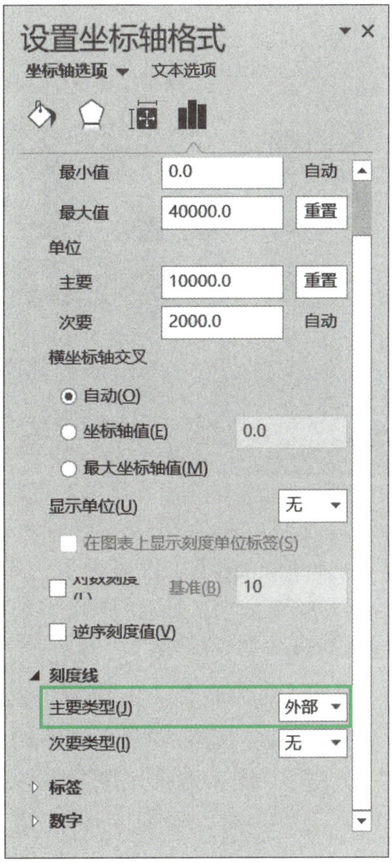

图 3–216 刻度线设置

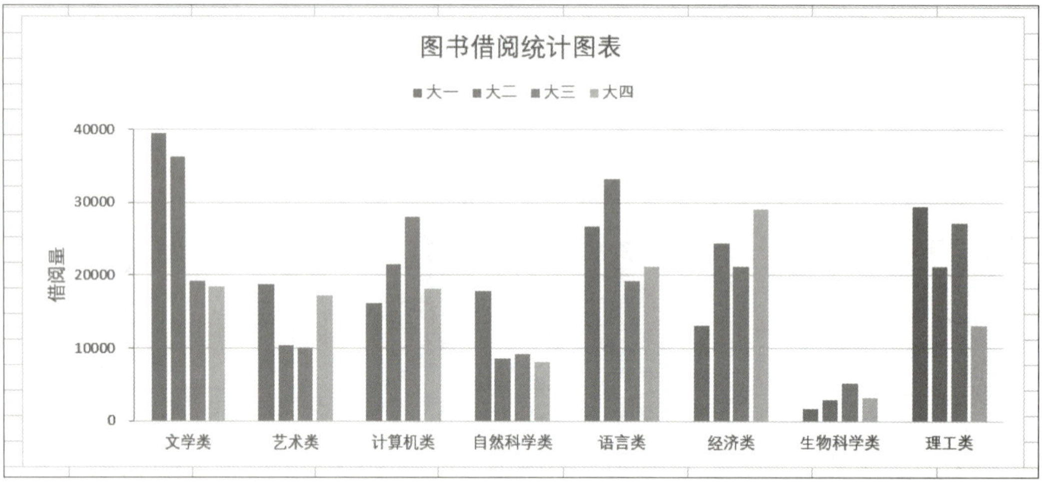

图 3-217 坐标轴设置效果

3. 复制“Sheet1”工作表，并将其中的图表修改为如图 3-218 所示的效果。

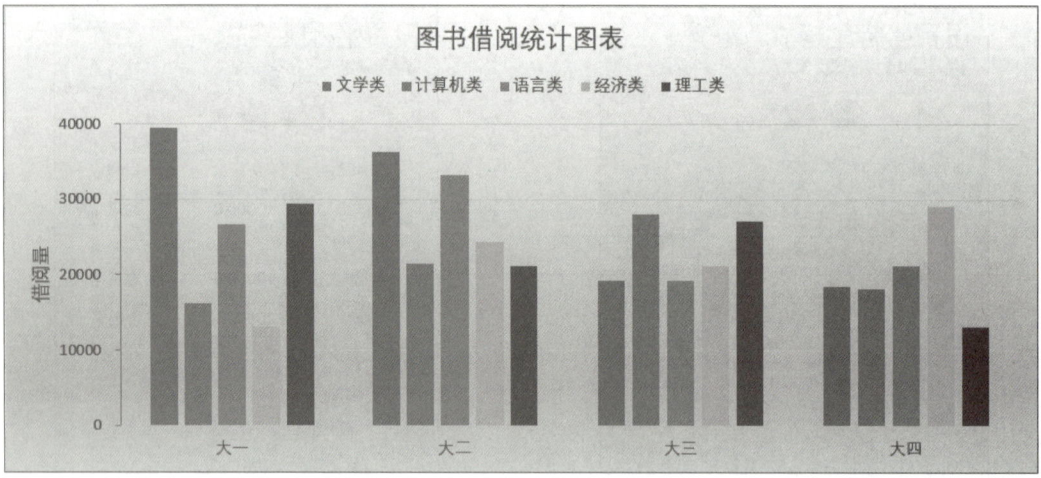

图 3-218 修改后图表效果

（1）在“Sheet1”工作表标签上单击鼠标右键，在弹出的快捷菜单中选择“移动或复制”命令，如图 3-219 所示，打开“移动或复制工作表”对话框，如图 3-220 所示，勾选“建立副本”复选框，单击“确定”按钮，复制得到“Sheet1（2）”工作表。

（2）在“Sheet1（2）”工作表中，选择图表，在图表工具“设计”选项卡“数据”组中，单击“选择数据”按钮，如图 3-221 所示，打开“选择数据源”对话框。

（3）删除“图表数据区域”文本框中的原有内容，配合 Ctrl 键选择不连续的区域，包括“年级”“文学类”“计算机类”“语言类”“经济类”“理工类”6 列内容，如图 3-222 所示，单击“确定”按钮，完成数据区域的选择，选择数据后图表效果如图 3-223 所示。

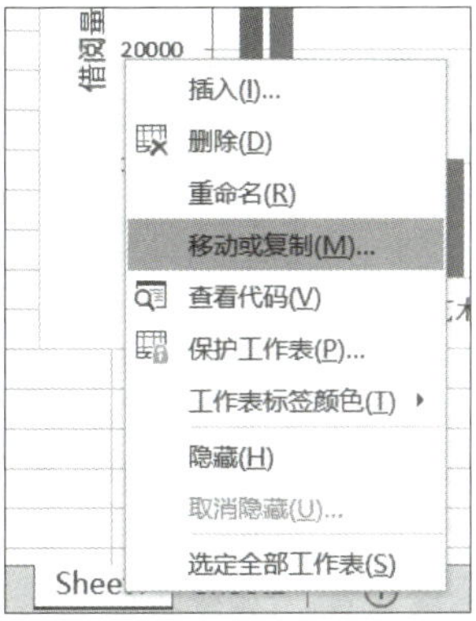

图 3-219　选择“移动或复制”命令

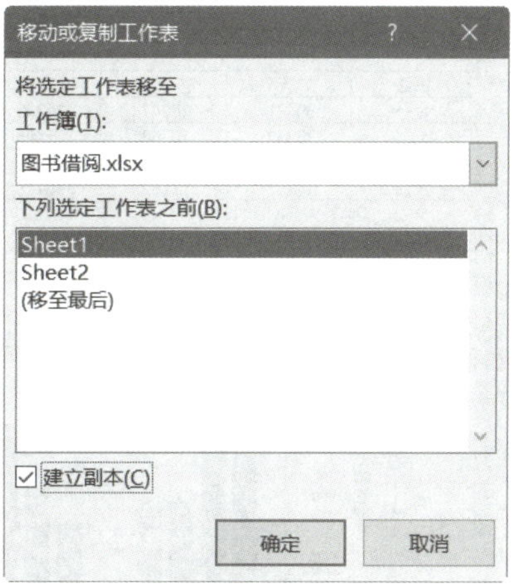

图 3-220　“移动或复制工作表”对话框

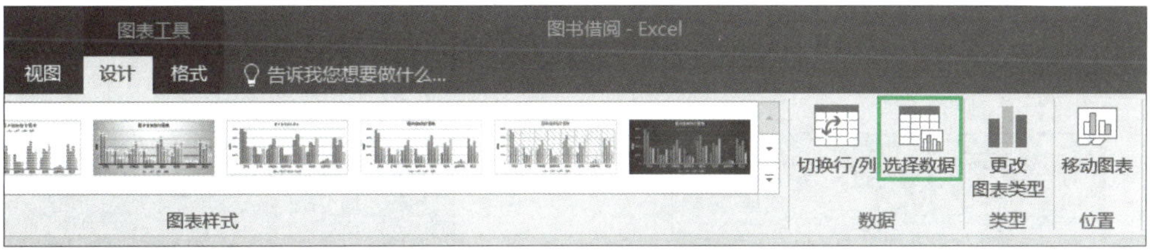

图 3-221　单击“选择数据”按钮

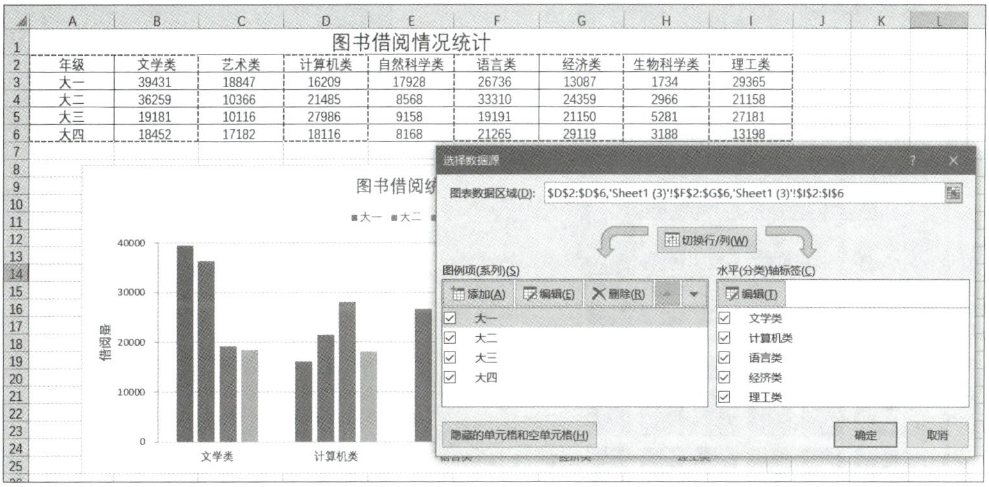

图 3-222　选择数据区域

（4）在图表区单击鼠标右键，在弹出的快捷菜单中选择“设置图表区域格式”命令，打开“设置图表区格式”窗格，单击“填充”折叠按钮，选择“渐变填充”，“预设渐变”选择“浅色渐变 – 个性色 6”，如图 3-224 所示，即可为图表区设置渐变背景。填充设置如图 3-225 所示。设置填充色后的图表效果如图 3-226 所示（若需要，也可调整渐变的“类型”“方向”“角度”“透明度”等内容）。

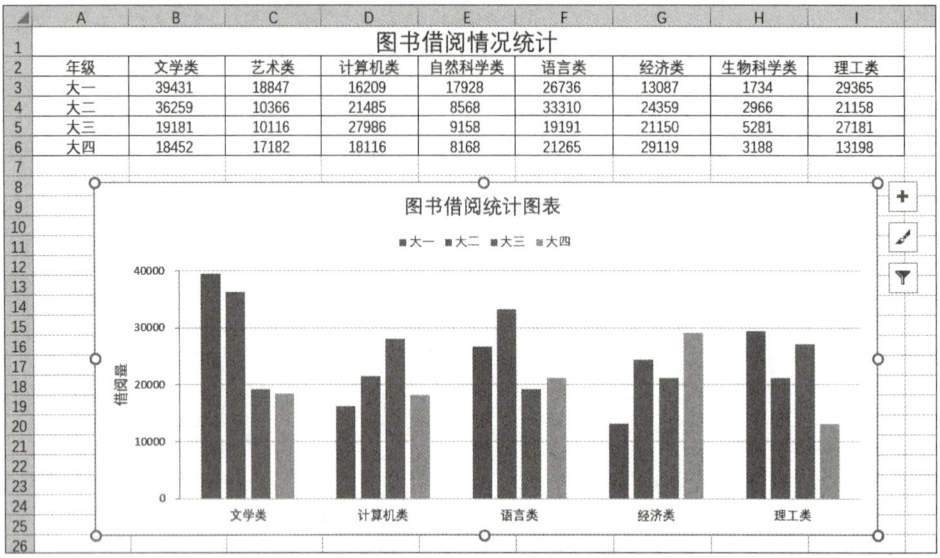

图 3-223　选择数据后图表效果

图 3-224　“预设渐变“设置

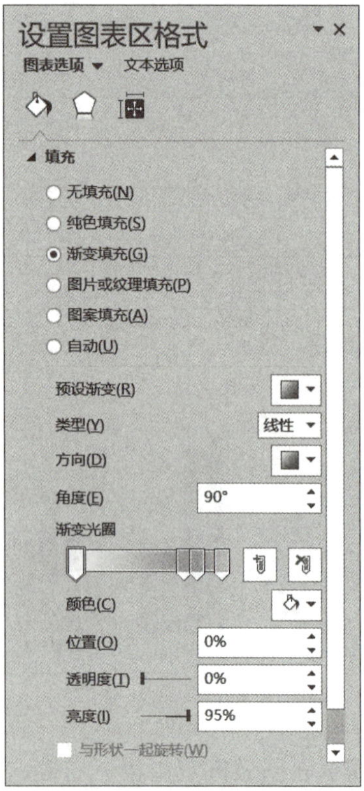

图 3-225　填充设置

（5）在图表工具“设计”选项卡“数据”组中，单击“切换行 / 列”按钮，如图 3-227 所示，切换行列后图表效果如图 3-228 所示。

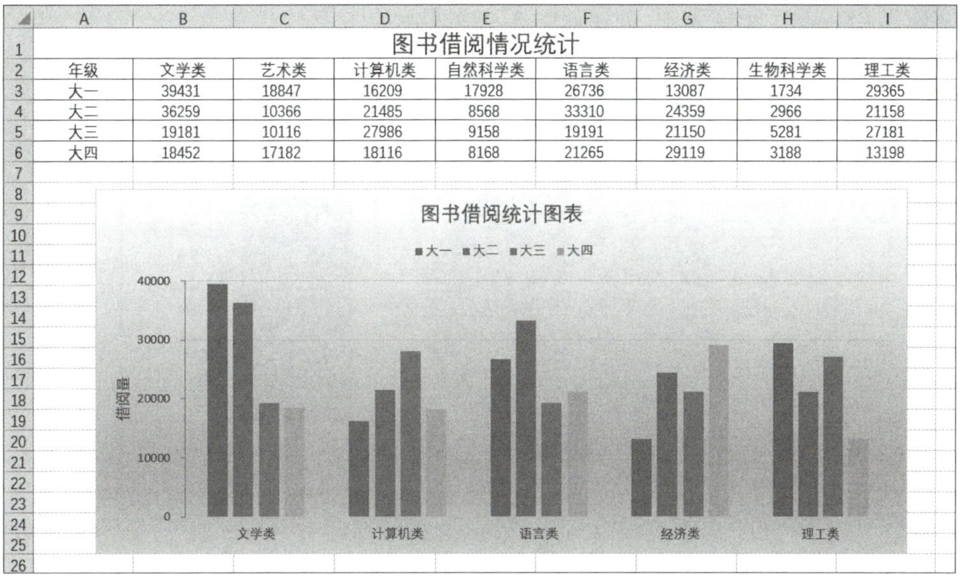

图书借阅情况统计

年级	文学类	艺术类	计算机类	自然科学类	语言类	经济类	生物科学类	理工类
大一	39431	18847	16209	17928	26736	13087	1734	29365
大二	36259	10366	21485	8568	33310	24359	2966	21158
大三	19181	10116	27986	9158	19191	21150	5281	27181
大四	18452	17182	18116	8168	21265	29119	3188	13198

图 3–226 设置填充色后的图表效果

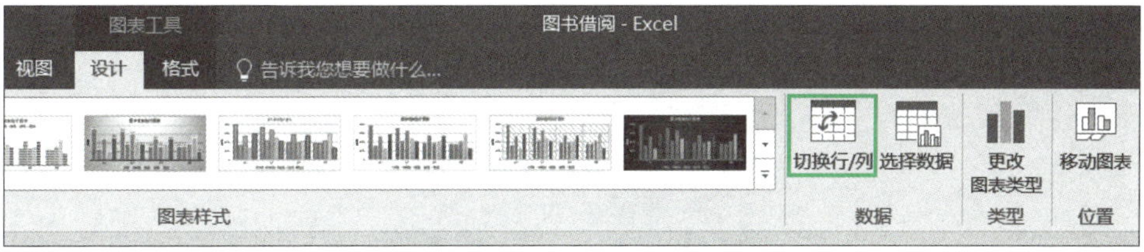

图 3–227 单击“切换行 / 列”按钮

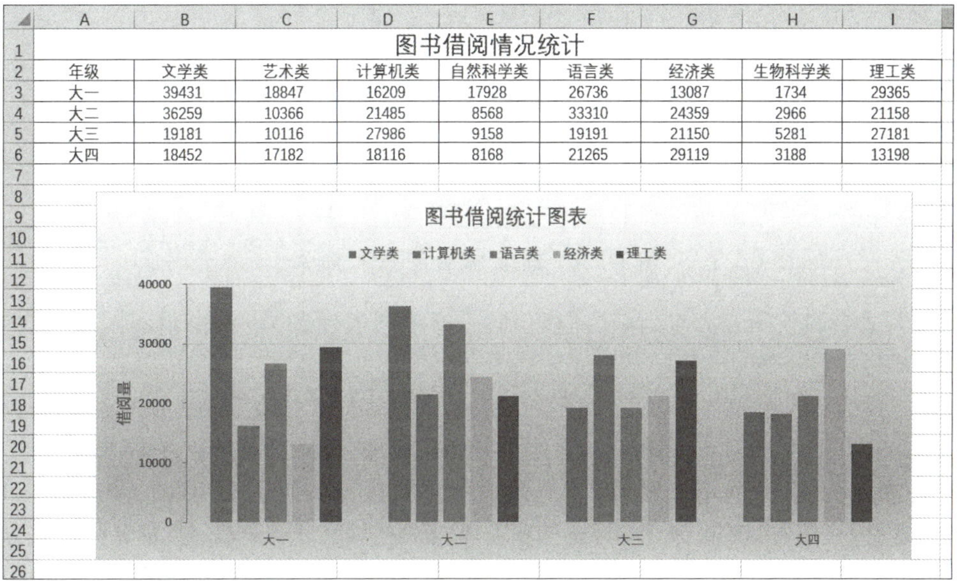

图书借阅情况统计

年级	文学类	艺术类	计算机类	自然科学类	语言类	经济类	生物科学类	理工类
大一	39431	18847	16209	17928	26736	13087	1734	29365
大二	36259	10366	21485	8568	33310	24359	2966	21158
大三	19181	10116	27986	9158	19191	21150	5281	27181
大四	18452	17182	18116	8168	21265	29119	3188	13198

图 3–228 切换行列后图表效果

4. 在“Sheet2”工作表中，创建如图 3-229 所示的图表。

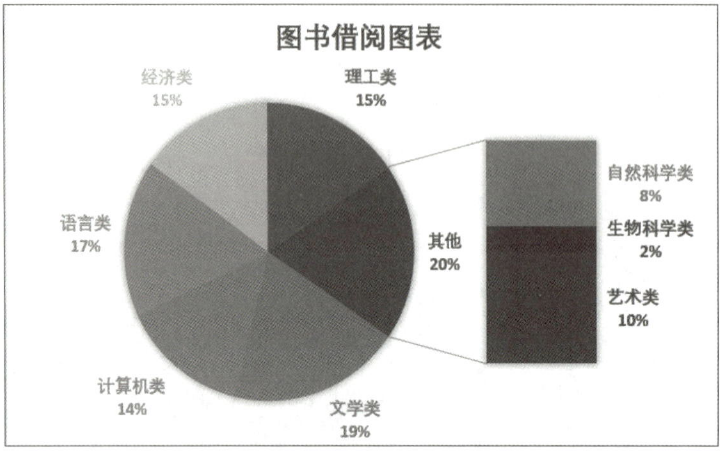

图 3-229　图书借阅图表效果

（1）在“Sheet2”工作表中，选择 B1:C9 单元格区域，在“插入”选项卡“图表”组中，单击“插入饼图或圆环图”按钮，在弹出的下拉菜单中选择“复合条饼图”命令，如图 3-230 所示，即可插入复合条饼图。

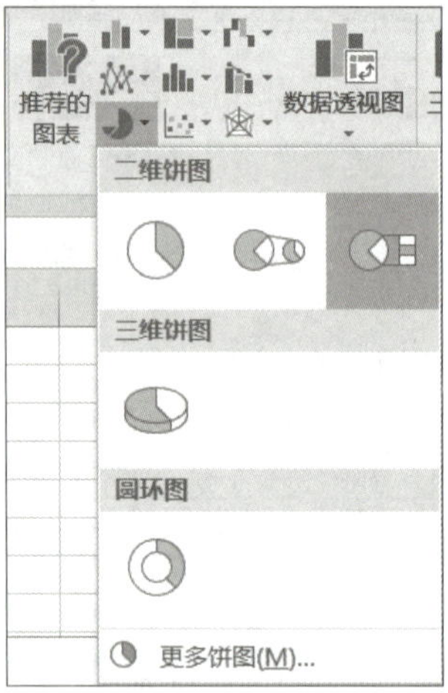

图 3-230　选择“复合条饼图”命令

（2）适当调整图表大小，移动图表位置。修改图表标题为“图书借阅图表”，效果如图 3-231 所示。

（3）图表样式选择“样式 9”，如图 3-232 所示，图表样式修改后效果如图 3-233 所示。

（4）在“设计”选项卡“图表布局”组中，单击“添加图表元素”按钮，在弹出的下拉菜单中选择“数据标签”命令，在级联菜单中选择“其他数据标签选项”命令，如图 3-234 所示，打开“设置数据标签格式”窗格，展开“标签选项”，在“标签包括”下方勾选“类别名称”“百分比”复选框，标签位置选择“数据标签外”，如图 3-235 所示，数据标签设置效果如图 3-236 所示。

5. 保存文件。

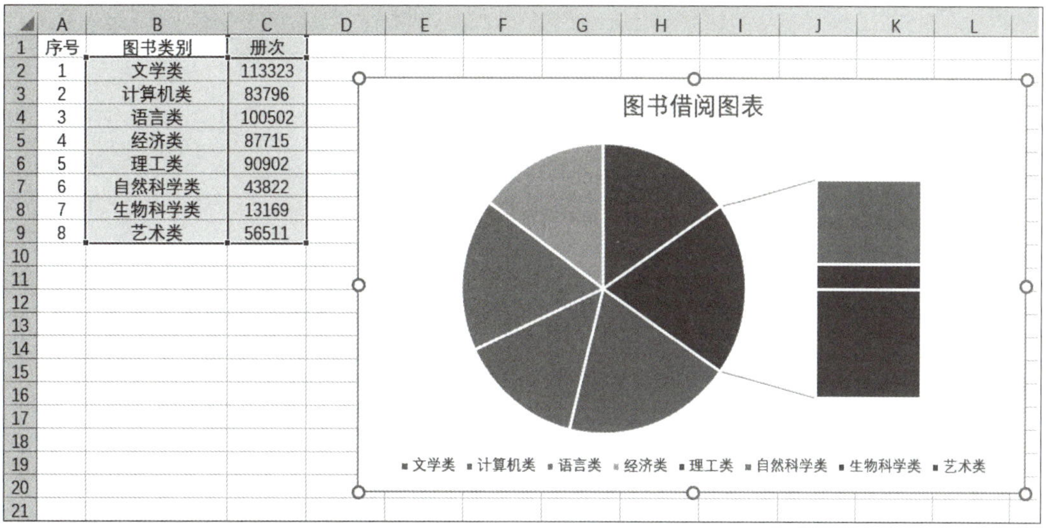

图 3-231　修改图表标题效果

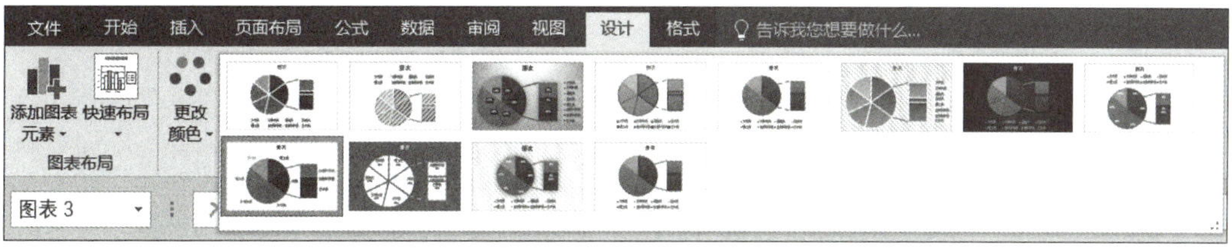

图 3-232　图表样式设置

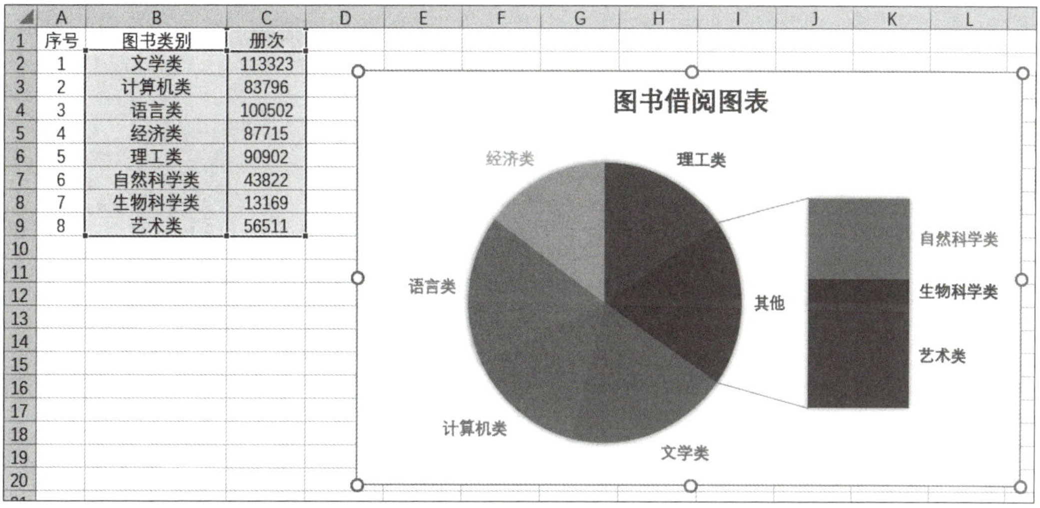

图 3-233　图表样式修改后效果

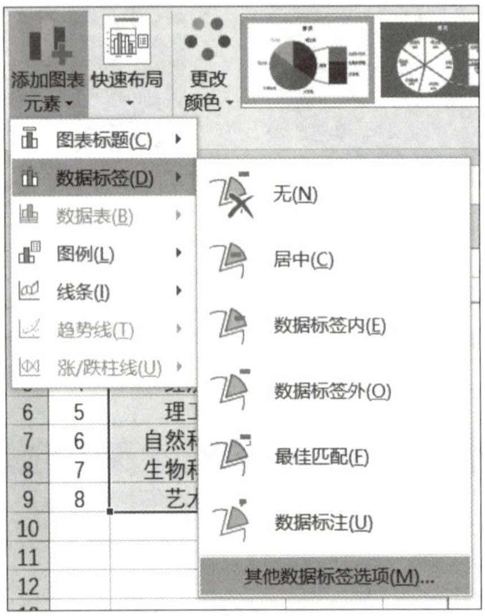

图 3-234　选择“其他数据标签选项”命令

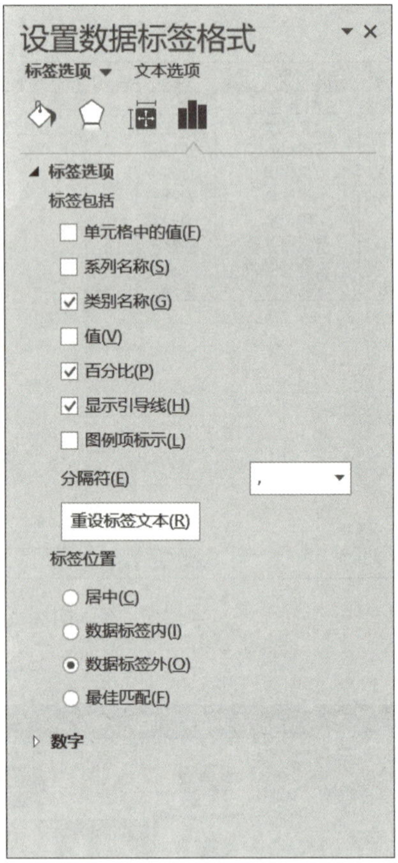

图 3-235　标签选项设置

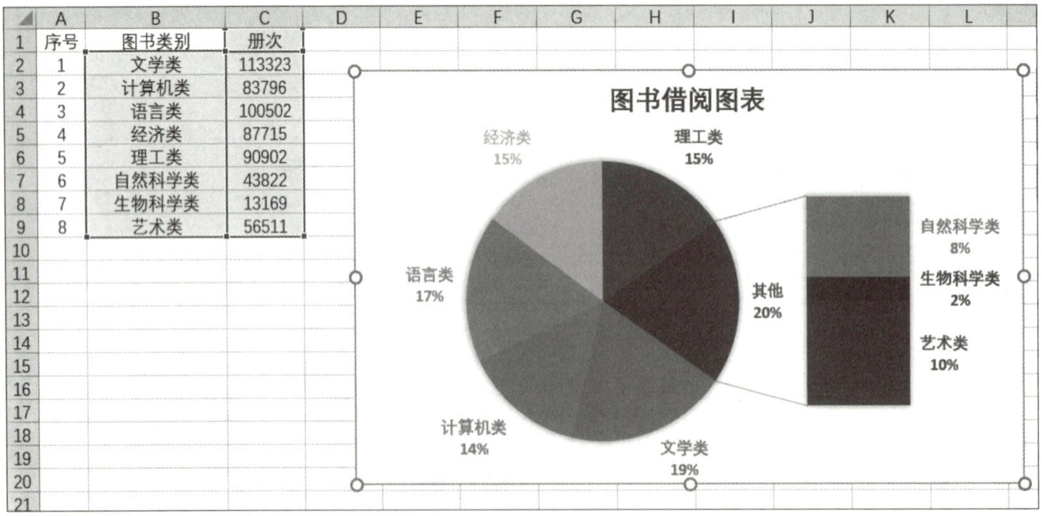

图 3-236　数据标签设置效果

实例二 生产和销售图表

学习目标及要求

熟练掌握图表的设置方法。
了解迷你图表的使用。

学习内容及操作步骤

1. 打开该实例素材文件夹中的“生产和销售数据 .xlsx”文件。
2. 在“Sheet1”工作表中，创建如图 3–237 所示的图表。

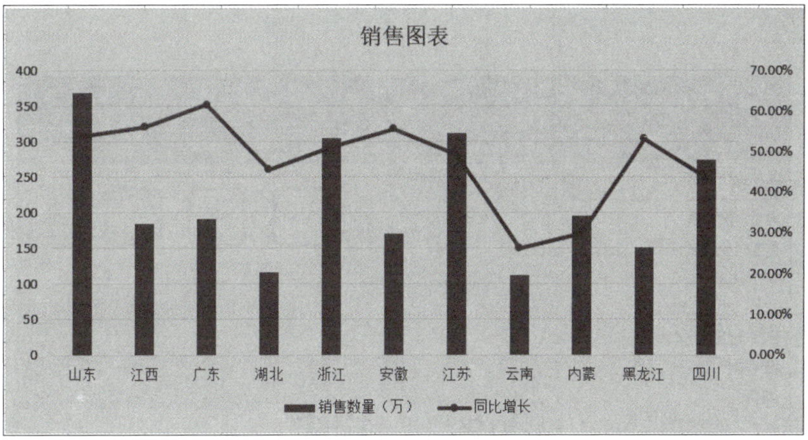

图 3–237 销售图表效果

（1）在“Sheet1”工作表中，选择 A2∶C13 单元格区域，插入“簇状柱形图”，如图 3–238 所示。

（2）在图表工具“格式”选项卡中，单击“当前所选内容”组中的“图表元素”下拉按钮，选择“系列 " 同比增长 "”命令，如图 3–239 所示。

（3）在图表工具“设计”选项卡“类型”组中，单击“更改图表类型”按钮，如图 3–240 所示，打开“更改图表类型”对话框。

（4）“同比增长”的“图表类型”选择“带数据标记的折线图”，并勾选“次坐标轴”复选框，如图 3–241 所示，单击“确定”按钮，更改图表类型后效果如图 3–242 所示。

（5）修改图表标题为“销售图表”，适当调整图表大小和位置。

（6）为图表设置“纯色填充”，填充颜色选择“紫色，个性色 4，淡色 80%”，设置纯色填充后图表效果如图 3–243 所示。

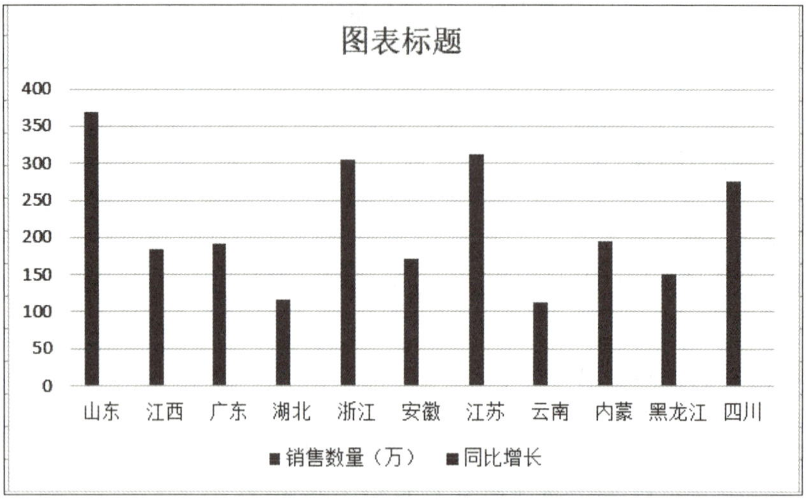

图 3-238　插入“簇状柱形图”

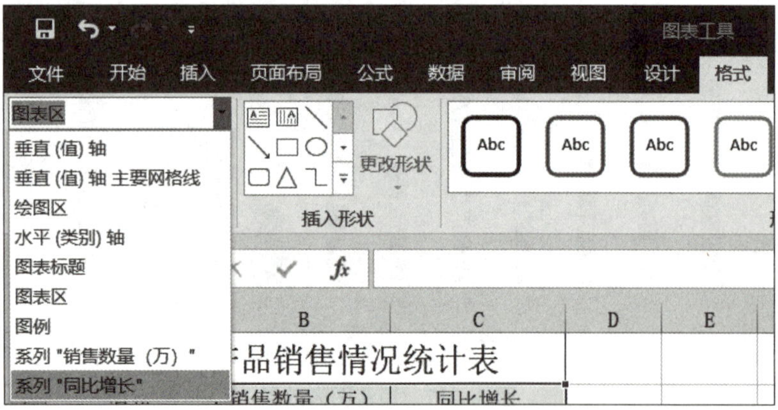

图 3-239　选择“系列 " 同比增长 "”命令

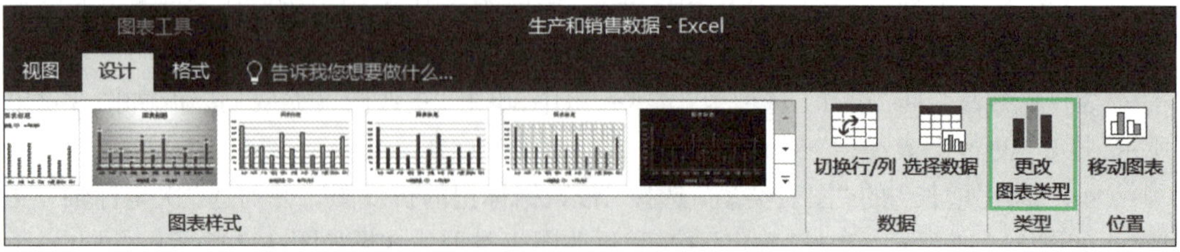

图 3-240　单击“更改图表类型”按钮

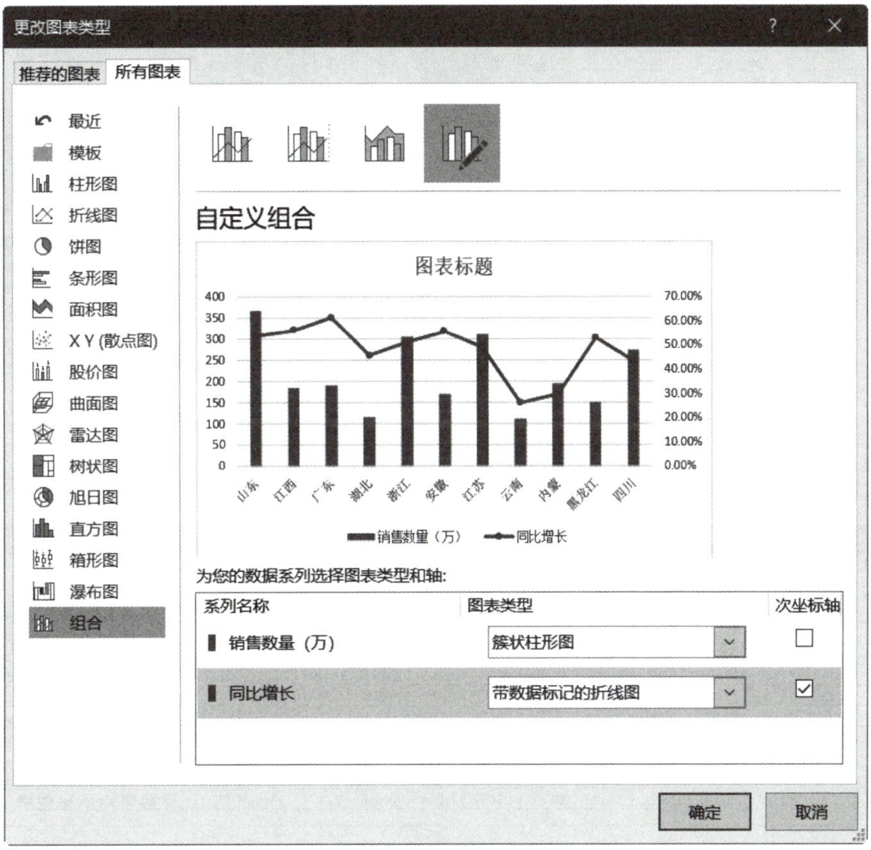

图 3–241 “更改图表类型”设置

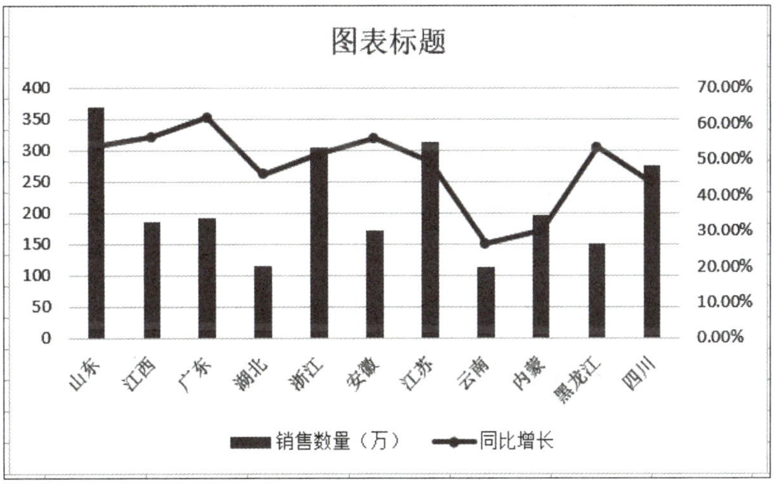

图 3–242 更改图表类型后效果

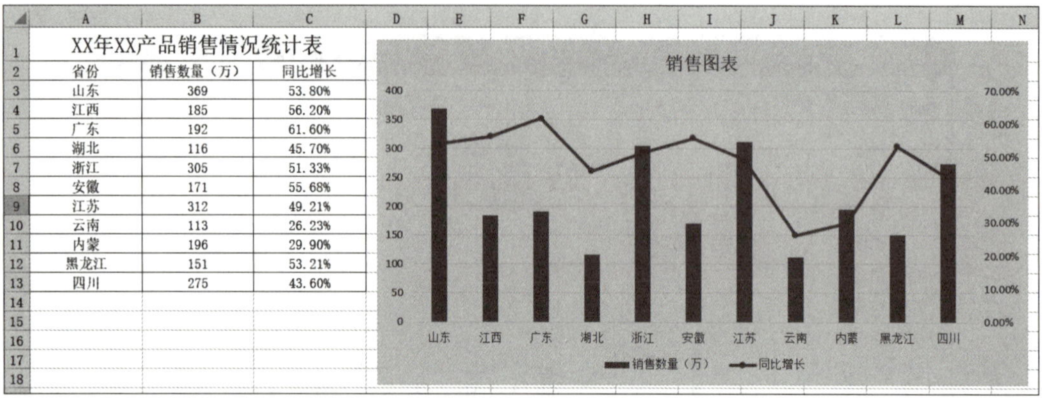

XX年XX产品销售情况统计表		
省份	销售数量（万）	同比增长
山东	369	53.80%
江西	185	56.20%
广东	192	61.60%
湖北	116	45.70%
浙江	305	51.33%
安徽	171	55.68%
江苏	312	49.21%
云南	113	26.23%
内蒙	196	29.90%
黑龙江	151	53.21%
四川	275	43.60%

图 3-243　设置纯色填充后图表效果

3. 在“Sheet2”工作表中，创建如图 3-244 所示的迷你图表。

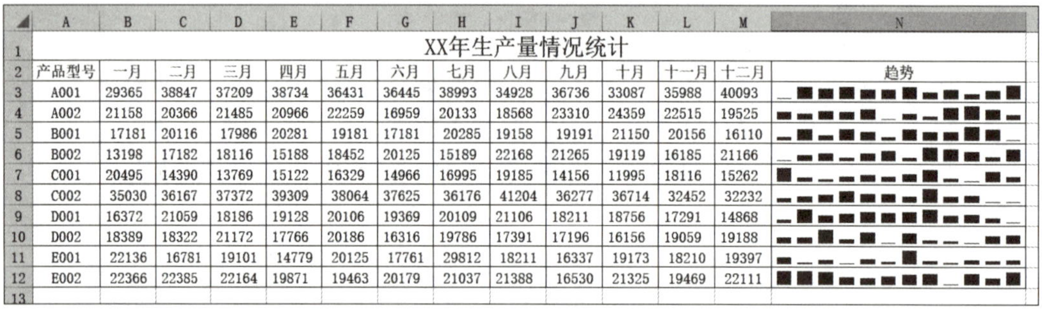

XX年生产量情况统计

产品型号	一月	二月	三月	四月	五月	六月	七月	八月	九月	十月	十一月	十二月	趋势
A001	29365	38847	37209	38734	36431	36445	38993	34928	36736	33087	35988	40093	
A002	21158	20366	21485	20966	22259	16959	20133	18568	23310	24359	22515	19525	
B001	17181	20116	17986	20281	19181	17181	20285	19158	19191	21150	20156	16110	
B002	13198	17182	18116	15188	18452	20125	15189	22168	21265	19119	16185	21166	
C001	20495	14390	13769	15122	16329	14966	16995	19185	14156	11995	18116	15262	
C002	35030	36167	37372	39309	38064	37625	36176	41204	36277	36714	32452	32232	
D001	16372	21059	18186	19128	20106	19369	20109	21106	18211	18756	17291	14868	
D002	18389	18322	21172	17766	20186	16316	19786	17391	17196	16156	19059	19188	
E001	22136	16781	19101	14779	20125	17761	29812	18211	16337	19173	18210	19397	
E002	22366	22385	22164	19871	19463	20179	21037	21388	16530	21325	19469	22111	

图 3-244　迷你图表效果

（1）在“Sheet2”工作表中，选择 N3 单元格。

（2）在“插入”选项卡“迷你图”组中，单击“柱形图”按钮，如图 3-245 所示，打开“创建迷你图”对话框。

（3）“数据范围”选择 B3:M3 单元格区域，如图 3-246 所示。单击“确定”按钮，在 N3 单元格插入迷你柱形图，如图 3-247 所示。

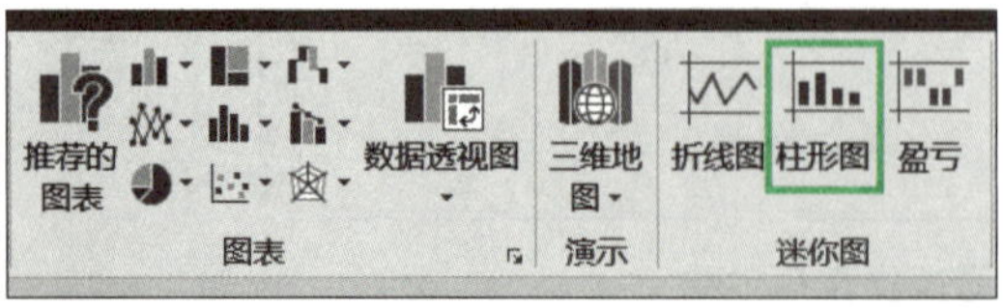

图 3-245　单击“柱形图”按钮

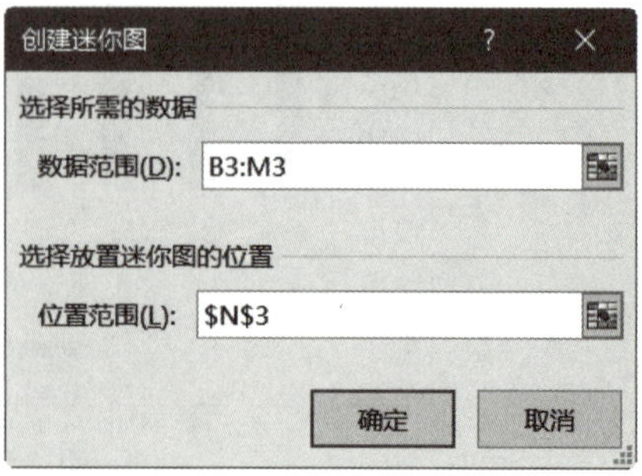

图 3-246　“创建迷你图”设置

XX年生产量情况统计

产品型号	一月	二月	三月	四月	五月	六月	七月	八月	九月	十月	十一月	十二月	趋势
A001	29365	38847	37209	38734	36431	36445	38993	34928	36736	33087	35988	40093	
A002	21158	20366	21485	20966	22259	16959	20133	18568	23310	24359	22515	19525	
B001	17181	20116	17986	20281	19181	17181	20285	19158	19191	21150	20156	16110	
B002	13198	17182	18116	15188	18452	20125	15189	22168	21265	19119	16185	21166	
C001	20495	14390	13769	15122	16329	14966	16995	19185	14156	11995	18116	15262	
C002	35030	36167	37372	39309	38064	37625	36176	41204	36277	36714	32452	32232	
D001	16372	21059	18186	19128	20106	19369	20109	21106	18211	18756	17291	14868	
D002	18389	18322	21172	17766	20186	16316	19786	17391	17196	16156	19059	19188	
E001	22136	16781	19101	14779	20125	17761	189812	18211	16337	19173	18210	19397	
E002	22366	22385	22164	19871	19463	20179	21037	21388	16530	21325	19469	22111	
E003	13569	18671	18116	18569	19246	16774	16912	16372	17574	15966	14896	1433	

图 3-247 插入迷你柱形图

（4）使用自动填充功能为其他行插入迷你柱形图。

（5）在迷你图工具“设计”选项卡中，勾选“显示”组中的“高点”“低点”复选框，如图 3-248 所示。迷你柱形图效果如图 3-249 所示。

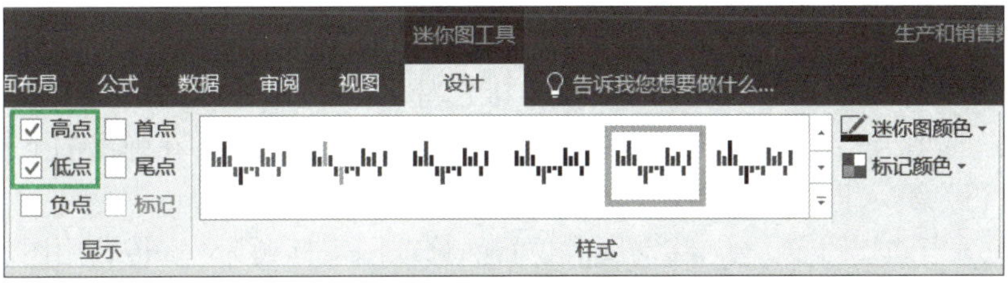

图 3-248 显示设置

XX年生产量情况统计

产品型号	一月	二月	三月	四月	五月	六月	七月	八月	九月	十月	十一月	十二月	趋势
A001	29365	38847	37209	38734	36431	36445	38993	34928	36736	33087	35988	40093	
A002	21158	20366	21485	20966	22259	16959	20133	18568	23310	24359	22515	19525	
B001	17181	20116	17986	20281	19181	17181	20285	19158	19191	21150	20156	16110	
B002	13198	17182	18116	15188	18452	20125	15189	22168	21265	19119	16185	21166	
C001	20495	14390	13769	15122	16329	14966	16995	19185	14156	11995	18116	15262	
C002	35030	36167	37372	39309	38064	37625	36176	41204	36277	36714	32452	32232	
D001	16372	21059	18186	19128	20106	19369	20109	21106	18211	18756	17291	14868	
D002	18389	18322	21172	17766	20186	16316	19786	17391	17196	16156	19059	19188	
E001	22136	16781	19101	14779	20125	17761	29812	18211	16337	19173	18210	19397	
E002	22366	22385	22164	19871	19463	20179	21037	21388	16530	21325	19469	22111	

图 3-249 迷你柱形图效果

4. 保存文件。

拓展训练 宣传费用图表

综合运用所学知识并查阅相关资料，制作宣传费用图表。

1. 打开该训练素材文件夹中的“宣传费用 .xlsx”文件。
2. 在“Sheet1”工作表中，创建如图 3-250 所示的图表。

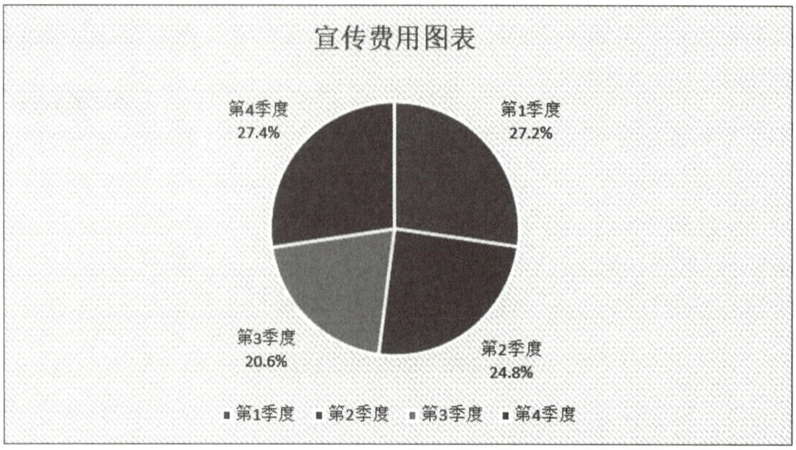

图 3-250 宣传费用图表效果 1

● 提示：

（1）在“Sheet1”工作表中，配合 Ctrl 键选择 A2：E2 和 A7：E7 两个单元格区域，在“插入”选项卡“图表”组中，单击“插入饼图或圆环图”按钮，在弹出的下拉菜单中选择“饼图”命令，即可插入图表。

（2）适当调整图表大小，移动图表位置。修改图表标题为“宣传费用图表”，效果如图 3-251 所示。

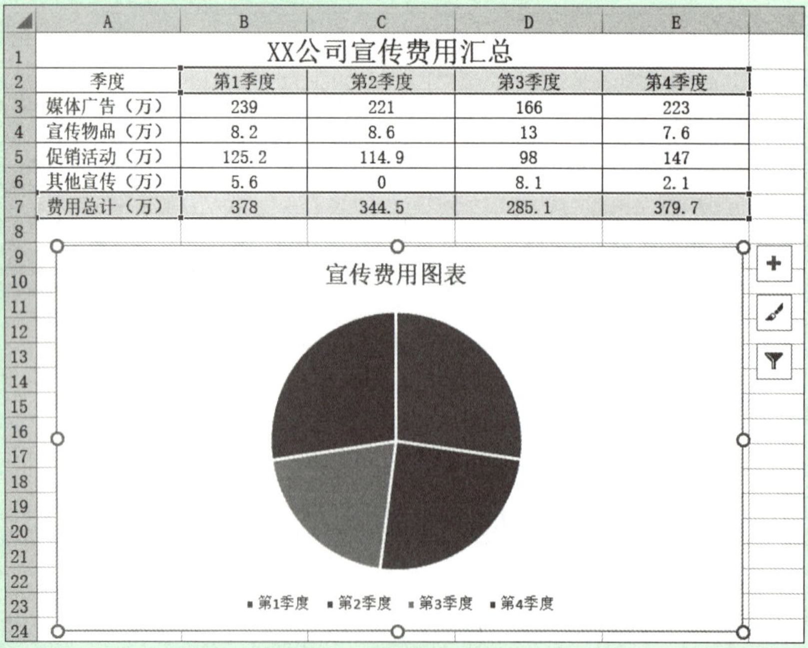

	A	B	C	D	E
1	XX公司宣传费用汇总				
2	季度	第1季度	第2季度	第3季度	第4季度
3	媒体广告（万）	239	221	166	223
4	宣传物品（万）	8.2	8.6	13	7.6
5	促销活动（万）	125.2	114.9	98	147
6	其他宣传（万）	5.6	0	8.1	2.1
7	费用总计（万）	378	344.5	285.1	379.7

图 3-251 修改图表标题效果

（3）添加数据标签，在“标签包括”下方勾选“类别名称”“百分比”复选框，并取消勾选“值”复选框，标签位置选择“数据标签外”。单击“数字”折叠按钮，标签数字类别选择“百分比”，小数位数为“1”。

（4）为图表添加一种图案填充背景。填充图表效果如图 3-252 所示。

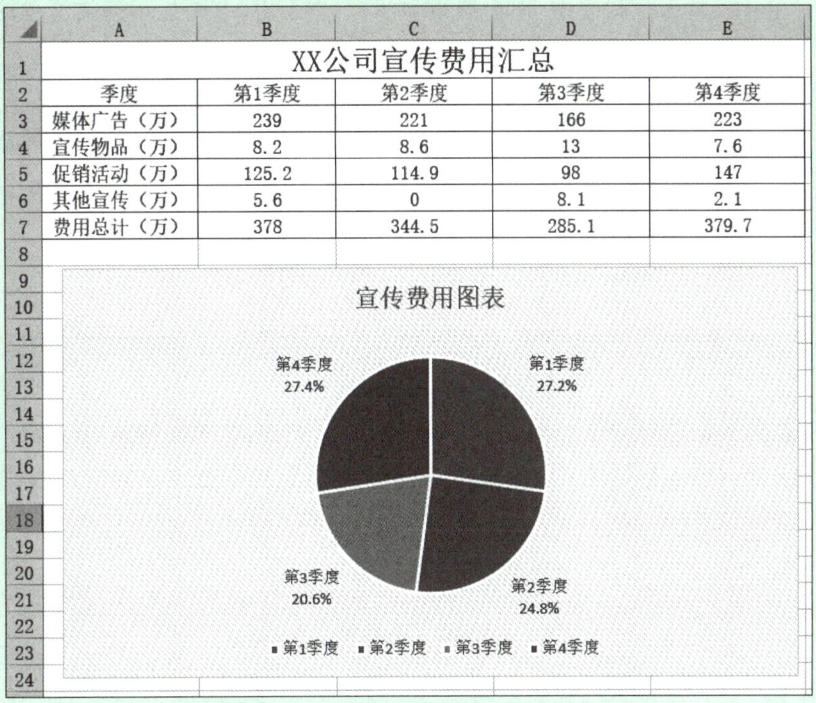

XX公司宣传费用汇总				
季度	第1季度	第2季度	第3季度	第4季度
媒体广告（万）	239	221	166	223
宣传物品（万）	8.2	8.6	13	7.6
促销活动（万）	125.2	114.9	98	147
其他宣传（万）	5.6	0	8.1	2.1
费用总计（万）	378	344.5	285.1	379.7

图 3-252 填充图表效果

3. 在“Sheet2”工作表中，创建如图 3-253 所示的图表。

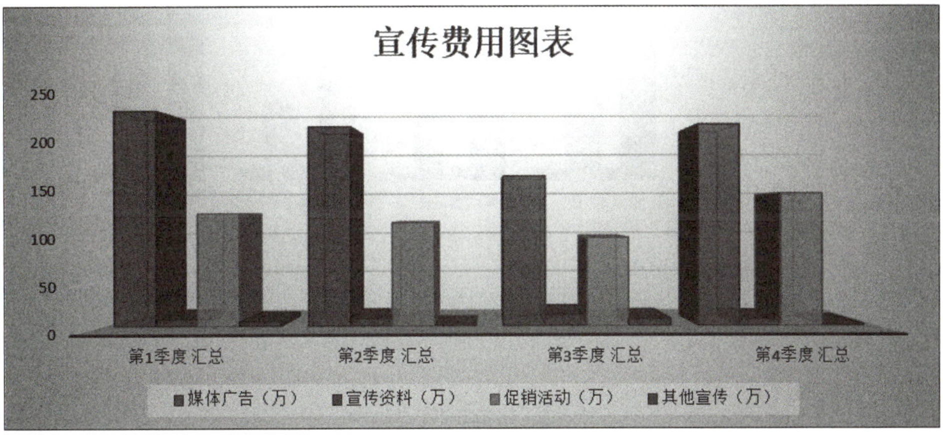

图 3-253 宣传费用图表效果 2

● 提示：

（1）在“Sheet2”工作表中，以“季度”为关键字进行升序排序。

（2）以“季度”为分类字段进行分类汇总，汇总方式为“求和”，汇总项为“媒体广告”“宣传资料”“促销活动”“其他宣传”“费用总计”。

（3）在分级显示控制栏中，单击级别显示控制按钮2，则显示各类汇总的结果及总计结果，如图 3-254 所示。

	A	B	C	D	E	F	G
1	XX公司宣传费用汇总						
2	月份	季度	媒体广告（万）	宣传资料（万）	促销活动（万）	其他宣传（万）	费用总计（万）
6		第1季度 汇总	239	8.2	125.2	5.6	378
10		第2季度 汇总	221	8.6	114.9	0	344.5
14		第3季度 汇总	166	13	98	8.1	285.1
18		第4季度 汇总	223	7.6	147	2.1	379.7
19		总计	849	37.4	485.1	15.8	1387.3
20							

图 3-254 分类汇总结果

（4）在分类汇总结果 2 级显示的情况下，选择 B2：F18 单元格区域，插入“三维簇状柱形图”，修改图表标题为“宣传费用图表”。适当调整图表大小和位置，如图 3-255 所示。

	A	B	C	D	E	F	G
1	XX公司宣传费用汇总						
2	月份	季度	媒体广告（万）	宣传资料（万）	促销活动（万）	其他宣传（万）	费用总计（万）
6		第1季度 汇总	239	8.2	125.2	5.6	378
10		第2季度 汇总	221	8.6	114.9	0	344.5
14		第3季度 汇总	166	13	98	8.1	285.1
18		第4季度 汇总	223	7.6	147	2.1	379.7
19		总计	849	37.4	485.1	15.8	1387.3

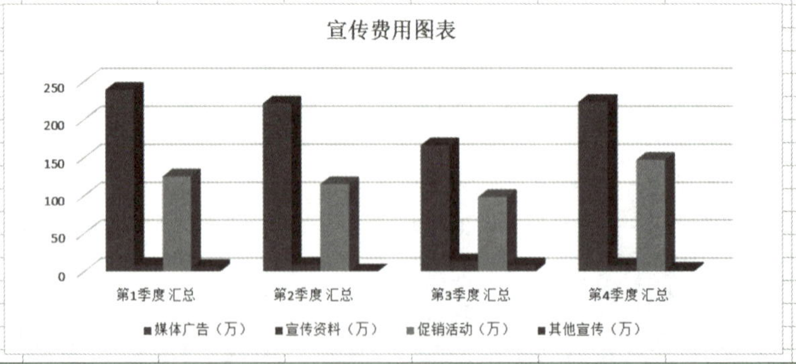

图 3-255 图表大小和位置调整

（5）图表样式选择“样式 3”，效果如图 3-256 所示。

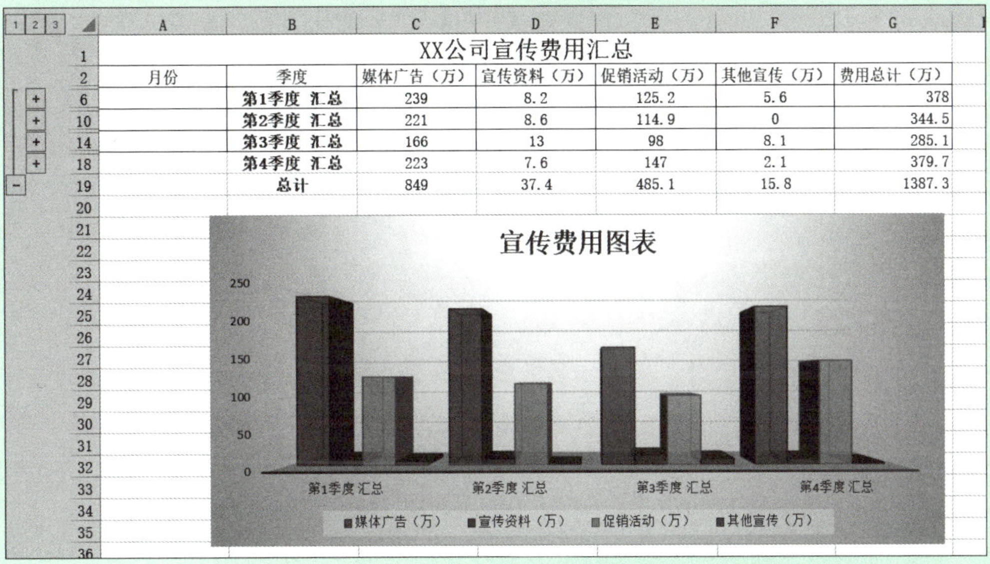

月份	季度	媒体广告（万）	宣传资料（万）	促销活动（万）	其他宣传（万）	费用总计（万）
	第1季度 汇总	239	8.2	125.2	5.6	378
	第2季度 汇总	221	8.6	114.9	0	344.5
	第3季度 汇总	166	13	98	8.1	285.1
	第4季度 汇总	223	7.6	147	2.1	379.7
	总计	849	37.4	485.1	15.8	1387.3

图 3-256 “样式 3”图表效果

4. 保存文件。

第 4 章

演示文稿的制作与编辑

本章目录

4.1　演示文稿的基本操作

实例一　“我运动　我阳光”演示文稿的基本制作

学习目标及要求

了解演示文稿基本功能和应用。

掌握演示文稿和幻灯片的创建方法。

熟练掌握演示文稿中图像、艺术字、文本框、组织结构图、表格和形状的插入及格式设置方法。

掌握幻灯片页眉、页脚的添加方法。

学习内容及操作步骤

1. 新建演示文稿，命名为“我运动 我阳光 .pptx”，并为该演示文稿创建指定版式的幻灯片。

（1）新建演示文稿文件，将文件命名为“我运动 我阳光 .pptx”。

（2）打开“我运动 我阳光 .pptx”文件，在“开始”选项卡“幻灯片”组中，单击“新建幻灯片”下拉按钮，在弹出的下拉菜单中，选择“标题幻灯片”版式，如图 4–1 所示，插入一张指定版式的幻灯片。

（3）采用上述方法插入 5 张幻灯片，幻灯片版式分别为“两栏内容”“空白”“标题和内容”“标题和内容”和“空白”。

2. 为所有幻灯片设置“回顾”主题。

在“设计”选项卡“主题”组中，单击“其他”按钮，在弹出的下拉菜单中，选择“回顾”主题，如图 4–2 所示，即为所有幻灯片应用该主题。

3. 在第 1 张幻灯片“标题”占位符中输入文字“我运动　我阳光”，字体为华文新魏，字号为 80，颜色为绿色，“副标题”占位符中输入文字“体育俱乐部”，字体为华文新魏，字号为 40，颜色为橙色。

（1）在“标题”占位符内单击鼠标，输入文字“我运动　我阳光”，选中文字，在“开始”选项卡“字体”组中，设置字体格式，如图 4–3 所示。

（2）采用上述方法输入副标题内容，并设置字体格式，效果如图 4–4 所示。

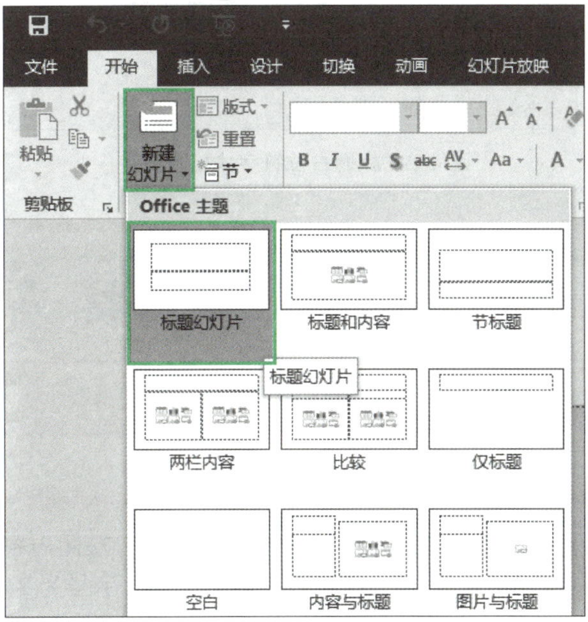

图 4–1 选择“标题幻灯片”版式

图 4–2 选择“回顾”主题

图 4-3　标题占位符字体格式设置

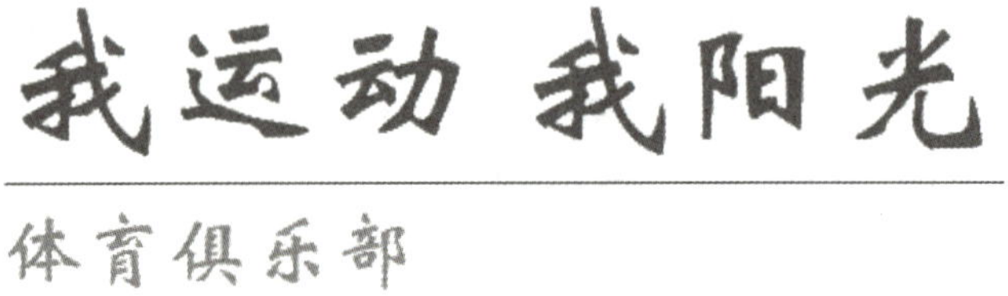

图 4-4　第 1 张幻灯片设置效果

4. 在第 2 张幻灯片标题占位符输入文字“主要内容”，左侧内容占位符中依次输入文字“运动的意义”“体育项目分类”“各年龄段运动统计”，字号为 24，右侧插入图片“运动 .jpg”，为图片设置“柔化边缘椭圆”图片样式，“预设 9”图片效果。

（1）选择第 2 张幻灯片，单击“标题”占位符，输入文字“主要内容”。

（2）单击左侧内容占位符，依次输入文字“运动的意义”“体育项目分类”“各年龄段运动统计”。

（3）在右侧占位符中单击“图片”按钮，打开“插入图片”对话框，如图 4-5 所示，选择该实例素材文件夹中的“运动 .jpg”图片，单击“插入”按钮。

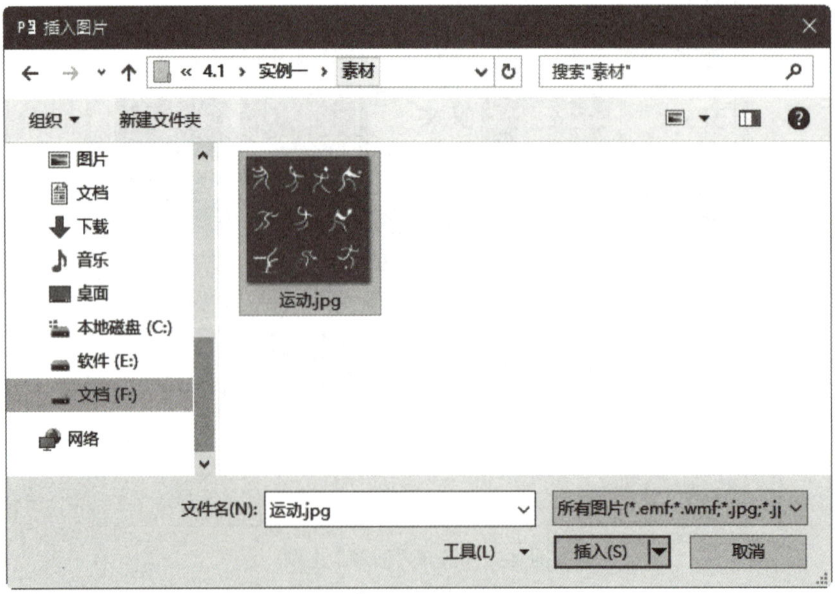

图 4-5　“插入图片”对话框

（4）在图片工具“格式”选项卡“图片样式”组中，单击“其他”按钮，选择“柔化边缘椭圆”图片样式，如图 4–6 所示。单击“图片效果”按钮，在弹出的下拉菜单中，选择“预设”级联菜单中的“预设 9”图片效果，如图 4–7 所示。第 2 张幻灯片设置效果如图 4–8 所示。

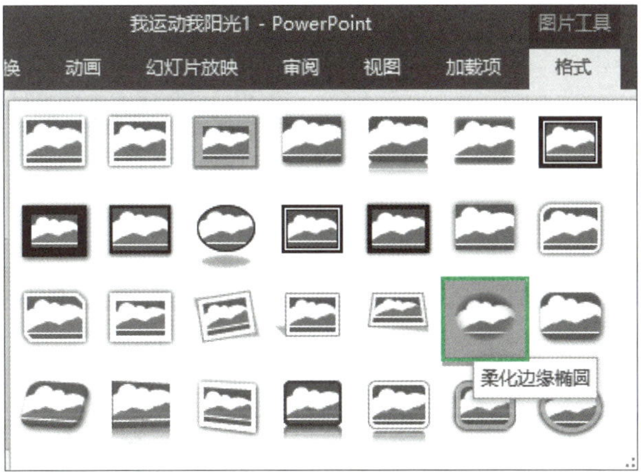

图 4–6 “图片样式”设置

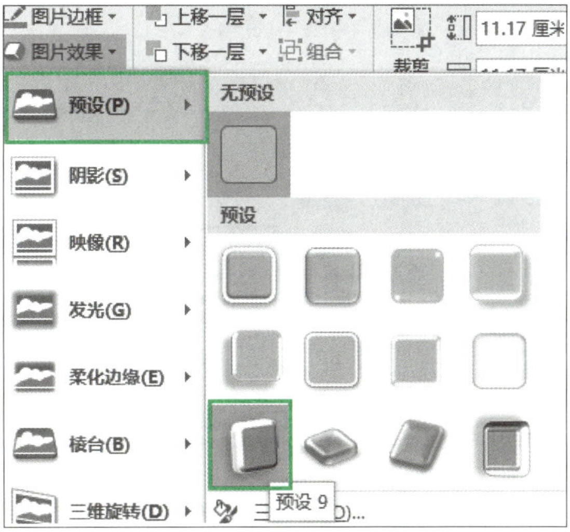

图 4–7 “图片效果”设置

5. 在第 3 张幻灯片上方插入艺术字“运动的意义”，艺术字样式为“图案填充 – 橙色，个性色 1，50%，清晰阴影 – 个性色 1”，字体为华文行楷，字号为 80，棱台“圆”文字效果。

（1）选择第 3 张幻灯片，在“插入”选项卡“文本”组中，单击“艺术字”按钮，在弹出的“艺术字库”中选择“图案填充 – 橙色，个性色 1，50%，清晰阴影 – 个性色 1”艺术字样式（第 4 行第 3 列），如图 4–9 所示。将艺术字拖动到幻灯片上方。

图 4–8　第 2 张幻灯片设置效果

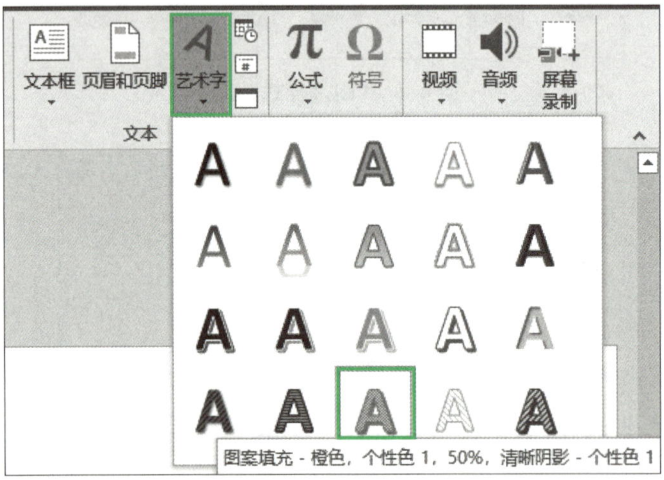

图 4–9　艺术字“样式”设置

（2）在艺术字占位符中输入文字“运动的意义”。选中艺术字，设置字体为“华文行楷”，字号为“80”。

（3）在绘图工具“格式”选项卡“艺术字样式”组中，单击“文字效果”按钮，在弹出的下拉菜单中，选择棱台中的“圆”，如图 4–10 所示。

6. 在艺术字“运动的意义”下方插入文本框，复制并粘贴该实例素材文件夹中的“文字素材 .docx”文件中内容，设置字体为华文新魏，字号为 28，设置文本框“形状样式”为“彩色填充 – 橙色，强调颜色 2”。

（1）在“插入”选项卡“文本”组中，单击“文本框”下拉按钮，在弹出的下拉菜单中，选择“横排文本框”命令，如图 4–11 所示，在艺术字“运动的意义”下方拖动鼠标绘制一个矩形文本框，复制并粘贴该实例素材文件夹中的“文字素材 .docx”中内容，并设置字体为“华文新魏”，字号为“28”。

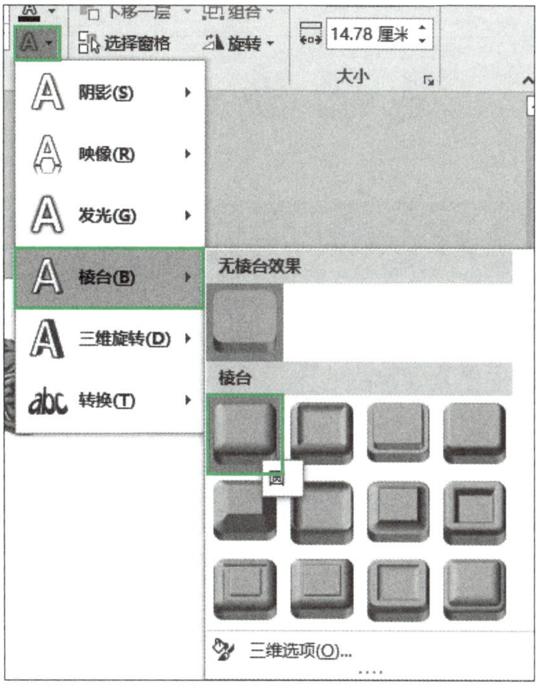

图 4-10 艺术字“文字效果”设置

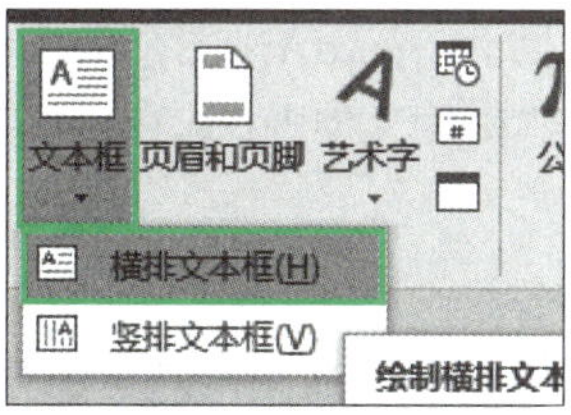

图 4-11 选择“横排文本框”命令

（2）选中文本框，在绘图工具“格式”选项卡“形状样式”组中，单击“其他”按钮，选择“彩色填充 - 橙色，强调颜色 2”（第 2 行第 3 列），如图 4-12 所示。第 3 张幻灯片设置效果如图 4-13 所示。

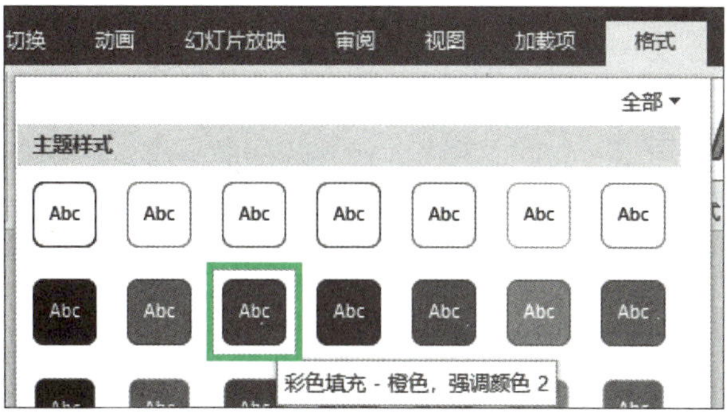

图 4-12 文本框“形状样式”设置

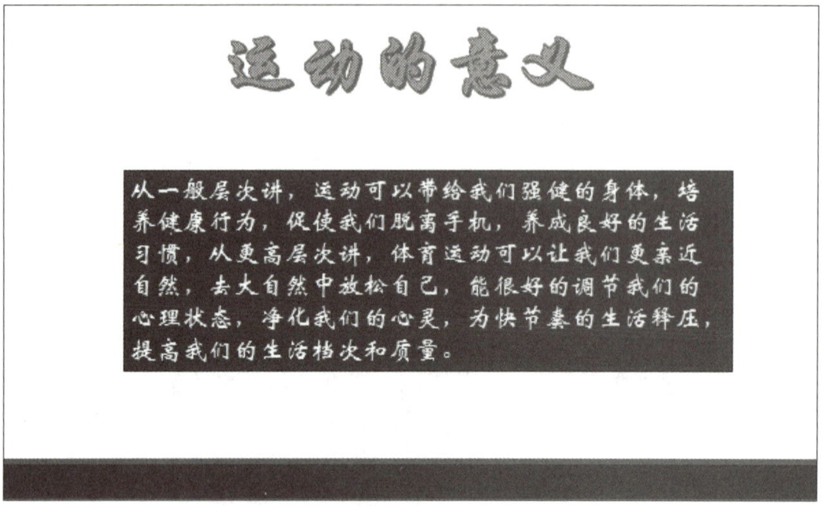

图 4-13　第 3 张幻灯片设置效果

7. 在第 4 张幻灯片的标题占位符中输入文字“体育项目分类”，在内容占位符中插入“组织结构图”，调整布局并设置颜色为“渐变范围 - 个性色 1”，应用“平面场景” SmartArt 样式。

（1）选择第 4 张幻灯片，单击“标题”占位符，输入文字“体育项目分类”。

（2）在内容占位符中单击“插入 SmartArt 图形”按钮，打开“选择 SmartArt 图形”对话框，选择“层次结构”中“组织结构图”，如图 4-14 所示。单击“确定”按钮，插入“组织结构图”模版，如图 4-15 所示。

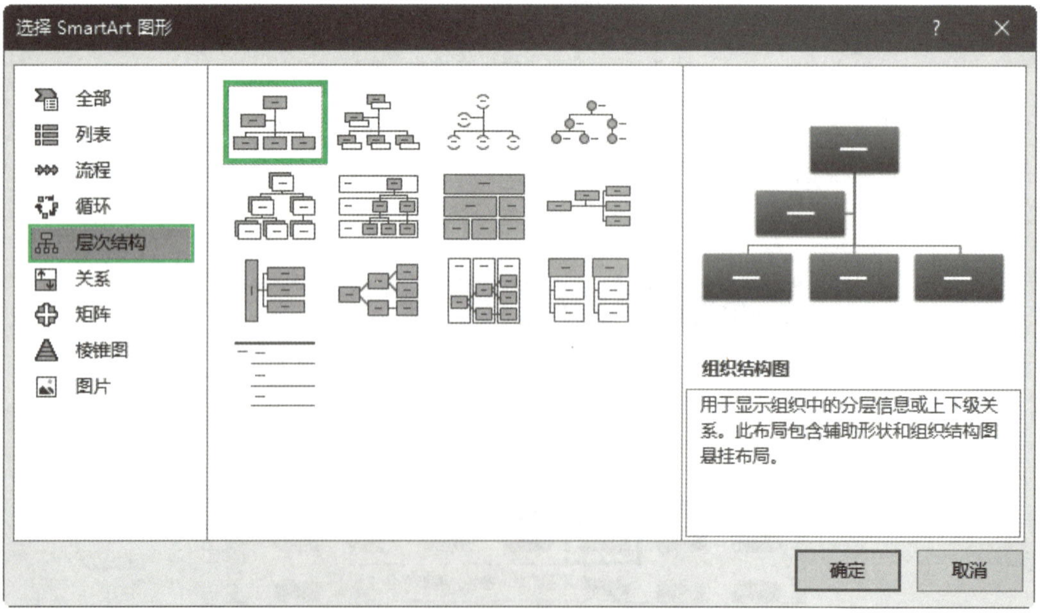

图 4-14　“选择 SmartArt 图形”设置

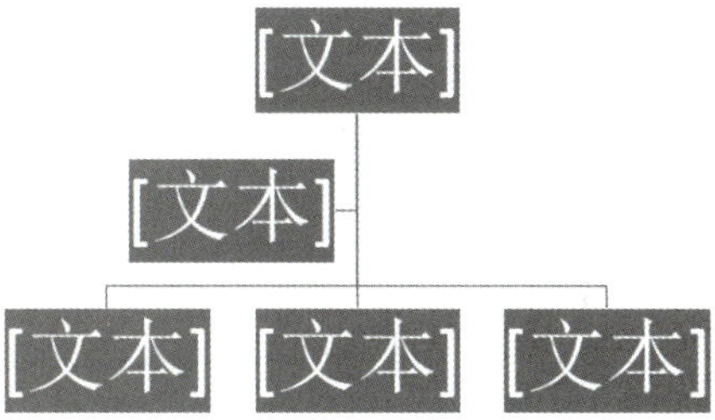

图 4–15　插入“组织结构图”模板

（3）选择第 2 层左侧形状，按 Delete 键删除。

（4）选择最下层第 3 个形状，在 SmartArt 工具“设计”选项卡“创建图形”组中，单击“添加形状”下拉按钮，在弹出的下拉菜单中，选择“在后面添加形状”命令，如图 4–16 所示。

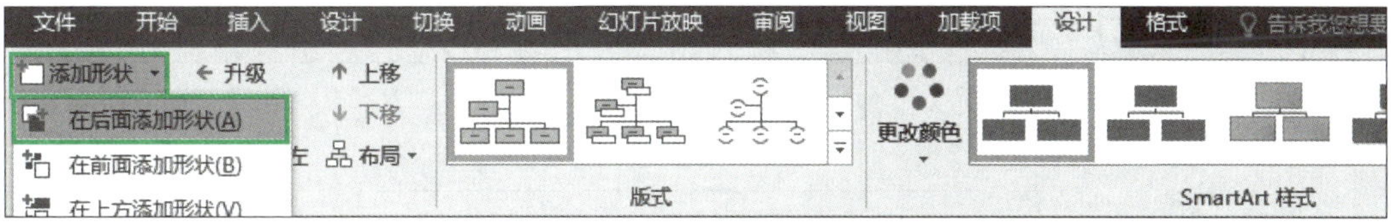

图 4–16　选择“在后面添加形状”命令

（5）选中组织结构图，在“SmartArt 样式”组中，单击“更改颜色”按钮，在弹出的下拉菜单中，选择“个性色 1”中“渐变范围 – 个性色 1”，如图 4–17 所示。

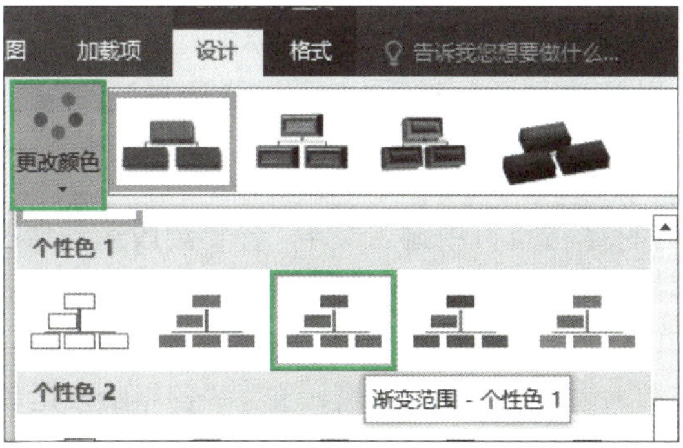

图 4–17　组织结构图“更改颜色”设置

（6）在“SmartArt 样式”组中，单击“其他”按钮，在弹出的下拉菜单中，选择“三维”中的“平面场景”，如图 4–18 所示。

（7）选择第 1 层形状，在 SmartArt 工具“格式”选项卡“形状”组中，单击“更改形状”按钮，在弹出的下拉菜单中，选择“矩形”组中的“圆角矩形”，如图 4–19 所示。

（8）在形状中输入对应文字，也可以在“创建图形”组中单击“文本窗格”按钮，打开“在此处输入文字”窗格，输入对应文字。第 4 张幻灯片设置效果如图 4–20 所示。

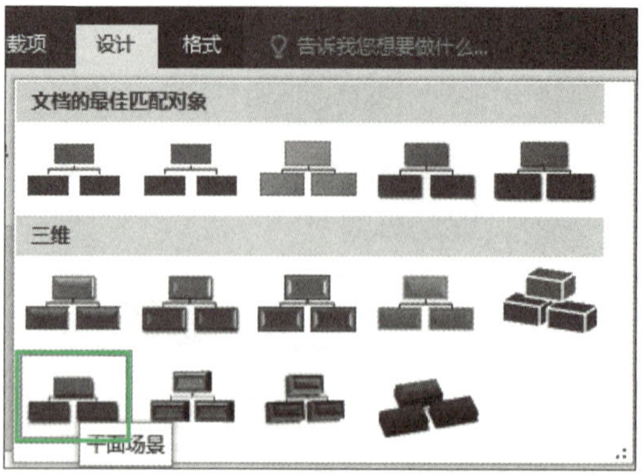

图 4-18　“SmartArt 样式”设置

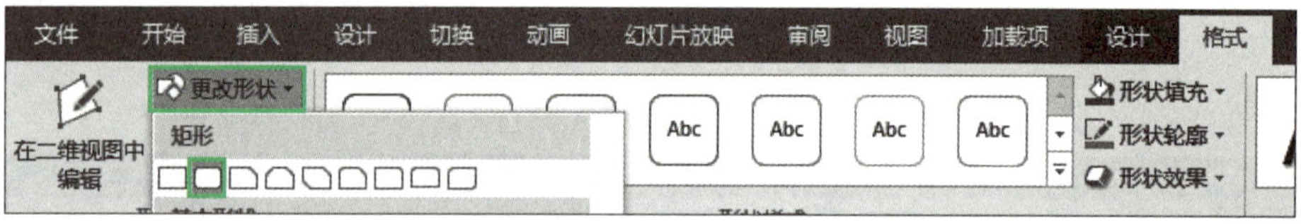

图 4-19　“更改形状”设置

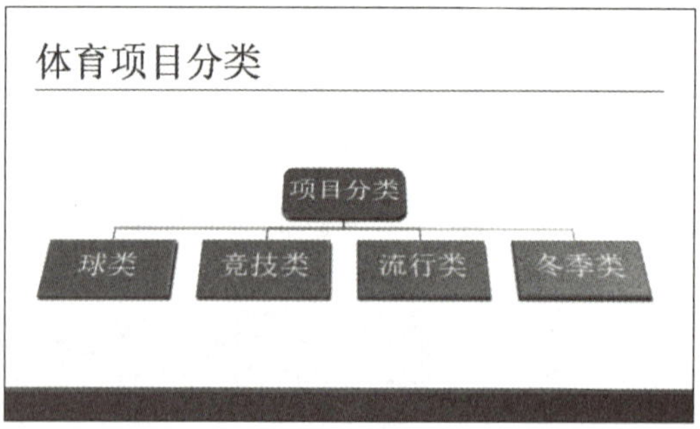

图 4-20　第 4 张幻灯片设置效果

8. 在第 5 张幻灯片标题占位符中输入文字“各年龄段运动情况统计”，在内容占位符中插入 2 行 5 列表格，输入内容，字号为 28，水平和垂直对齐方式均居中对齐，适当调整各列列宽。

（1）选择第 5 张幻灯片，在标题占位符输入文字“各年龄段运动情况统计”。

（2）在内容占位符中单击“插入表格”按钮，打开“插入表格”对话框，如图 4-21 所示，输入表格的列数为“5”和行数为“2”，单击“确定”按钮。

（3）输入表格内容，在表格工具“布局”选项卡“对齐方式”组中，设置表格内容水平和垂直对齐方式均居中对齐，如图 4-22 所示。在“开始”选项卡“字体”组中，设置表格内容字号为“28”。适当调整各列列宽，“表格”设置效果如图 4-23 所示。

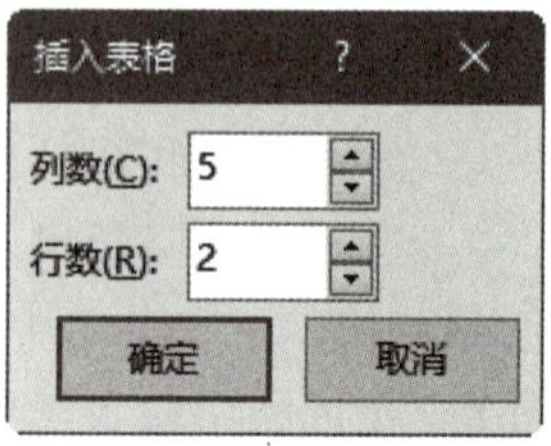

图 4-21　“插入表格”对话框

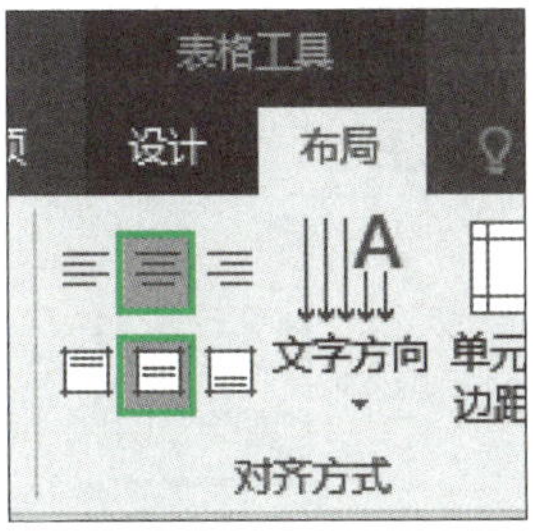

图 4-22　表格内容“居中对齐”设置

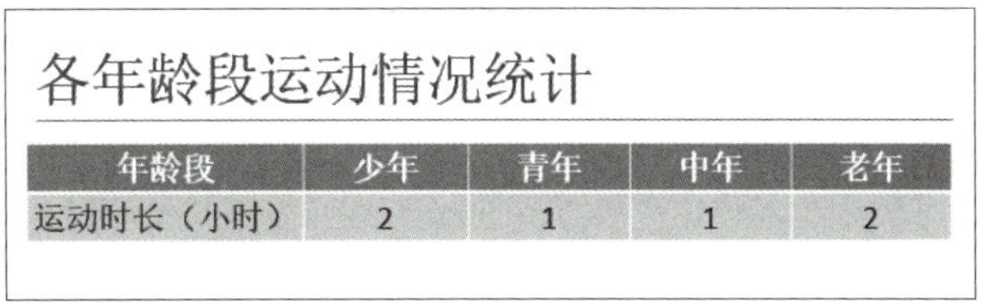

图 4-23　“表格”设置效果

9. 在第 6 张幻灯片中插入“双波形”形状，设置“彩色填充 – 橙色，强调颜色 1”形状样式，输入文字内容“欢迎您的加入！”，字体为华文新魏，字号为 48，字形为加粗。

（1）选择第 6 张幻灯片，在“插入”选项卡“插图”组中，单击“形状”按钮，在弹出的下拉菜单中，选择“星与旗帜”中的“双波形”，拖动鼠标绘制适当大小的形状。

（2）单击鼠标右键，在弹出的快捷菜单中选择“编辑文字”命令，如图 4-24 所示，形状中输入文字“欢迎您的加入！”，设置字体为“华文新魏”，字号为“48”，字形为“加粗”。“插入形状”设置效果如图 4-25 所示。

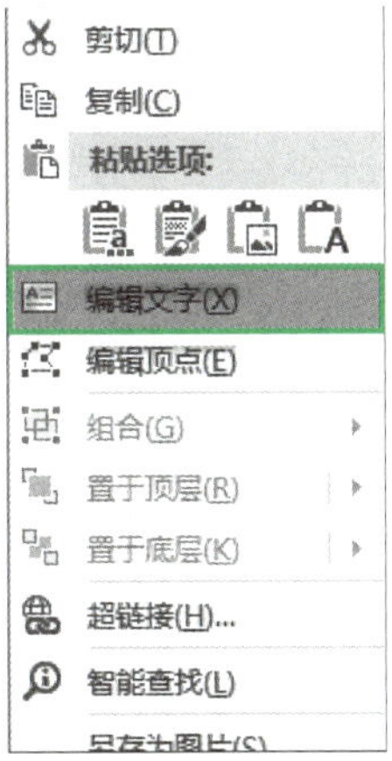

图 4-24　选择“编辑文字”命令

图 4-25　“插入形状”设置效果

10. 为幻灯片添加页脚，显示自动更新日期和时间、幻灯片编号，页脚内容为“体育俱乐部”，标题幻灯片不显示。

（1）在“插入”选项卡“文本”组中，单击“页眉和页脚”按钮，打开“页眉和页脚”对话框。

（2）勾选“日期和时间”复选框，选择“自动更新”，勾选“幻灯片编号”“页脚”复选框，在“页脚”文本框中输入“体育俱乐部”，勾选“标题幻灯片中不显示”复选框，如图 4-26 所示，单击“全部应用”按钮。

11. 单击“保存”按钮，保存演示文稿文件。

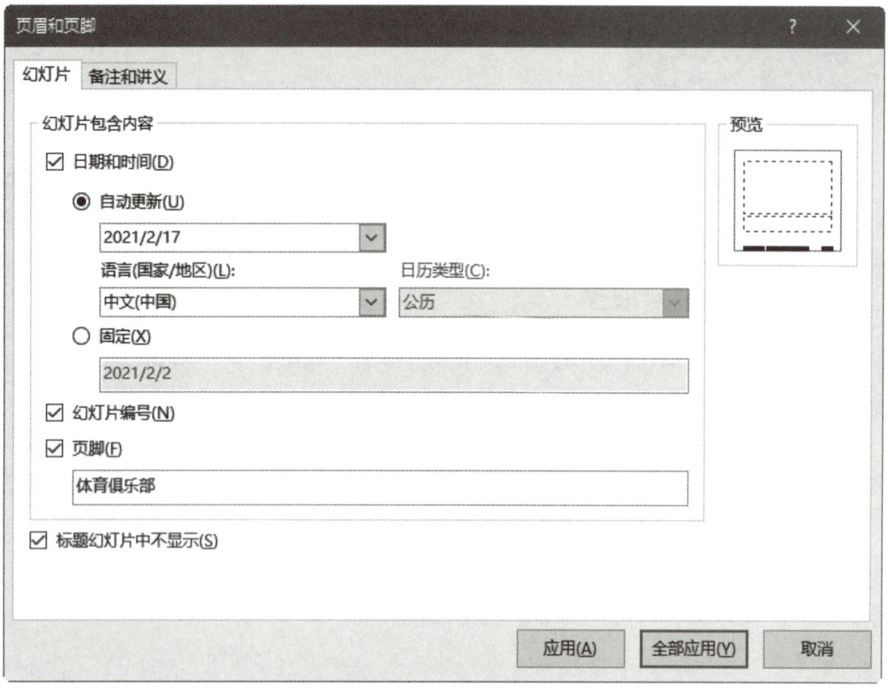

图 4–26　“页眉和页脚”设置

实例二　“全国计算机等级考试简介”外部资源应用

学习目标及要求

掌握从大纲创建幻灯片的方法。

熟练掌握演示文稿中图表、对象的插入及格式设置方法。

掌握节的添加及应用方法。

学习内容及操作步骤

1. 新建演示文稿，命名为“全国计算机等级考试简介 .pptx”，并利用该实例素材文件夹中的“文字素材 .docx”中的内容新建幻灯片。

（1）新建演示文稿文件，将文件命名为“全国计算机等级考试简介 .pptx”，打开该文件。

（2）单击“新建幻灯片”下拉按钮，在弹出的下拉菜单中，选择“幻灯片（从大纲）”命令，如图 4–27 所示。

视频：从大纲新建幻灯片

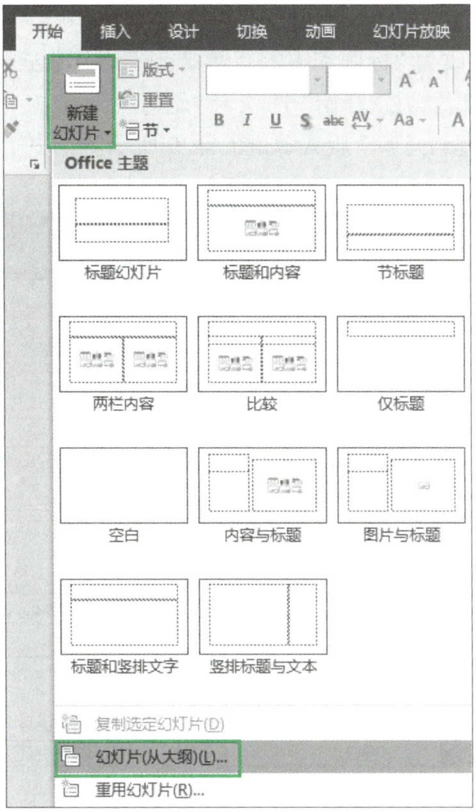

图 4–27　选择“幻灯片（从大纲）”命令

（3）在打开的“插入大纲”对话框中，如图 4–28 所示，选择该实例素材文件夹中“文字素材 .docx”文件，单击“插入”按钮，完成从大纲新建幻灯片。

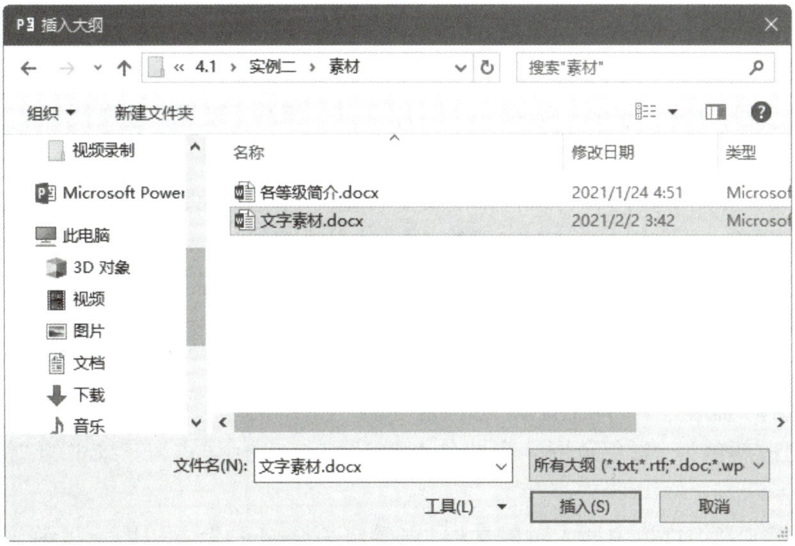

图 4–28　“插入大纲”对话框

2. 将第 1 张幻灯片版式改为“标题幻灯片”，第 2 张幻灯片版式改为“两栏内容”，第 3 张至第 6 张幻灯片版式改为“标题和内容”，第 7 张幻灯片版式改为“空白”。

（1）选择第 1 张幻灯片，在“开始”选项卡“幻灯片”组中，单击“版式”按钮，在弹出的下拉菜单中，选择“标题幻灯片”版式，如图 4–29 所示。

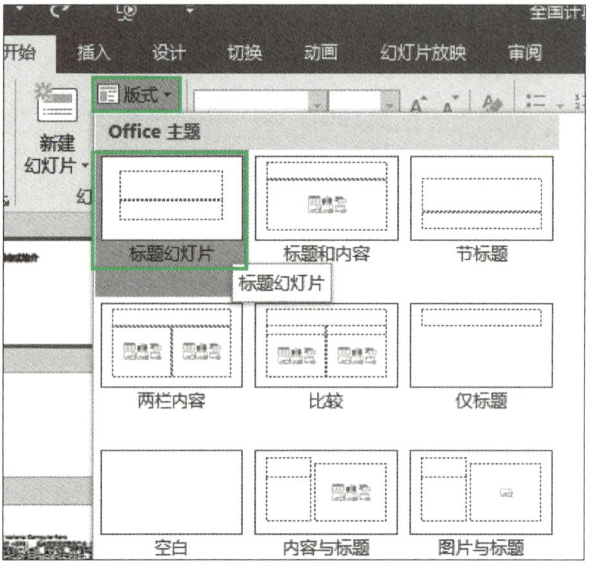

图 4–29　幻灯片版式更改

（2）采用上述方法，更改其他幻灯片版式。

3. 在第 2 张幻灯片的右侧插入图片“logo.jpg”，适当调整图片大小，并应用“透视阴影，白色”图片样式。

（1）选择第 2 张幻灯片，在右侧占位符中单击“图片”按钮，插入该实例素材文件夹中的“logo.jpg”图片。

（2）适当调整图片大小和位置。

（3）在图片工具“格式”选项卡“图片样式”组中，选择“透视阴影，白色”图片样式。

4. 将第 4 张幻灯片内容占位符中的文字转换为“向上箭头”SmartArt 图形，并设置颜色为“彩色范围 – 个性色 4 至 5”，应用“三维”中的“优雅”SmartArt 样式。

（1）选择第 4 张幻灯片内容占位符中的文字，单击鼠标右键，在弹出的快捷菜单中，选择“转换为 SmartArt”命令，在级联菜单中选择“其他 SmartArt 图形”命令，如图 4–30 所示，打开“选择 SmartArt 图形”对话框。

（2）选择“流程”中“向上箭头”。

（3）更改颜色为“彩色范围 – 个性色 4 至 5”，SmartArt 样式为三维中的“优雅”，效果如图 4–31 所示。

5. 在第 5 张幻灯片中插入对象文件“各等级简介 .docx”，并以图标显示，图标名称为“各等级简介”。

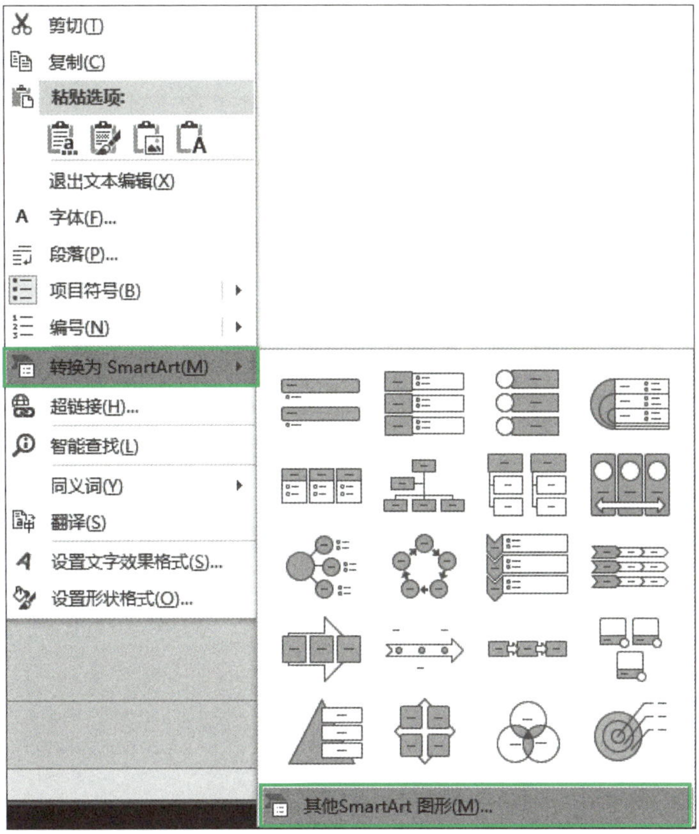

图 4-30 选择“其他 SmartArt 图形”命令

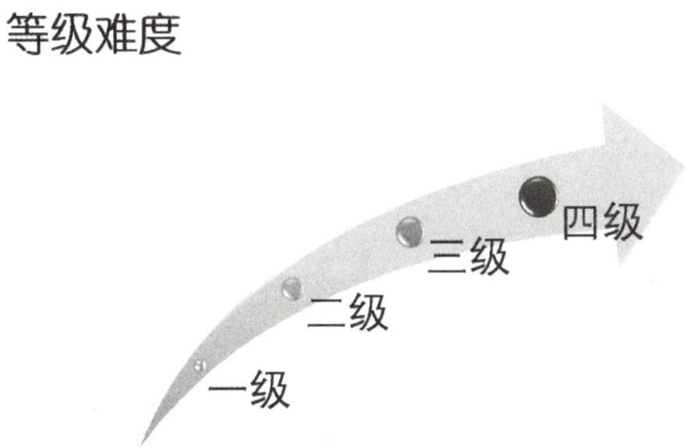

图 4-31 “SmartArt 图形”设置效果

（1）选择第 5 张幻灯片，在“插入”选项卡“文本”组中，单击“对象”按钮，打开“插入对象”对话框，如图 4-32 所示，选择“由文件创建”。

（2）单击“浏览”按钮，打开“浏览”对话框，如图 4-33 所示，选择该实例素材文件夹中的“各等级简介 .docx”文件。单击“确定”按钮，返回“插入对象”对话框。

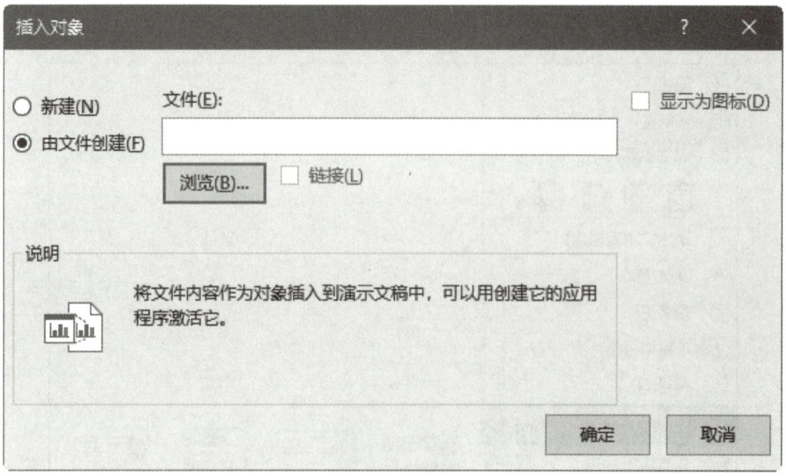

图 4–32　“插入对象”对话框

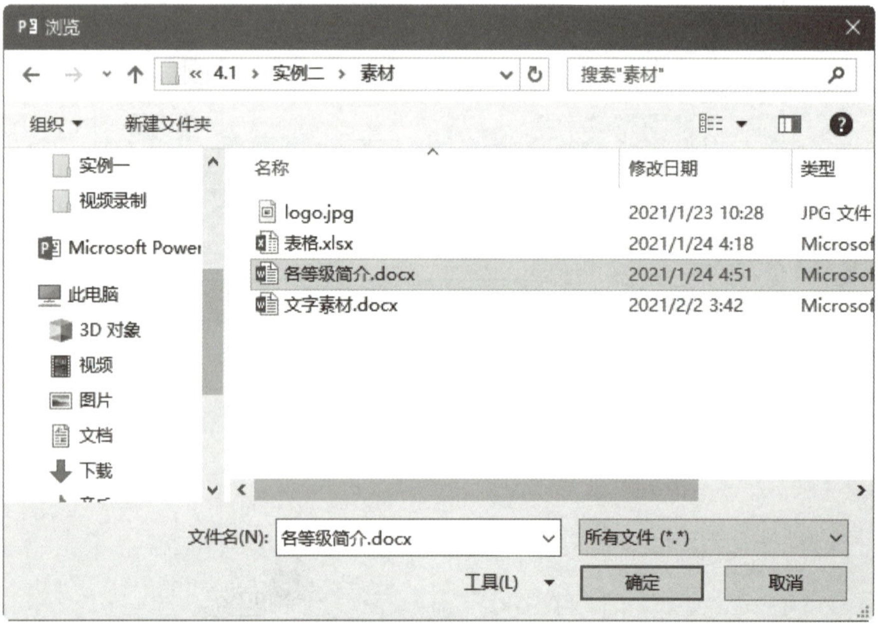

图 4–33　“浏览”对话框

（3）勾选“显示为图标”复选框，单击“更改图标”按钮，打开“更改图标”对话框，在“标题”文本框中输入“各等级简介”，如图 4–34 所示。依次单击“确定”按钮，完成对象插入。

6. 利用该实例素材文件夹中的“表格 .xlsx”文件中的数据，在第 6 张幻灯片中插入“簇状柱形图”，应用“布局 5”快速布局样式，应用“样式 6”图表样式，为图表设置深红色轮廓。

（1）选择第 6 张幻灯片，在内容占位符中单击“插入图表”按钮，打开“插入图表”对话框，选择“柱形图”中的“簇状柱形图”，如图 4–35 所示，单击“确定”按钮。

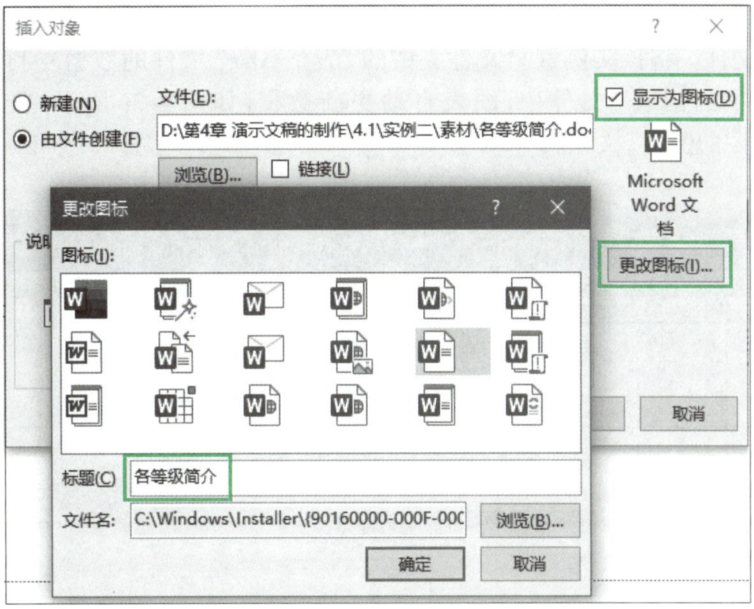

图 4-34 输入“各等级简介”

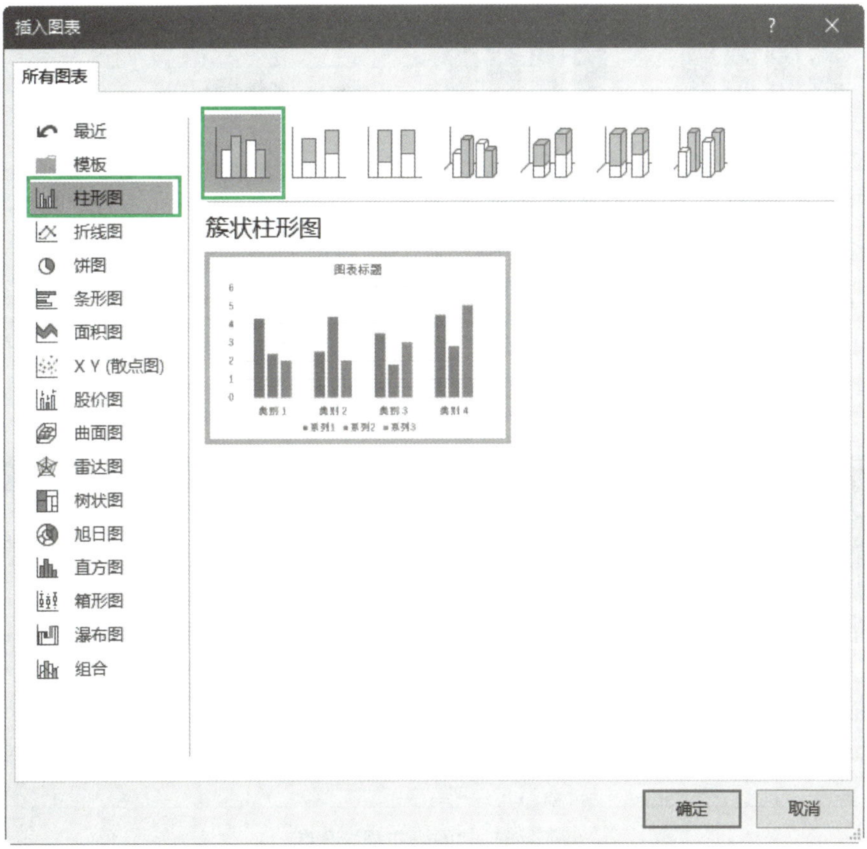

图 4-35 选择“柱形图”中的“簇状柱形图”

（2）此时幻灯片中插入一个系统默认的图表，同时自动打开“Microsoft PowerPoint 中的图表”文件。将该实例素材文件夹中的“表格 .xlsx”文件的数据复制到“Microsoft PowerPoint 中的图表”文件中，图表自动更新数据，如图 4-36 所示，关闭“Microsoft PowerPoint 中的图表”文件。

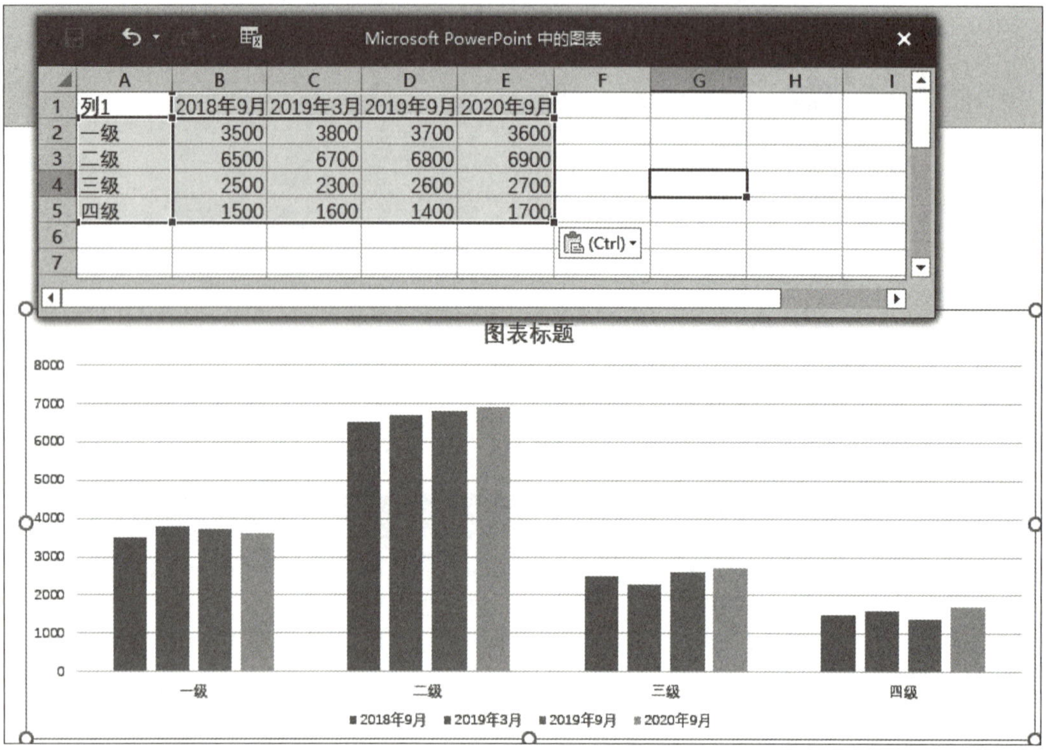

图 4-36　复制数据及更新图表效果

（3）选择“图表”，在图表工具“设计”选项卡“图表布局”组中，单击“快速布局”按钮，在弹出的下拉菜单中，选择“布局 5”，如图 4-37 所示。

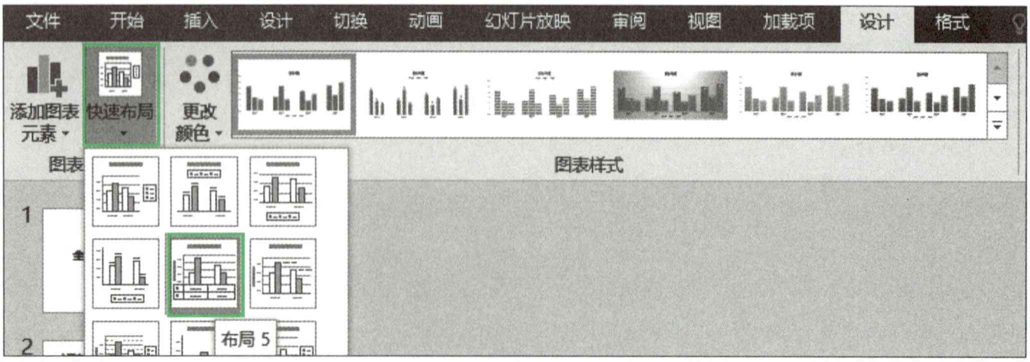

图 4-37　“图表布局”设置

（4）选中图表标题文本框和纵轴标题文本框，按 Delete 键删除。选择“纵坐标轴”，单击鼠标右键，在弹出的快捷菜单中，选择“设置坐标轴格式”命令，在“设置坐标轴格式”窗格中设置“边界”最大值为“7000.0”，如图 4–38 所示。

（5）选中图表区，在图表工具“格式”选项卡“形状样式”组中，单击“形状轮廓”下拉按钮，在弹出的下拉菜单中，选择标准色“深红”，如图 4–39 所示。“图表”设置效果如图 4–40 所示。

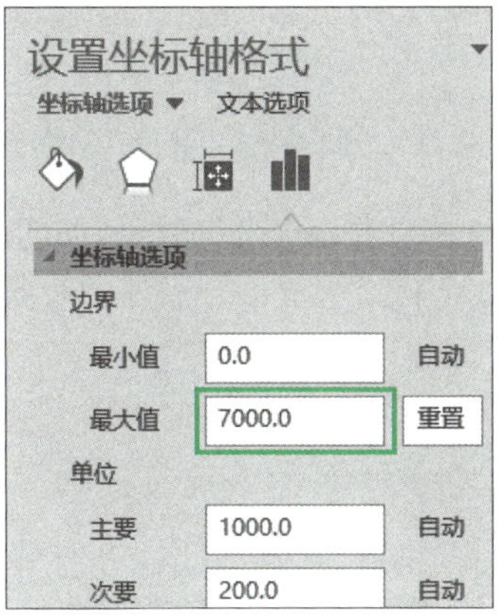

图 4–38　坐标轴“边界”设置

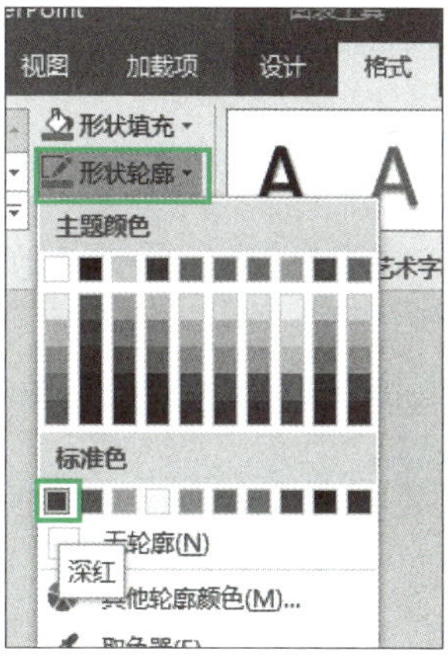

图 4–39　图表“形状轮廓”设置

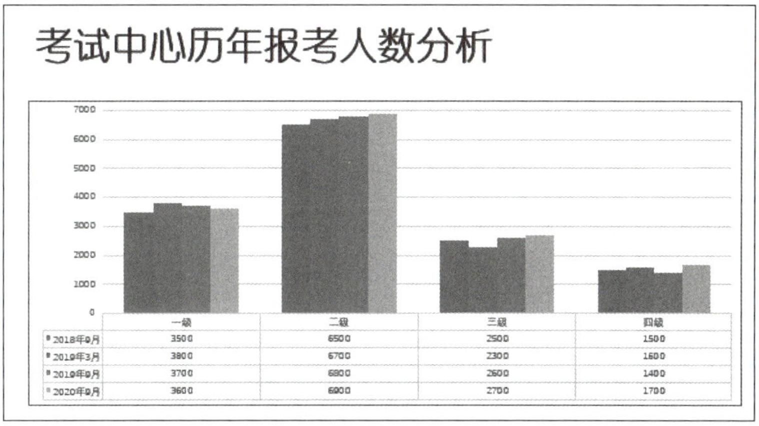

图 4–40　“图表”设置效果

7. 在第 7 张幻灯片中插入“双波形”形状，设置“细微效果 – 橙色，强调颜色 2”形状样式，输入文字内容“预祝您考试成功！”，字体为华文新魏，字号为 60，颜色为红色，如图 4–41 所示。

8. 将前 3 张幻灯片组成一个节，命名为“整体介绍”，将后 4 张幻灯片组成一个节，命名为“分级介绍”。

（1）将光标定位到第 3 张和第 4 张幻灯片之间，在“开始”选项卡“幻灯片”组中，单击“节”按钮，在弹出的下拉菜单中，选择“新增节”命令，如图 4–42 所示。

图 4-41　“插入形状”设置效果

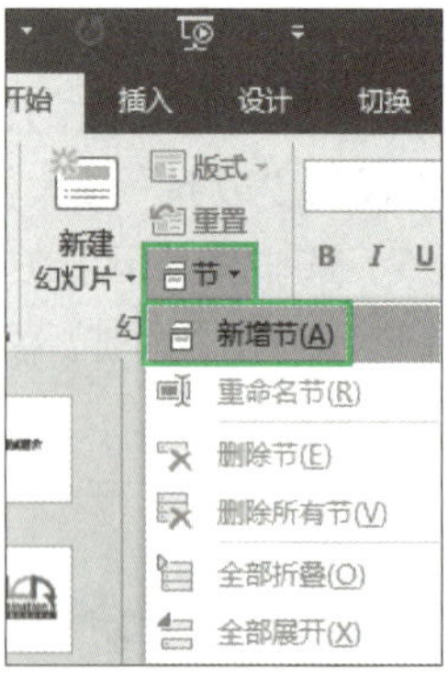

图 4-42　选择“新增节”命令

（2）将光标放到“无标题节”上，单击鼠标右键，选择“重命名节”命令，如图 4-43 所示。打开“重命名节”对话框，如图 4-44 所示，在“节名称”文本框中输入“分级介绍”。单击“重命名”按钮，完成节名称的修改。

图 4-43　选择“重命名节”命令

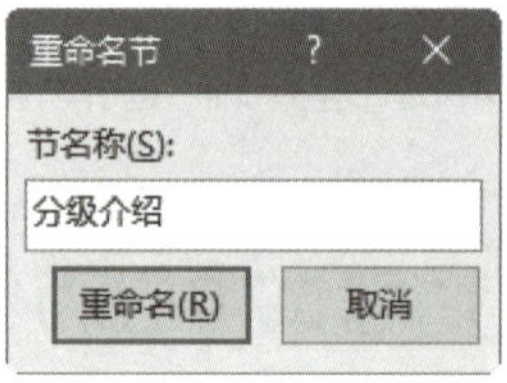

图 4-44　“重命名节”对话框

（3）采用上述方法重命名“默认节”为“整体介绍”。

9. 为“整体介绍”节应用“平面”主题，为“分级介绍”节应用“丝状”主题。

（1）选择“整体介绍”节，在“设计”选项卡“主题”组中，单击“其他”按钮，在弹出的下拉菜单中，选择“平面”主题，如图 4-45 所示。

图 4-45　选择“平面”主题

（2）采用上述方法，为“分级介绍”节的所有幻灯片应用“丝状”主题。

10. 保存演示文稿文件。

拓展训练　“信息技术与生活”的制作

综合运用所学知识并查阅相关资料，完成“信息技术与生活”演示文稿的制作，效果如图 4-46 所示。

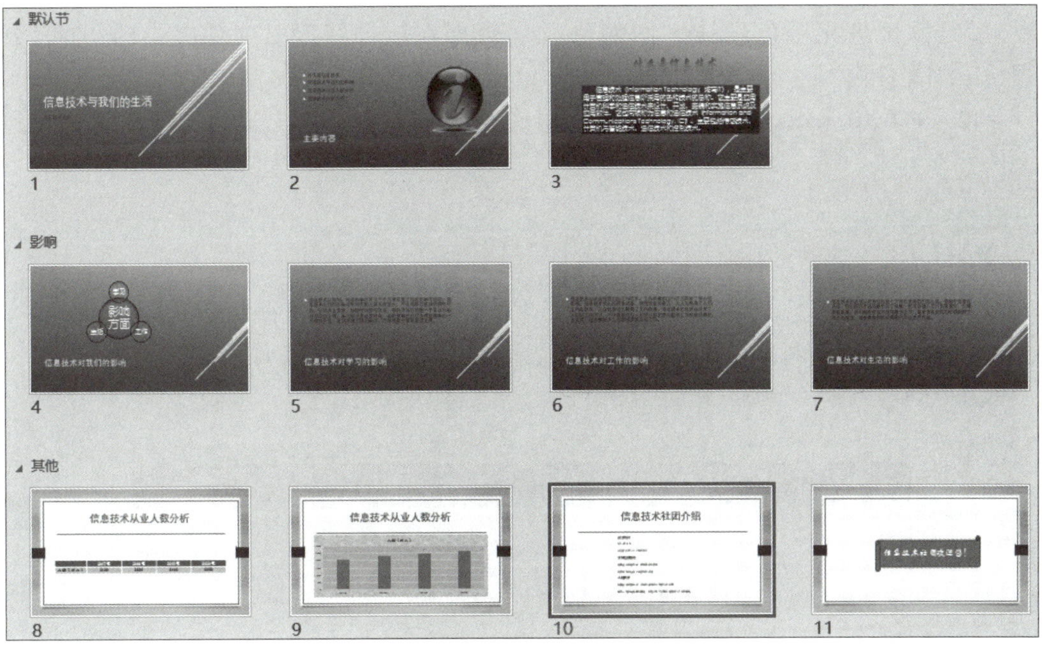

图 4-46　“信息技术与生活”演示文稿设置效果

1. 新建演示文稿文件，命名为“信息技术与生活 .pptx”。

2. 在“信息技术与生活 .pptx”中利用该训练素材文件夹中的“文字素材 1.docx”从大纲创建新幻灯片。

3. 更改幻灯片版式：第 1 张幻灯片版式更改为“标题幻灯片”，第 2 张幻灯片版式更改为“两栏内容”，第 3 张幻灯片版式更改为“空白”，其余幻灯片版式均更改为“标题和内容”。

4. 在第 10 张幻灯片的下方插入一张“空白”版式幻灯片。

5. 将第 4 张至第 7 张幻灯片组成一个节，命名为“影响”，将后 4 张幻灯片组成一个节，命名为“其他”。

6. 为“默认节”节和“影响”节应用“切片”主题，为“其他”节应用“环保”主题。

7. 在第 2 张幻灯片的右侧插入图片“信息 .jpg”，适当调整图片大小和位置，去除图片白色背景，并设置“预设 3”图片效果。

8. 在第 3 张幻灯片上方插入艺术字“什么是信息技术”,艺术字样式为“渐变填充 – 橙色,着色 1,反射”,字体为华文新魏,字号为 54,下方插入横排文本框,应用“中等效果 – 深蓝,强调颜色 1”形状样式,“预设 2”形状效果,复制、粘贴文字内容并设置字号为 28,段落首行缩进 2 厘米(文字内容在该训练素材文件夹中的“文字素材 2.docx”文件中)。

9. 在第 4 张幻灯片中,将文字内容转换为“循环”中的“射线维恩图”SmartArt 图形,颜色为“彩色 – 个性色”,应用“三维”中的“卡通”SmartArt 样式。

10. 在第 8 张幻灯片中插入 2 行 5 列表格,复制并粘贴“文字素材 2.docx”文件中的表格内容,套用“中度样式 2– 强调 4”表格样式,调整表格内容字号为 20,并居中对齐。

11. 在第 9 张幻灯片中插入“簇状柱形图”图表,切换行列,图表区填充“花束”纹理,绘图区填充橙色,删除“图例”(图表数据在该训练素材文件夹中的“图表数据 .xlsx”文件中)。

12. 在第 10 张幻灯片中插入对象“信息技术社团简介 .docx”,显示文件内容,链接到文件。

● 提示:

在“插入”选项卡“文本”组中,单击“对象”按钮,在打开的“插入对象”对话框中,选择该训练素材文件夹中的“信息技术社团简介 .docx”文件,勾选“链接”复选框,如图 4–47 所示,单击“确定”按钮。

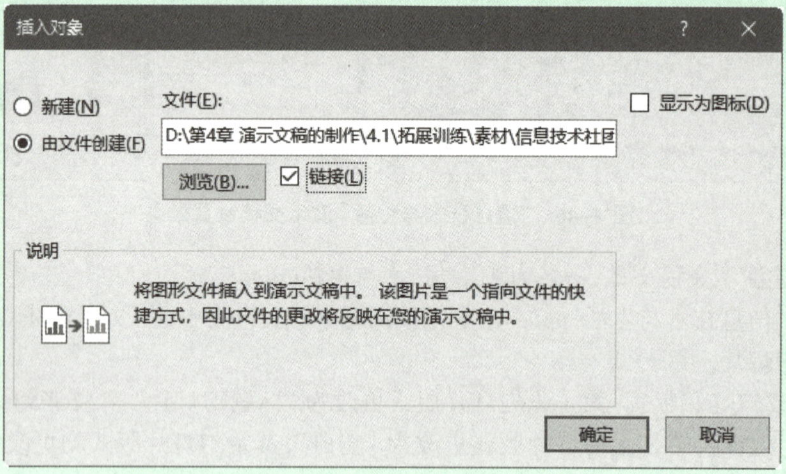

图 4–47 “插入对象”设置

13. 在第 11 张幻灯片中插入“横卷形”形状,并应用“彩色填充 – 橙色,强调颜色 5”形状样式,在形状上添加文字“信息技术社团欢迎您!”,字号为 40。

14. 保存演示文稿文件。

4.2 演示文稿的动态设置与美化

实例一 “新品发布会安排”的动态设置

学习目标及要求

掌握在幻灯片中插入超链接的方法。
熟练掌握动作按钮的插入与设置的方法。
熟练掌握幻灯片切换方式的设置的方法。
熟练掌握幻灯片动画设置的方法。

学习内容及操作步骤

1. 打开该实例素材文件夹中的“新品发布会安排 .pptx”文件，将第 2 张幻灯片中的“活动时间地点”“参与对象”“主要内容”“安排详情”分别链接到相应位置。

（1）打开该实例素材文件夹中的“新品发布会安排 .pptx”，选择第 2 张幻灯片。

（2）选择文字“活动时间地点”，在“插入”选项卡“链接”组中，单击“超链接”按钮，如图 4–48 所示，打开“插入超链接”对话框。

图 4–48 单击“超链接”按钮

（3）在“链接到”列表框中单击“本文档中的位置”，在“请选择文档中的位置”列表框中选择“3. 活动时间地点”幻灯片，如图 4–49 所示，可在“幻灯片预览”中确认链接对象，单击“确定”按钮。

（4）采用上述方法将“参与对象”和“主要内容”分别链接到第 4 张和第 5 张幻灯片。

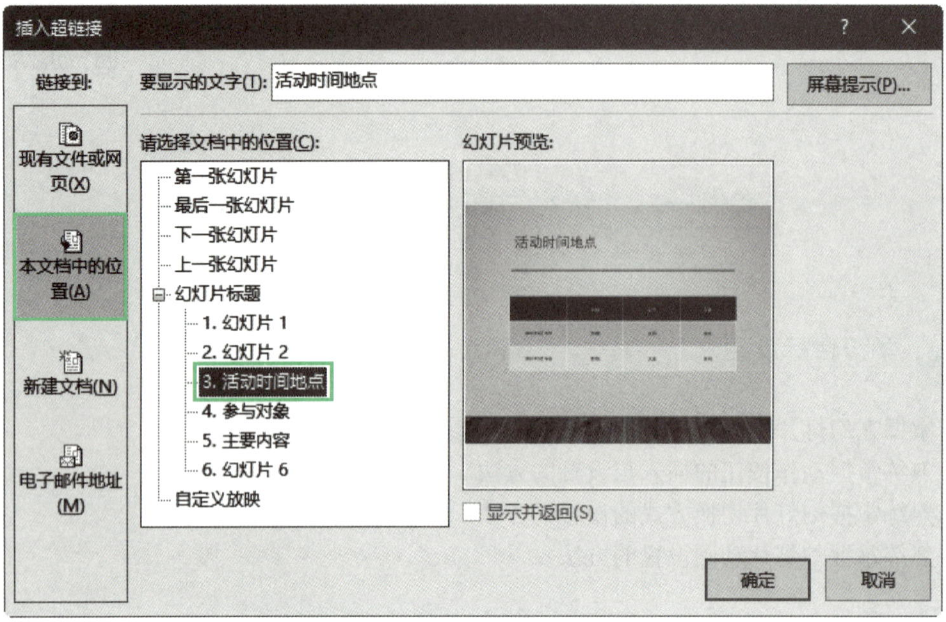

图 4–49　选择“3. 活动时间地点”幻灯片

（5）选择文字“安排详情”，单击“超链接”按钮，打开“插入超链接”对话框。

（6）在“链接到”列表框中选择“现有文件或网页”，单击“屏幕提示”按钮，在“屏幕提示文字”文本框中输入“内含活动详细安排”，如图 4–50 所示。单击“确定”按钮，返回“插入超链接”对话框。

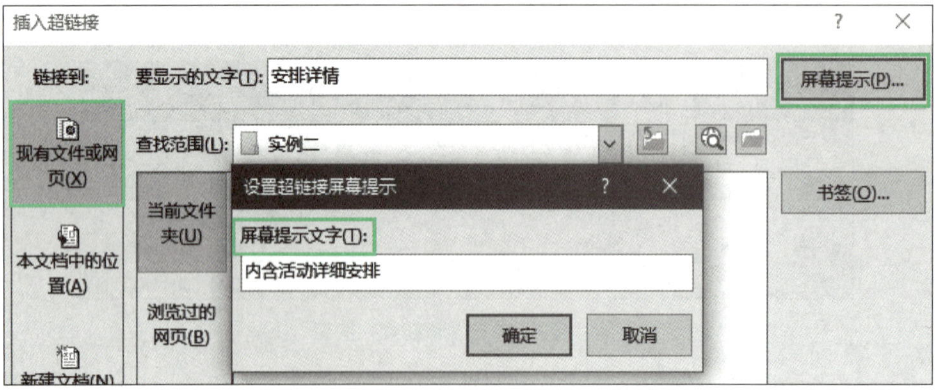

图 4–50　超链接“屏幕提示文字”设置

（7）选择该实例素材文件夹中的“安排详情 .docx”文件，如图 4–51 所示，单击“确定”按钮。

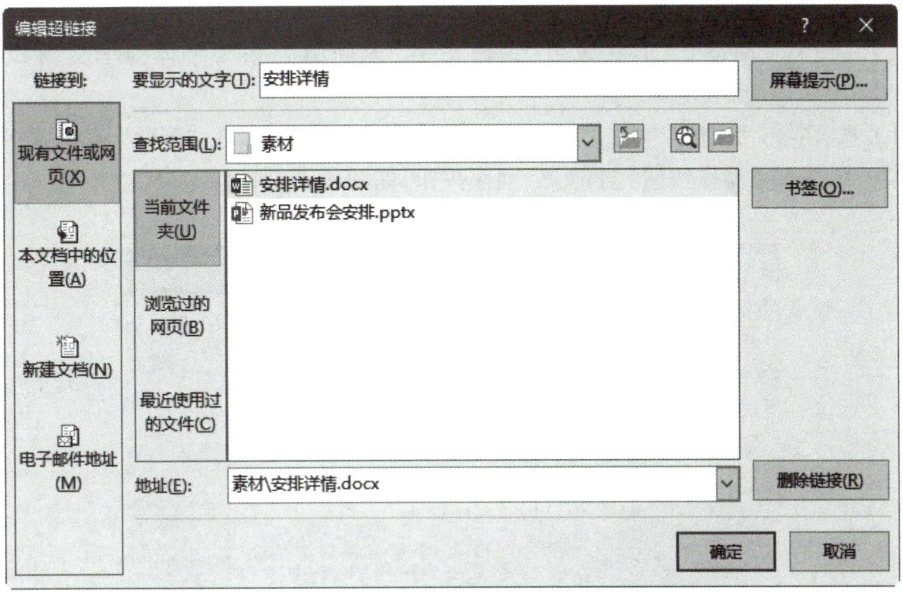

图 4–51 “编辑超链接”设置

● 提示：

插入超链接后，如果要改变链接对象，在文本上单击鼠标右键，在弹出的快捷菜单中选择“编辑超链接”命令，如图 4–52 所示，打开“编辑超链接”对话框，重新设置超链接即可。

图 4–52 选择“编辑超链接”命令

2. 在第 3 张至第 5 张幻灯片左下角插入自定义动作按钮，使其能跳转到第 2 张幻灯片，并设置“预设 4”形状效果，编辑文字“返回第二张”，字体为华文新魏，字号为 24。

（1）选择第 3 张幻灯片，在“插入”选项卡“插图”组中，单击“形状”按钮，在弹出的下拉菜单中，选择“动作按钮：自定义”动作按钮，如图 4-53 所示。

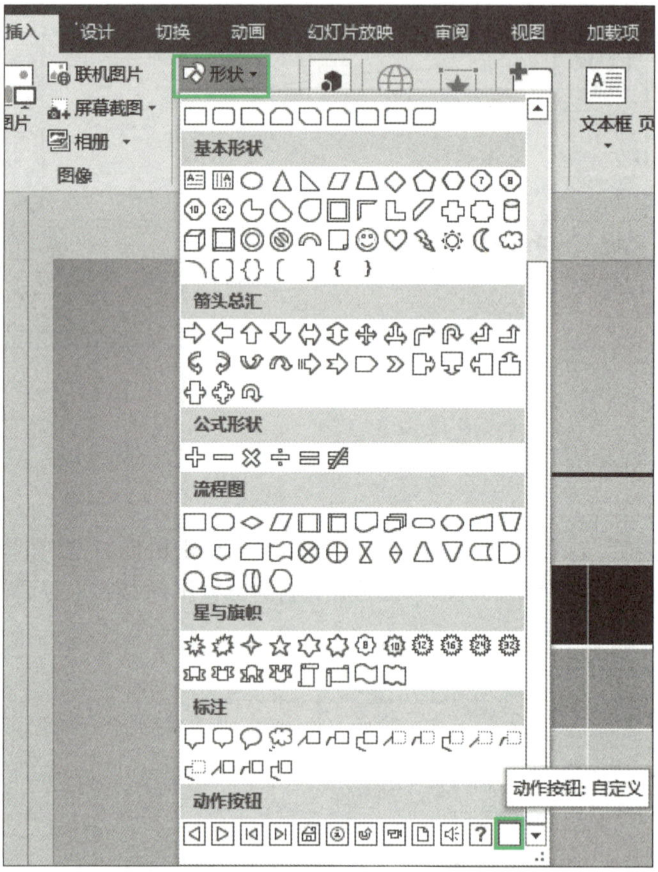

图 4-53　选择“动作按钮：自定义”动作按钮

（2）按住鼠标左键拖动，在幻灯片左下角绘制合适大小的形状。在弹出的“操作设置”对话框的“单击鼠标”选项卡中，“单击鼠标时的动作”选择“超链接到”，在下拉列表中选择“幻灯片”，在打开的“超链接到幻灯片”对话框中，选择“幻灯片 2”，如图 4-54 所示，依次单击“确定”按钮。

（3）在动作按钮上单击鼠标右键，在弹出的快捷菜单中，选择“编辑文字”命令，如图 4-55 所示，在动作按钮中输入文字“返回第二张”，并设置字体为“华文新魏”，字号为“24”。

（4）选中动作按钮，在绘图工具“格式”选项卡中设置“形状效果”为“预设 4”，“动作按钮”设置效果如图 4-56 所示。

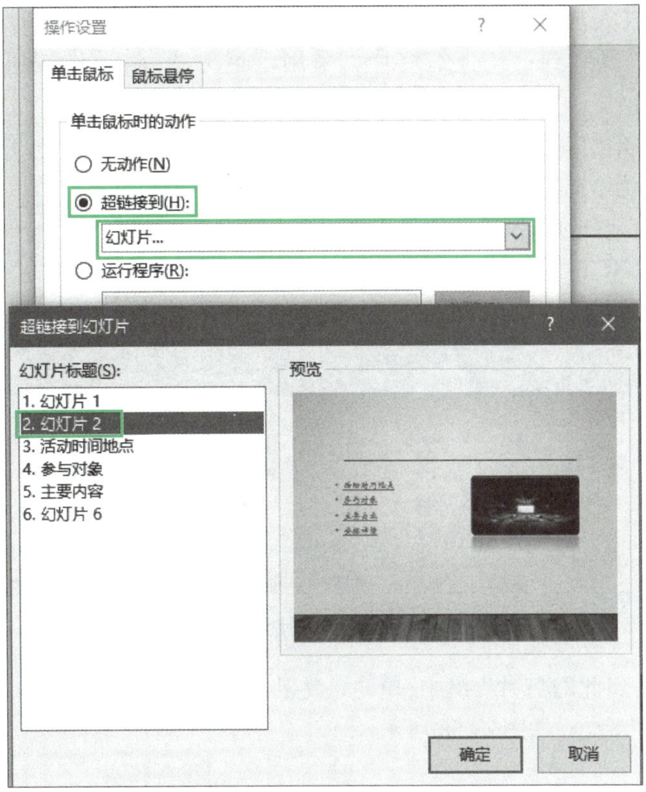

图 4–54　选择“幻灯片 2”

图 4–55　选择“编辑文字”命令

图 4–56　“动作按钮”设置效果

（5）选择设置完成的动作按钮，按 Ctrl+C 快捷键，选择第 4 张幻灯片，按 Ctrl+V 快捷键，将动作按钮复制到第 4 张幻灯片。采用上述方法，将动作按钮复制到第 5 张幻灯片。

3. 设置所有幻灯片的切换效果为“分割”，分割方向为“中央向上下展开”，声音为“鼓掌”，持续时间为 2 s，换片方式为“单击鼠标时”。

（1）选择第 1 张幻灯片，在“切换”选项卡“切换到此幻灯片”组中，单击“其他”按钮，选择“细微型”分组中的“分割”命令，如图 4-57 所示。

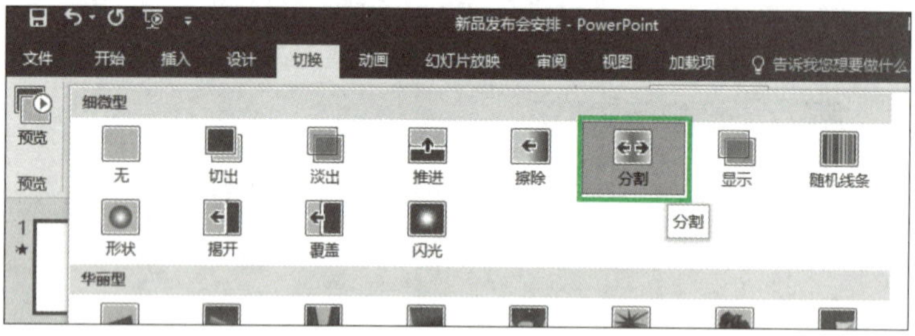

图 4-57 选择“细微型”分组中的“分割”命令

（2）在“切换到此幻灯片”组中，单击“效果选项”按钮，在弹出的下拉菜单中，选择“中央向上下展开”命令，如图 4-58 所示。

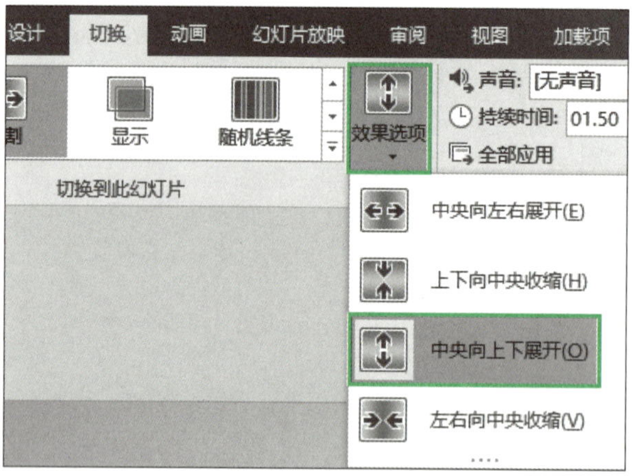

图 4-58 选择“中央向上下展开”命令

（3）在“计时”组“声音”下拉列表中，选择“鼓掌”，在“持续时间”文本框中输入“02.00”，换片方式勾选“单击鼠标时”复选框，如图 4-59 所示。单击“全部应用”按钮，将设置应用到所有幻灯片。

视频：幻灯片添加动画

4. 为第 2 张幻灯片的文字内容和图片添加“切入”进入动画效果和“脉冲”强调动画效果，并设置动画效果选项。

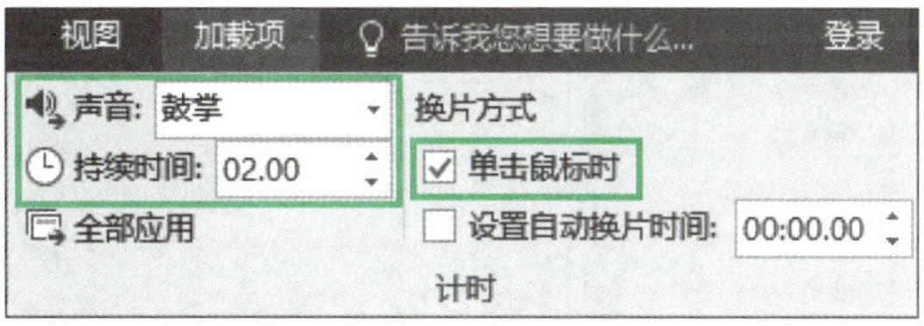

图 4–59 “计时”和“换片方式”设置

（1）选择第 2 张幻灯片，选择左侧占位符，在“动画”选项卡“动画”组中，单击“其他”按钮，在弹出的下拉菜单中，选择“更多进入效果”命令，如图 4–60 所示。打开“更改进入效果”对话框。

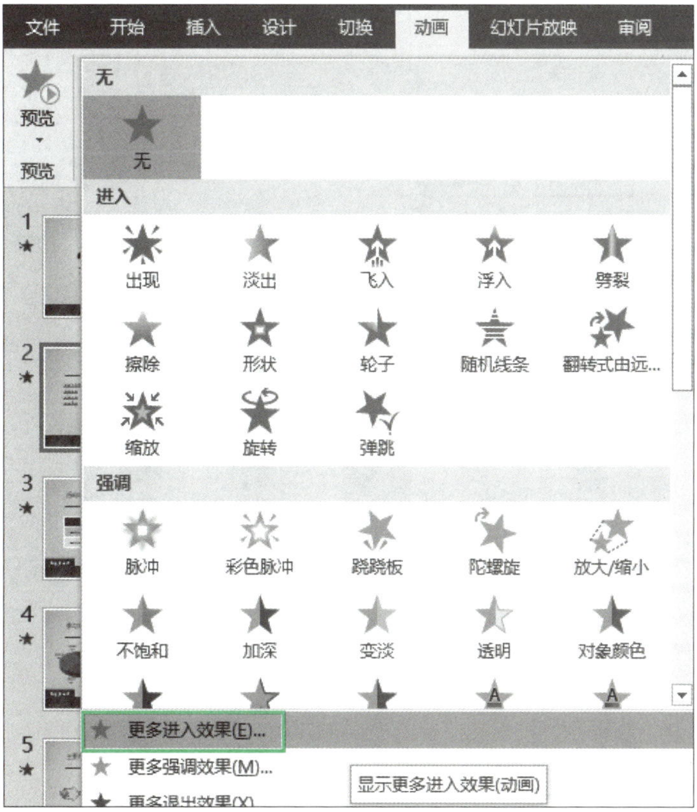

图 4–60 选择“更多进入效果”命令

（2）在“更改进入效果”对话框中，选择“基本型”分组中的“切入”动画，勾选“预览效果”复选框，预览动画效果，如图 4–61 所示。单击“确定”按钮。

（3）单击“效果选项”按钮，设置动画方向为“自左侧”，如图 4–62 所示。

（4）单击“高级动画”组中的“添加动画”按钮，在弹出的下拉菜单中，选择“强调”分组中的“脉冲”，如图 4–63 所示。

图 4–61　“更改进入效果”设置

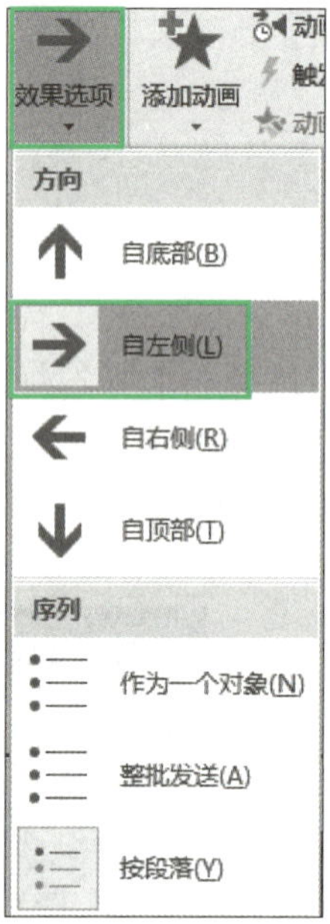

图 4–62　“动画方向”设置

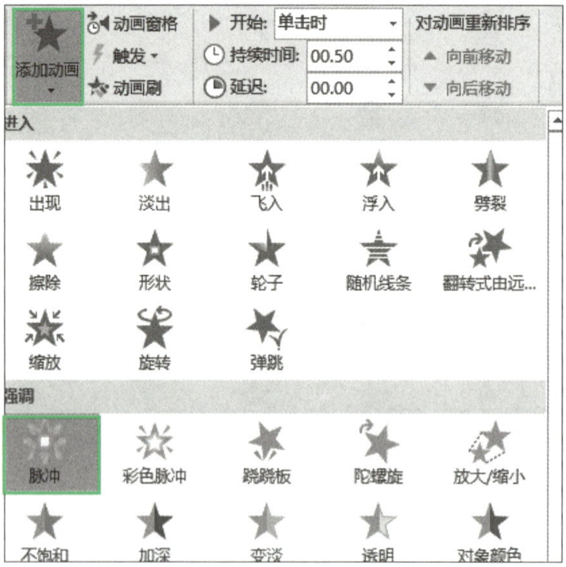

图 4–63　选择“强调”分组中的“脉冲”

● 提示：

采用上述方法，可以给所选对象添加多个动画。

（5）单击“高级动画”组中的“动画窗格”按钮，在右侧打开的“动画窗格”窗格中，单击动画折叠按钮，选择“脉冲”动画中的“5 活动时间地点”，单击右侧下拉按钮，在弹出的下拉菜单中，选择“效果选项”命令，如图 4-64 所示，设置动画效果。

图 4-64 选择“效果选项”命令

（6）在“脉冲”对话框“效果”选项卡中，设置声音为“风铃”，如图 4-65 所示。

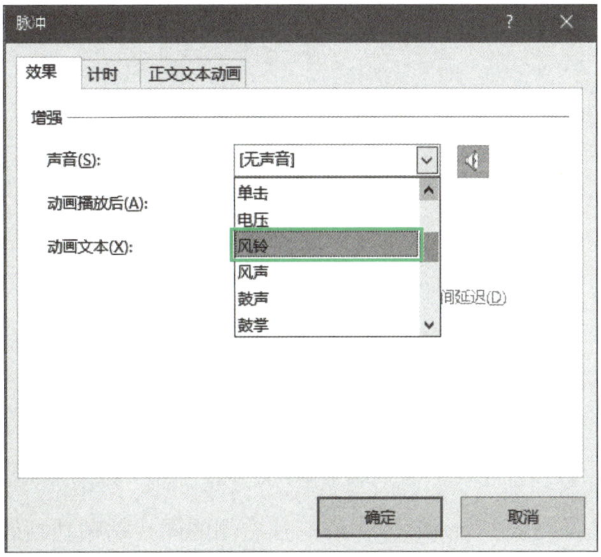

图 4-65 “效果”设置

（7）在“计时”选项卡中，设置开始为“上一动画之后”，延迟为“1 秒”，如图 4-66 所示，单击“确定”按钮。

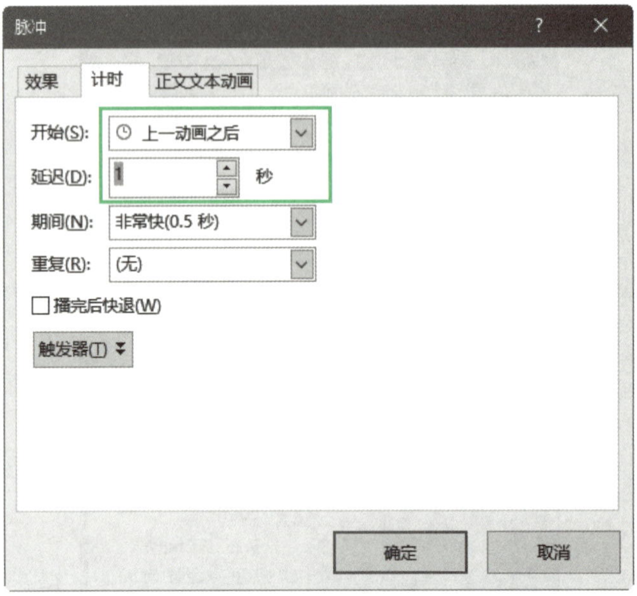

图 4-66　“计时”设置

（8）在“动画窗格”窗格中，选中“活动时间地点”动画，单击“计时”组中“向前移动”按钮，将“活动时间地点”动画移至“1 活动时间地点”动画下方，如图 4-67 所示。

采用上述方法调整其他动画的效果选项和顺序。

图 4-67　“动画顺序”调整

（9）选择“活动时间地点”文字内容，单击“高级动画”组中的“动画刷”按钮复制动画，此时鼠标指针变成“刷子”形状，单击幻灯片右侧的图片粘贴动画效果。

5. 设置幻灯片放映类型为“观众自行浏览”，从头开始预览放映。

（1）在“幻灯片放映”选项卡“设置”组中，单击“设置幻灯片放映”按钮，打开“设置放映方式”对话框，如图 4–68 所示。“放映类型”选择“观众自行浏览”，单击“确定”按钮。

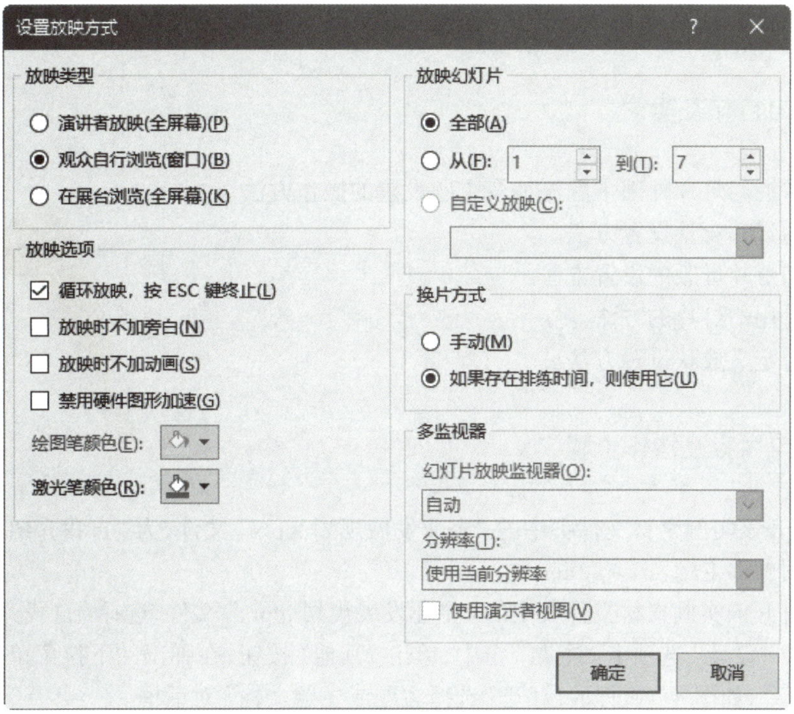

图 4–68 “设置放映方式”对话框

（2）在“开始放映幻灯片”组中，单击“从头开始”按钮，如图 4–69 所示。从头开始放映幻灯片，按 Esc 键停止放映。

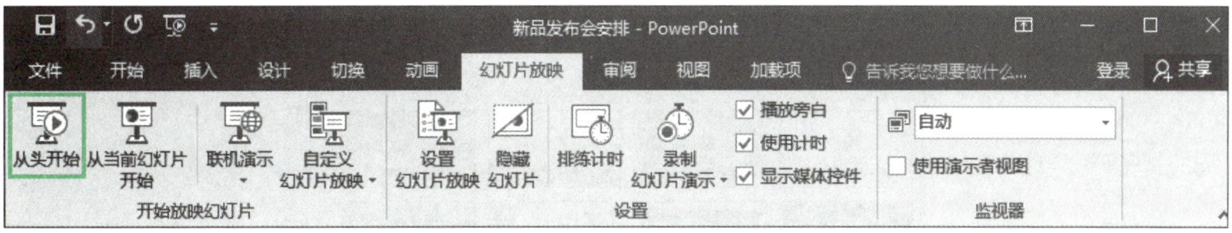

图 4–69 单击“从头开始”按钮

● 提示：

若要从当前选定的幻灯片开始放映，则单击“从当前幻灯片开始”按钮，方便观看当前幻灯片的效果，以便修改完善。

6. 保存演示文稿文件。

实例二　“企业发展规划”的美化

学习目标及要求

熟练掌握幻灯片外部主题添加及主题设置的操作方法。
掌握幻灯片背景设置方法。
掌握幻灯片母版的设置方法。
掌握重用幻灯片的方法。
了解自定义放映设置方法。

学习内容及操作步骤

1. 打开该实例素材文件夹中的“企业发展规划 .pptx”文件，为“自我介绍”节的所有幻灯片应用外部主题“开场 .thmx”。

（1）打开该实例素材文件夹中的“企业发展规划 .pptx”文件，选择“自我介绍”节。

（2）在“设计”选项卡“主题”组中，单击“其他”按钮，在弹出的下拉菜单中选择“浏览主题”命令，如图 4-70 所示，打开“选择主题或主题文档”对话框。

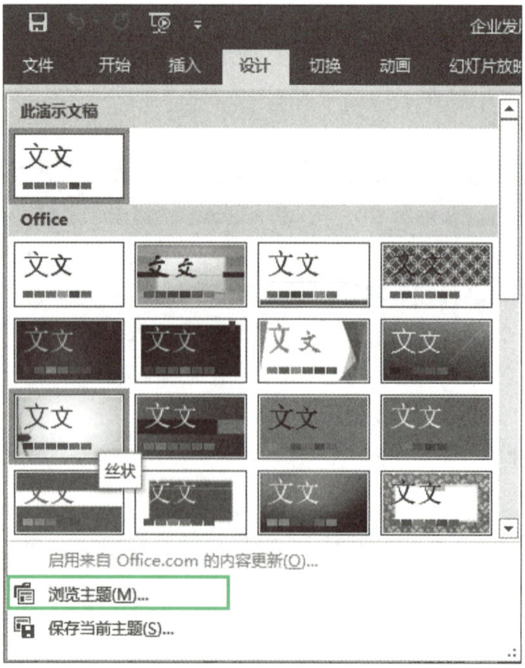

图 4-70　选择“浏览主题”命令

（3）选择该实例素材文件夹中的“开场 .thmx”主题文件，如图 4–71 所示。单击“应用”按钮，将该主题应用于“自我介绍”节的所有幻灯片，“自我介绍”节设置效果如图 4–72 所示。

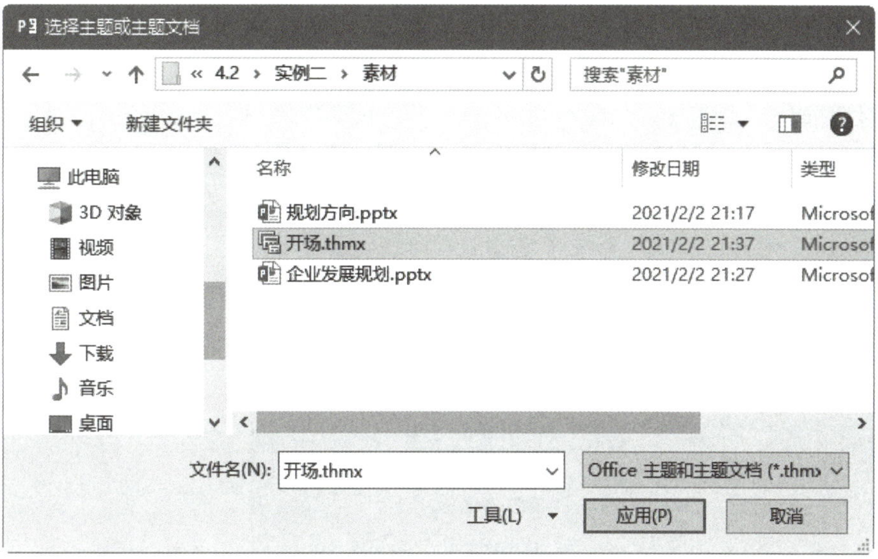

图 4–71　选择该实例素材文件夹中的“开场 .thmx”主题文件

图 4–72　“自我介绍”节设置效果

2. 为“整体介绍”节的所有幻灯片应用“回顾”主题，背景图片设置为“背景 .jpg”，透明度为 50%。

（1）选择“整体介绍”节，在“主题”组中选择“回顾”主题。

（2）在“自定义”组中，单击“设置背景格式”按钮，如图 4–73 所示。在幻灯片右侧打开“设置背景格式”窗格。

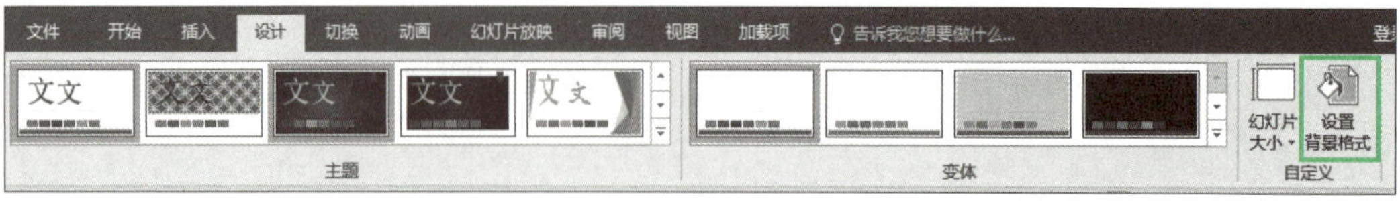

图 4–73　单击“设置背景格式”按钮

（3）“填充”选择“图片或纹理填充”，单击“文件”按钮，如图 4–74 所示，打开“插入图片”对话框。

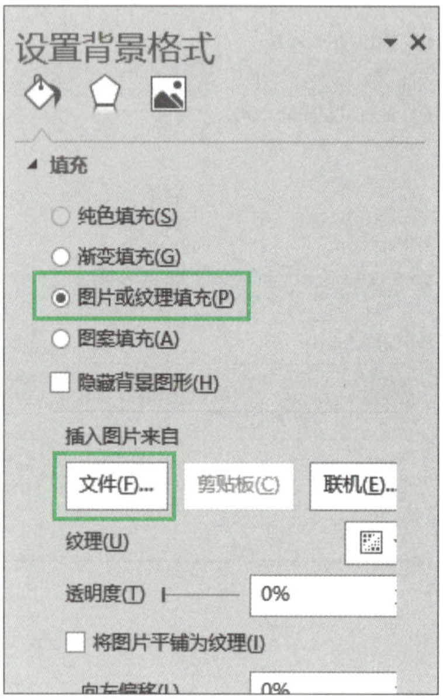

图 4–74　“填充”设置

（4）选择该实例素材文件夹中的“背景 .jpg”图片，如图 4–75 所示，单击“插入”按钮。

（5）在“设置背景格式”窗格中，设置透明度为“50%”。

3. 将幻灯片大小改为“标准”。

在“设计”选项卡“自定义”组中，单击“幻灯片大小”按钮，在弹出的下拉菜单中，选择“标准（4∶3）”命令，如图 4–76 所示。在弹出的对话框中选择“确保适合”。

4. 设置幻灯片母版为“回顾 幻灯片母版：由幻灯片 2–5 使用”，标题占位符字体为华文新魏，字号为 48，内容占位符字体为华文新魏，字号为 28。在右上角插入图片“大拇指 .jpg”，去掉图片绿色背景，适当调整大小。

（1）在“视图”选项卡“母版视图”组中，单击“幻灯片母版”按钮，如图 4–77 所示，进入幻灯片母版编辑视图。

（2）选择“回顾 幻灯片母版：由幻灯片 2–5 使用”母版（第 2 个主题母版），选择标题占位符，在“开始”选项卡“字体”组中，设置字体为“华文新魏”，字号为“48”，如图 4–78 所示。

视频：设置幻灯片母版

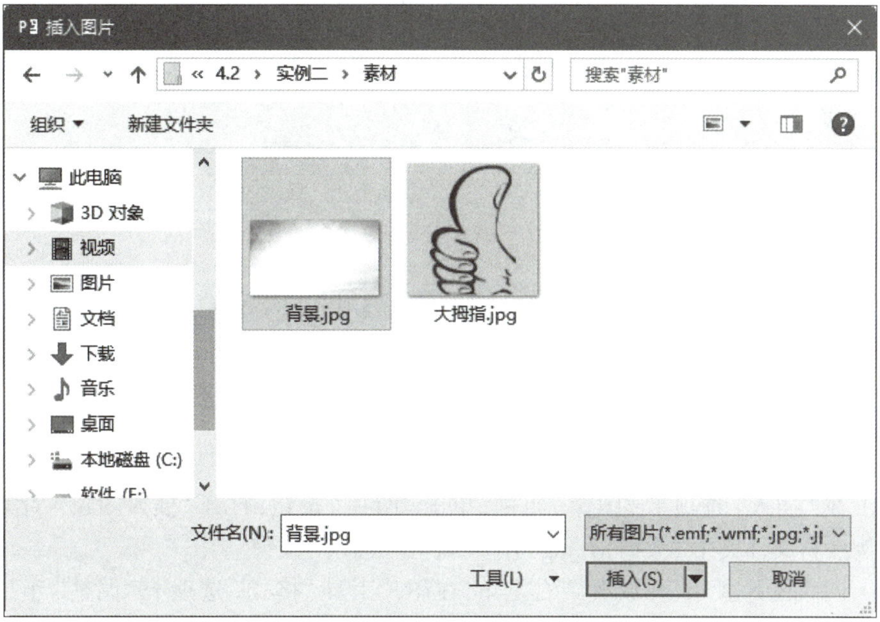

图 4–75 选择该实例素材文件夹中的“背景 .jpg”图片

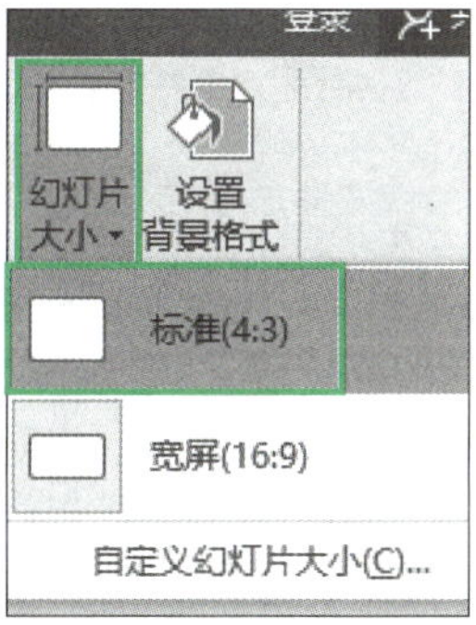

图 4–76 选择“标准 (4 : 3)”命令

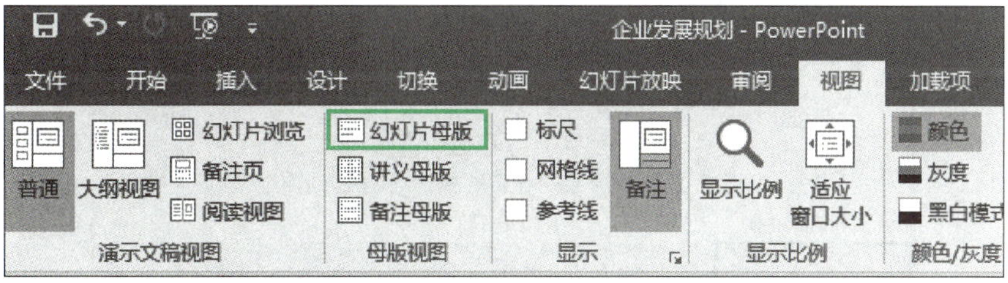

图 4–77 单击“幻灯片母版”按钮

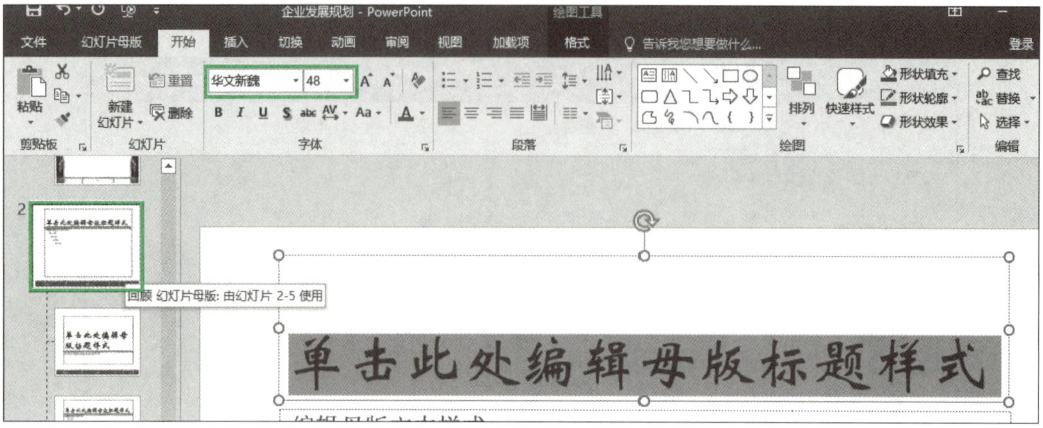

图 4–78　母版标题文字格式设置

（3）采用上述方法，设置母版内容占位符字体为“华文新魏”，字号为“28”。

（4）在“插入”选项卡“图像”组中，单击“图片”按钮，打开“插入图片”对话框，选择该实例素材文件夹中“大拇指 .jpg”图片，单击“插入”按钮。

（5）调整图片大小，并放置到右上角，在图片工具“格式”选项卡“调整”组中，单击“颜色”按钮，在弹出的下拉菜单中，选择“设置透明色”命令，如图 4–79 所示。单击图片中的绿色背景，删除背景色。

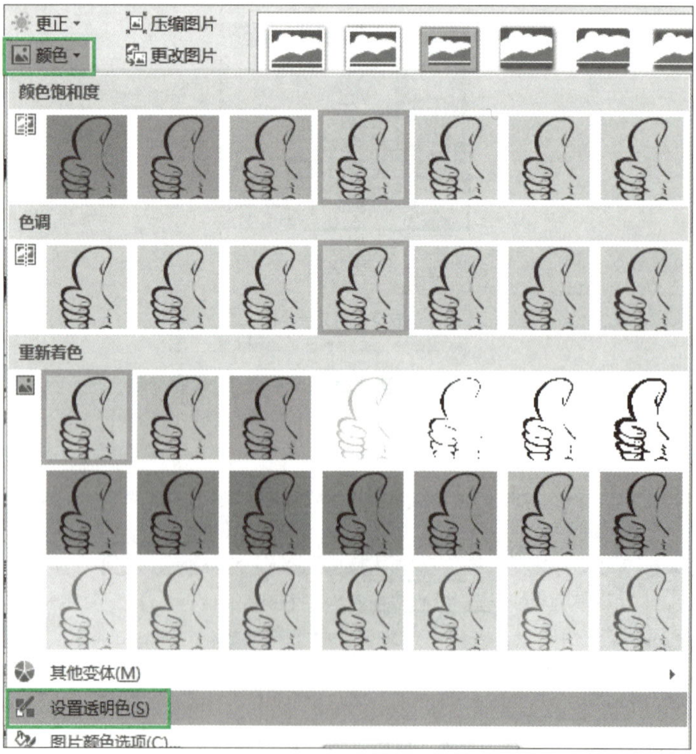

图 4–79　选择“设置透明色”命令

（6）切换至“幻灯片母版”选项卡，在“关闭”组中，单击“关闭母版视图”按钮，如图 4-80 所示，返回“普通视图”。“整体介绍”节设置效果如图 4-81 所示。

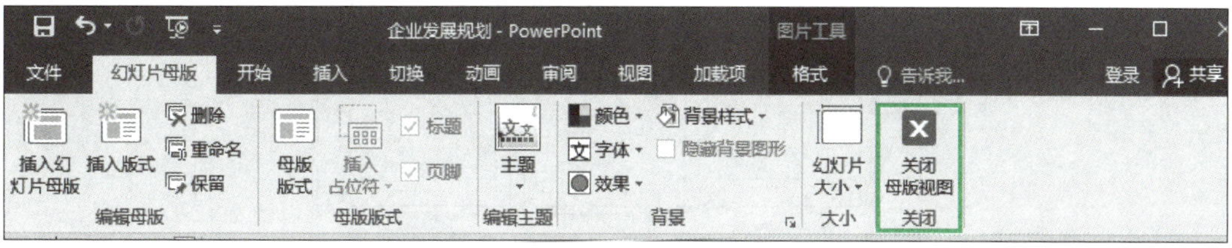

图 4-80　单击“关闭母版视图”按钮

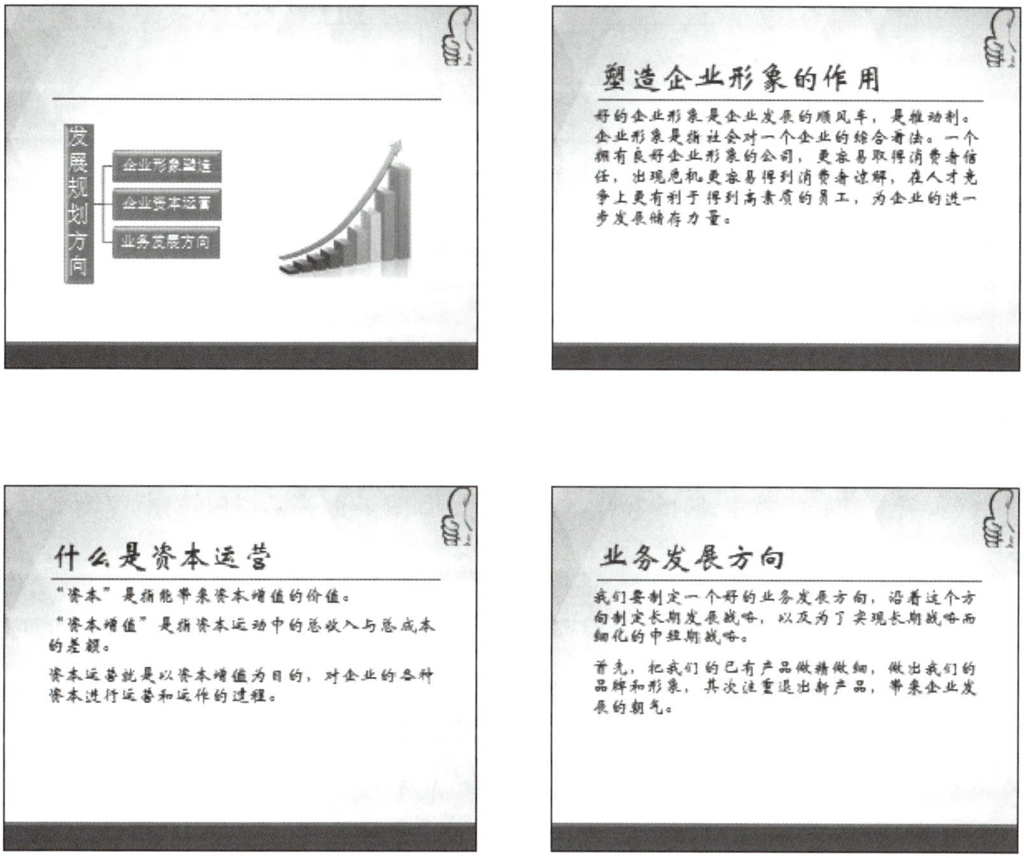

图 4-81　“整体介绍”节设置效果

5. 将该实例素材文件夹中“规划方向 .pptx”的第 2 张至第 5 张幻灯片重用到“企业发展规划 .pptx”的最下方，保留源格式。

（1）将光标定位到第 6 张幻灯片的下方，在“开始”选项卡“幻灯片”组中，单击“新建幻灯片”下拉按钮，在弹出的下拉菜单中，选择“重用幻灯片”命令，如图 4-82 所示。打开“重用幻灯片”窗格。

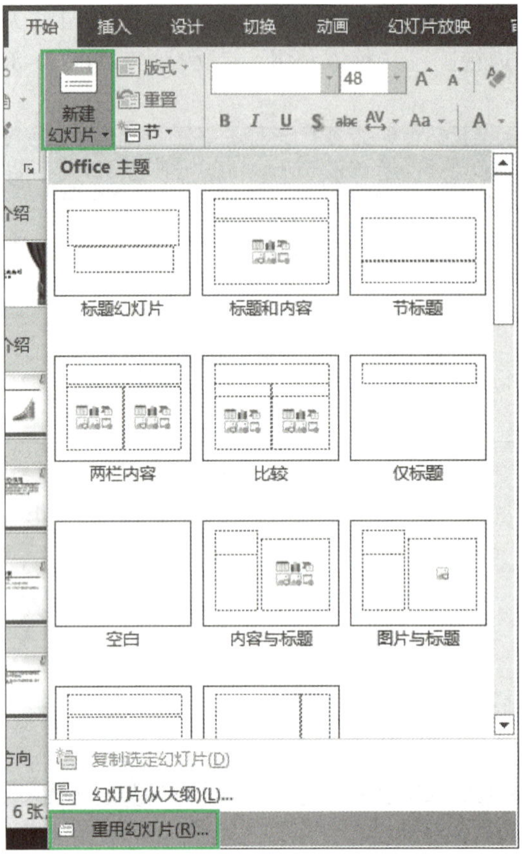

图 4-82　选择“重用幻灯片”命令

（2）单击“浏览”按钮，选择“浏览文件”命令，如图 4-83 所示，打开“浏览”对话框。

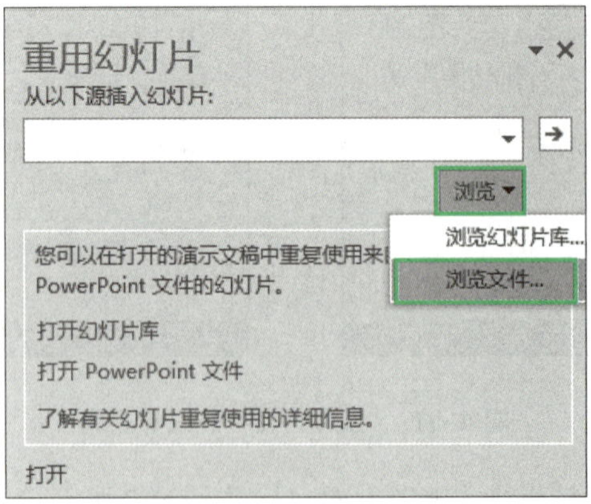

图 4-83　选择“浏览文件”命令

（3）在打开的“浏览”对话框中，选择该实例素材文件夹中的“规划方向 .pptx”文件，单击“打开”按钮，返回“重用幻灯片”窗格，勾选“保留源格式”复选框，如图 4-84 所示，依次单击幻灯片 2—5，关闭“重用幻灯片”窗格。

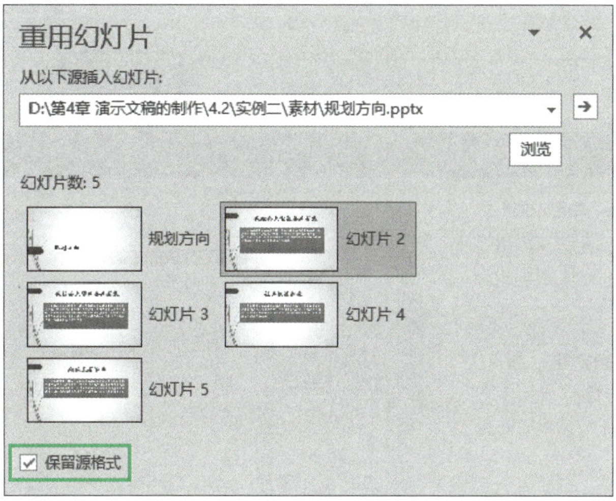

图 4-84 勾选“保留源格式”复选框

6. 创建名称为“规划方向预览”的自定义放映，包含第 7 张至第 10 张幻灯片。

（1）在“幻灯片放映”选项卡“开始放映幻灯片”组中，单击“自定义幻灯片放映”按钮，选择“自定义放映”命令，如图 4-85 所示，打开“自定义放映”对话框。

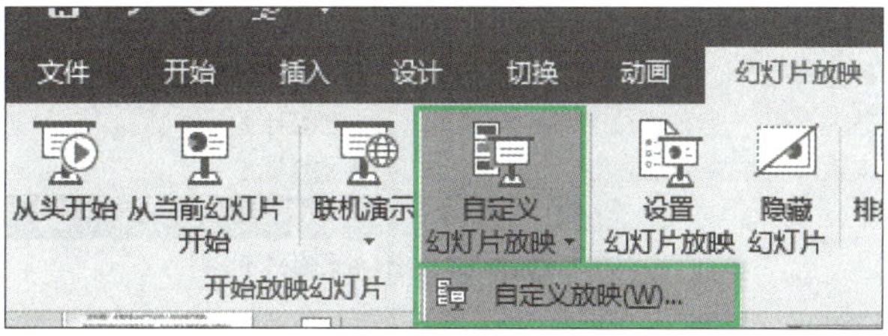

图 4-85 选择“自定义放映”命令

（2）单击“新建”按钮，打开“定义自定义放映”对话框，如图 4-86 所示，在“定义自定义放映”对话框中设置放映的幻灯片及放映顺序。

（3）在“幻灯片放映名称”文本框中输入“规划方向预览”，勾选第 7 张至 10 张幻灯片，单击“添加”按钮，将要放映的幻灯片添加到“在自定义放映中的幻灯片”列表框内，可以利用右侧的“向上”“向下”按钮调整幻灯片顺序，利用“删除”按钮删除不需要放映的幻灯片，如图 4-87 所示。单击“确定”按钮，完成自定义设置，返回“自定义放映”对话框。

（4）单击“放映”按钮，如图 4-88 所示，仅放映“规划方向预览”自定义放映中的 4 张幻灯片。

7. 隐藏第 6 张幻灯片。

选择第 6 张幻灯片，在“幻灯片放映”选项卡“设置”组中，单击“隐藏幻灯片”按钮，可以在放映时隐藏第 6 张幻灯片。

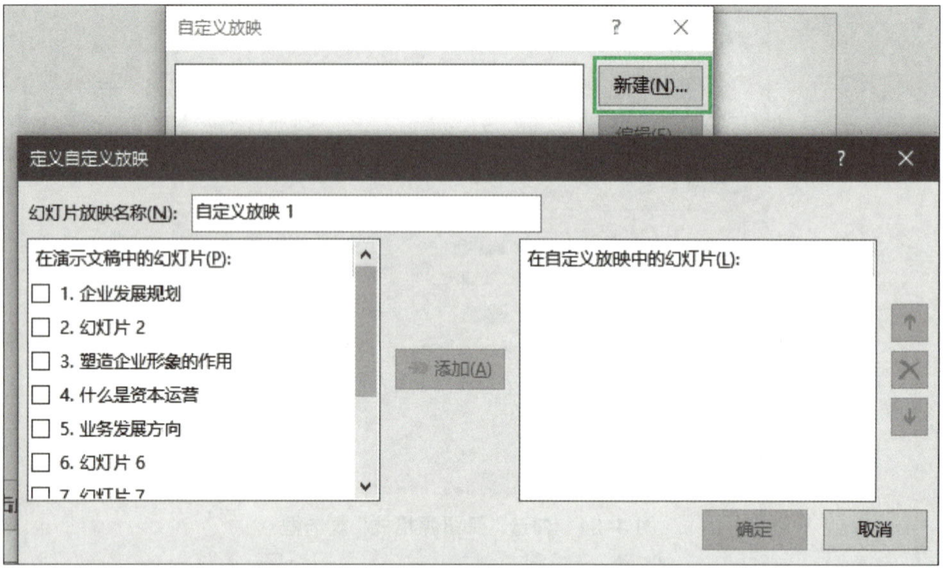

图 4-86　“定义自定义放映”对话框

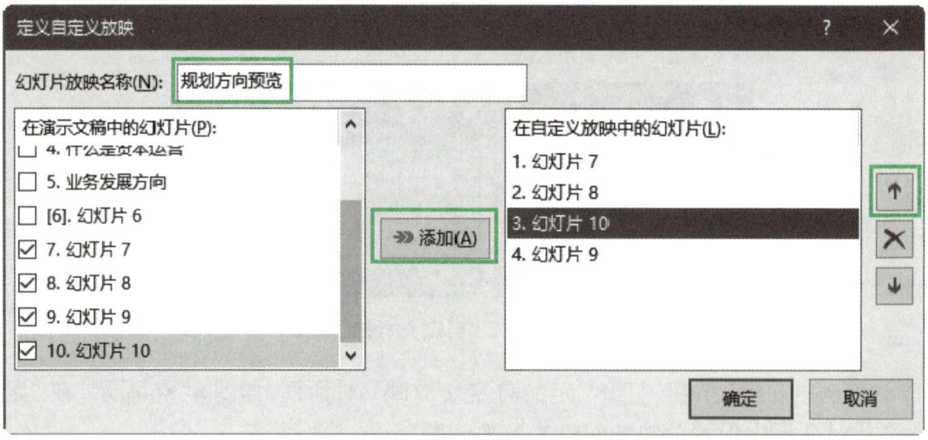

图 4-87　“自定义放映”设置

图 4-88　单击“放映”按钮

8. 在“幻灯片放映”选项卡“设置”组中，单击“排练计时”按钮，可在放映幻灯片的状态中记录每一张幻灯片的放映时间，以便在自动放映时，按照排练计时的时间自动换片。排练计时完成后，切换到“幻灯片浏览”视图，在每张幻灯片的右下角可看到该张幻灯片播放需要的时间，如图 4-89 所示。

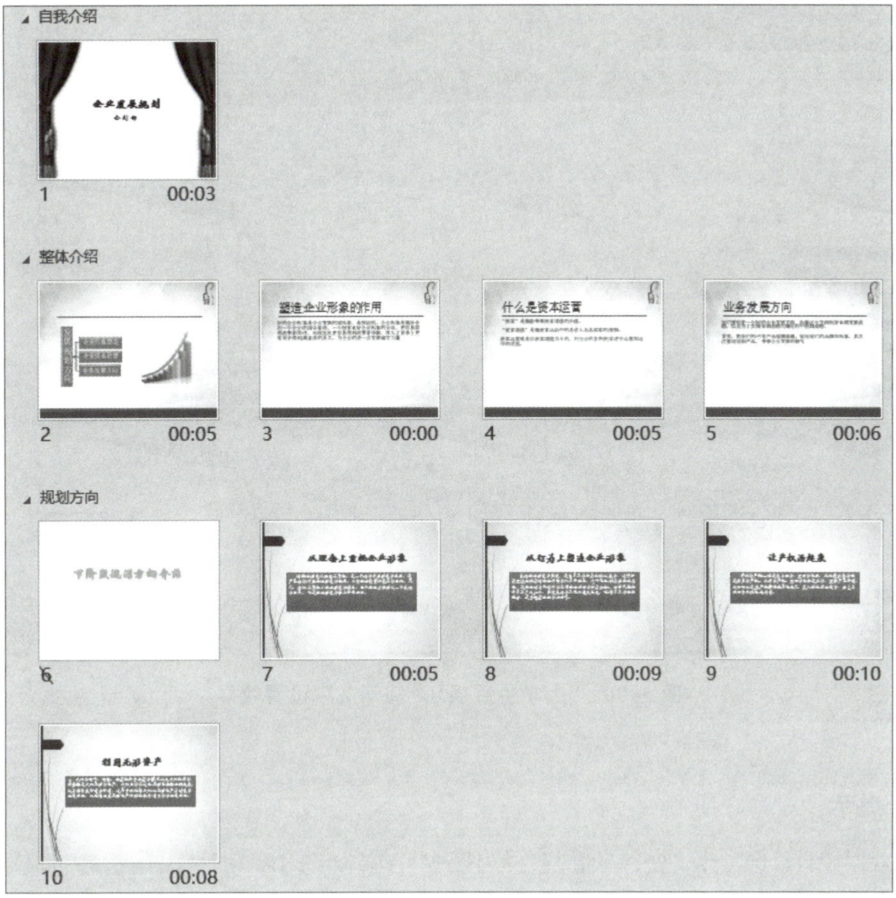

图 4-89 “排练计时”效果

9. 保存演示文稿文件。

拓展训练 “大学生活规划”的制作

综合运用所学知识并查阅相关资料，完成“大学生活规划”演示文稿的美化和动态设置，效果如图 4-90 所示。

1. 打开该训练素材文件夹中的“大学生活规划 .pptx”文件，为“开场词”节的所有幻灯片应用该训练素材文件夹中的“收获 .thmx”主题，为“具体规划”节幻灯片应用“水汽尾迹”主题，并选择第四个变体。

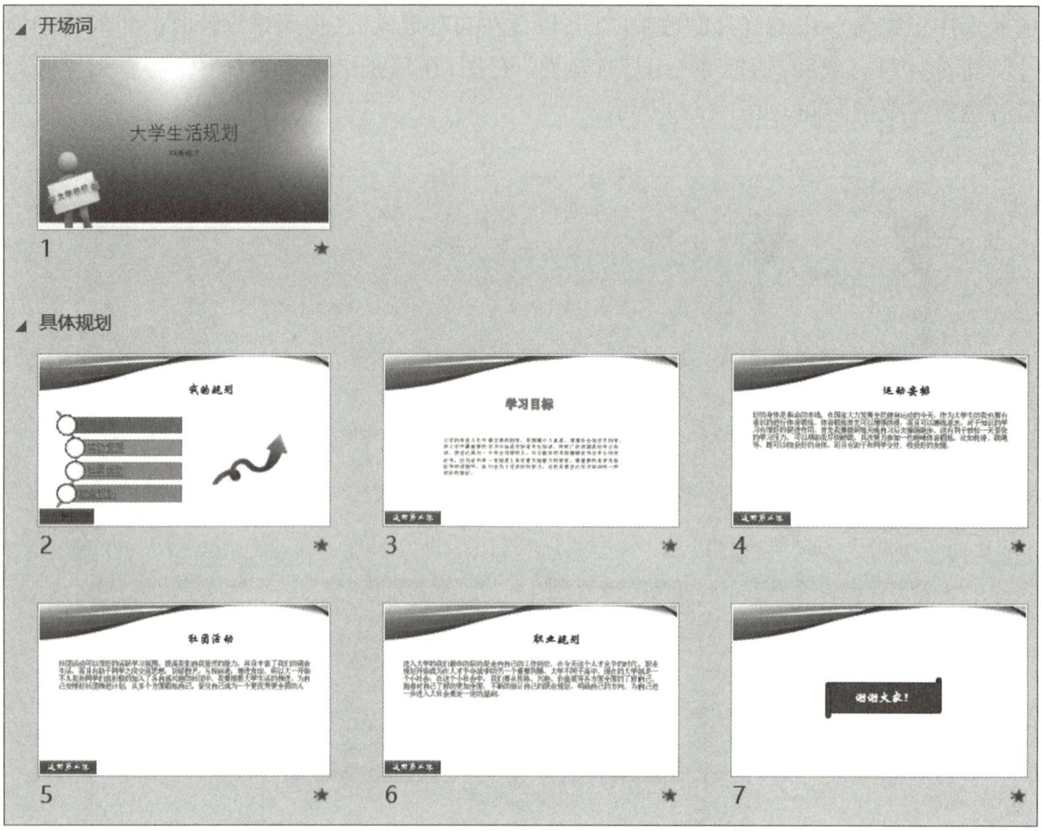

图 4-90　“大学生活规划”演示文稿设置效果

● 提示：

在“设计”选项卡“变体”组，选择第四个变体，如图 4-91 所示。

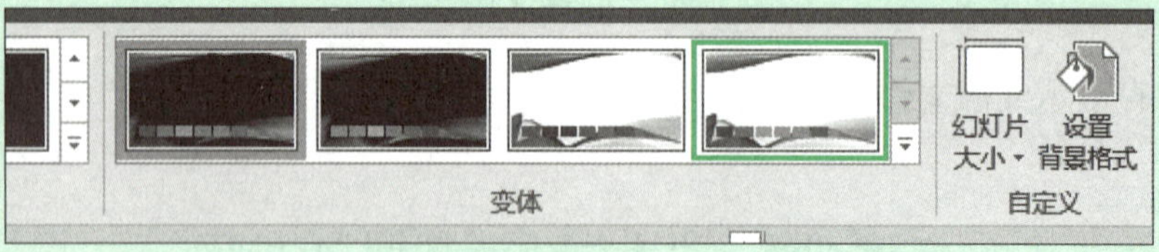

图 4-91　内置主题“变体”设置

2. 设置母版“水汽尾迹　幻灯片母版：由幻灯片 2-7 使用”，标题占位符字体为华文行楷，并居中对齐，内容占位符所有级别均取消项目符号。

3. 将第 2 张幻灯片 SmartArt 图形中的文字分别超链接到对应内容的幻灯片。

4. 在第 2 张幻灯片左下角插入动作按钮“结束”，使其可以跳转到第 7 张幻灯片，设置“预设 4”形状效果。

5. 在第 3 张至第 6 张幻灯片的左下角插入动作按钮“自定义”,使其可以跳转到第 2 张幻灯片,设置“预设 4”形状效果,编辑文字“返回第二张”,字体为华文新魏,字号为 28,颜色为白色。

6. 为第 2 张幻灯片右侧的图片设置“浮入(上浮)”的进入动画和“放大 / 缩小”的强调动画。

7. 为每张幻灯片设置不同的切换效果。

8. 设置放映方式为“演讲者放映(全屏幕)”。

9. 保存演示文稿文件。

4.3 媒体文件在演示文稿中的使用

实例一 “欢迎新同学”中相册、音频添加

学习目标及要求

掌握演示文稿中生成相册的方法。
了解利用大纲视图分页的方法。
掌握演示文稿中插入音频的方法。
熟练掌握音频的设置方法。

学习内容及操作步骤

1. 在演示文稿中插入相册,图片版式设置为“1 张图片”,相框形状设置为“柔化边缘矩形”,主题设置为“Organic.thmx”。

视频:插入相册

(1)新建演示文稿文件并打开该文件。

(2)在“插入”选项卡“图像”组中,单击“相册”按钮,如图 4-92 所示,打开“相册”对话框。

(3)单击“文件 / 磁盘”按钮,打开“插入新图片”对话框,选择该实例素材文件夹中的图片“1.jpg”“2.jpg”“3.jpg”,如图 4-93 所示,单击“插入”按钮,返回“相册”对话框。

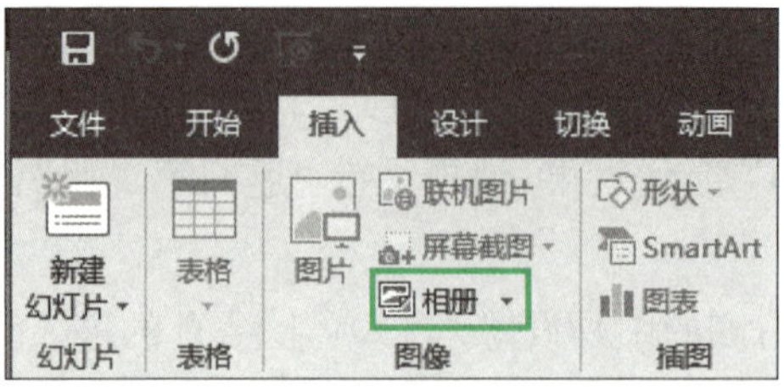

图 4–92 单击“相册”按钮

图 4–93 选择图片“1.jpg”“2.jpg”“3.jpg”

（4）在“相册”对话框中，单击“图片版式”下拉按钮，选择“1 张图片”，单击“相框形状”下拉按钮，选择“柔化边缘矩形”，单击“主题”右侧“浏览”按钮，在“选择主题”对话框中选择主题“Organic.thmx”，如图 4–94 所示，单击“选择”按钮，返回“相册”对话框，再单击“创建”按钮，完成相册创建，生成“演示文稿 1.pptx”文件。

（5）以“欢迎新同学 .pptx”为名保存“演示文稿 1.pptx”文件。

2. 将演示文稿“重用素材 .pptx”中的第 1 张至第 4 张幻灯片分别重用在当前演示文稿的第 1 张至第 4 张幻灯片下方，保留源格式。

3. 在第 1 张幻灯片的标题占位符中输入“欢迎新同学”，设置字号为 66，颜色为红色，字形为加粗，副标题输入“电子工程系”，设置字号为 28，字形为加粗。

4. 在大纲视图下，将第 4 张幻灯片分成两张。

（1）在“视图”选项卡“演示文稿视图”组中，单击“大纲视图”按钮，切换至大纲视图，如图 4–95 所示。

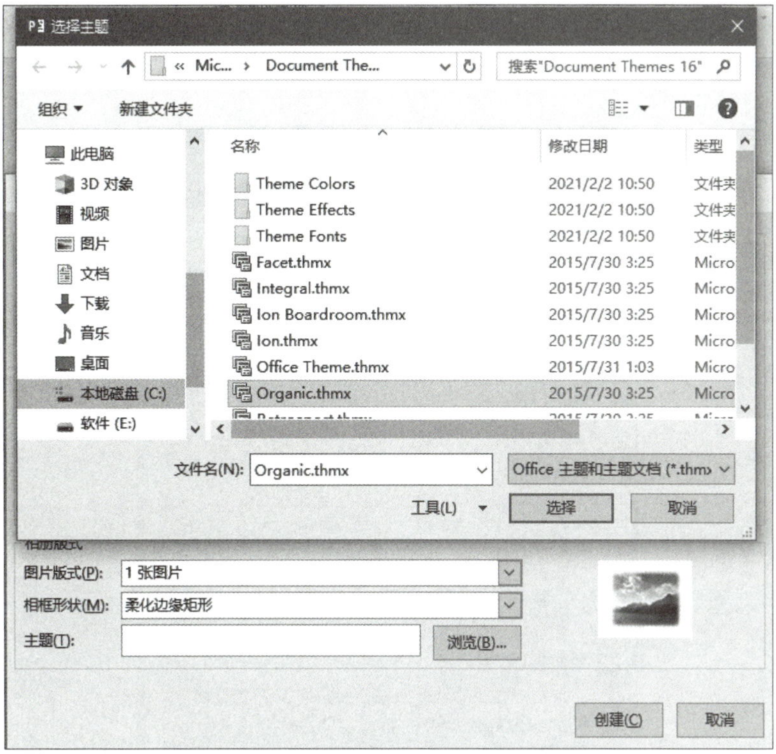

图 4–94　选择主题“Organic.thmx”

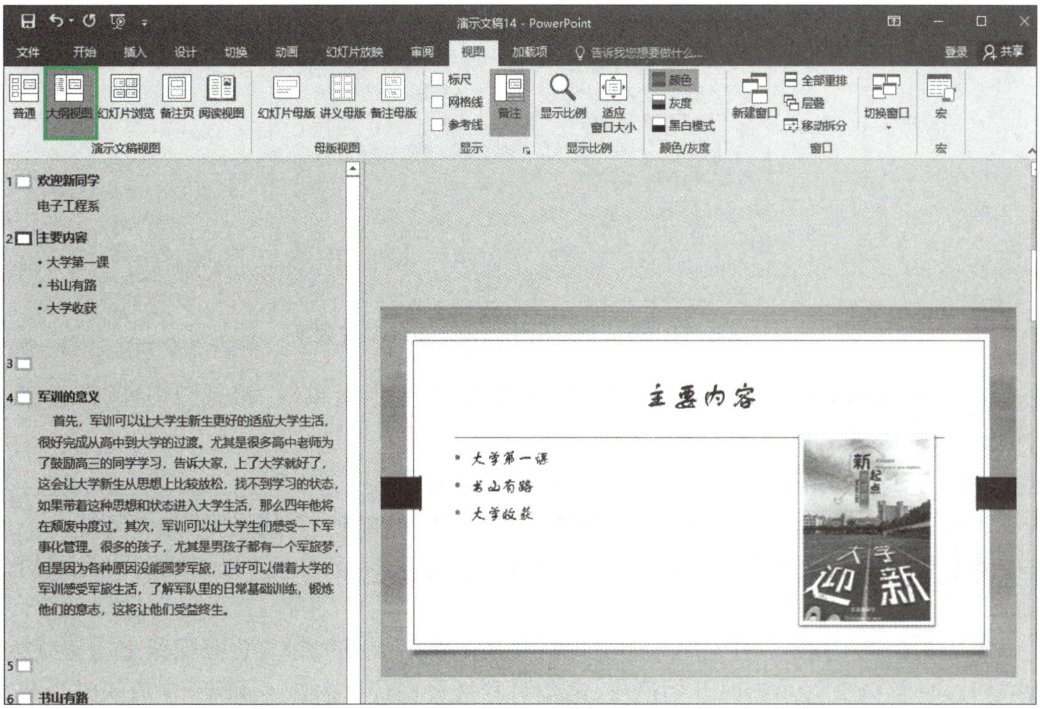

图 4–95　大纲视图

（2）在大纲视图中，将光标定位到“其次，军训可以让大学生……”之前，按两次 Enter 键，效果如图 4–96 所示。

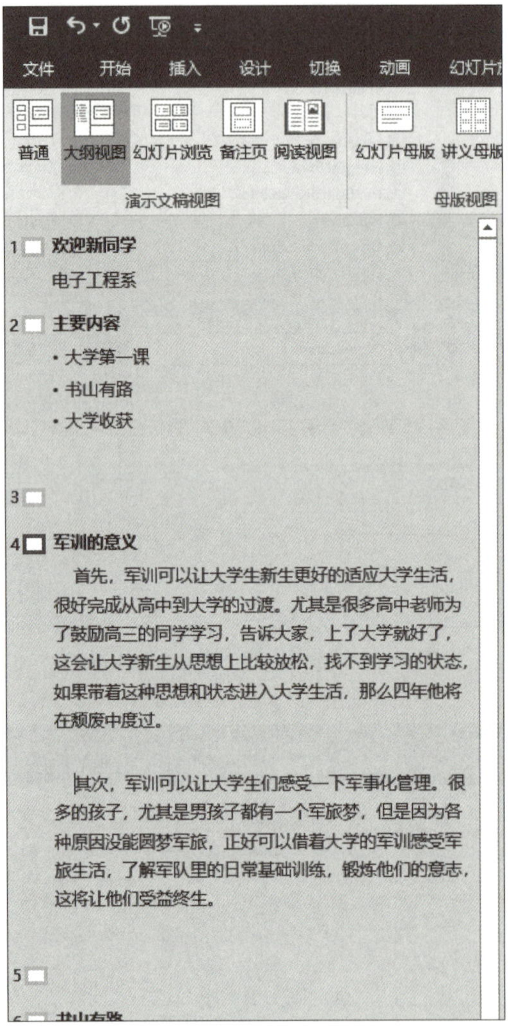

图 4–96　在大纲视图中按两次 Enter 键效果

（3）将光标定位到空行，在“开始”选项卡“段落”组中，单击“降低列表级别”按钮，实现幻灯片快速分页，效果如图 4–97 所示。

（4）在第 5 张幻灯片标题占位符中输入“军训的意义”。

（5）在“视图”选项卡“演示文稿视图”组中，单击“普通”按钮，回到普通视图。

5. 在母版中设置每张幻灯片标题文字字体为华文行楷，关闭“母版视图”，返回“普通视图”。

6. 在第 1 张幻灯片中插入音频“我们都是追梦人 .wma”，设置音频保留 17 s 至 32 s 声音片段；淡入 2 s；单击时开始播放；跨幻灯片播放；循环播放，直到停止；放映时隐藏。图标设置为“映像棱台，白色”图片样式。

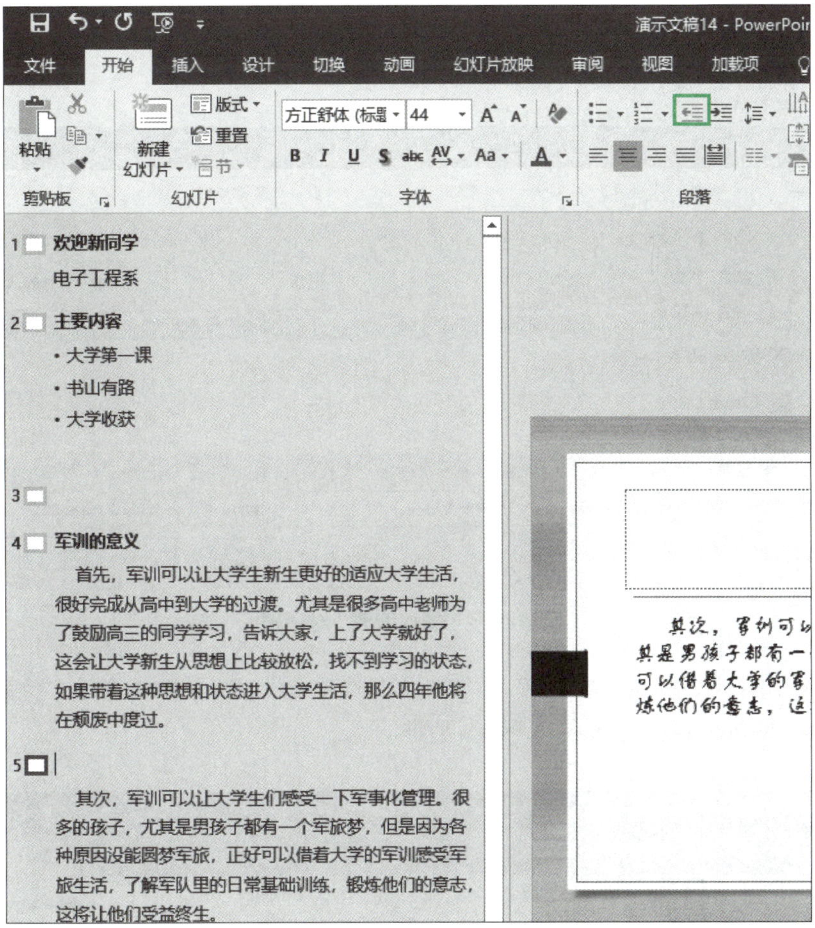

图 4–97　幻灯片快速分页效果

（1）选择第 1 张幻灯片，在“插入”选项卡“媒体”组中，单击“音频”按钮，在弹出的下拉菜单中，选择“PC 上的音频”命令，如图 4–98 所示，打开“插入音频”对话框。

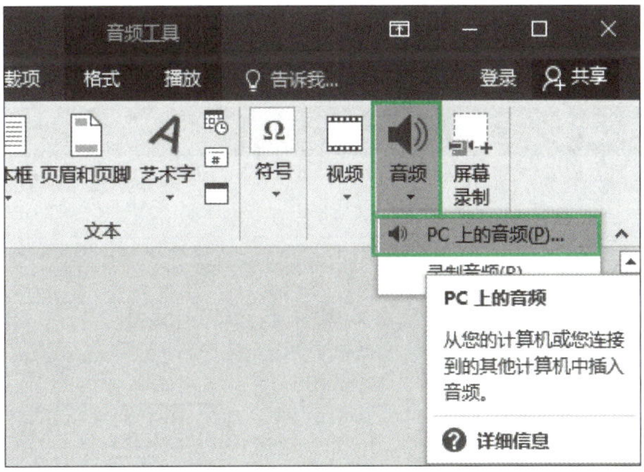

图 4–98　选择“PC 上的音频”命令

（2）在“插入音频”对话框中，如图 4–99 所示，选择该实例素材文件夹中的“我们都是追梦人 .wma”音频文件，单击“插入”按钮。

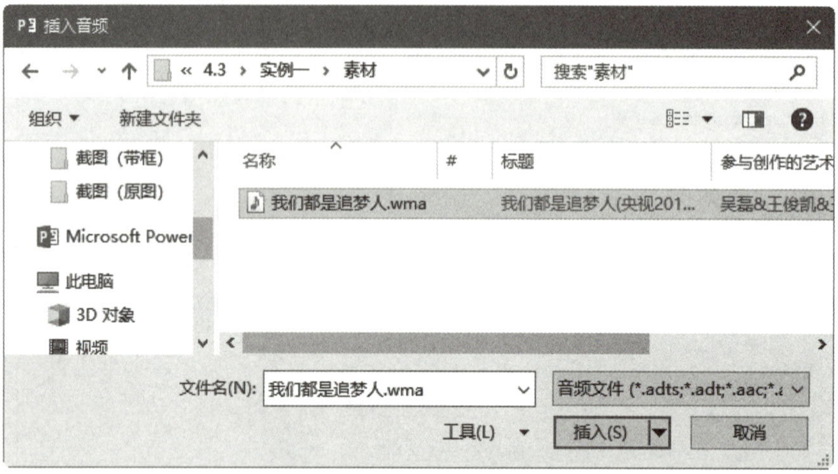

图 4–99　“插入音频”对话框

（3）选中喇叭图标 ，在音频工具“播放”选项卡“编辑”组中，单击“剪裁音频”按钮，如图 4–100 所示，打开“剪裁音频”对话框。

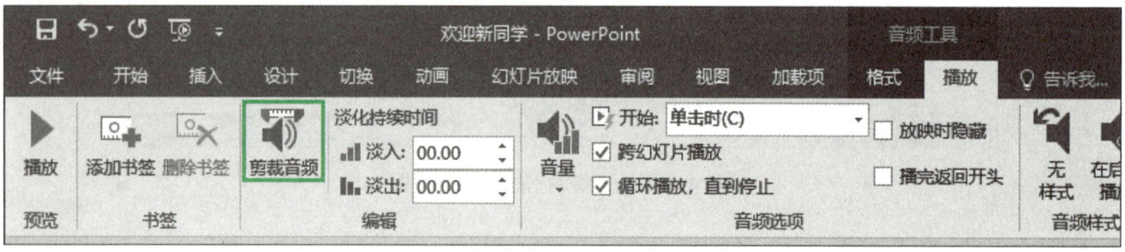

图 4–100　单击“剪裁音频”按钮

（4）在“开始时间”和“结束时间”文本框中分别输入“00:17”和“00:32”，或者拖动两端的滑块调整“开始时间”和“结束时间”，如图 4–101 所示，单击“确定”按钮。

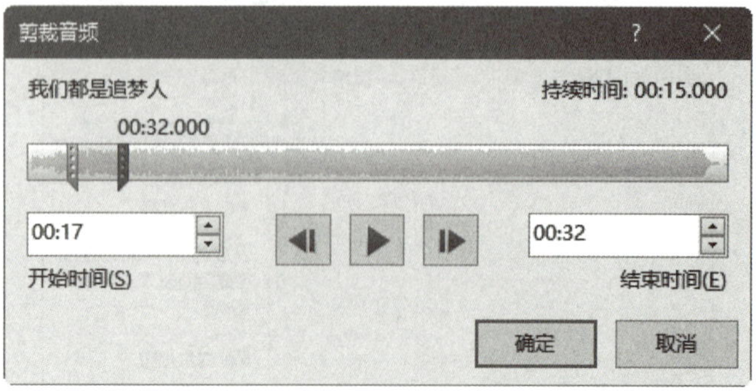

图 4–101　音频“开始时间”和“结束时间”设置

（5）在“编辑”组中，在“淡入”文本框中输入“02.00”。在“音频选项”组中选择开始方式为“单击时”，勾选“跨幻灯片播放”“循环播放，直到停止”“放映时隐藏”复选框，如图 4–102 所示。

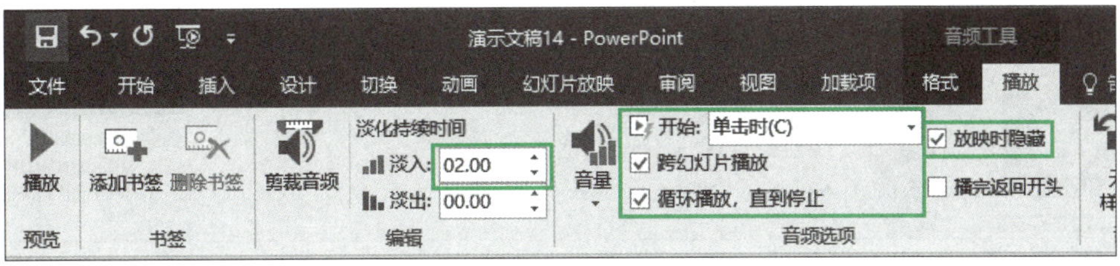

图 4–102　播放参数设置

（6）在音频工具“格式”选项卡“图片样式”组中，单击“其他”按钮，选择“映像棱台，白色”图片样式。

7. 保存演示文稿文件。

实例二　“校园艺术节总结”中视频文件添加

学习目标及要求

熟练掌握演示文稿中插入视频的方法。
掌握演示文稿添加批注的方法。
了解演示文稿中文简繁转换的方法。
掌握演示文稿导出 CD 的方法。

学习内容及操作步骤

1. 打开该实例素材文件夹中的“校园文化艺术节 .pptx”文件，在第 3 张幻灯片中插入视频“精彩回顾 .3gp”，设置视频保留 0 s 至 16 s 视频片段；单击时开始，全屏播放；设置“中等复杂框架，渐变”视频样式；未播放时显示“开幕 .jpg”标牌图像。

（1）打开该实例素材文件夹中的“校园文化艺术节 .pptx”，选择第 3 张幻灯片。

（2）在“插入”选项卡“媒体”组中，单击“视频”按钮，在弹出的下拉菜单中选择“PC 上的视频”命令，如图 4–103 所示，打开“插入视频文件”对话框。

（3）在“插入视频文件”对话框中，如图 4–104 所示，选择该实例素材文件夹中的“精彩回顾 .3gp”视频文件。单击“插入”按钮，插入视频文件，并适当调整大小和位置。

（4）选择幻灯片中的视频，在视频工具“播放”选项卡“编辑”组中，单击“剪裁视频”按钮，如图 4–105 所示，打开“剪裁视频”对话框。

图 4–103 选择“PC 上的视频”命令

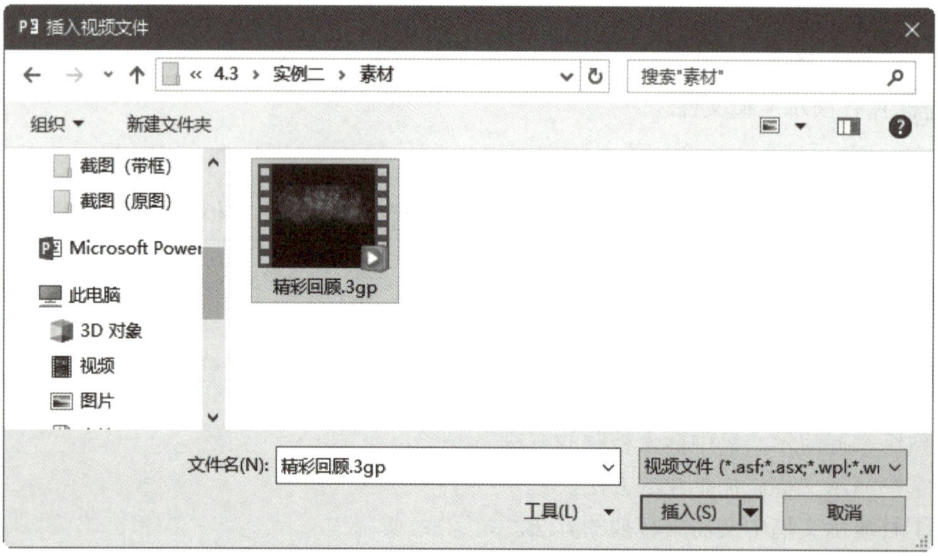

图 4–104 “插入视频文件”对话框

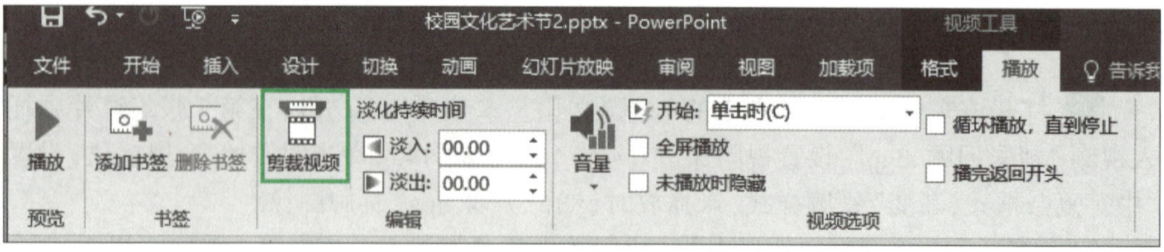

图 4–105 单击“剪裁视频”按钮

（5）在“开始时间”和“结束时间”文本框中分别输入“00:00”和“00:16”，如图 4–106 所示，单击“确定”按钮。

（6）在“视频选项”组中，勾选“全屏播放”复选框。

（7）在“格式”选项卡“视频样式”组中，单击“其他”按钮，选择“中等复杂框架，渐变”视频样式，如图 4–107 所示。

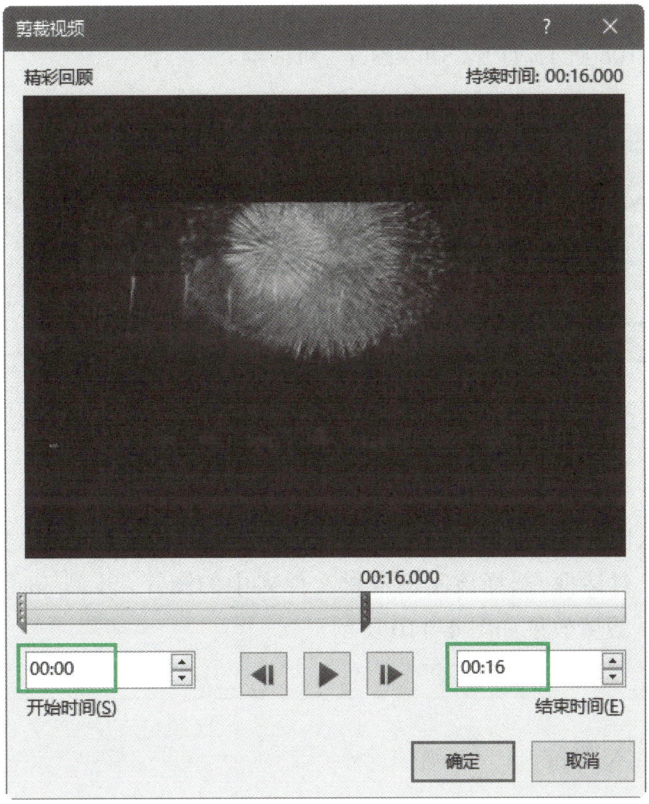

图 4-106 视频“开始时间”和“结束时间”设置

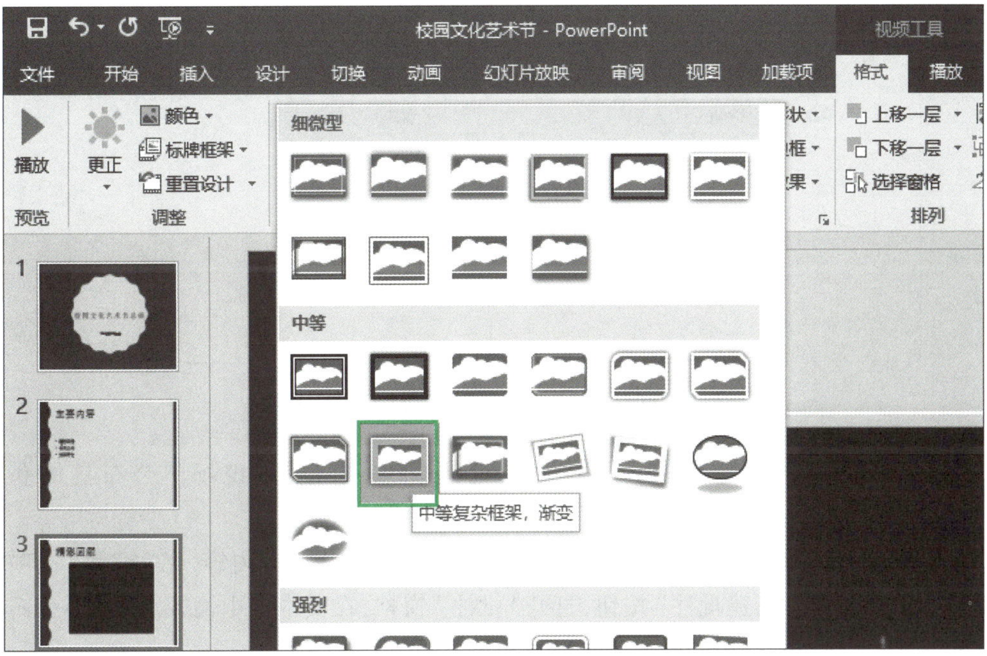

图 4-107 “视频样式”设置

（8）在“调整”组中，单击“标牌框架”按钮，在弹出的下拉菜单中选择“文件中的图像”命令，如图 4–108 所示，打开“插入图片”对话框。

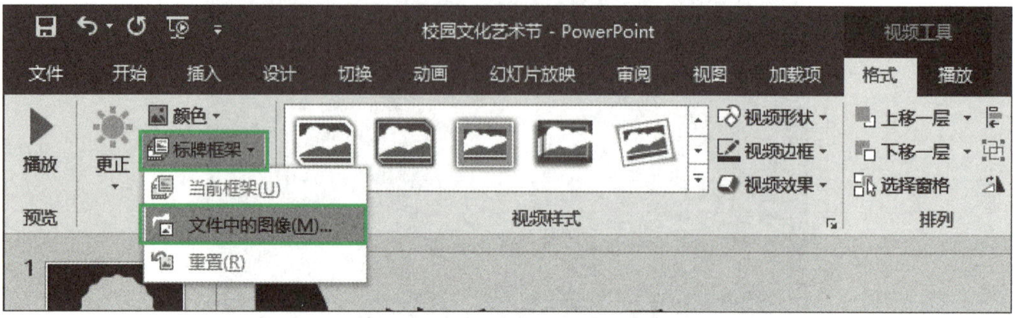

图 4–108　选择“文件中的图像”命令

（9）在“插入图片”对话框中，单击“从文件”右侧的“浏览”按钮，如图 4–109 所示。打开“插入图片”对话框，选择该实例素材文件夹中的图片“开幕 .jpg”，单击“插入”按钮。第 3 张幻灯片设置效果如图 4–110 所示。

图 4–109　单击“从文件”右侧的“浏览”按钮

2. 给第 5 张幻灯片标题占位符添加批注，批注内容为“现场不公布具体获奖名单”。

选择第 5 张幻灯片，选择标题占位符中的“获奖结果”文本内容，在“审阅”选项卡“批注”组中，单击“新建批注”按钮，打开“批注”窗格，在文本框中输入“现场不公布具体获奖名单”，按 Enter 键，如图 4–111 所示。

图 4-110　第 3 张幻灯片设置效果

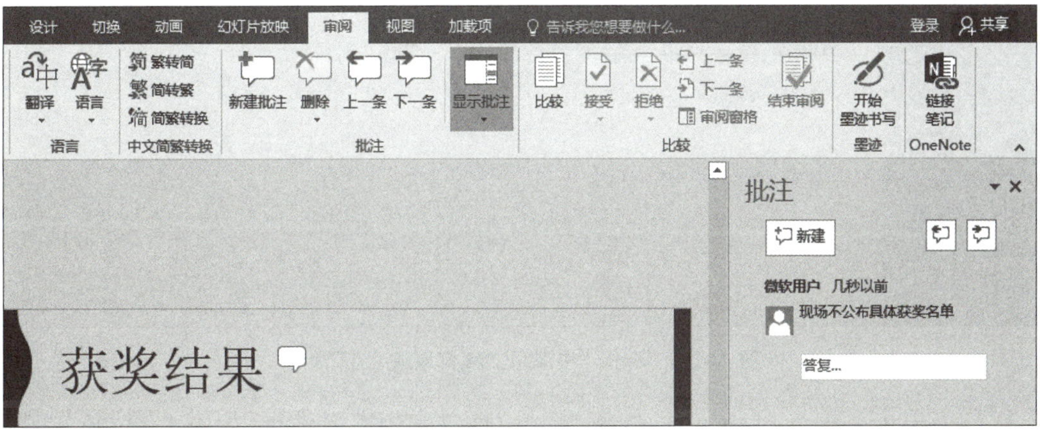

图 4-111　幻灯片中插入批注

3. 将演示文稿中的简体中文转换为繁体中文。

在“审阅”选项卡“中文简繁转换”组中，单击“简转繁”或者“简繁转换”按钮，如图 4–112 所示。

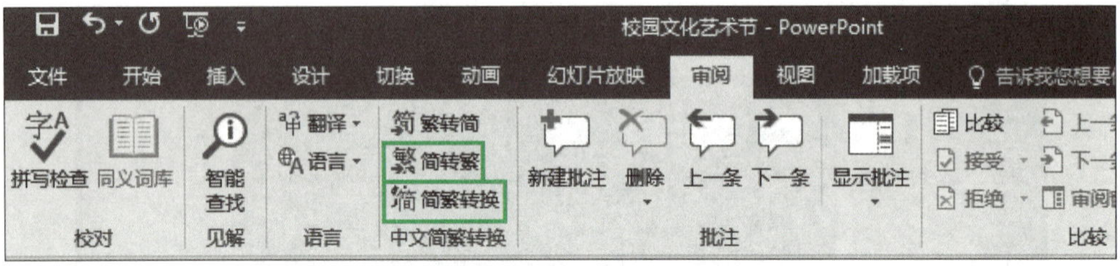

图 4–112　单击“简转繁”或者“简繁转换”按钮

4. 将演示文稿文件打包成 CD。

（1）在“文件”选项卡中选择“导出”命令，在级联菜单中选择“将演示文稿打包成 CD”命令，如图 4–113 所示。

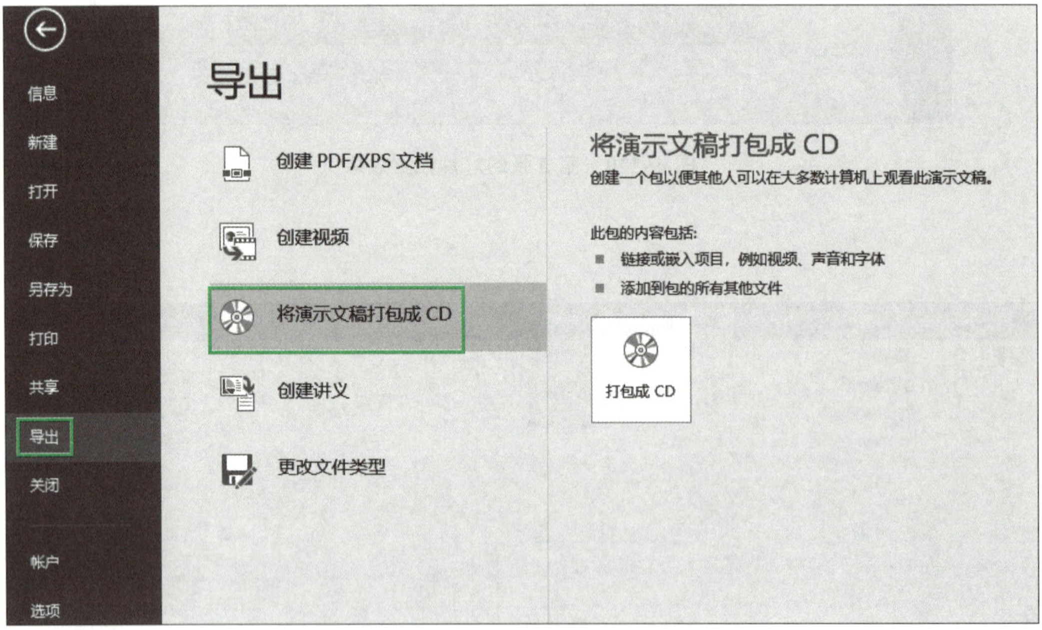

图 4–113　选择“将演示文稿打包成 CD”命令

（2）单击右侧“打包成 CD”按钮，打开“打包成 CD”对话框，如图 4–114 所示，在“将 CD 命名为”文本框中输入“校园文化艺术节总结”，单击“复制到文件夹”按钮，打开“复制到文件夹”对话框。

（3）在“复制到文件夹”对话框中，如图 4–115 所示，单击“浏览”按钮，选择放置位置，单击“确定”按钮，在弹出的提示对话框中单击“是”按钮，然后单击“继续”按钮，完成打包。打包后的演示文稿在没有 Office 软件的计算机中也可播放。

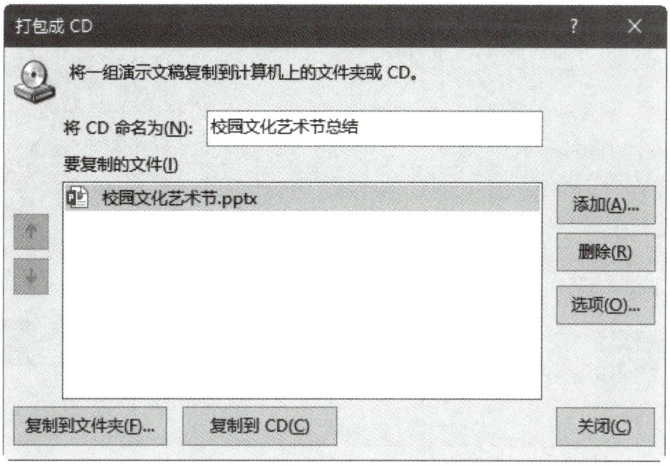

图 4–114 “打包成 CD”对话框

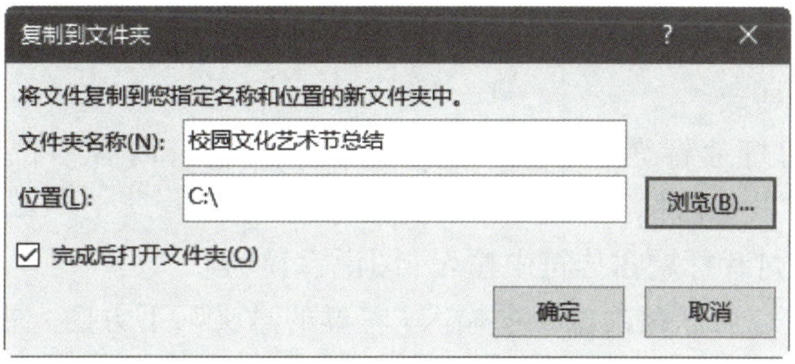

图 4–115 “复制到文件夹”对话框

拓展训练 “励志演讲”的制作

综合运用所学知识并查阅相关资料，完成“励志演讲”演示文稿中媒体文件的添加，效果如图 4–116 所示。

1. 新建演示文稿文件，在演示文稿中插入相册，相册包含该训练素材文件夹中的图片“1.jpg”“2.jpg”，图片版式为“2 张图片（带标题）”，相框形状为“简单框架，白色”，将生成的“演示文稿 1.pptx”文件以“励志演讲 .pptx”为名保存。

2. 为所有幻灯片应用“丝状”主题。

3. 适当调整两张图片的大小和位置，使其看起来美观。

4. 在第 1 张幻灯片下方插入 1 张“标题和内容”版式的幻灯片；在演示文稿末尾插入 3 张版式分别为“仅标题”“标题和内容”“空白”的幻灯片。

5. 删除第 1 张幻灯片的“标题文本框”，插入艺术字“无奋斗不青春”，样式为“填充 – 橙色，着色 2，轮廓 – 着色 2”，字体为华文新魏，字号为 80，文字效果为“半映像，接触”；副标题输入“报告人：张飒”。

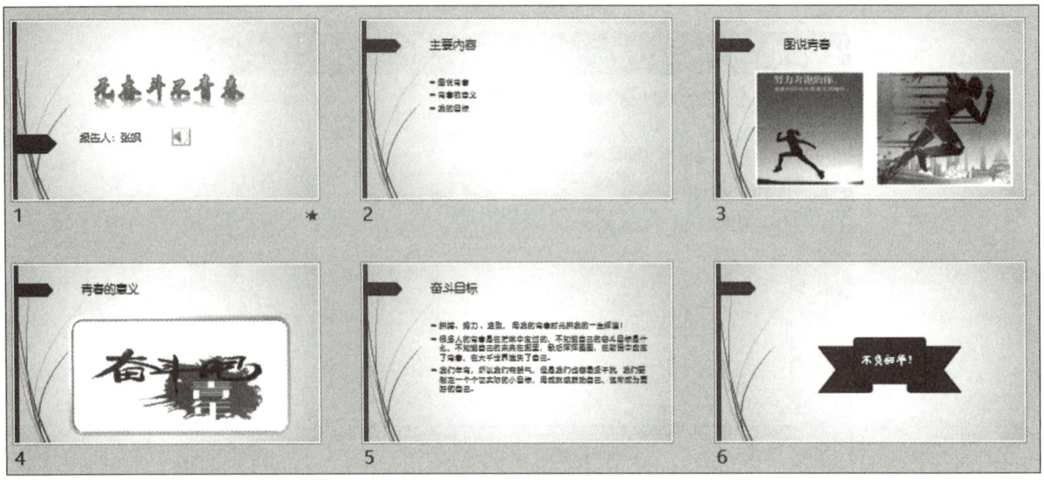

图 4–116　“励志演讲”演示文稿设置效果

6. 在第 1 张幻灯片中插入该训练素材文件夹中的“你的答案 .wma”音频文件，截取 25 s 至 40 s 之间的声音片段，并设置自动开始，跨幻灯片播放，放映时隐藏；图标应用“映像棱台，白色”图片样式。

7. 在第 2 张幻灯片标题占位符中输入“主要内容”，内容占位符中输入“图说青春”“青春的意义”“我的目标”。

8. 在第 3 张幻灯片标题占位符中输入“图说青春”。

9. 在第 4 张幻灯片标题占位符中输入“青春的意义”，下方插入视频“奋斗 .3gp”，添加“金属圆角矩形”视频样式，视频保留前 15 s，单击时开始，全屏播放。为视频添加标牌，标牌图片为“标牌 .jpg”。

10. 在第 5 张幻灯片标题占位符中输入“奋斗目标”，内容占位符素材在该训练素材文件夹中的“文字素材 .docx”文件中。

11. 在第 6 张幻灯片中插入“上凸带形”的形状，编辑文字内容“不负韶华！”，字体为华文新魏，字号为 36。

12. 保存文件。

参考文献

[1] 宋翔. Windows 10技术与应用大全[M]. 北京:人民邮电出版社,2017.

[2] 丛砚敏. Windows 10应用维护办公大全[M]. 北京:清华大学出版社,2017.

[3] 凤舞科技. Word/Excel/PPT 2016办公应用从入门到精通[M]. 北京:清华大学出版社,2017.

[4] 刘文香. 中文版Office 2016大全[M]. 北京:清华大学出版社,2017.

[5] 谢华,冉洪艳. Office 2016高效办公应用标准教程[M]. 北京:清华大学出版社,2016

[6] 刘畅. Office 2016办公应用从入门到精通[M]. 2版. 北京:中国铁道出版社,2019.

[7] 华文科技. 新编Office 2016应用大全:实战精华版[M]. 北京:机械工业出版社,2016

[8] 刘宏烽. Office 2016办公自动化高级应用教程[M]. 北京:清华大学出版社,2020

[9] 侯丽梅,赵永会,刘万辉. Office 2016办公软件高级应用实例教程[M]. 2版. 北京:机械工业出版社,2019.

[10] 夏魁良,于莉莉. Office 2016办公应用案例教程[M]. 北京:清华大学出版社,2019.

[11] 何海燕,张亚娟,曾亚平,等. Word 2016文档处理案例教程[M]. 北京:清华大学出版社,2019

[12] 宋杨. Excel 2016电子表格案例教程[M]. 北京:清华大学出版社,2019.